ŒUVRES COMPLÈTES

DE

LAMARTINE

PUBLIÉES ET INÉDITES

HISTOIRE DES GIRONDINS

IV

TOME DOUZIÈME

PARIS

CHEZ L'AUTEUR, RUE DE LA VILLE-L'ÉVÊQUE, 43

M DCCC LXI

ŒUVRES COMPLÈTES

DE

LAMARTINE

TOME DOUZIÈME

HISTOIRE

DES

GIRONDINS

IV

HISTOIRE

DES

GIRONDINS

LIVRE TRENTE-QUATRIÈME

Le Temple. — Louis XVI à la barre de la Convention. — Son retour au Temple. — M. de Malesherbes. — Son portrait. — MM. Desèze, Tronchet. — Testament de Louis XVI. — Discussions sur le jugement du roi. — Lanjuinais.

I

Le roi s'accoutumait à sa captivité. Son âme, faite pour le repos et pour le silence, se recueillait à l'abri de ces murs, se fortifiait dans la méditation, s'affranchissait dans la prière, et se consolait par ses épanchements de toutes les heures avec les seuls êtres qu'il eût jamais aimés, dans ce petit cercle de tendresses que le cachot resserrait autour de lui. Oubliant aisément des grandeurs dont le poids l'avait écrasé, Louis XVI ne formait qu'un vœu : celui d'être oublié dans cette tour jusqu'à ce que l'invasion étrangère, ou le sang-froid revenu au peuple par les victoires de la république, ou les inconstantes vicissitudes d'une révolution, lui rendissent, non le trône, mais l'obscurité d'un exil plus doux et la liberté de sa famille. L'adoucissement de sa prison, l'accent de compassion et la physionomie moins irritée de ses gardiens, entretenaient depuis quelque temps en lui cette lueur d'espérance. Il croyait reconnaître à ces symptômes que la colère s'apaisait au dehors. Elle s'apaisait en effet, mais c'était par la satisfaction prochaine dont elle avait désormais la certitude. Ce n'était plus la peine de haïr une victime qu'on allait sitôt immoler.

II

Le 11 décembre, pendant le déjeuner de la famille royale, des bruits inusités se firent entendre autour du Temple. Le rappel des tambours, le hennissement des chevaux, le pas de nombreux bataillons sur le pavé de la cour, étonnèrent et troublèrent les prisonniers. Ils interrogèrent longtemps les commissaires qui assistaient au repas, sans obtenir de réponse. Enfin on annonça au roi que le maire de Paris et le procureur de la commune viendraient dans la matinée le prendre pour le conduire à la barre de la Convention afin d'y subir un interrogatoire, et que ces troupes étaient son cortége. On lui signifia en même temps l'ordre de remonter dans son appartement et de se séparer de nouveau de son fils. Il devait en être désormais privé, ainsi que de toute communication avec sa famille, jusqu'au jour de son jugement.

Bien que dans la pensée des prisonniers cette séparation ne dût être que momentanée, elle n'eut pas lieu sans déchirement et sans larmes. Le lit de l'enfant fut rapporté dans la chambre de sa mère. Le roi s'attendrit en embrassant sa famille, et se tournant, les yeux humides, vers les commissaires : « Quoi ! messieurs, leur dit-il, m'arracher même mon fils, un enfant de sept ans ! — La commune a pensé, répondit un des municipaux, que, puisque vous deviez être au secret pendant toute la durée de votre procès, il fallait que votre fils fût nécessairement confiné aussi, soit avec vous, soit avec sa mère, et elle a imposé la privation à celui que son sexe et son courage faisaient supposer plus fort et plus capable de la supporter. »

Le roi se tut, se promena longtemps dans sa chambre, les bras croisés et la tête inclinée; puis, s'étant jeté sur une chaise auprès de son lit, il y resta en silence, le front caché dans ses mains, pendant les deux heures qui précédèrent l'arrivée de la commune. Secrètement informé par les soins de Toulan des discussions orageuses qui avaient lieu à la Convention à son égard, Louis XVI repassait son règne dans sa mémoire et se préparait à répondre devant ses juges et devant la postérité.

A midi, Chambon, nommé peu de jours auparavant maire de Paris, et Chaumette, nouveau procureur-syndic de la commune, entrèrent dans la chambre du roi accompagnés de Santerre, d'un groupe d'officiers de la garde nationale et de municipaux ceints de l'écharpe tricolore. Chambon, successeur de Bailly et de Pétion, était un médecin savant et humain, que l'estime publique, plus que la faveur révolutionnaire, avait porté par l'élection de la capitale à la première magistrature de Paris. Modéré d'opinion, bon et humain de cœur, accoutumé par sa profession à la commisération pour toutes les souffrances de l'humanité, exécuteur obligé d'un ordre qui répugnait à sa sensibilité, on lisait sur sa physionomie et dans son regard l'attendrissement de l'homme à travers l'impassibilité du magistrat. Le roi ne connaissait pas le nouveau maire. Il l'examinait avec cette curiosité inquiète qui cherche à deviner le langage et les sentiments dans l'extérieur et dans l'attitude de l'homme de qui dépend une portion de notre destinée.

Chaumette, fils d'un cordonnier du Midi, tour à tour mousse, séminariste, scribe chez un procureur, novice chez des moines, journaliste à Paris, orateur de clubs, était un de ces aventuriers d'idées et de condition que la fortune et leur inquiétude naturelle ballottent aux deux extrémités de l'ordre social, jusqu'à ce qu'elles les aient portés au sommet pour les rejeter et les briser de plus haut. Sa physionomie égarée, abjecte et insolente à la fois, portait l'empreinte de toutes les situations qu'il avait traversées avant d'arriver à la seconde magistrature de Paris. Il n'avait pas la pudeur de la force devant la faiblesse. On voyait dans ses traits, on entendait dans son accent qu'il était fier de ce déplacement violent des situations dont rougissait Chambon, et qu'il triomphait intérieurement, en pensant à l'humble état de son père, d'humilier le trône devant l'échoppe et de parler en maître à un roi tombé.

III

Chambon, avant de faire lire au roi, par le secrétaire de la commune, Colombeau, le décret qui appelait Louis à la barre, lui parla avec la dignité triste et l'accent ému convenable dans un magistrat qui parle au nom du peuple, mais qui parle à un prince déchu. Colombeau lut le décret à haute voix. La Convention, pour effacer tous les titres monarchiques et pour rappeler le roi, comme un simple individu, au seul nom primitif de sa famille, l'appelait Louis Capet. Le roi se montra plus sensible à cette dégradation du nom de sa race qu'à la dégradation de ses autres titres; il eut un mouvement d'indignation à ce mot. « Messieurs, répondit-il, Capet n'est point mon nom, c'est le nom d'un de mes ancêtres. J'aurais désiré qu'on m'eût laissé mon fils au moins pendant les heures que j'ai passées à vous attendre. Au reste, ce traitement est une suite de ceux que j'éprouve ici depuis quatre mois. Je vais vous suivre, non pour obéir à la Convention, mais parce que mes ennemis ont la force en main. » Il demanda à Cléry une redingote de couleur brune, qu'il revêtit par-dessus son habit; il prit son chapeau et il suivit le maire, qui marchait devant lui. Arrivé à la porte de la tour, le roi monta dans la voiture du maire. Les glaces baissées permettaient de voir dans l'intérieur. La voiture roula lentement dans les cours : le bruit des roues sur le pavé apprit à la reine et aux princesses que le roi était parti; les plateaux de chêne interposés entre le regard et le pied de la tour empêchaient les princesses de suivre des yeux le cortége. Elles le suivaient de l'oreille et du cœur. Elles restèrent à genoux devant la fenêtre pendant tout le temps de l'absence du roi, les mains jointes, le front sur la pierre, demandant pour lui le courage, le sang-froid, la présence d'esprit dont il avait besoin au milieu de ses ennemis.

IV

Paris, ce jour-là, était un camp sous les armes; l'aspect des baïonnettes et du canon comprimait tout, jusqu'à la curiosité! Le mouvement de la vie semblait suspendu. Tous les postes étaient doublés. Un appel était fait toutes les heures pour s'assurer de la présence des gardes nationaux. Un piquet de deux cents baïonnettes veillait dans la cour de chacune des quarante-huit sections. Une réserve avec du canon campait dans les Tuileries. De fortes patrouilles échangeaient leur qui-vive sur toutes les places et dans toutes les rues.

L'escorte rassemblée le matin au Temple était un corps d'armée tout entier, composé de cavalerie, d'infanterie et d'artillerie. Un escadron de gendarmerie nationale à cheval marchait en tête du cortége. Trois pièces de canon avec leurs caissons roulaient derrière. La voiture du roi suivait ces canons. Elle était flanquée d'une double colonne d'infanterie, qui marchait entre les roues et les maisons; un régiment de cavalerie de ligne formait l'arrière-garde, suivie encore de trois pièces de canon. Chacun des soldats qui composaient ce jour-là la force armée de Paris avait été choisi et désigné par la commune sur les renseignements des chefs. Les fusiliers portaient seize cartouches dans leur giberne. Prêts au feu, les bataillons ou escadrons de l'escorte marchaient à une distance telle les uns des autres, qu'à la première alarme ils avaient l'espace nécessaire pour se former en bataille. Les citoyens désœuvrés étaient rudement écartés de la voie publique et renvoyés à leurs travaux. Les allées d'arbres qui encaissent les boulevards, les portes et les fenêtres des maisons étaient encombrées de têtes. Tous les regards cherchaient le roi. Le roi lui-même regardait la foule, soit que ses yeux, longtemps sevrés de la vue des hommes assemblés, éprouvassent une jouissance machinale à les revoir, soit qu'il cherchât dans la physionomie de ce peuple quelque signe d'intérêt ou d'attendrissement. Sa figure, altérée par tant de mois de souffrances et de reclusion, frappait le peuple sans l'attendrir. L'ombre du Temple avait imprimé à son teint ce ton livide qui semble un reflet des cachots. Sa barbe, qu'il avait été forcé de laisser croître depuis qu'on lui avait enlevé tous les instruments tranchants de toilette, hérissait son menton, ses joues et ses lèvres de poils blonds touffus, rebroussés, qui enlevaient toute expression et même toute mélancolie à sa bouche. Sa vue basse flottait égarée et éblouie sur la foule, comme un regard qui cherche en vain un front ami pour se poser. La grosseur précoce de sa taille, amincie au feu de ses inquiétudes et de ses veilles, s'était changée en maigreur. Ses joues décharnées retombaient en plis sur son collet. Ses habits, trop larges désormais pour sa taille, glissaient de ses épaules et ressemblaient à des habits d'emprunt jetés par la charité publique sur le corps d'un misérable. Tout son aspect semblait calculé par la haine ou combiné par le hasard pour présenter aux regards du peuple quelque chose de rude et de repoussant, plutôt que de triste et d'attendrissant. C'était le spectre de la royauté conduit au supplice, costumé pour laisser en passant son empreinte et son souvenir dans la foule.

V

Le cortége suivit le boulevard, la rue des Capucines et la place Vendôme pour se rendre à la salle de la Convention. Un profond silence régnait dans la foule. Chacun semblait recueillir son émotion et sa respiration dans sa poitrine. On sentait qu'une grande heure de la destinée passait sur la France. Le roi paraissait plus impassible que le peuple. Il regardait et reconnaissait les quartiers, les rues, les monuments; il les nommait à haute voix au maire. En passant devant les portes Saint-Denis et Saint-Martin, il demanda lequel de ces deux arcs de triomphe devait être abattu par ordre de la Convention.

Arrivé dans la cour des Feuillants, Santerre descendit de cheval et, debout à la portière, posa la main sur le bras du prisonnier et le conduisit à la barre de la Convention.

« Citoyens des tribunes, dit le président, Louis est à la barre. Vous allez donner une grande leçon aux rois, un grand et utile exemple aux nations. Souvenez-vous du silence qui accompagna Louis ramené de Varennes, silence précurseur du jugement des rois par les peuples. »

Le roi s'assit en face du fauteuil et dans la même enceinte où il était venu jurer la constitution. On fit lecture de l'acte d'accusation : c'était la longue énumération de tous les griefs que les factions de la Révolution avaient successivement élevés contre la couronne, en y comprenant leurs propres actes, depuis les journées des 5 et 6 octobre à Versailles jusqu'à la journée du 10 août. Toutes les tentatives de résistance du roi au mouvement qui précipitait la monarchie étaient appelées trahisons; c'était bien plus l'acte d'accusation de son caractère et des circonstances que l'acte d'accusation de ses crimes. Il n'y avait que sa nature de coupable. Mais le temps trop lourd pour tous, on le rejetait tout entier sur lui. Il payait pour le trône, pour l'aristocratie, pour le sacerdoce, pour l'émigration, pour La Fayette, pour les Girondins, pour les Jacobins eux-mêmes. C'était l'homme émissaire des temps antiques, inventé pour porter les iniquités de tous.

A mesure qu'on déroulait devant lui ce tableau des fautes de son règne, et qu'on remuait le sang du Champ de Mars, du 20 juin et du 10 août, pour en détourner la responsabilité sur lui seul, quelques-uns des conspirateurs de ces journées répandus parmi ses juges, tels que Pétion, Barbaroux, Louvet, Carra, Marat, Danton, Legendre, ne pouvaient s'empêcher de rougir et de baisser les yeux. Leur conscience leur disait intérieurement qu'il y avait pudeur à déclarer auteur de ces attentats celui qui en avait été la victime. Ils se vantaient hautement quelques jours auparavant d'avoir ourdi ces conspirations contre le trône. Mais le sentiment du droit est si fort parmi les hommes, que, même quand ils le violent, ils en affectent encore l'hypocrisie, et que les conspirateurs les plus avoués, non contents d'avoir la victoire, veulent encore avoir la légalité de leur côté.

VI

Le roi écouta cette lecture dans l'attitude d'une impassible attention. Seulement, à deux ou trois passages où l'accusation dépassait les bornes de l'injustice et de la vraisemblance, et où on lui reprochait le sang du peuple si religieusement épargné par lui pendant tout son règne, il ne put s'empêcher de trahir par un sourire amer et par un mouvement involontaire des épaules l'indignation contenue qui l'agitait. On voyait qu'il s'attendait à tout, excepté à l'accusation d'avoir été un prince sanguinaire. Il leva les yeux au ciel et prit contre les hommes Dieu à témoin.

VII

Barère, qui présidait ce jour-là la Convention, résumant en quelques phrases chacun des textes raisonnés de l'accusation, procéda à l'interrogatoire du roi. Un des secrétaires de l'Assemblée, Valazé, s'approchant de la barre, plaçait à mesure sous les yeux de l'accusé toutes les pièces qui se rapportaient à l'affaire. Le président demandait au roi s'il reconnaissait ces pièces. C'est ainsi qu'on lui représenta tous les papiers concernant la *trahison* de Mirabeau et de La Fayette trouvés dans l'armoire de fer, où il les avait enfouis lui-même; sa lettre confidentielle aux évêques pour désavouer l'acceptation de la constitution civile du clergé; d'autres lettres accusatrices signées de lui ou écrites en entier de sa propre main; enfin des notes secrètes de M. de Laporte, intendant de son trésor particulier, attestant l'emploi de sommes considérables pour corrompre les Jacobins, les tribunes de l'Assemblée, les faubourgs.

Louis XVI avait deux manières également nobles de se défendre : la première, c'était de refuser toute réponse et de s'envelopper dans l'inviolabilité du roi ou dans la résignation du vaincu; la seconde, c'était d'avouer hautement les efforts qu'il avait faits et qu'il avait dû faire pour modérer les grands chefs du parti de la Révolution et les ranger du côté de la royauté menacée, que son sang, son rang, son serment à la constitution, l'obligeaient de défendre, puisque la royauté faisait elle-même partie de cette constitution. Le roi le pouvait d'autant plus qu'aucune des pièces de l'armoire de fer ne prouvait directement un concert avec les puissances étrangères contre la France. Il ne trouva dans sa présence d'esprit ni l'un ni l'autre de ces deux systèmes de réponse, qui, s'ils n'eussent pas sauvé sa vie, auraient du moins préservé sa dignité. Au lieu de répondre en roi par le silence, ou en homme d'État par l'aveu hardi et raisonné de ses actes, il répondit en inculpé qui dispute l'aveu des faits. Il nia les notes, les lettres, les actes; il nia jusqu'à l'armoire de fer, qui, scellée par lui-même, s'était ouverte pour révéler ses secrets. L'angoisse de son esprit ne lui laissa pas le temps de délibérer sur ce qu'exigeait de lui sa royauté; peut-être l'entraînement d'une première dénégation le conduisit-il à tout nier, après avoir nié quelque chose, pour ne pas être convaincu en face de déguisement, ou plutôt pour ne pas compromettre ses serviteurs par ses aveux. Il voulut aussi sans doute réserver à ses défenseurs la liberté entière de leurs paroles. Enfin il pensa à sa femme, à sa sœur, à ses enfants, plus qu'il ne convenait peut-être dans un pareil moment. Il décolora ainsi sa défense. De ce jour il ne fut plus un roi qui luttait avec un peuple, il fut un accusé qui contestait avec des juges, et qui laissait intervenir des avocats entre la majesté du trône et la majesté de l'échafaud.

VIII

Santerre, après l'interrogatoire, reprit le roi par le bras et le conduisit dans la salle d'attente de la Convention, accompagné de Chambon et de Chaumette. La longueur de la séance et l'agitation de son âme avaient épuisé les forces de l'accusé. Il chancelait d'inanition. Chaumette lui demanda s'il voulait prendre quelque aliment. Le roi refusa. Un moment après, vaincu par la nature et voyant un grenadier de l'escorte offrir au procureur de la commune la moitié d'un pain, Louis XVI s'approcha de Chaumette et lui demanda à voix basse un morceau de ce pain. « Demandez à haute voix ce que vous désirez, lui répondit Chaumette en se reculant comme s'il eût craint le soupçon même de la pitié. — Je vous demande un morceau de votre pain, reprit le roi en élevant la voix. — Tenez, rompez à présent, lui dit Chaumette, c'est un déjeuner de Spartiate. Si j'avais une racine, je vous en donnerais la moitié. »

On annonça la voiture. Le roi y remonta, son morceau de pain encore à la main; il n'en mangea que la croûte. Embarrassé du reste et craignant que, s'il le jetait par la portière, on ne crût que son geste était un signal, ou qu'il avait caché un billet dans la mie de pain, il le remit à Colombeau, substitut de la commune, assis en face de lui dans la voiture. Colombeau le jeta dans la rue. « Ah! dit le roi, c'est mal de jeter ainsi le pain dans un moment où il est si rare. — Et comment savez-vous qu'il est rare? lui demanda Chaumette. — Parce que celui que je mange sent la poussière. — Ma grand'mère, reprit Chaumette avec une familiarité joviale, me disait dans mon enfance : « Ne » jetez jamais une miette de pain, car vous ne sauriez en » faire pousser autant. » — Monsieur Chaumette, dit en souriant le roi, votre grand'mère avait du bon sens, le pain vient de Dieu. » La conversation fut ainsi sereine et presque enjouée pendant le retour.

Le roi comptait et nommait toutes les rues. « Ah! voici la rue d'Orléans, s'écria-t-il en la traversant. — Dites la rue de l'Égalité, reprit rudement Chaumette. — Oui, oui, dit le roi, à cause de... » Il n'acheva pas et resta un moment morne et silencieux.

Un peu plus loin, Chaumette, qui n'avait rien pris depuis le matin, se trouva mal dans la voiture. Le roi rendit quelques soins à son accusateur. « C'est sans doute, lui dit-il, le mouvement de la voiture qui vous incommode. Avez-vous jamais éprouvé le roulis d'un vaisseau? — Oui, répondit Chaumette, j'ai fait la guerre sous l'amiral Lamotte-Piquet. — Ah! dit le roi, c'était un brave que Lamotte-Piquet. » Pendant que l'entretien se continuait dans l'intérieur de la voiture, les hommes de la halle au blé et les charbonniers, formés en bataillons, chantaient autour des roues les couplets les plus meurtriers de la *Marseillaise* :

Tyrans! qu'un sang impur abreuve nos sillons!

De longs cris de « Vive la Révolution! » s'élevaient à l'approche du cortége du sein de la foule, et, se prolongeant sur toute la ligne jusqu'à la Bastille, ne formaient qu'un cri des Tuileries au Temple. Le roi affectait de ne pas entendre ces augures de mort. En rentrant dans la cour du Temple, il leva les yeux et regarda tristement et longtemps les murs de la tour et les fenêtres de l'appartement de la reine, comme si son regard, intercepté par les planches et les barreaux, avait pu communiquer ses pensées à ceux qu'il aimait. Le maire le reconduisit dans sa chambre et lui signifia de nouveau le décret de la Convention qui ordonnait sa séparation et son isolement absolu de sa famille. Le prince supplia le maire de faire révoquer un ordre si cruel. Il obtint du moins que l'on informât la reine de son retour. Chambon accorda ce qui dépendait de lui. Le valet de chambre Cléry, laissé au roi, eut une dernière communication avec les princesses, et leur transmit les détails que son maître lui avait confiés sur son interrogatoire. Cléry donna à la reine l'assurance de l'intervention active des cabinets étrangers pour sauver le roi; il laissa espérer que la peine se bornerait à la déportation en Espagne, pays qui n'avait pas déclaré la guerre à la France. « A-t-on parlé de la reine? » demanda avec anxiété Madame Élisabeth. Cléry lui répondit qu'elle n'avait pas été nommée dans l'acte d'accusation. « Ah! répondit la princesse comme soulagée d'un poids d'inquiétude, peut-être regardent-ils le roi comme une victime nécessaire à leur sûreté; mais la reine! mais ces pauvres enfants! quels obstacles peuvent faire ces vies à leur ambition?... » Dans cette entrevue dérobée aux injonctions de la commune, Cléry convint avec les princesses des rapports furtifs que la généreuse complicité d'un gardien, nommé Turgy, ménagerait entre les prisonniers. Des vêtements, des meubles, du linge, demandés ou envoyés d'un étage à l'autre, firent les chiffres secrets de cette correspondance au moyen de laquelle le roi connaîtrait l'état de l'âme et du corps des princesses, des enfants, et les princesses, de leur côté, apprendraient les principaux actes du procès du roi. Ce prince, après ces précautions prises, qui consolèrent un peu son cœur, soupa et se coucha, mais sans cesser de tourner ses regards vers la place d'où l'on avait enlevé le lit de son fils, et de le redemander aux commissaires.

IX

Cependant, le roi à peine sorti de la Convention, Pétion et Treilhard avaient obtenu qu'on lui permît, comme à tout accusé, de se choisir deux défenseurs. En vain Marat, Duhem, Billaud-Varennes, Chasles, avaient protesté par leurs clameurs contre ce droit de la défense, demandant audacieusement une exception à l'humanité contre le *tyran rebelle à la nation;* en vain Thuriot s'était-il écrié : « Il faut que le tyran porte sa tête sur l'échafaud ! » La Convention s'était soulevée presque unanimement contre cette impatience de bourreau; elle voulait garder la dignité de juge. Quatre de ses membres, Cambacérès, Thuriot, Dupont de Bigorre et Dubois-Crancé, furent chargés de porter au Temple le décret qui permettait au roi de se choisir un conseil de défense. La loi autorisait l'accusé à le composer de deux défenseurs.

Le roi choisit les deux plus célèbres avocats de Paris : MM. Tronchet et Target. Il donna lui-même aux commissaires l'adresse de la maison de campagne qu'habitait Tronchet. Il déclara ignorer la demeure de Target. Ces noms rapportés dans la même séance à la Convention, le ministre de la justice, Garat, fut chargé de notifier aux deux défenseurs le choix que le roi avait fait d'eux pour ce dernier ministère de dévouement et de salut.

Tronchet, avocat formé aux luttes politiques par les orages de l'Assemblée constituante, dont il avait été un membre laborieux, accepta sans hésiter la mission glorieuse qui tombait du cœur d'un proscrit sur son nom.

Target, parole sonore, mais âme pusillanime, s'effraya du danger de paraître en complicité même avec la dernière pensée d'un mourant. Il écrivit à la Convention une lettre d'excuses dans laquelle il écartait de lui une tâche à laquelle ses principes, disait-il, ne lui permettaient pas de s'attendre. Cette faiblesse, loin de populariser Target, le rendit l'objet de la pitié de tous les partis.

Plusieurs noms s'offrirent pour remplacer Target. Le roi choisit Desèze, avocat de Bordeaux, établi à Paris. Le jeune Desèze dut à ce choix, dont il était digne, car il en était fier, la célébrité d'une longue vie, la première magistrature de la justice sous un autre règne, et l'illustration perpétuée de son nom dans sa race.

Mais ces deux hommes n'étaient que les avocats du roi. Il lui fallait un ami. Pour la consolation de ses derniers jours et pour la gloire du cœur humain, cet ami se trouva.

X

Il y avait alors dans une solitude près de Paris un vieillard du nom de Lamoignon, nom illustre et consulaire dans les hautes magistratures de l'ancienne monarchie. Les Lamoignon étaient de ces familles parlementaires qui s'élevaient de siècle en siècle, par de longs services rendus à la nation, jusqu'aux premières fonctions du royaume, et non par les faveurs de cour ou par les caprices des rois. Ces familles conservaient ainsi dans leurs opinions et dans leurs mœurs quelque chose de populaire qui les rendait secrètement chères à la nation, et qui les faisait ressembler plutôt aux grandes familles patriciennes des républiques qu'aux familles militaires ou parvenues des monarchies. Le faible reste de liberté que les mœurs laissaient subsister dans l'ancienne monarchie reposait en entier sur cette caste. Seuls, ces magistrats rappelaient de temps en temps aux rois, dans des représentations respectueuses, qu'il y avait encore une opinion publique. C'était l'opposition héréditaire du pays.

Ce vieillard, du nom de Malesherbes, âgé de soixante-quatorze ans, avait été deux fois ministre de Louis XVI. Ses ministères avaient été de peu de durée, payés d'ingratitude et d'exil, non par le roi, mais par la haine du clergé, de l'aristocratie et des cours. Libéral et philosophe, Malesherbes était un de ces précurseurs qui devancent, dans un régime d'arbitraire et d'abus, l'application des règles de justice et de raison que les idées appellent, mais auxquelles résistent les choses. Si de tels hommes étaient toujours à la tête des gouvernements, il y aurait à peine besoin de lois. Ils sont eux-mêmes des lois, car ils sont la lumière, la justice et la vertu d'un temps.

Élève de Jean-Jacques Rousseau, ami de Turgot, qui avait porté le premier la philosophie dans l'administration, Malesherbes s'était fait chérir des philosophes du dix-huitième siècle en favorisant, comme directeur général de la librairie, l'introduction de l'*Encyclopédie*, cet arsenal des idées nouvelles, en France. Sous une législation de ténèbres légales et de censure, Malesherbes avait hardiment trahi les abus régnants en se déclarant le complice de la lumière. L'Église et l'aristocratie ne lui avaient pas pardonné. Il était un de ces noms qu'on accusait le plus d'avoir sapé la religion et le pouvoir en croyant saper la superstition et la tyrannie. Le fond de son cœur était en effet républicain, mais ses mœurs et ses sentiments étaient encore monarchiques. Exemple vivant de cette contradiction intérieure qui existe dans ces hommes nés, pour ainsi dire, aux frontières des révolutions, dont les idées sont d'un temps et dont les habitudes d'esprit sont d'un autre. Le républicanisme de Malesherbes était à la république du moment ce que l'idée philosophique du sage est aux mouvements tumultueux d'un peuple. Sa théorie tremblait et s'indignait devant la réalisation. Il ne désavouait pas les doctrines de sa vie, mais il se voilait le visage pour ne pas contempler leurs excès. Les malheurs du roi lui arrachaient des larmes amères. Ce prince avait été l'espérance et quelquefois l'illusion de Malesherbes. Témoin et confident de ses vœux pour le bonheur du peuple et pour la réforme de la monarchie, Malesherbes avait cru voir dans le jeune roi un de ces souverains réformateurs qui abdiquent d'eux-mêmes le despotisme, qui prêtent leurs forces aux révolutions pour les accomplir et les modérer, et qui légitiment la royauté par les bienfaits qu'ils font découler de l'âme d'un roi honnête homme. Ministre un moment, Malesherbes avait perdu sa place sans perdre son attachement pour le roi. Il sentait que l'influence de la cour lui avait arraché son élève, mais lui avait laissé un secret ami dans son maître. Du fond de son exil, il l'avait suivi des yeux depuis les états généraux jusqu'au cachot du Temple. Une correspondance secrète, à rares intervalles, avait porté à Louis XVI les souvenirs, les vœux, les commisérations de son ancien serviteur. A la nouvelle du procès du roi, Malesherbes avait quitté sa retraite à la campagne et avait écrit à la Convention. Le président Barère lut sa lettre à l'Assemblée :

« Citoyen président, disait M. de Malesherbes, j'ignore si la Convention donnera à Louis XVI un conseil pour le défendre, et si elle lui en laissera le choix. Dans ce cas je désire que Louis XVI sache que, s'il me choisit pour cette fonction, je suis prêt à m'y dévouer. Je ne vous demande pas de faire part à la Convention de mon désir ; car je suis bien éloigné de me croire un personnage assez important pour qu'elle s'occupe de moi. Mais j'ai été appelé deux fois au conseil de celui qui fut mon maître, dans le temps où cette fonction était ambitionnée par tout le monde. Je lui dois le même service lorsque c'est une fonction que bien des gens trouvent dangereuse. Si je connaissais un moyen de lui faire connaître mes dispositions, je ne prendrais pas la liberté de m'adresser à vous. J'ai pensé que, dans la place que vous occupez, vous auriez plus de moyens que personne de lui faire passer cet avis. »

Au nom de Malesherbes, la Convention tout entière éprouva cette commotion électrique que donne aux hommes assemblés le nom d'un homme de bien, et ce frémissement qui parcourt la foule à l'aspect d'un acte de courage et de vertu. La haine elle-même reconnut les saints droits de l'amitié dans la demande de M. de Malesherbes. Cette demande fut accordée. Quelques membres protestèrent contre le système de lenteurs que les formalités du procès allaient perpétuer entre le coupable et l'échafaud. « On veut par ces ajournements prolonger cette affaire pendant un mois, dit Thuriot. — Les rois, s'écrie Legendre, n'ajournent pas leurs vengeances contre les peuples, et vous ajourneriez la justice du peuple contre un roi ! — Il faut briser le buste de Brutus, continua Billaud-Varennes en montrant du geste la statue de ce Romain, car il n'a pas balancé comme nous à venger un peuple d'un tyran. »

XI

Malesherbes, introduit le jour même dans la tour où gémissait son maître, fut forcé d'attendre dans le dernier guichet ; les commissaires de la commune chargés d'empêcher l'introduction furtive de toute arme qui pourrait soustraire le roi par le suicide à l'échafaud l'arrêtèrent longtemps dans cette pièce. Le nom et l'aspect du vieillard inspirèrent quelque pudeur aux gardiens. Il se fouilla lui-même devant eux. Il n'avait sur lui que quelques pièces diplomatiques et le journal des séances de la Convention. Dorat-Cubières, membre de la commune, homme plus vaniteux que cruel, fanfaron de liberté, écrivain de boudoirs, déplacé dans les tragédies de la Révolution, était de service dans l'antichambre du roi. Dorat-Cubières connaissait M. de Malesherbes et révérait en lui un philosophe que Voltaire, son maître, avait signalé souvent à la reconnaissance des sages. Il fit approcher le vieillard du foyer de la cheminée et s'entretint familièrement avec lui. « Malesherbes, lui dit-il, vous êtes l'ami de Louis XVI ; comment pouvez-vous lui apporter des journaux où il verra toute l'indignation du peuple exprimée contre lui ? — Le roi n'est pas un homme comme un autre, répondit M. de Malesherbes ; il a une âme forte, il a une foi qui l'élève au-dessus de tout. — Vous êtes un honnête homme, vous, reprit Cubières, mais si vous ne l'étiez pas, vous pourriez lui porter une arme, du poison, lui conseiller une mort volontaire ! » La physionomie de M. de Malesherbes trahit à ces mots une réticence qui semblait indiquer en lui la pensée d'une de ces morts antiques qui enlevaient l'homme à la fortune et qui le rendaient, dans les extrémités du sort, son propre juge et son propre libérateur ; puis, comme se reprenant lui-même de sa pensée : « Si le roi, dit-il, était de la religion des philosophes, s'il était un Caton ou un Brutus, il pourrait se tuer. Mais le roi est pieux, il est chrétien ; il sait que sa religion lui défend d'attenter à sa vie, il ne se tuera pas. » Ces deux hommes échangèrent à ces mots entre eux un regard d'intelligence et se turent, comme réfléchissant en eux-mêmes laquelle de ces deux doctrines était la plus courageuse et la plus sainte : de celle qui permet de se dérober au sort, ou de celle qui ordonne de subir sa destinée en l'acceptant.

La porte de la chambre du roi s'ouvrit. Malesherbes s'avança, incliné et d'un pas chancelant, vers son maître. Louis XVI était assis auprès d'une petite table. Il tenait à la main et lisait avec recueillement un volume de *Tacite,* cet évangile romain des grandes morts. A l'aspect de son ancien ministre, le roi rejeta le livre, se leva et s'élança les bras ouverts et les yeux mouillés vers le vieillard : « Ah ! lui dit-il en le serrant dans ses bras, où me retrouvez-vous? et où m'a conduit ma passion pour l'amélioration du sort de ce peuple que nous avons tant aimé tous les deux? Où venez-vous me chercher? Votre dévouement expose votre vie et ne sauvera pas la mienne ! »

Malesherbes exprima au roi, en pleurant sur ses mains, le bonheur qu'il éprouvait à lui consacrer un reste de vie et à lui montrer dans les fers un attachement toujours suspect dans les palais. Il essaya de rendre au prisonnier l'espérance dans la justice de ses juges et dans la pitié d'un peuple lassé de le persécuter. « Non, non, répondit le roi, ils me feront mourir, j'en suis sûr; ils en ont le pouvoir et la volonté. Qu'importe? occupons-nous de mon procès comme si je devais le gagner; et je le gagnerai en effet, puisque la mémoire que je laisserai sera sans tache. »

XII

Tronchet et Desèze, introduits tous les jours au Temple avec Malesherbes, préparèrent les éléments de la défense. Le roi, parcourant avec eux les textes d'accusation et les différentes circonstances de son règne qui réfutaient dans sa pensée l'accusation, passait de longues heures à dérouler à ses défenseurs sa vie publique. Tronchet et Desèze venaient à cinq heures et se retiraient à neuf. M. de Malesherbes, devançant l'heure de ces séances, était introduit tous les matins chez le roi. Il apportait au prince les papiers publics, les lisait avec lui, et préparait le travail du soir.

C'est dans ces entretiens particuliers entre le prince et le philosophe que l'âme du roi s'attendrissait et s'épanchait en liberté; l'amitié de Malesherbes changeait quelquefois ces épanchements en espérances, toujours en consolations. La rudesse des commissaires de la commune suspendait souvent ces entretiens en exigeant que la porte de la chambre du roi restât ouverte pour qu'ils pussent entendre la conversation. Le roi et le vieillard se retiraient alors dans le fond de la tourelle, et, refermant la porte sur eux, échappaient à l'odieuse inquisition de ces hommes qui cherchaient des crimes entre l'oreille de la victime et la bouche du consolateur.

Le soir, quand M. de Malesherbes, Tronchet et Desèze

s'étaient retirés, le roi lisait seul les discours prononcés pour ou contre lui la veille à la Convention. On eût cru, à l'impartialité de ses observations, qu'il lisait l'histoire d'un règne lointain. « Comment pouvez-vous lire de sang-froid ces invectives? lui demandait un jour Cléry. — J'apprends jusqu'où peut aller la méchanceté des hommes, répondit le roi. Je ne croyais pas qu'il pût en exister de semblables. » Et il s'endormit.

Un peloton de fil dans lequel était roulé un papier où des piqûres d'aiguille figuraient les lettres servaient aux princesses à correspondre avec le captif. Turgy, qui faisait à la fois le service de table chez le roi et chez la reine, cachait le peloton dans une armoire de la salle à manger. Là, Cléry trouvait et remettait à la place le peloton qui renfermait les réponses du roi. Ainsi les mêmes espérances et les mêmes craintes, glissant à travers les murs, palpitaient à la fois dans les deux étages et confondaient en une même pensée les âmes des prisonniers.

Plus tard, une ficelle, à l'extrémité de laquelle était attaché un billet, glissait de la main de la reine dans l'abat-jour en forme d'entonnoir qui garnissait la fenêtre du roi, placée directement au-dessous de la sienne, et remontait chargée des confidences et des tendresses de Louis à sa femme et à sa sœur.

Depuis qu'il était isolé, le roi avait refusé de descendre pour respirer l'air au jardin. « Je ne puis me résoudre à sortir seul, disait-il; la promenade ne m'était douce que quand j'en jouissais avec ma femme et mes enfants. » Le 19 décembre, il dit, à l'heure du déjeuner, à Cléry, devant les quatre municipaux de garde : « Il y a quatorze ans, vous fûtes plus matinal qu'aujourd'hui. » Un sourire triste révéla à Cléry le sens de ces paroles. Le serviteur attendri se tut pour ménager la sensibilité d'un père. « C'est le jour, poursuivit le roi, où naquit ma fille ! Aujourd'hui, son jour de naissance ! être privé de la voir ! » Des larmes roulèrent sur son pain. Les municipaux, muets et attendris, semblèrent respecter ce souvenir des jours heureux qui traversait la prison comme pour la rendre plus sombre.

XIII

Le lendemain, Louis se renferma seul dans son cabinet, et il écrivit longtemps. C'était son testament, suprême adieu à l'espérance. De ce jour, il n'espéra plus que dans l'immortalité. Il léguait en paix tout ce qu'il avait à léguer dans son âme : sa tendresse à sa famille, sa reconnaissance à ses serviteurs, son pardon à ses ennemis. Après cet acte, il parut plus calme. Il avait signé en chrétien la dernière page de sa destinée.

« Moi, disait en termes textuels mais plus étendus cette confession posthume où l'homme semble parler d'une autre vie, moi, Louis XVI du nom, roi de France, renfermé depuis quatre mois avec ma famille dans la tour du Temple, à Paris, par ceux qui étaient mes sujets, et privé de toute communication quelconque depuis onze jours, même avec ma famille ; impliqué de plus dans un procès dont il est impossible de prévoir l'issue, à cause des passions des hommes ; n'ayant que Dieu pour témoin de mes pensées et à qui je puisse m'adresser, je déclare ici, en sa présence, mes dernières volontés et mes sentiments. Je laisse mon âme à Dieu mon créateur. Je le prie de la recevoir dans sa miséricorde. Je meurs dans la foi de l'Église et dans l'obéissance d'esprit à ses décisions. Je prie Dieu de me pardonner tous mes péchés. J'ai cherché à les reconnaître scrupuleusement, à les détester et à m'humilier devant lui... Je prie tous ceux que je pourrais avoir offensés involontairement (car je ne me souviens pas d'avoir fait sciemment aucune offense à personne) de me pardonner le mal qu'ils croient que je puis leur avoir fait... Je prie tous ceux qui ont de la charité d'unir leurs prières aux miennes... Je pardonne de tout mon cœur à ceux qui se sont faits mes ennemis, sans que je leur en aie donné aucun motif, et je prie Dieu de leur pardonner, de même qu'à ceux qui, par un faux zèle ou par un zèle mal entendu, m'ont fait beaucoup de mal... Je recommande à Dieu ma femme et mes enfants, ma sœur, mes tantes, mes frères, et tous ceux qui me sont attachés par les liens du sang ou de quelque autre manière que ce puisse être. Je prie Dieu particulièrement de jeter des yeux de miséricorde sur ma femme, mes enfants, ma sœur, qui souffrent depuis longtemps avec moi; de les soutenir par sa grâce s'ils viennent à me perdre et tant qu'ils resteront dans ce monde périssable...

» Je recommande mes enfants à ma femme; je n'ai jamais douté de sa tendresse pour eux. Je lui recommande surtout de ne leur faire regarder les grandeurs de ce monde, s'ils sont condamnés à les éprouver, que comme des biens dangereux et passagers, et de tourner leurs regards vers la seule gloire solide et durable de l'éternité...

Je prie ma sœur de continuer sa tendresse à mes enfants, et de leur tenir lieu de mère s'ils avaient le malheur de perdre leur mère véritable... Je prie ma femme de me pardonner tous les maux qu'elle souffre pour moi, et les chagrins que je pourrais lui avoir donnés dans le cours de notre union; comme elle peut être sûre que je n'emporte rien contre elle, si elle croyait avoir quelque chose à se reprocher.

» Je recommande bien à mes enfants, après ce qu'ils doivent à Dieu, qui passe avant tout, de rester toujours unis entre eux, soumis et obéissants à leur mère, reconnaissants de toutes les peines qu'elle prend pour eux et en mémoire de moi... Je les prie de regarder ma sœur comme une seconde mère...

» Je recommande à mon fils, s'il avait le malheur de devenir roi, de songer qu'il se doit tout entier au bonheur de ses concitoyens, qu'il doit oublier toute haine et tout ressentiment, et nommément ce qui a rapport aux malheurs et aux chagrins que j'éprouve. Qu'il se souvienne qu'on ne peut faire le bonheur du peuple qu'en régnant suivant les lois; mais en même temps qu'un roi ne peut faire respecter les lois et opérer le bien qui est dans son cœur qu'autant qu'il a en main l'autorité nécessaire, et qu'autrement, étant contrarié dans ses actes et n'inspirant pas de respect, il est plus nuisible qu'utile!... Qu'il songe que j'ai contracté une dette sacrée envers les enfants de ceux qui ont péri pour moi et de ceux qui sont malheureux à cause de moi!... Je lui recommande MM. Hue et Chamilly, que leur véritable attachement pour moi avait portés à s'enfermer dans ce triste séjour. Je lui recommande aussi Cléry, des soins duquel j'ai à me louer depuis qu'il est avec moi; comme c'est lui qui est resté avec moi jusqu'à la fin, je prie la commune de lui remettre mes vêtements, mes livres, ma montre, ma bourse et les autres petits meubles qui m'ont été enlevés et déposés au conseil de la commune... Je pardonne à mes gardiens les mauvais traitements et les gênes dont ils ont cru devoir user envers moi... J'ai trouvé parmi eux quelques âmes sensibles et compatissantes. Que ceux-là jouissent dans leur cœur de la tranquillité que doit leur donner leur façon de penser!... Je prie MM. de Malesherbes, Tronchet et Desèze, de recevoir ici tous mes remercîments et l'expression de ma sensibilité pour tous les soins et pour toutes les peines qu'ils se sont donnés pour moi....

» ... Je finis en déclarant devant Dieu, et prêt à paraître devant lui, que je ne me reproche aucun des crimes qui sont avancés contre moi!...

» Fait double à la tour du Temple le... janvier 1793.

» Louis. »

XIV

Ainsi cette âme, en s'ouvrant dans son dernier examen au jour scrutateur de l'immortalité, ne lisait rien dans ses pensées les plus secrètes qu'intention honnête, tendresse et pardon. L'homme et le chrétien étaient sans tache. Tout le crime ou plutôt tout le malheur était dans la situation. Ce papier, empreint de ses tendresses, trempé de ses larmes et bientôt de son sang, était l'irrécusable témoignage que sa conscience portait d'elle-même devant Dieu. Quel peuple n'eût adoré un tel homme, si cet homme n'eût pas été un roi? Mais quel peuple, de sang-froid, n'eût absous un tel roi, qui savait lui-même tant pardonner et tant aimer? Ce testament, le plus grand acte de la vie de Louis XVI parce qu'il fut l'acte de son âme seule, jugeait plus infailliblement sa vie et son règne que le jugement inflexible porté bientôt par des hommes irrités. En se dévoilant ainsi lui-même à l'avenir, Louis accusait involontairement la dureté des temps qui allaient le condamner au supplice. Il croyait avoir pardonné, et, par la sublimité même de sa douceur, il s'était à jamais vengé!

XV

Le même jour ses défenseurs vinrent lui présenter le plan complet de sa défense. Malesherbes et le roi lui-même avaient fourni les documents de fait, Tronchet les arguments de droit. Desèze avait rédigé le plaidoyer. Desèze lut cette défense. La péroraison s'adressait à l'âme du peuple et s'efforçait de fléchir les juges par le tableau pathétique des vicissitudes de la famille royale. Cette apostrophe à la nation arracha des larmes des yeux de Malesherbes et de Tronchet. Le roi lui-même était ému de la pitié que son défenseur voulait inspirer à ses ennemis. Sa fierté rougit cependant d'implorer d'eux une autre justice que la justice de leur conscience. « Il faut retrancher cette péroraison, dit Louis à Desèze, je ne veux point attendrir mes accusateurs! » Desèze résista; mais la dignité de sa mort appartient au mourant. Le défenseur céda. Quand il se fut retiré avec Tronchet, le roi, resté seul avec Malesherbes, parut obsédé d'une pensée secrète. « J'ai une grande peine ajoutée à tant d'autres, dit-il à son ami. Desèze et Tronchet ne me doivent rien; ils me donnent leur temps, leur travail et peut-être leur vie. Comment reconnaître un tel service? Je n'ai plus rien; quand je leur ferais un legs, ce legs ne serait pas acquitté. D'ailleurs, ce n'est pas la fortune qui acquitte une telle dette! — Sire, dit Malesherbes, leur conscience et la postérité se chargeront de leur récompense. Mais vous pouvez dès à présent leur en accorder une qu'ils estimeront à plus haut prix que vos plus riches faveurs quand vous étiez heureux et puissant. — Laquelle? demanda le roi. — Sire, embrassez-les! » Le lendemain, quand Desèze et Tronchet entrèrent dans la chambre du captif pour l'accompagner à la Convention, le roi en silence s'approcha d'eux, ouvrit ses bras et les tint longtemps embrassés. L'accusé et les défenseurs ne se parlèrent que par leurs sanglots. Le roi se sentit soulagé. Il avait donné tout ce qu'il avait, un serrement contre son cœur. Desèze et Tronchet se sentirent payés. Ils avaient reçu tout ce qu'ils ambitionnaient : le salaire de larmes d'un malheureux abandonné de tous ses sujets, le geste de reconnaissance d'un mourant.

XVI

Quelques instants après, Santerre, Chambon et Chaumette vinrent prendre le roi et le conduisirent pour la seconde fois, avec le même appareil de forces, à la Convention. La Convention le fit attendre près d'une heure, comme un client vulgaire, dans la salle qui précédait l'enceinte de ses délibérations. L'extérieur du roi était plus décent, son costume moins délabré qu'à son premier interrogatoire. Sa figure témoignait moins de l'habitation des cachots. Ses amis lui avaient conseillé de ne pas couper sa barbe, afin que la cruauté de ses geôliers, écrite sur son visage, excitât par les yeux l'indignation et l'intérêt du peuple. Le roi avait rejeté avec dédain ce moyen théâtral d'émotion en sa faveur. Il avait placé son droit à la compassion dans son âme, et non dans ses habits. Les commissaires, sur sa demande, avaient consenti à remettre des ciseaux à Cléry pour raser son maître. Ses traits étaient reposés, ses yeux sereins. Plus fait pour la résignation que pour la lutte avec le sort, l'approche du malheur suprême grandissait Louis XVI.

Il se promena avec une attitude d'indifférence entre ses deux défenseurs, au milieu des groupes de députés curieux qui sortaient de la salle pour le contempler. Il causait sans chaleur et sans trouble avec Malesherbes. Le vieillard, en lui répondant, s'était servi du titre de Majesté, plus respectueux à mesure que la fortune était plus insolente, Treilhard entendit cette expression. S'avançant entre le roi et Malesherbes : « Qui vous donne, dit Treilhard à l'ancien ministre, la dangereuse audace de prononcer ici des titres proscrits par la nation? — Le mépris de la vie! » répondit dédaigneusement Malesherbes, et il continua la conversation.

XVII

La Convention, ayant fait entrer le roi accompagné de ses défenseurs, écouta dans un religieux silence les discours de Desèze. On voyait à l'attitude de la Montagne qu'il n'y avait plus d'agitation parce qu'il n'y avait plus de doute. Les juges avaient la patience de la certitude. Ils donnaient une heure à ce roi, à qui, dans leur pensée, ils avaient déjà enlevé une vie. Desèze parla avec dignité, mais sans éclat. Il garda le sang-froid de la raison devant l'ardeur d'une passion publique. Son plaidoyer, au niveau de ses devoirs de défenseur, ne s'éleva que dans quelques phrases au niveau de la circonstance. Il discuta quand il fallait frapper. Il oublia qu'il n'y a d'autre conviction pour un peuple que ses émotions; que la témérité des paroles est, dans certains cas, la souveraine prudence, et qu'il n'y a dans les circonstances suprêmes qu'une éloquence désespérée qui puisse sauver tout, en risquant de tout perdre.

Ce fut une des fatalités attachées à la vie de Louis XVI

de n'avoir pas trouvé pour disputer ou pour reprocher sa mort au peuple une de ces voix qui élèvent la pitié à la hauteur de l'infortune et qui font retentir de siècle en siècle les chutes des trônes, les catastrophes des empires et le contre-coup de la hache qui tranche la tête des rois, avec des paroles aussi hautes, aussi grandes, aussi solennelles que ces événements. Qu'un Bossuet, un Mirabeau, un Vergniaud se fussent rencontrés à la place de Desèze, Louis XVI n'eût pas été défendu avec plus de zèle, plus de prudence et plus de logique; mais leur parole, toute politique et non judiciaire, eût résonné comme une vengeance sur la tête des juges, comme un remords sur le cœur du peuple; et si la cause n'eût pas été gagnée devant le tribunal, elle était à jamais illustrée devant la postérité. Dans les causes qui ne sont pas d'un jour, c'est une faute de parler au temps; il faut parler à l'avenir, car c'est lui qui est le véritable juge. Louis XVI et ses défenseurs l'oublièrent trop. Toutefois, il resta de ce plaidoyer un mot sublime et qui résumait en une accusation directe toute la situation : « Je cherche parmi vous des juges, et je n'y vois que des accusateurs ! »

XVIII

Le roi, qui avait écouté sa propre défense avec un intérêt qui semblait porter davantage sur son défenseur que sur lui-même, se leva quand Desèze eut fini de parler. « On vient de vous exposer, dit-il, mes moyens de défense, je ne les renouvellerai pas. En vous parlant peut-être pour la dernière fois, je vous déclare que ma conscience ne me reproche rien et que mes défenseurs ne vous ont dit que la vérité. Je n'ai jamais craint que ma conduite fût examinée publiquement; mais mon cœur est déchiré de trouver dans l'acte d'accusation l'imputation d'avoir voulu faire répandre le sang du peuple, et surtout que les malheurs du 10 août me soient attribués. J'avoue que les preuves multipliées que j'avais données dans tous les temps de mon amour pour le peuple me paraissaient m'avoir placé au-dessus de ce reproche, moi qui me serais exposé moi-même pour épargner une goutte du sang de ce peuple! » Il sortit après ces paroles.

« Qu'on le juge sans désemparer! demande Bazire. — L'appel nominal à l'instant même! s'écrie Duhem; il est temps que la nation sache si elle a raison de vouloir être libre ou si c'est pour elle un crime! — Et moi, reprend Lanjuinais, je demande que nous rapportions le décret par lequel nous nous sommes constitués juges de Louis XVI! Voilà ma réponse à la proposition qu'on vous fait! Que Louis XVI soit jugé, oui, c'est-à-dire que la loi soit appliquée à son procès, que les formes salutaires protectrices réservées à tous les citoyens lui soient octroyées comme à tout autre homme; mais qu'il soit jugé par la Convention nationale, qu'il soit jugé par les conspirateurs qui se sont déclarés eux-mêmes, à cette tribune, les auteurs de la journée du 10 août!... — A l'Abbaye! s'écrient les voix de la Montagne. — Vous vous déclarez trop ouvertement le partisan de la tyrannie! dit Thuriot. — C'est un royaliste! il a fait le procès du 10 août, vociférèrent ensemble

Duhem, Legendre, Billaud, Duquesnoy. — Il va bientôt nous transformer en accusés et le roi en juge, observe ironiquement Julien. — Je dis, reprend Lanjuinais, que vous, les conspirateurs avoués du 10 août, vous seriez à la fois les ennemis, les accusateurs, le jury d'accusation, le jury de jugement et les juges... — Faites-le taire! c'est la guerre civile qui parle! je demande à l'accuser les preuves à la main! dit Choudieu. — Vous m'écouterez, reprend Lanjuinais. — Non! non! à bas de la tribune! à la barre, à la barre des accusés! crient mille voix. — A l'Abbaye! à l'Abbaye! » leur répondent les voix des tribunes. Le silence se rétablit.

« Je n'ai point incriminé, reprend froidement Lanjuinais, la conspiration du 10 août. Je dis qu'il y a de saintes conspirations contre la tyrannie; je sais que ce Brutus, dont je vois là l'image, a été un de ces illustres et saints conspirateurs; mais je continue mon raisonnement, et je dis : Vous ne pouvez être juges de l'homme désarmé dont vous vous êtes déclarés vous-mêmes les ennemis mortels et personnels! vous ne pouvez être juges, ayant tous, ou presque tous, déclaré d'avance votre opinion, et quelques-uns avec une férocité scandaleuse. (Des murmures de colère grondent de nouveau sur quelques bancs). Il y a une loi naturelle, imprescriptible, positive, qui veut que tout accusé soit jugé sous la protection des lois de son pays. Si donc il est vrai que nous ne pouvons rester juges; s'il est vrai que moi et plusieurs autres nous aimons mieux mourir que de condamner à mort, en violant la justice, le plus abominable des tyrans... » Une voix s'élève : « Vous aimez donc mieux le salut du tyran que le salut du peuple!... » Lanjuinais cherche des yeux l'interrupteur comme pour le remercier du fil qu'il lui tend. « J'entends parler du salut du peuple, reprend Lanjuinais, c'est là l'heureuse transition dont j'avais justement besoin. Ce sont donc des idées politiques que l'on vous appelle à discuter, et non pas des idées judiciaires. J'ai donc eu raison de vous dire que vous ne deviez pas siéger ici comme juges, mais comme législateurs. La politique veut-elle que la Convention soit déshonorée? La politique veut-elle que la Convention cède à l'orageuse versatilité de l'opinion publique? Certes, il n'y a qu'un pas, dans l'opinion publique, de la haine et de la rage à l'amour et à la pitié. Et moi je vous dis aussi : Pensez au salut du peuple. Le salut du peuple veut que vous vous absteniez d'un jugement qui créera d'affreuses calamités pour la nation, d'un jugement qui servira à vos ennemis dans les horribles conspirations qu'ils trament contre vous! » Lanjuinais descend au milieu des murmures.

« On vous demande, répond Amar, quels seront les juges? On vous dit : « Vous êtes tous parties intéressées! » Mais ne vous dira-t-on pas aussi que le peuple français est partie intéressée, parce que c'est sur lui qu'ont porté les coups du tyran? A qui donc faudra-t-il en appeler? Aux planètes, sans doute? — Non, à une assemblée de rois, ajoute Legendre avec un éclat de rire qui retentit dans les tribunes. — Jugeons sans désemparer, répète Duhem : quand les Autrichiens bombardaient Lille au nom du tyran, ils ne désemparaient pas. — Trêve à ces déclamations, réplique Kersaint; nous sommes ses juges et non ses bourreaux! » Quelques membres, fatigués ou indécis, demandent l'ajournement de la discussion à une autre séance. Le président le met aux voix. La majorité le prononce. Quatre-vingts députés de la Montagne s'élancent de leurs bancs vers la tribune et menacent le président. Julien s'empare de la tribune aux applaudissements de la Montagne. « On veut nous dissoudre, dit Julien, soutenu par les signes de tête de Robespierre et par les gestes de Legendre et de Saint-Just. — Oui, mais c'est vous! lui crie Louvet. — On veut dissoudre la république, reprend Julien, en attaquant la Convention dans ses bases. Mais, nous, les amis du peuple, nous avons juré de mourir pour la république et pour lui. (La Montagne applaudit.) J'habite les hauteurs, poursuit Julien en montrant de la main les bancs élevés du côté gauche, elles seront les Thermopyles du peuple! — Oui, oui, nous y mourrons tous! » répondent en masse et en se levant, la main tendue vers Julien, les députés qui siègent sur la Montagne. Julien accuse le président de partialité et de connivence avec Malesherbes. Le président se justifie. L'ordre se rétablit. Quinette présente un projet de décret qui règle le mode de jugement du roi. Camille Desmoulins, Robespierre, demandent à combattre ce projet.

Couthon se fait porter à la tribune. « Citoyens, dit-il, Capet est accusé de grands crimes; dans ma conscience, il est convaincu. Accusé, il faut qu'il soit jugé; car il est dans la justice éternelle que tout coupable soit condamné. Par qui sera-t-il jugé? Par vous, car la nation vous a constitués en grand tribunal d'État. Vous n'avez pu vous créer juges, mais vous l'êtes par la volonté suprême du peuple. » Salles veut parler dans le sens de Lanjuinais; le tumulte couvre sa voix. « Je déclare, s'écrie Salles, qu'on nous fait délibérer sous le couteau! »

Pétion, repoussé trois fois par les vociférations de la Montagne et par les apostrophes de Marat, qui s'élance pour l'arracher de la tribune, parvient à se faire entendre.

Aux premiers mots qu'il prononce : « Nous ne voulons pas d'opinion à la Pétion, lui crie Duhem. — Nous n'avons pas besoin de ses leçons, ajoute Legendre. — A bas le roi Jérôme Pétion ! » hurlent ces mêmes tribunes, qui quatre mois auparavant proclamaient Pétion le roi du peuple.

Barbaroux, Serres, Rebecqui, Duperret, tous les jeunes députés amis de Roland s'élancent vers les bancs de la Montagne, d'où partent les apostrophes contre Pétion. Les gestes, les menaces, les invectives, s'entre-choquent : « Nous en appelons au peuple! Nous en appelons aux départements! Lâches! brigands! assassins! royalistes! » Les mots ne suffisent plus à l'explosion des colères ; les attitudes achèvent les mots. Le président se couvre en signe de détresse de l'Assemblée. La Convention s'étonne, le silence renaît.

XIX

Pétion reprend : « Est-ce ainsi, citoyens, que se traitent les grands intérêts d'un empire? Est-ce ainsi que, pour des différences d'opinion entre nous, nous nous traitons mutuellement d'ennemis de la liberté, de royalistes? N'avons-nous pas juré tous que nous n'aurions plus de roi? Quel est celui qui fausserait ses serments? Qui voudrait un roi? Nous n'en voulons pas! — Non, non, personne! jamais! » s'écrie en se levant la Convention tout entière. Le duc d'Orléans, au milieu d'un groupe de députés de la Montagne, prolonge plus longtemps que ses collègues ce serment de haine à la royauté, et agite son chapeau au-dessus de sa tête pour s'associer avec plus d'évidence à l'enthousiasme qui répudie les rois.

« Mais, poursuit Pétion, il ne s'agit ici ni de prononcer sur la royauté abolie, ni sur le sort du roi, car Louis Capet ne l'est plus ; il s'agit de prononcer sur le sort d'un homme. Vous vous êtes établis ses juges, il faut que vous puissiez juger avec une pleine conviction des faits. Les vrais amis de la liberté et de la justice sont ceux qui veulent examiner avant de juger ! Plusieurs membres veulent, avec Lanjuinais, qu'on rapporte le décret par lequel il a été dit que Louis serait jugé ; d'autres veulent qu'il soit simplement prononcé sur son sort par mesure politique. Je suis de la première opinion. Mais il n'en faut préjuger aucune. Je demande que la résolution présentée par Couthon soit maintenue, mais en réservant la question soulevée dans le cours de la séance. » La Convention, ramenée au sang-froid par la voix courageuse et imposante encore de Pétion, vota la proposition de Couthon et les réserves de Pétion, qui laissaient des heures, des éventualités et des réflexions entre l'arrêt du peuple et la vie du roi.

XX

Pendant que ces agitations dans la salle trahissaient l'angoisse et l'irrésolution des juges, le roi, de retour dans la salle des inspecteurs de la Convention, se jeta dans les bras de Desèze. Il pressa les mains de son défenseur dans les siennes, essuya son front avec son mouchoir et chauffa lui-même la chemise destinée à remplacer celle que la sueur de cinq heures de tribune avait trempée sur le corps de Desèze. Dans ces soins familiers, que relevaient sa situation et son rang, le roi semblait oublier que sa propre vie s'agitait dans le tumulte de la salle voisine. On entendait le murmure continu et les éclats de voix qui partaient de l'enceinte de la Convention, sans pouvoir distinguer les paroles ni préjuger les résultats de la délibération. L'attention avec laquelle Desèze avait été écouté, les physionomies apaisées et les dispositions plus favorables de l'opinion publique qui se révélaient depuis quelques jours dans les théâtres et dans les lieux publics, rendaient quelque lueur d'espoir à Louis XVI. La rapidité avec laquelle son cortége le ramena cette fois au Temple en évitant les quartiers populeux fit penser au roi que ses amis veillaient. Le lendemain, un commissaire, nommé Vincent, qui ne cherchait dans ses fonctions que des occasions d'adoucir la rigueur du sort des prisonniers, se chargea de porter secrètement à la reine un exemplaire imprimé du plaidoyer de Desèze.

Rentré au temple, le roi, qui n'avait rien à offrir, détacha sa cravate et la donna à son avocat.

Le 1ᵉʳ janvier, à son réveil, Cléry s'approcha du lit de son maître et lui offrit à voix basse ses vœux pour la fin de ses malheurs. Le roi reçut ces vœux avec attendrissement, et leva les yeux au ciel en se souvenant des jours où ces mêmes hommages, murmurés aujourd'hui tout bas par le seul compagnon de son cachot, lui étaient apportés par tout un peuple dans les galeries de ses palais. Il se leva, parut prier avec plus de ferveur qu'à l'ordinaire, et conjura un municipal d'aller s'informer de la santé de sa fille malade, et de porter à la reine et à sa sœur les souhaits interceptés d'un prisonnier. Jusqu'au 16 janvier rien ne changea dans l'habitude des journées du roi, si ce n'est que M. de Malesherbes se présenta inutilement à la porte de la tour. M. de Malesherbes, dans ces différentes tentatives pour revoir le roi, était accompagné d'un jeune royaliste qu'un généreux attrait vers le malheur entraîna de bonne heure, et qui fut depuis, dans de meilleurs jours, le ministre et le conseiller austère de la monarchie des Bourbons, qu'il voulait réconcilier avec la liberté. Ce jeune homme se nommait Hyde de Neuville ; il donnait le bras à M. de Malesherbes et soutenait ses pas chancelants quand le vénérable défenseur de Louis XVI se rendait au Temple ou à la Convention.

Le prince passait ses heures à lire l'histoire d'Angleterre et surtout le volume qui contenait le jugement et la mort de Charles Ier, comme s'il eût cherché à se consoler en retrouvant sur le trône un second exemple de ses infortunes, et comme s'il eût voulu s'exercer à la mort et modeler ses derniers moments sur ceux d'un roi décapité.

XXI

Pendant ces jours où rien du dehors ne pénétra dans sa prison, les deux partis qui se disputaient la Convention continuèrent de s'entre-déchirer en se disputant sa vie.

Saint-Just reprit la parole le 27 décembre et réfuta en axiomes brefs et tranchants comme la hache la défense prononcée la veille. Il résuma son discours dans ces mots : « Si le roi est innocent, le peuple est coupable ! Vous avez proclamé la loi martiale contre les tyrans du monde, et vous épargneriez le vôtre ! La révolution ne commence que quand le tyran finit ! » Barbaroux parla sans conclure, et donna par une réticence, si contraire à l'énergie de son caractère, le premier symptôme de la fluctuation d'esprit des Girondins.

Lequinio répondit à Barbaroux : « Si je pouvais de cette main, dit-il, assassiner d'un seul coup tous les tyrans, je les frapperais à l'instant ! » Des applaudissements ayant éclaté dans la salle, et le président ayant menacé d'en appeler à la force pour rétablir l'ordre, un orage de voix éclata dans l'Assemblée. Vergniaud se plaignit de ces tumultes, qui présentaient la république naissante sous la forme hideuse de l'anarchie. Il demanda que le nom des députés censurés fût envoyé aux départements. « Nous ne sommes pas la Convention de Paris, s'écria Buzot, mais la Convention de la France et des départements ! »

Dans la séance du 17 janvier, le ministre des affaires étrangères, Lebrun, communiqua des notes de la cour d'Espagne. L'ambassadeur de cette cour intercédait pour la vie de Louis XVI, et promettait à ce prix l'éloignement des troupes que l'Espagne avait rassemblées sur les frontières des Pyrénées. « Loin de nous toute influence étrangère ! répondit Thuriot. — Nous ne traitons pas avec les rois, mais avec les peuples ! ajouta Chasles ; déclarons qu'à l'avenir aucun de nos agents ne traitera avec une tête couronnée avant que la république soit reconnue ! »

L'ordre du jour répondit dédaigneusement aux tentatives de l'ambassadeur d'Espagne.

On reprit la discussion sur le jugement du roi. Buzot et Brissot soutinrent l'appel au peuple. Carra, quoique Girondin, le combattit. Gensonné, dans un discours direct, apostropha longuement Robespierre.

« Il est, dites-vous, un parti qui veut enlever la Convention de Paris et faire égorger les citoyens par les citoyens. Tranquillisez-vous, Robespierre ! vous ne serez pas égorgé, et je crois même que vous ne ferez égorger personne. La bonhomie avec laquelle vous reproduisez sans cesse cette douceureuse invocation me fait craindre seulement que ce ne soit là le plus cuisant de vos regrets. Il n'est que trop vrai, l'amour de la liberté a aussi son hypocrisie et ses tartufes. On les reconnaît à leur haine contre les lumières et contre la philosophie, à leur adresse à caresser les préjugés et les passions du peuple. Il est temps de signaler cette faction à la nation entière. C'est elle qui règne aux Jacobins de Paris, et ses principaux chefs siégent parmi nous. Que veulent-ils ? Quel est leur but ? Quel étrange gouvernement se proposent-ils de donner à la France ? Ne disent-ils pas qu'aucun républicain ne restera sur le territoire français si Louis n'est pas envoyé au supplice ? qu'il faudra alors nommer un défenseur à la république ? Quoi ! vous ne formez pas une faction, et vous vous désignez vous-mêmes sous le nom de députés de la Montagne, comme si vous aviez choisi cette dénomination pour nous rappeler ce tyran d'Asie qui n'est connu dans l'histoire que par la horde d'assassins qu'il traînait à sa suite et par leur obéissance fanatique aux ordres sanguinaires de leur chef ! Robespierre ne vous a-t-il pas dit avec une précieuse naïveté que le peuple devait être moins jaloux d'exercer lui-même ses droits souverains que de les confier à des hommes qui en feront un bon usage? L'apologie du despotisme a toujours commencé ainsi..... Il ne faut pas que le jugement de Louis passe aux yeux de l'Europe pour l'œuvre de cette faction ! Le peuple seul doit sauver le peuple ! »

XXII

Une accusation d'ancienne complicité avec la cour, dirigée contre Vergniaud, Guadet, Brissot et Gensonné, répondit le lendemain à l'invective de Gensonné. Une lettre de ces quatre députés, adressée avant le 10 août au peintre du roi Boze, lettre dans laquelle ils donnaient des conseils à ce prince, attestait que le républicanisme avait eu en eux ses hésitations et ses complaisances, et que la constitution de 1791, si elle ne suffisait pas à leurs principes, aurait suffi à leur ambition, pourvu qu'ils en eussent été les directeurs. Cette correspondance, très-constitutionnelle du reste, n'avait pas d'autre crime. Guadet, Gensonné, Vergniaud, s'en lavèrent facilement, à l'aide de leur éloquence ordinaire et d'une majorité qui leur appartenait encore. Néanmoins cette accusation, tombée inopinément sur eux des mains des amis de Robespierre, et les soupçons qu'elle laissa dans l'esprit du peuple, firent sentir la nécessité de répondre à ces soupçons par des actes irrécusables de haine à la monarchie, et de se signer à eux-mêmes leurs

titres de républicains de quelques gouttes du sang d'un roi.
De ce jour ils commencèrent à délibérer entre le sacrifice
de la vie du roi et leur propre abdication. Un parti qui avait
vécu du vent de la faveur du peuple ne pouvait la perdre
sans mourir. Il voulut vivre. Il fallait que le roi mourût.

XXIII

Camille Desmoulins, qui mêlait toujours l'ironie à la
mort et qui ne trouvait jamais le sang des victimes assez
amer, à moins qu'il ne fût relevé par un sarcasme, combattit l'appel au peuple dans un discours qui ne put être
entendu, mais qu'il fit imprimer. Voici le projet de décret
qui résumait ce discours : « Il sera dressé un échafaud
dans la place du Carrousel. Louis y sera conduit avec un
écriteau portant ces mots écrits par devant : *Traître et
parjure à la nation;* et derrière : *Roi!* La Convention décrète en outre que le caveau funèbre des rois, à Saint-Denis, sera désormais la sépulture des brigands, des
assassins et des traîtres ! »

Merlin de Thionville, Hausmann et Rewbel, commissaires de la Convention aux armées, écrivirent aussi des
frontières : « Nous sommes entourés de blessés et de morts;
c'est au nom de Louis Capet que les tyrans égorgent nos
frères, et nous apprenons que Louis Capet vit encore! »
Cambacérès demanda l'appel au peuple. Danton présenta
un mode de délibération qui remettait en question tout ce

qui avait été décrété jusque-là ; Danton semblait cacher ainsi l'intention secrète de sauver le roi à la faveur de la confusion que ces questions multipliées feraient naître.

« C'est une chose bien affligeante, fit observer Couthon, que de voir le désordre où l'on jette l'Assemblée. Voilà trois heures que nous perdons pour un roi. Sommes-nous des républicains? Non, nous sommes de vils esclaves! » Enfin, sur la proposition de Fonfrède, la Convention décréta l'appel nominal sur chacune de ces trois questions successivement posées ; la première : « Louis est-il coupable? » la seconde : « La décision de la Convention sera-t-elle soumise à la ratification du peuple? » la troisième : « Quelle sera la peine? »

Sur la première question, à l'exception de Lalande de la Meurthe, de Baraillon de la Creuse, de Lafond de la Corrèze, de Lhomond du Calvados, d'Henri Larivière, d'Ysarn Valady, de Noël des Vosges, de Morisson de la Vendée, de Waudelincourt de la Haute-Marne, de Rouzet de la Haute-Garonne, qui se récusèrent en alléguant leur incompétence et l'incompatibilité des fonctions de législateurs et de juges, tous, c'est-à-dire six cent quatre-vingt-trois membres, répondirent : « Oui, Louis est coupable! »

XXIV

Sur la question de l'appel au peuple, deux cent quatre-vingt-une voix votèrent pour l'appel au peuple ; quatre cent vingt-trois voix votèrent contre tout recours à la nation. Au nombre des premiers on remarquait : Rebecqui, Barbaroux, Duprat, Durand de Maillane, Duperret, Fauchet, Cambon, Buzot, Pétion, Brissot, Vergniaud, Guadet, Gensonné, Grangeneuve, Lanjuinais, Louvet, Salles, Hardy, Mollevault, Valazé, Manuel, Dusaulx, Bertucat de Saône-et-Loire, Sillery, l'ami du duc d'Orléans, qui commençait à se détacher des Jacobins et de ce prince, et à pencher vers les doctrines et vers l'échafaud des Girondins.

Parmi les seconds : tous les membres de la Montagne et quelques membres du parti girondin, chez lesquels la jeunesse, l'ardeur et l'enivrement révolutionnaire étouffaient tout scrupule. Le résultat de cette épreuve consterna les hommes courageux de ce parti et décida les indécis.

Danton, muet et observateur jusque-là, saisit, dès le lendemain 16, la première occasion d'accentuer énergiquement l'impatience du sang qu'il n'avait pas dans l'âme, mais qu'il feignait pour rester au niveau de lui-même.

On délibérait sur un ordre de fermer les théâtres, donné par le conseil exécutif. « Je vous l'avouerai, citoyens, dit Danton en se relevant et en prenant l'attitude de l'homme de septembre, je croyais qu'il était d'autres objets qui devaient nous occuper que la comédie ! — Il s'agit de la liberté ! répondent quelques voix. — Oui, il s'agit de la liberté ! reprend Danton ; il s'agit de la tragédie que vous devez donner aux nations ! il s'agit de faire tomber sous la hache des lois la tête d'un tyran ! Je demande que nous prononcions sans désemparer sur le sort de Louis ! »

On vota la proposition de Danton. Lanjuinais ayant proposé ensuite que la peine fût votée aux deux tiers des voix et non à la majorité absolue, Danton reprit la parole comme un homme pressé d'en finir avec une situation qui lui pèse. « On prétend, dit-il, que telle est l'importance de cette question, qu'il ne suffit pas pour la décider des formes ordinaires de toute assemblée délibérante. Je demande pourquoi, quand c'est par une simple majorité qu'on a prononcé sur le sort d'une nation entière, quand on n'a pas même pensé à élever cette question lorsqu'il s'est agi d'abolir la royauté, on veut prononcer sur le sort d'un individu, d'un conspirateur, avec des formes plus scrupuleuses et plus solennelles. Nous prononçons comme représentants, par droit de souveraineté. Je demande si vous n'avez pas voté à la majorité absolue la république, la guerre. Et je demande si le sang qui coule au milieu des combats ne coule pas définitivement. Les complices de Louis XVI n'ont-ils pas subi immédiatement la peine sans aucun recours au peuple? Celui qui a été l'âme de ces complots mérite-t-il une exception? » On applaudit.

Lanjuinais ne laissa pas entraîner sa conscience à ce courant d'applaudissements créé par la parole de Danton. « Vous avez rejeté toutes les formes que la justice et certainement l'humanité réclamaient, la récusation, la forme silencieuse du scrutin, protectrice de la liberté des consciences et des suffrages; on paraît délibérer ici dans une Convention libre, mais c'est sous les poignards et les canons des factieux! » L'Assemblée repoussa ces considérations et déclara la séance permanente jusqu'à la prononciation du jugement. On commença le dernier appel nominal à huit heures du soir.

LIVRE TRENTE-CINQUIÈME

Aspect de la ville et de l'Assemblée. — Condamnation du roi. — Vergniaud. — Louis XVI. — L'abbé Firmont. — Dernière entrevue du roi avec sa famille. — Cortége. — Exécution. — Appréciation du jugement de Louis XVI.

I

L'aspect de la ville était menaçant, l'aspect de l'enceinte était sinistre. La commune et les Jacobins, décidés à emporter la condamnation de Louis XVI comme une victoire personnelle sur leurs ennemis, et à pousser la contrainte morale jusqu'à la violence, avaient rassemblé depuis plusieurs jours à Paris toutes les forces dont leurs journaux, leurs correspondances et leurs affiliations dans les départements leur permettaient de disposer. Les meneurs des faubourgs avaient recruté leurs bandes de femmes et d'enfants en haillons pour hurler la mort du tyran dans les rues qui avoisinaient la Convention. Théroigne de Méricourt et Saint-Huruge, les assassins d'Avignon, les égorgeurs de septembre, les combattants du 10 août, les fédérés accumulés dans Paris avant de se rendre aux frontières; des volontaires et des soldats retenus à Paris par le ministre de la guerre Pache pour grossir les séditions plus que pour les réprimer; une population étrangère à toute passion politique, mais sans ouvrage et sans pain, et trompant son désespoir par son agitation; ces masses de curieux que les grands spectacles font sortir de leurs maisons comme des essaims sortent des ruches à l'approche des orages, et qui, sans passion individuelle, prêtent l'apparence du nombre à la passion de quelques-uns; les contre-coups d'août et de septembre qui ébranlaient encore les imaginations; la nuit, qui prêtait au tumulte; la rigueur de la saison, qui tendait la fibre et qui portait au désespoir; enfin ce nom de roi, qui résumait en lui toutes les misères, toutes les iniquités, toutes les trahisons imputées à la royauté, et qui faisait croire au peuple qu'en immolant l'homme qui portait ce titre on immolerait du même coup les calamités, les crimes, les souvenirs et les espérances d'une institution répudiée : tout imprimait à la nuit du 16 janvier ce caractère d'impulsion irrésistible qui donne à une manifestation populaire la force d'un élément.

II

Le matin, un des vainqueurs de la Bastille, nommé Louvain, ayant osé dire dans sa section qu'on pouvait affermir la république sans verser le sang de Louis XVI, un fédéré présent lui plongea pour toute réponse son sabre dans le cœur. Le peuple traîna le blessé par les pieds sur le pavé de la rue, jusqu'à ce qu'il eut rendu le dernier soupir.

Le soir, un colporteur de livres et de journaux, sortant d'un cabinet de lecture suspect de royalisme, dans la galerie du Palais-Royal, et accusé par un passant de distribuer des écrits favorables à l'appel au peuple, fut assassiné de trente coups de couteau par les promeneurs du jardin. Les bandes de malfaiteurs délivrés des prisons de la Conciergerie et du Châtelet par les assassins de septembre avaient formé des rassemblements de scélérats cherchant dans l'émotion publique l'occasion et le voile de forfaits impunis. Des dragons de la république, forçant les consignes de leurs casernes, se répandirent, le sabre à la main, dans les lieux publics, au Palais-Royal, aux Tuileries, en brandissant leurs armes et en chantant des airs patriotiques. De là ils se rendirent à l'église du Val-de-Grâce, où étaient renfermés, dans des urnes de vermeil, les cœurs de plusieurs des rois et des reines qui avaient régné sur la France. Ils brisèrent ces vases funèbres, foulèrent aux pieds ces reliques de la royauté, et les jetèrent dans un égout. Ce fanatisme de profanation, qui vengeait, comme le fait la brute, sur des restes inanimés les longues patiences et les longues superstitions de la servitude, annonçait non la force mais la démence de la liberté. Il disait assez, par de tels symptômes, quelle pitié attendait la royauté vivante, quand la royauté morte excitait de tels ressentiments.

III

Les abords et l'intérieur de la salle de la Convention semblaient plutôt disposés pour une exécution que pour un jugement. L'heure, le lieu, les avenues étroites, les cours tortueuses, les voûtes sombres de l'antique monastère, les lanternes rares qui luttaient avec les ténèbres d'une nuit d'hiver et pâlissaient les visages; les armes qui brillaient et retentissaient à toutes les portes, les pièces de canon que les canonniers, la mèche allumée, semblaient garder aux deux entrées principales, moins pour intimider le peuple que pour tourner ces pièces contre la salle si l'arrêt fatal n'en sortait pas; le sourd mugissement d'une multitude innombrable veillant debout dans les rues adjacentes et pressant de tous côtés les murs comme pour leur arracher l'arrêt; le mouvement des patrouilles qui fendaient avec peine cet océan d'hommes pour faire place aux représentants attardés; les costumes, les physionomies, les bonnets rouges, les carmagnoles, les visages contractés, les voix rauques, les gestes atroces et significatifs, tout semblait calculé pour faire entrer par tous les sens dans l'âme des juges l'inexorable arrêt porté d'avance par le peuple. *Ou sa mort ou la tienne!* tels étaient les seuls mots murmurés tout bas, mais d'un accent impératif, à l'oreille de chaque député qui traversait les groupes pour se rendre à son poste.

Des habitués des séances de la Convention, qui connaissaient les visages, étaient postés de distance en distance. Ces espions du peuple nommaient les députés à haute voix, indiquaient les douteux, menaçaient les timides, insultaient les indulgents, applaudissaient les inflexibles. Aux noms de Marat, de Danton, de Robespierre, de Collot-d'Herbois, de Camille Desmoulins, les rangs s'ouvrirent avec respect et laissèrent passer la colère et la confiance du peuple. Aux noms de Brissot, de Vergniaud, de Lanjuinais, de Boissy d'Anglas, les figures irritées, les poings fermés, les piques et les sabres brandis sur leur tête annoncèrent clairement que ce peuple voulait être obéi ou *vengé*. Les factionnaires eux-mêmes, placés là pour protéger la sûreté des représentants, donnèrent l'exemple de l'insulte et de la violence. Le ci-devant marquis de Villette, l'élève et l'ami de Voltaire, devenu membre de la Convention, reconnu dans le couloir du Manége qui conduisait à l'Assemblée, fut saisi par ses vêtements et vit la pointe de vingt sabres prêts à plonger dans son cœur s'il ne prenait pas l'engagement de voter la mort du *tyran*. Villette, qui dans un corps frêle portait un cœur intrépide, et qui ne croyait pas que la philosophie eût pour piédestal les échafauds, se dégagea de l'étreinte du peuple, écarta des deux mains les lames des sabres qui menaçaient sa poitrine, et regardant avec assurance ses provocateurs : « Non, dit-il, je ne voterai pas la mort, et vous ne m'égorgerez pas. Vous respecterez en moi ma conscience, la liberté et la nation ! » Et il passa.

Les couloirs de la Convention, livrés aux chefs les plus sanguinaires des séditions de Paris, étaient également obstrués de groupes armés. Ces hommes s'y tenaient en ordre et en silence par respect du lieu; mais on les avait postés là comme des symptômes vivants de la terreur que leurs noms, leurs armes et leurs souvenirs devaient imprimer aux juges du roi. Maillard, Fournier l'Américain, Jourdan Coupe-Tête, donnaient des ordres par signes à leurs anciens complices, et leur désignaient d'un clin d'œil les noms et les visages qu'ils devaient observer et retenir. Il fallait défiler sous leurs yeux pour pénétrer dans l'enceinte. Ils semblaient écrire les signalements dans leur mémoire. C'étaient les statues de l'assassinat placées aux portes du tribunal du peuple pour commander la mort. Chaque député les coudoyait en entrant.

IV

L'enceinte elle-même était inégalement éclairée. Les lampes du bureau et le lustre qui rayonnait de haut sous la voûte jetaient sur quelques parties de la salle d'éclatantes lueurs et laissaient les autres parties dans l'obscurité. Les tribunes publiques, descendant par degrés en amphithéâtre jusque près des bancs élevés de la Montagne avec lesquels elles se confondaient, comme dans les cirques romains, regorgeaient de spectateurs. Comme dans les spectacles antiques, on voyait assises au premier rang de ces tribunes beaucoup de femmes, jeunes, parées de couleurs tricolores, causant entre elles avec insouciance, échangeant des mots, des gestes, des sourires, et ne reprenant leur sérieux et leur attitude attentive que pour compter les votes et les marquer sur une carte avec la pointe d'une épingle au moment où ces votes tombaient de la tribune. Des valets de salle circulaient entre les gradins, portant des plateaux chargés de sorbets, de glaces, d'oranges, qu'ils distribuaient à ces femmes. Sur les gradins les plus élevés, les hommes du peuple, dans les costumes journaliers de leurs conditions diverses, se tenaient debout, attentifs, se répétant à haute voix les uns aux autres le nom et le vote du député qui venait d'être appelé, et le poursuivant d'applaudissements ou de murmures jusqu'à son banc. Les premières banquettes de ces tribunes populaires étaient occupées par des garçons bouchers, leurs tabliers ensanglantés retroussés d'un côté à leur ceinture, et le manche des longs couteaux de leur profession sortant avec affectation des plis de la toile qui leur servait de fourreau.

L'espace vide au pied du bureau, la barre, les abords des portes, les vomitoires qui conduisaient aux bancs des députés et aux tribunes publiques, étaient agités de l'ondoiement perpétuel de députés mêlés à des spectateurs qui n'avaient pu trouver place dans les tribunes et qui avaient fait irruption dans l'enceinte réservée aux législateurs. Ces groupes, sans cesse rompus et reformés par les représentants appelés à la tribune ou par ceux qui en redescendaient, ressemblaient moins à un auditoire devant un tribunal qu'à la mêlée d'une place publique.

Le mouvement ne s'arrêtait qu'à l'instant où le nom d'un député important, prononcé par la voix de l'huissier, faisait lever les yeux vers le votant pour surprendre un moment plus tôt dans son attitude et dans le mouvement de ses lèvres la vie ou la mort qu'il allait prononcer. Les bancs des députés étaient presque vides. Lassés d'une séance de quinze heures qui devait durer sans interruption jusqu'à la fin du jugement, les uns, semés par groupes rares à l'extrémité des bancs élevés, causaient entre eux, à demi-voix, dans l'attitude de la patience résignée ; les autres, les jambes étendues, le corps renversé, accoudés sur le dossier de leur banc désert, s'assoupissaient sous le poids de leurs pensées, et ne se réveillaient qu'aux grandes clameurs qu'un vote plus énergiquement motivé faisait éclater de temps en temps. Le plus grand nombre, perpétuellement chassés d'une place à l'autre par l'agitation intérieure de leurs pensées, ne faisaient que sortir de la salle et y rentrer. On les voyait passer d'un groupe à un autre, échanger rapidement et à voix basse des demi-mots avec leurs collègues, écrire sur leurs genoux, raturer ce qu'ils avaient écrit, récrire de nouveau leur vote, raturer encore, jusqu'à ce que l'appel de l'huissier, les surprenant dans cette hésitation, leur arrachât des lèvres le mot fatal qu'une minute de plus aurait changé contre le mot contraire, et dont ils se repentaient peut-être avant de l'avoir prononcé.

V

Les premiers votes entendus par l'Assemblée laissaient l'incertitude dans les esprits. La *mort* et le *bannissement* semblaient se balancer en nombre égal dans le retentissement alternatif des votes. Le sort du roi allait dépendre du premier vote que prononcerait un des chefs du parti girondin. Ce vote signifierait sans doute le vote probable de tout le parti, et le nombre des hommes attachés à ce parti déterminerait irrévocablement la majorité. La vie et la mort étaient donc scellées en quelque sorte sur les lèvres de Vergniaud.

On attendait avec anxiété que l'ordre alphabétique de l'appel nominal des départements, arrivant à la lettre G, appelât les députés de la Gironde à la tribune. Vergniaud devait y paraître le premier. On se souvenait de son immortel discours contre Robespierre pour disputer le jugement du roi détrôné à ses ennemis. On connaissait sa répugnance et son horreur pour le parti qui voulait des supplices. On répétait les conversations confidentielles dans lesquelles il avait avoué vingt fois sa sensibilité sur le sort d'un prince dont le plus grand crime à ses yeux était une faiblesse qui allait presque jusqu'à l'innocence. On savait que, la veille même et quelques heures avant l'ouverture du scrutin, Vergniaud, soupant avec une femme qui s'apitoyait sur les captifs du Temple, avait juré par son éloquence et par sa vie qu'il sauverait le roi. Nul ne doutait du courage de l'orateur. Ce courage était écrit, à ce moment même, dans le calme de son front et dans les plis sévères de sa bouche fermée à toute confidence.

Au nom de Vergniaud, les conversations cessèrent, les regards se portèrent sur lui seul. Il monta lentement les degrés de la tribune, se recueillit un moment, la paupière baissée sur les yeux, comme un homme qui réfléchit pour la dernière fois avant d'agir ; puis, d'une voix sourde, et comme résistant dans son âme à la sensibilité qui criait en lui, il prononça : *La mort.*

Le silence de l'étonnement comprima le murmure et la respiration même de la salle. Robespierre sourit d'un sourire presque imperceptible, où l'œil crut distinguer plus de mépris que de joie. Danton leva les épaules. « Vantez donc vos orateurs ! dit-il tout bas à Brissot. Des paroles sublimes, des actes lâches. Que faire de tels hommes ? Ne m'en parlez plus, c'est un parti fini. »

L'espérance mourut dans l'âme du petit nombre d'amis du roi cachés dans la salle et dans les tribunes. On sentit que la victime était livrée par la main de Vergniaud. En vain Vergniaud parut-il retenir son vote après l'avoir émis, en demandant, comme Mailhe, qu'après avoir voté la mort l'Assemblée délibérât s'il convenait à la sûreté publique d'accorder un sursis à l'exécution. Les Jacobins sentirent qu'une fois la justice de l'arrêt accordée, les Girondins ne leur disputeraient pas l'urgence. Vergniaud lui-même déclara que son vote de mort était indépendant du sursis obtenu ou refusé. C'était s'enlever d'avance à lui-même la possibilité de ressaisir la tête qu'il abandonnait. Il redescendit, le front baissé, les marches de la tribune, et alla se perdre dans la foule.

VI

L'appel continua. Tous les Girondins, Buzot, Pétion, Barbaroux, Isnard, Lasource, Rebecqui, Brissot, votèrent avec lui la mort. La plupart unirent à leur vote la condition d'un sursis à l'exécution. Fonfrède et Ducos votèrent la mort sans condition. Sieyès, qui dans les conseils et les entretiens secrets de son parti avait le plus insisté pour refuser cette joie à Robespierre, ce triomphe aux Jacobins, ce sang stérile et dangereux à la Révolution; Sieyès, après la victoire des Jacobins dans l'appel nominal, jugea toute résistance inutile. Laisser à Robespierre seul ce titre sanglant à la confiance désespérée du peuple, c'était à ses yeux abdiquer dès les premiers pas le gouvernement de la république et peut-être la vie. Puisqu'on ne pouvait arrêter le mouvement, il fallait, pensait-il, s'y jeter pour le diriger encore. Sieyès monta à son tour à la tribune, il n'y prononça qu'un seul mot : *La mort.* Il le prononça à regret, avec la froideur d'un géomètre qui énonce un axiome et avec l'abattement d'un vaincu qui cède à la fatalité. Il n'ajouta pas le mot qu'on lui impute. Son vote fut bref, non ironique. Condorcet, fidèle à ses principes, refusa de verser le sang : il demanda que Louis XVI fût condamné à la plus forte peine après la mort. Lanjuinais, Dusaulx, Boissy d'Anglas, Kersaint, Rabaut Saint-Étienne, Sillery, Salles, résistèrent à l'exemple des chefs de leur parti et à l'intimidation des Jacobins. Ils votèrent presque tous la reclusion pendant la guerre et l'ostracisme après la paix. Manuel lui-même, vaincu par le spectacle des infortunes royales qu'il contemplait de plus près au Temple, vota pour la vie. Daunou, philosophe républicain, qui n'avait, disait-il, que deux passions désintéressées dans son âme, Dieu et la liberté, sépara à haute voix dans son vote le droit de juger et de déposer les rois du droit de les immoler en victimes. Il montra que les lettres fortifient la justice dans le cœur de l'écrivain en éclairant l'intelligence, et qu'il avait puisé dans le commerce littéraire des anciens, avec leurs maximes de magnanimité, le courage de les pratiquer devant la mort. La Montagne, presque sans exception, vota la mort. Robespierre, résumant en quelques mots son premier discours, essaya de concilier son horreur pour la peine de mort avec la condamnation qui tombait de ses lèvres. Il le fit en disant que les tyrans étaient une exception à l'humanité, et en déclarant que sa tendresse pour les opprimés l'emportait dans son âme sur sa pitié pour les oppresseurs.

Les députés de Paris, Marat, Danton, Billaud-Varennes, Legendre, Panis, Sergent, Collot-d'Herbois, Fréron, Fabre d'Églantine, David, Robespierre le jeune, suivirent l'exemple de Robespierre, et répétèrent, comme un écho monotone, vingt et une fois de suite le mot de mort en défilant à la tribune.

Le duc d'Orléans y fut appelé le dernier. Un profond silence se fit à son nom. Sillery, son confident et son favori, avait voté contre la mort. On s'attendait que le prince voterait comme son ami, ou qu'il se récuserait au nom de la nature et du sang. Aux yeux des Jacobins mêmes, il était récusé. Il ne se récusa pas. Il monta lentement et sans émotion les marches de la tribune, déplia un papier qu'il tenait à la main, et lut d'une voix stoïque les paroles suivantes : « Uniquement occupé de mon devoir, convaincu que tous ceux qui ont attenté ou qui attenteront par la suite à la souveraineté du peuple méritent la mort, je vote pour la mort! » Ces paroles tombèrent dans le silence et dans l'étonnement du parti même auquel le duc d'Orléans semblait les concéder comme un gage. Il ne se trouva pas sur la Montagne un regard, un geste, une voix pour applaudir. Ces montagnards, en jugeant à mort un roi captif et désarmé, pouvaient bien blesser la justice, consterner l'humanité; mais ils ne consternaient pas la nature. La nature se révoltait en eux contre le vote du premier prince du sang. Un frisson parcourut les bancs et les tribunes de l'Assemblée. Le duc d'Orléans descendit troublé de la tribune, doutant, à ces premiers symptômes, de l'acte qu'il venait de consommer. Le véritable héroïsme de la liberté ne fait pas frémir le cœur humain. On n'a pas horreur de ce qu'on admire. Les vertus comme celles de Brutus sont si voisines du crime, que la conscience des républicains eux-mêmes se troubla en face de cet acte. Sacrifier la nature aux lois paraît beau au premier coup d'œil; mais la consanguinité aussi est une loi, et il n'y a pas de vertu contre une vertu!

Si ce vote était un sacrifice à la liberté, l'horreur de la Convention fit voir au duc d'Orléans que le sacrifice n'était pas accepté; si c'était un gage, on ne lui demandait pas tant; si c'était une concession à sa sûreté, elle payait sa vie trop cher. Attaqué déjà par les Girondins, à peine toléré par Robespierre, client de Danton, s'il avait refusé quelque chose à la Montagne, elle lui aurait demandé sa tête. Il n'eut pas la grandeur d'âme de la lui offrir. L'avenir en aurait payé plus que le prix à son nom. Robespierre lui-même, rentré le soir dans la maison de Duplay et s'entretenant du jugement du roi, parut protester contre le vote du duc d'Orléans. « Le malheureux! dit-il à ses amis ; il n'était permis qu'à lui d'écouter son cœur et de se récuser, il n'a pas voulu ou il n'a pas osé le faire : la nation eût été plus magnanime que lui ! »

VII

Le dépouillement du scrutin fut long, plein de doute et d'anxiété. La mort et la vie, comme dans une lutte, prenaient tour à tour le dessus ou le dessous, selon que le hasard avait groupé les suffrages dans les listes relevées par les secrétaires. Il semblait que la destinée avait peine à prononcer le mot fatal. Tous les cœurs palpitaient, les uns de l'espoir de sauver ce deuil à la Révolution, les autres de crainte de perdre cette victime. Enfin le président se leva pour prononcer le jugement. C'était Vergniaud. Il était pâle; on voyait trembler ses lèvres et ses mains, qui tenaient le papier où il allait lire le chiffre des votes. Par un sinistre hasard ou par une dérision cruelle du choix de ses collègues, le rôle de président condamnait Vergniaud à proclamer l'arrêt de déchéance à l'Assemblée législative, l'arrêt de mort à la Convention. Il aurait voulu préserver

de son sang la monarchie tempérée et la vie de Louis XVI ;
il était appelé deux fois en trois mois à démentir ses convictions et à servir d'organe aux opinions de ses ennemis. Sa situation fausse et cruelle dans ces deux circonstances était le symbole de la situation de tout son parti. Pilates de la monarchie et du roi, les Girondins livrèrent l'une au peuple, sans être convaincus de ses vices ; livrèrent l'autre aux Jacobins, sans être convaincus de sa criminalité ; versant en public un sang qu'ils déploraient en secret, sentant sur leur langue le remords combattre avec l'arrêt, et se lavant les mains devant la postérité !

VIII

A ce moment, un député, nommé Duchâtel, enveloppé des couvertures de son lit, se fit apporter à la Convention, au milieu des menaces, et vota d'une voix mourante contre la mort. On annonça une nouvelle intercession du roi d'Espagne en faveur de Louis XVI. Danton prit la parole sans la demander. « Tu n'es pas encore roi, Danton ! lui cria Louvet. — Je suis étonné, continua Danton, de l'insolence d'une puissance qui ne craint pas de prétendre exercer de l'influence sur notre délibération. Si tout le monde était de mon avis, on voterait à l'instant pour cela seul la guerre à l'Espagne. Quoi ! on ne reconnaît pas la république et on veut lui dicter des lois ! Cependant qu'on entende, si l'on veut, cet ambassadeur. Mais que le président lui fasse une réponse digne du peuple dont il sera l'organe : qu'il lui dise que les vainqueurs de Jemmapes ne démentiront pas la gloire qu'ils ont acquise, et retrouveront leur force pour exterminer tous les rois conjurés contre nous! Point de transaction avec la tyrannie! Le peuple jugerait ses représentants, si ses représentants l'avaient trahi! »

Vergniaud, avec l'accent de la douleur : « Citoyens, dit-il, vous allez exercer un grand acte de justice. J'espère que l'humanité vous engagera à garder le plus religieux silence. Quand la justice a parlé, l'humanité doit se faire entendre à son tour! »

Il lut le résultat du scrutin. La Convention comptait sept cent vingt et un votants. Trois cent trente-quatre avaient voté pour le bannissement ou la prison; trois cent quatre-vingt-sept pour la mort, en comptant pour la mort les voix de ceux qui avaient voté pour cette peine, mais à condition qu'elle serait ajournée. La mort comptait donc cinquante-trois suffrages de plus que le bannissement; mais, en retranchant du vote de mort les quarante-six voix qui ne l'avaient prononcée qu'en demandant que l'exécution fût suspendue, il ne restait donc qu'une majorité de sept suffrages pour la mort. Ainsi trois hommes déplacés déplaçaient le chiffre et changeaient le jugement. C'étaient donc les douze ou quinze chefs de la Gironde dont la main avait jeté le poids décisif dans une balance presque égale. La mort, vœu des Jacobins, fut l'acte des Girondins. Vergniaud et ses amis se firent les exécuteurs de Robespierre. La mort du *tyran*, passion chez le peuple, fut une concession dans la Gironde. Les uns demandaient cette tête comme le signe du salut de la république, les autres la donnaient pour le salut de leur parti. Si la passion des uns était aveugle et impitoyable, quel nom donner à la concession des autres? S'il y a un crime dans le meurtre par vengeance, dans le meurtre par lâcheté il y en a deux.

IX

Pendant ce scrutin, le roi, privé de toute communication avec le dehors depuis le jour de sa dernière comparution devant ses juges, savait seulement que sa vie et sa mort étaient en ce moment dans la main des hommes. A force de malheurs, de réflexions et de conformité intérieure à la volonté de Dieu, il était arrivé à cet état de sublime indifférence où l'homme, impartial entre la crainte et l'espoir, n'a de préférence que pour la décision d'en haut; état surnaturel de notre âme où l'humanité, s'élevant au-dessus de ses propres désirs, brave toutes les insultes de la fortune, ne souffre plus que dans son corps, et n'a plus de désir que l'ordre de la Providence. La philosophie donnait ces conseils dans les revers aux sages de l'antiquité; le christianisme faisait de cette résignation un dogme, et en donnait du haut d'une croix l'exemple au monde nouveau.

Louis XVI contemplait sans cesse cette croix et divinisait par elle son supplice. Il aurait pu, en le demandant, communiquer pendant ses derniers jours avec sa famille. Il entendait les pas et les voix de sa femme et de ses enfants à travers les voûtes au-dessus de lui. Il craignit que la transition cruelle de la vie à la mort, de l'espérance au désespoir, rendue plus sensible par la présence des êtres aimés, n'amollît trop son âme et ne fît saigner à trop de reprises les cœurs de ceux qu'il aimait par des déchirements répétés ; il aima mieux boire seul le calice de la séparation d'un seul trait que de le faire épuiser goutte à goutte à sa famille.

Le matin du 19, les portes de sa prison s'ouvrirent, et le roi vit s'avancer M. de Malesherbes. Il se leva pour aller au-devant de son ami. Le vieillard, tombant aux pieds de son maître et les arrosant de ses larmes, demeura longtemps sans pouvoir parler. Comme le peintre antique qui voila le visage de la Douleur dans la crainte qu'elle n'exprimât pas assez le déchirement du cœur humain, M. de Malesherbes, muet, chargea son attitude et son silence de faire comprendre le mot qu'il frémissait de prononcer. Le roi le comprit, le répéta sans pâlir, releva son ami, le pressa sur son sein, et ne parut occupé que de consoler et d'affermir le vénérable messager de sa mort. Il s'informa avec une curiosité calme et comme étrangère à son propre sort des circonstances, du nombre des suffrages, du vote de quelques-uns des hommes qu'il connaissait dans la Convention. « Quant à Pétion et à Manuel, dit-il à M. de Malesherbes, je ne m'en informe pas, je suis bien sûr qu'ils n'ont pas voté ma mort ! » Il demanda comment avait voté son cousin le duc d'Orléans. M. de Malesherbes lui dit son vote. « Ah ! dit-il, celui-là m'afflige plus que tous les autres. » C'était le mot de César reconnaissant le visage de Brutus parmi ses meurtriers ; celui-là seul le fit parler.

X

Les ministres Garat et Lebrun, le maire Chambon et le procureur de la commune Chaumette, accompagnés de Santerre, du président et de l'accusateur public du tribunal criminel, vinrent signifier au roi son arrêt avec tout l'appareil de la loi quand elle met un coupable hors de la vie. Debout, le front levé, l'œil fixé sur ses juges, il écouta le mot de mort dans les vingt-quatre heures avec l'intrépidité d'un juste. Un seul regard élevé au ciel parut un appel intérieur de son âme au Juge infaillible et souverain. La lecture terminée, Louis XVI s'avança vers Grouvelle, secrétaire du conseil exécutif, prit le décret de ses mains, le plia et le mit dans son portefeuille; puis se retournant du côté de Garat : « Monsieur le ministre de la justice, lui dit-il d'une voix où l'on retrouvait l'accent royal dans l'acte du suppliant, je vous prie de remettre cette lettre à la Convention. » Garat hésitant à prendre le papier : « Je vais vous la lire, » reprit le roi; et il lut : « Je demande à la Convention un délai de trois jours pour me préparer à paraître devant Dieu; je demande pour cela à pouvoir voir librement l'ecclésiastique que j'indiquerai aux commissaires de la commune, et qu'il soit à l'abri de toute perquisition pour l'acte de charité qu'il exercera envers moi. Je demande à être délivré de la surveillance perpétuelle qui m'observe à vue depuis quelques jours... Je demande pendant ces derniers moments à pouvoir voir ma famille quand je le désirerai et sans témoins. Je désirerais bien vivement que la Convention s'occupât tout de suite du sort de ma famille, et qu'elle lui permît de se retirer librement où elle jugerait convenable de chercher un asile... Je recommande à la bienfaisance de la nation toutes les personnes qui m'étaient attachées... Il y a dans le nombre beaucoup de vieillards, de femmes et d'enfants qui n'avaient pour vivre que mes bienfaits, et qui doivent être dans le besoin. Fait à la tour du Temple, le 20 janvier 1793. »

Le roi remit en même temps à Garat un second papier contenant l'adresse de l'ecclésiastique dont il désirait l'entretien et les consolations pour sa dernière heure. Cette adresse, écrite d'une autre écriture que celle du roi, portait : « M. Edgeworth de Firmont, rue du Bac. » Garat ayant pris les deux papiers, le roi fit quelques pas en arrière en s'inclinant, comme quand il congédiait une audience de cour, pour indiquer qu'il voulait être seul. Les ministres sortirent.

XI

Après leur départ, le roi se promena d'un pas ferme dans sa chambre et demanda son repas. Comme il n'avait point de couteau, il coupa ses aliments avec sa cuiller et rompit son pain avec ses doigts. Ces précautions des municipaux l'indignaient plus que l'arrêt de sa mort. « Me croit-on assez lâche, dit-il à haute voix, pour dérober ma vie à mes ennemis? On m'impute des crimes, mais j'en suis innocent, et je mourrai sans faiblesse. Je voudrais que ma mort fît le bonheur des Français et pût conjurer les malheurs que je prévois pour la nation ! »

A six heures, Santerre et Garat revinrent lui apporter la réponse de la Convention à ses demandes. Malgré les efforts réitérés de Barbaroux, de Brissot, de Buzot, de Pétion, de Condorcet, de Chambon, de Thomas Payne, la Convention avait déjà décidé la veille que tout sursis à l'exécution serait refusé. Fournier l'Américain, Jourdan Coupe-Tête et leurs satellites avaient levé leurs sabres sur la tête de Barbaroux et de Brissot, dans le couloir de la Convention, et leur avaient donné l'option, la pointe du fer sur le cœur, entre le silence ou la mort. Ils bravèrent la mort et luttèrent cinq heures pour obtenir le sursis. Cazenave, Brissot, Manuel, de Kersaint, ce dernier dans une lettre qui était en ce moment un des plus héroïques défis à la mort qui pût sortir de l'âme d'un citoyen, protestèrent en vain. Trente-quatre voix de majorité, ralliées par Thuriot, Couthon, Marat, Robespierre, repoussèrent le sursis. Voici la lettre de Kersaint : « Citoyens ! il m'est impossible de supporter la honte de m'asseoir plus longtemps dans l'enceinte de la Convention avec des hommes de sang, alors que leur avis, appuyé par la terreur, l'emporte sur celui des gens de bien ; alors que Marat l'emporte sur Pétion. Si l'amour de mon pays m'a fait endurer le malheur d'être le collègue des panégyristes et des promoteurs des assassinats du 2 septembre, je veux au moins défendre ma mémoire d'avoir été leur complice. Je n'ai pour cela qu'un moment, celui-ci ; demain il ne sera plus temps. »

Plus irritée qu'émue de pareils accents, la Convention chargea le ministre de la justice de répondre aux demandes de Louis XVI qu'il était libre d'appeler tel ministre du culte qu'il désignerait et de voir sa famille sans témoins; mais que la demande du délai de trois jours pour se préparer à la mort était rejetée, et que l'exécution aurait lieu dans les vingt-quatre heures.

XII

Le roi reçut cette communication du conseil exécutif sans murmurer. Il ne disputait pas les minutes à la mort; tout ce qu'il demandait, c'était un recueillement de quelques heures à l'extrémité du temps, entre la vie et l'éternité. Il s'occupait depuis plusieurs semaines de sanctifier son sacrifice. Dans un de ses entretiens, il chargea M. de Malesherbes de faire remettre un message secret à un vénérable prêtre étranger caché dans Paris, et dont il implorait l'assistance pour le cas où il aurait à mourir. « C'est une étrange commission pour un philosophe, dit-il avec un triste sourire à M. de Malesherbes. Mais j'ai toujours préservé ma foi de chrétien comme un frein contre les égarements de la toute-puissance et comme une consolation dans mes adversités. Je la retrouve au fond de ma prison; si jamais vous étiez destiné à une mort semblable à la mienne, je désire que vous trouviez la même consolation à vos derniers moments. »

Malesherbes découvrit la demeure de ce guide de la conscience du roi, et lui fit parvenir la prière de son maître. L'homme de Dieu attendait l'heure où le cachot s'ouvrirait à sa charité ; dût-elle lui coûter la vie, il n'hésitait pas. Ministre de l'agonie, il devait son ministère sacré aux derniers moments : c'est l'héroïsme du prêtre chrétien. De plus, une amitié sainte unissait depuis longtemps le prêtre et le roi. Introduit furtivement aux Tuileries dans les jours de solennité chrétienne, cet ecclésiastique avait souvent confessé le roi. La confession chrétienne, qui prosterne l'homme aux pieds du prêtre et le roi aux pieds de son sujet, établit entre le confesseur et le pénitent une confidence paternelle d'un côté, filiale de l'autre, qui, bien que surnaturelle dans son principe, se transforme souvent en affection humaine entre des âmes qui se sont parlé de si près. Dieu est le lien de ces attachements spirituels. Mais ce lien formé dans le ciel ne se rompt pas toujours entièrement sur la terre. Dans cet échange complet des âmes, souvent les cœurs se versent aussi. Il en était ainsi du roi et du prêtre. Louis XVI avait dans l'abbé de Firmont un ami placé en secret entre ce monde et l'autre. Il l'appelait dans les jours difficiles, et il le réservait pour les extrémités de son sort.

XIII

Le mercredi 20 janvier, à la nuit tombante, un inconnu frappa inopinément à la porte de la retraite ignorée où ce pauvre prêtre cachait sa vie, et lui enjoignit de le suivre au lieu des séances du conseil des ministres. M. de Firmont suivit l'inconnu. Arrivé aux Tuileries, on l'introduisit dans le cabinet où les ministres délibéraient sur l'exécution du supplice, que la Convention avait remise à leur responsabilité. Garat, philosophe sensible ; Lebrun, diplomate froid; Roland, républicain clément, et qui dans le roi ne pouvait s'empêcher d'aimer l'homme, auraient voulu écarter à tout prix de leurs cœurs, de leurs noms et de leur mémoire, la mission sinistre dont leur destinée les frappait. Il n'était plus temps. Solidaires des Girondins, otages des Jacobins au ministère, il fallait exécuter ou mourir. Leur physionomie, leur agitation, leur stupeur, révélaient l'horreur de leur situation. Ils tâchaient de s'en dissimuler à eux-mêmes la rigueur à force d'égards et de pitié. Ils se levèrent, entourèrent le prêtre, honorèrent son courage, protégèrent sa mission. Garat prit le confesseur dans sa voiture et le conduisit au Temple. Pendant la route, le ministre de la Convention épancha son désespoir dans le sein du ministre de Dieu. « Grand Dieu ! s'écria-t-il, de quelle affreuse mission je me vois chargé ! Quel homme ! ajouta-t-il en parlant de Louis XVI ; quelle résignation ! quel courage ! Non, la nature toute seule ne saurait donner tant de forces, il y a quelque chose là de surhumain ! » Le prêtre se tut, de peur d'offenser le ministre ou de désavouer sa foi. Le silence régna après ces paroles entre ces deux hommes jusqu'à la porte de la tour. Elle s'ouvrit au nom de Garat. A travers une salle remplie d'hommes armés, le ministre et le confesseur passèrent dans une salle plus vaste. Les voûtes, les ornements dégradés de l'architecture, les marches d'un autel renversé, révélaient une chapelle antique et depuis longtemps profanée. Douze commissaires de la commune tenaient leur conseil dans cette salle. Leurs physionomies, leurs propos, l'absence totale de sensibilité et même de décence devant la mort qui caractérisait les visages de ces hommes, révélaient en eux ces natures brutales, incapables de rien respecter dans un ennemi, pas même la douleur suprême et la mort. Un ou deux visages seulement, plus jeunes que les autres, dérobaient à leurs collègues quelques signes furtifs d'intelligence avec les yeux du prêtre. Le ministre monta pendant qu'on fouillait l'abbé de Firmont. On conduisit ensuite le confesseur chez le roi. Ce prince, en apercevant M. de Firmont, s'élança vers lui, l'entraîna dans sa chambre, et ferma la porte, pour jouir sans témoin de la présence de l'homme qu'il avait tant désiré. Le prêtre tomba aux pieds de son pénitent. Il pleura avant de consoler. Le roi lui-même ne put retenir ses larmes. « Pardonnez-moi, dit-il à l'ecclésiastique en le relevant, ce moment de faiblesse. Je vis depuis si longtemps au milieu de mes ennemis, que l'habitude m'a endurci à leur haine et que mon cœur s'est fermé aux sentiments de tendresse. Mais la vue d'un ami fidèle me rend ma sensibilité, que je croyais éteinte, et m'attendrit malgré moi. » Il l'entraîna ensuite dans la tourelle reculée où il se retirait ordinairement avec ses pensées. Une table, deux chaises, un petit poêle de faïence semblable à ces petits foyers portatifs dont les pauvres femmes d'ouvriers échauffent leurs mansardes, quelques livres, une image du Christ attaché à la croix, sculptée en ivoire, meublaient cette cellule. Le roi y fit asseoir M. Edgeworth, s'assit en face de lui, de l'autre côté du poêle. « Me voici donc arrivé, lui dit le condamné, à la grande et seule affaire qui doive m'occuper dans la vie : la quitter pur ou pardonné devant Dieu, afin d'en préparer à moi et aux miens une meilleure... » En disant ces mots, il tira de son sein un papier, dont il brisa le sceau. C'était son testament. Il le lut deux fois lentement et en pesant sur toutes les syllabes, pour qu'aucun des sentiments qu'il y manifestait n'échappât au contrôle attentif de l'homme de Dieu qu'il reconnaissait pour juge. Le roi semblait craindre que, dans les termes mêmes où il avait légué son pardon à ce monde, quelque ressentiment ou quelque reproche n'eût coulé à son insu de son âme et n'enlevât involontairement quelque douceur et quelque sainteté à son adieu. Sa voix ne s'attendrit et ses yeux ne se mouillèrent qu'aux lignes où il prononçait les noms de la reine, de sa sœur, de ses enfants. On voyait que toute sa sensibilité, domptée ou amortie pour lui-même, ne se retrouvait plus que dans le nom, dans l'image et dans la destinée des siens. Il n'y avait plus de vivant et de souffrant en lui sur la terre que sa famille.

Un entretien libre et calme sur les circonstances de ces derniers mois inconnues au roi succéda à cette lecture. Il s'informa du sort de plusieurs personnes qui lui étaient chères, s'attristant des persécutions des unes, se réjouissant de la fuite et du salut des autres ; parlant de tous, non avec l'indifférence d'un homme qui part pour jamais de sa patrie, mais avec la curiosité pleine d'intérêt d'un homme qui revient et qui s'informe de tout ce qu'il a aimé. Bien que l'horloge des tours voisines sonnât déjà les heures de la nuit et que sa vie ne se mesurât plus que par heures, il retarda le moment de s'occuper des pratiques pieuses pour lesquelles il avait appelé le confesseur. Il devait avoir à sept heures la dernière entrevue avec sa famille. L'approche de ce moment à la fois si désiré et si redoutable l'agitait mille fois plus que la pensée de l'échafaud. Il ne voulait pas que ces suprêmes déchirements de sa vie vinssent troubler le calme de sa préparation à la mort, ni que ses larmes se mêlassent avec son sang dans le sacrifice de lui-même qu'il allait offrir un moment plus tard aux hommes et à Dieu.

XIV

Cependant la reine et les princesses, l'oreille toujours collée aux fenêtres, avaient appris dans la journée le refus de sursis et l'exécution dans les vingt-quatre heures, par la voix des crieurs publics qui hurlaient la sentence dans tous les quartiers de Paris. Toute espérance désormais éteinte dans leur âme, leur anxiété ne portait plus que sur un seul doute : le roi mourrait-il sans qu'il les eût revues, embrassées, bénies ? Un dernier et suprême épanchement de tendresse à ses pieds, un dernier serrement sur son cœur, une dernière parole à entendre et à retenir, un dernier regard à garder dans leur âme, tout leur espoir, tout leur désir, toutes leurs supplications se bornaient là. Groupées depuis le matin en silence, en prières, en larmes, dans la chambre de la reine, interprétant du cœur tous les bruits, interrogeant de l'œil tous les visages, elles n'apprirent que tard qu'un décret de la Convention leur permettait de revoir le roi. Ce fut une joie dans l'agonie. Elles s'y préparèrent longtemps avant le moment. Debout, pressées contre la porte, s'adressant en suppliantes aux commissaires et aux geôliers, qu'elles ne cessaient d'interroger, il leur semblait que leur impatience pressait les heures et que les battements de leurs cœurs forceraient ces portes à s'ouvrir plus tôt.

XV

De son côté, le roi, extérieurement plus calme, n'était pas intérieurement moins troublé. Il n'avait jamais eu qu'un amour, sa femme; qu'une amitié, sa sœur; qu'une joie dans la vie, sa fille et son fils. Ces tendresses de l'homme, distraites et refroidies quoique jamais éteintes sur le trône, s'étaient recueillies, réchauffées et comme incrustées dans son âme depuis les atteintes de l'adversité, et bien plus encore depuis la solitude de la prison. Il y avait si longtemps que le monde n'existait plus pour lui, si ce n'est dans ce petit nombre de personnes dans lesquelles ses appréhensions, ses joies, ses douleurs, se multipliaient! De plus, avoir tant craint, tant espéré, tant souffert ensemble, c'est avoir mis plus de pensées et plus de vie en commun. Les larmes versées ensemble et les uns sur les autres sont le ciment des cœurs. Les mêmes souffrances unissent mille fois plus que les mêmes joies. Ces cinq âmes n'étaient qu'une seule sensibilité. Une seule chose troublait d'avance cet entretien : c'était l'idée que cette dernière entrevue, où la nature devait éclater avec la liberté du désespoir et l'abandon de la tendresse, aurait pour spectateurs des geôliers ; que les plus secrètes palpitations du cœur de l'époux, de l'épouse, du frère, de la sœur, du père, de la fille, seraient comptées, savourées et peut-être incriminées par l'œil de leurs ennemis! Le roi se fonda sur les termes du décret de la Convention pour demander que l'entrevue eût lieu sans témoin. Les commissaires, responsables envers la commune, et qui cependant n'osaient pas ouvertement désobéir à la Convention, délibérèrent pour concilier les intentions du décret avec les rigueurs de la loi. Il fut convenu que l'entretien aurait lieu dans la salle à manger; cette salle ouvrait par une porte vitrée sur la chambre où se tenaient les commissaires; la porte devait rester fermée sur le roi et sa famille, mais les commissaires auraient les yeux sur les prisonniers à travers les vitrages de la porte. Ainsi, si les attitudes, les gestes, les larmes, étaient profanés par des regards étrangers, les paroles du moins seraient inviolables.

Le roi, un peu avant le moment où les princesses devaient descendre, laissa son confesseur dans sa tourelle : il lui recommanda de ne pas se montrer, de peur que l'aspect d'un ministre de Dieu ne rendît la mort trop présente à l'œil de la reine. Il passa dans la salle à manger pour préparer les siéges et l'espace nécessaires au dernier entretien. « Apportez un peu d'eau et un verre, » dit-il à son serviteur. Il y avait sur la table une carafe d'eau glacée. Cléry la lui montra. « Apportez de l'eau qui ne soit pas à la glace, dit le roi ; car si la reine buvait de celle-là, elle pourrait lui faire mal. » La porte s'ouvrit enfin. La reine, tenant son fils par la main, s'élança la première dans les bras du roi et fit un mouvement rapide comme pour l'entraîner dans sa chambre hors de la vue des spectateurs. « Non, non, dit le roi d'une voix sourde en soutenant sa femme sur son cœur et en la dirigeant vers la salle, je ne puis vous voir que là ! »

Madame Élisabeth suivait avec la princesse royale. Cléry referma la porte sur eux. Le roi força tendrement la reine à s'asseoir sur un siége à sa droite, sa sœur sur un autre à sa gauche ; il s'assit entre elles. Les siéges étaient si rapprochés que les deux princesses, en se penchant, entouraient les épaules du roi de leurs bras et collaient leurs têtes sur son sein. La princesse royale, le front penché et les cheveux répandus sur les genoux de son père, était comme prosternée sur son corps. Le Dauphin était assis sur un des genoux du roi, un de ses bras passé autour de son cou. Ces cinq personnes ainsi groupées par l'instinct de leur tendresse et convulsivement pressées dans les bras les unes des autres, les visages cachés contre la poitrine du roi, ne formaient aux regards qu'un seul faisceau de têtes, de bras, de membres palpitants, qu'agitait le frémissement de la douleur et des caresses, et d'où s'échappait en balbutiements comprimés, en murmure sourd ou en éclats déchirants, le désespoir de ces cinq âmes confondues en une, pour étouffer, pour éclater et pour mourir dans un seul embrassement.

XVI

Pendant plus d'une demi-heure aucune parole ne put sortir de leurs lèvres. Ce n'était qu'une lamentation où toutes ces voix de père, de femmes, d'enfants, se perdaient dans le gémissement commun, tombaient, s'appelaient, se répondaient, se provoquaient les unes les autres par des sanglots qui renouvelaient les sanglots, et s'aiguisaient par intervalles en cris si déchirants, que ces cris perçaient les portes, les fenêtres, les murs de la tour, et qu'ils étaient entendus des maisons voisines. Enfin l'épuisement des forces abattit jusqu'à ces symptômes de la douleur. Les larmes se desséchèrent sur les paupières; les têtes se rapprochèrent de la tête du roi comme pour suspendre toutes les âmes à ses lèvres; et un entretien à voix basse, interrompu de temps en temps par des baisers et par des serrements de bras, se prolongea pendant deux heures, qui ne furent qu'un long embrassement. Nul n'entendit du dehors ces confidences du mourant aux survivants. La tombe ou les cachots les étouffèrent en peu de mois avec les cœurs. La princesse royale seule en garda les traces dans sa mémoire et en révéla plus tard ce que la confidence, la politique et la mort peuvent laisser échapper des tendresses d'un père, de la conscience d'un mourant et des secrètes instructions d'un roi. Récit mutuel de leurs pensées depuis leur séparation, recommandations répétées de sacrifier à Dieu toute vengeance si jamais l'inconstance des peuples, qui est la fortune des rois, remettait ses ennemis dans leurs mains; élans surnaturels de l'âme de Louis XVI vers le ciel; attendrissements soudains et retours vers la terre à l'aspect de ces êtres chéris, dont les bras entrelacés semblaient l'y rappeler et l'y retenir; vague espoir, exagéré par un pieux mensonge, afin de modérer la douleur de la reine; résignation de tout entre les mains de Dieu; vœu sublime pour que sa vie ne coûtât pas une goutte de sang à son peuple; leçons plus chrétiennes encore que royales, données et répétées à son fils; tout cela, entrecoupé de baisers, de larmes, d'étreintes, de prières en commun, d'adieux plus tendres et plus secrets versés à voix basse dans l'oreille de la reine seule, remplit les deux heures que dura ce funèbre entretien. On n'entendait plus du dehors qu'un tendre et confus chuchotement de voix. Les commissaires jetaient de temps en temps un regard furtif à travers le vitrage, comme pour avertir le roi que le temps s'écoulait.

Quand les cœurs furent épuisés de tendresse, les yeux de larmes, les lèvres de voix, le roi se leva et serra toute sa famille à la fois dans une longue étreinte. La reine se jeta à ses pieds et le conjura de permettre qu'ils demeurassent cette nuit suprême auprès de lui. Il s'y refusa par tendresse pour eux, dont cet attendrissement usait la vie. Il prit pour prétexte le besoin qu'il avait lui-même de quelques heures de tranquillité pour se préparer au lendemain avec toutes ses forces. Mais il promit à sa famille de la faire appeler le jour suivant à huit heures. « Pourquoi pas à sept heures ?

dit la reine. — Eh bien, oui, à sept heures, répondit le roi.
— Vous nous le promettez? s'écrièrent-ils tous. — Je vous le promets, » répéta le roi. La reine, en traversant l'antichambre, se suspendait de ses deux mains au cou de son mari ; la princesse royale enlaçait le roi de ses deux bras ; Madame Élisabeth embrassait du même côté le corps de son frère ; le Dauphin, suspendu d'une main par la reine, de l'autre par le roi, trébuchait entre les jambes de son père, le visage et les yeux levés vers lui. A mesure qu'ils avançaient vers la porte de l'escalier, leurs gémissements redoublaient. Ils s'arrachaient des bras les uns des autres, ils y retombaient de tout le poids de leur amour et de leur douleur. Enfin le roi s'élança à quelques pas en arrière, et tendant de là les bras à la reine : « Adieu,... adieu!... » lui cria-t-il avec un geste, un regard et un son de voix où retentissaient à la fois tout un passé de tendresse, tout un présent d'angoisses, tout un avenir d'éternelle séparation, mais dans lequel on distinguait cependant un accent de sérénité, d'espérance et de joie religieuse, qui semblait assigner à leur réunion le rendez-vous vague mais confiant d'une éternelle vie.

A cet adieu, la jeune princesse glissa évanouie des bras de Madame Élisabeth et vint tomber sans mouvement aux pieds du roi. Cléry, sa tante, la reine, se précipitèrent pour la relever, et la soutinrent en l'entraînant vers l'escalier. Pendant ce mouvement, le roi s'évada, les mains sur les yeux, et se retournant, du seuil de la porte de sa chambre entr'ouverte : « Adieu! » leur cria-t-il pour la dernière fois. Sa voix se brisa sous le sanglot de son cœur. La porte se referma. Il se précipita dans la tourelle, où son consolateur l'attendait. L'agonie de la royauté était passée.

XVII

Le roi tomba de lassitude sur une chaise et resta longtemps sans pouvoir parler. « Ah! monsieur, dit-il à l'abbé Edgeworth, quelle entrevue que celle que je viens d'avoir! Pourquoi faut-il que j'aime tant!... Hélas!... ajouta-t-il après une pause, et que je sois tant aimé!... Mais c'en est fait avec le temps, reprit-il d'un accent plus mâle, occupons-nous de l'éternité. » A ce moment Cléry entra et supplia le roi de prendre quelque nourriture. Le roi refusa d'abord; puis, réfléchissant qu'il aurait besoin de force pour lutter en homme avec les apprêts et à la vue du supplice, il mangea. Le repas ne dura que cinq minutes. Le roi debout ne prit qu'un peu de pain et un peu de vin, comme un voyageur qui ne s'assoit pas sur la route. Le prêtre, qui connaissait la foi de Louis XVI dans les saints mystères du christianisme et qui se réservait de lui donner la dernière joie d'y assister dans son cachot, lui demanda alors si ce serait une consolation pour lui de les voir célébrer le lendemain matin, avant le jour, et d'y recevoir de sa main le Dieu fait homme pour souffrir avec nous et transformé en pain pour la nourriture des âmes. Le roi, privé depuis longtemps de l'assistance aux cérémonies sacrées, pieuse habitude des princes de sa race, fut ému de surprise et de joie à cette pensée. Il lui sembla que le Dieu du Calvaire venait le visiter dans son cachot à la dernière heure, comme un ami qui vient à la rencontre d'un ami. Seulement il désespéra d'obtenir cette faveur de la dureté et de l'impiété des commissaires de la commune.

Le prêtre, encouragé par les marques de respect que Garat avait données à sa mission, fut plus confiant. Il descendit dans la salle du conseil et demanda l'autorisation et les moyens d'accomplir le divin sacrifice dans la chambre du roi. C'étaient l'hostie, le vin, les livres sacrés, un calice et les habits sacerdotaux. Les commissaires indécis, craignant d'un côté de refuser une consolation suprême à la dernière heure d'un mourant, craignant d'un autre côté d'être accusés de *fanatisme* en permettant sous leurs yeux les rites d'un culte répudié, délibérèrent longtemps à voix basse. « Qui nous répond, dit l'un de ces hommes à l'ecclésiastique, que vous n'empoisonnerez pas le condamné dans l'hostie même où vous lui présenterez le corps de son Dieu? serait-ce donc la première fois qu'on aurait empoisonné les rois avec le pain de vie? » Le confesseur enleva tout prétexte au soupçon en priant les municipaux de fournir eux-mêmes le vin, l'hostie, les vases et les ornements de l'autel. Il revint annoncer au roi ce bonheur.

XVIII

Ce prince sentit cette dernière douceur comme un premier rayon d'immortalité. Il se recueillit, il tomba à genoux, repassa devant Dieu les actes, les pensées, les intentions de sa vie entière; il accepta vivant, non devant la postérité, ni devant les hommes, mais devant l'œil de Dieu, ce jugement que les rois d'Égypte n'avaient à subir que dans leur tombeau. Cet examen de sa conscience et cette accusation de lui-même durèrent bien avant dans la nuit. Le jugement de Dieu, toujours mêlé de pardon, n'est pas le jugement des hommes. Le roi se leva, sinon innocent, du moins absous. Le prêtre, qui, dans la confession chrétienne, inflige une peine volontaire aux fautes, imposa pour expiation à son pénitent l'acceptation religieuse de la mort qu'il allait subir et le sacrifice de son sang pour laver le trône de toutes les fautes de sa race. Il promit au roi de lui donner dans la communion du lendemain, en signe de réconciliation et d'espérance, le corps du Christ supplicié. Ce sentiment de la purification de l'âme qu'éprouve le chrétien après la confession avait calmé les sens du roi. Cette recherche attentive des faiblesses de sa vie avait distrait sa pensée de l'heure présente. Son règne était plus irréprochable dans sa conscience que dans l'histoire. Jusque dans ses fautes, il retrouvait ses bonnes intentions. En se sentant pur devant Dieu, il se jugeait innocent devant les hommes. Il devait croire à l'acquittement de la postérité comme à l'acquittement de Dieu.

XIX

La nuit était à demi consommée. Le condamné se coucha et s'endormit d'un sommeil aussi subit et aussi paisible que si cette nuit eût dû avoir un lendemain. Le prêtre passa les heures en prières dans la chambre de Cléry, séparée de celle du roi par une cloison en planches. De là on entendait la respiration égale et douce du roi endormi attester la profondeur de son repos et la régularité des mouvements de son cœur, comme ceux d'une pendule qui va s'arrêter. A cinq heures, il fallut le réveiller. « Cinq heures sont-elles sonnées? dit-il à Cléry. — Pas encore à l'horloge de la tour, lui répondit Cléry; mais elles sont sonnées déjà à plusieurs cloches de la ville. — J'ai bien dormi, dit le roi, j'en avais besoin, la journée d'hier m'avait fatigué. » Cléry alluma le feu et aida son maître à s'habiller. Il prépara l'autel au milieu de la chambre. Le prêtre y célébra le sacrifice. Le roi, à genoux, un livre de prières dans ses mains, paraissait unir son âme à tout le sens, à toutes les paroles de cette cérémonie, où le prêtre fait la commémoration du dernier repas, de l'agonie, de la mort, de la résurrection et de la transsubstantiation du Christ s'offrant en victime à son père et se donnant en aliment à ses frères. Il reçut le corps du Christ sous la figure du pain consacré. Il se sentit fortifié contre la mort, en croyant posséder dans son cœur l'otage divin d'une autre vie. Après la messe, pendant que le prêtre se déshabillait, le roi passa seul dans sa tourelle pour se recueillir. Cléry y entra pour lui demander à genoux sa bénédiction. Louis XVI la lui donna, en le chargeant de la donner en son nom à tous ceux qui lui étaient attachés, et en particulier à ceux de ses gardiens qui, comme Turgy, avaient eu pitié de sa captivité et en avaient adouci les rigueurs; puis, l'attirant dans l'embrasure de la fenêtre, il lui remit furtivement un cachet qu'il détacha de sa montre, un petit paquet qu'il tira de son sein et un anneau de mariage qu'il ôta de son doigt. « Vous remettrez après ma mort, lui dit-il, ce cachet à mon fils, cet anneau à la reine. Dites-lui que je le quitte avec peine et pour qu'il ne soit pas profané avec mon corps!... Ce petit paquet renferme des cheveux de toute ma famille, vous le lui remettrez aussi. Dites à la reine, à mes chers enfants, à ma sœur, que je leur avais promis de les voir ce matin, mais que j'ai voulu leur épargner la douleur d'une si cruelle séparation renouvelée deux fois. Combien il m'en coûte de partir sans recevoir leurs derniers embrassements!... » Les sanglots l'étouffèrent. « Je vous charge, ajouta-t-il avec une tendresse qui brisait les mots dans sa voix, de leur porter mes adieux!... » Cléry se retira fondant en larmes.

Un moment après, le roi sortit de son cabinet et demanda des ciseaux pour que son serviteur lui coupât les cheveux, seul héritage qu'il pût laisser à sa famille. On lui refusa cette grâce. Cléry sollicita des municipaux la faveur d'accompagner son maître pour le déshabiller sur l'échafaud, afin que la main d'un pieux serviteur remplaçât dans ce dernier office la main flétrissante du bourreau. « Le bourreau est assez bon pour lui, » répondit un des commissaires. Le roi se retira de nouveau.

XX

Son confesseur, en entrant dans la tourelle, le trouva se réchauffant auprès de son poêle, paraissant réfléchir avec une triste joie sur le terme enfin venu de ses tribulations. « Mon Dieu! s'écria le roi, que je suis heureux d'avoir conservé ma foi sur le trône! Où en serais-je aujourd'hui sans cette espérance? Oui, il existe en haut un Juge incorruptible qui saura bien me rendre la justice que les hommes me refusent ici-bas! »

Le jour commençait à glisser dans la tour à travers les barreaux de fer et les planches qui obstruaient la lumière du ciel. On entendait distinctement le bruit des tambours qui battaient dans tous les quartiers le rappel des citoyens sous les armes, le trépignement des chevaux de la gendarmerie et le retentissement des roues des canons et des caissons qu'on plaçait et qu'on déplaçait dans les cours du Temple. Le roi écouta ces bruits avec indifférence; il les interprétait à son confesseur. « C'est probablement la garde nationale qu'on commence à rassembler, » dit-il au premier rappel. Quelques moments après, on entendit les fers des chevaux d'une nombreuse cavalerie résonner sur les pavés, au pied de la tour, et les voix des officiers qui rangeaient leurs escadrons en bataille. « Les voilà qui approchent, » dit-il en interrompant et en reprenant l'entretien. Il était sans impatience et sans crainte, comme un homme arrivé le premier à un rendez-vous et qu'on fait attendre. Il attendit longtemps. Pendant près de deux heures, on vint successivement frapper à la porte de son cabinet sous divers prétextes. A chaque fois le confesseur croyait que c'était l'appel suprême. Le roi se levait sans trouble, allait ouvrir sa porte, répondait et venait se rasseoir. A neuf heures, des pas tumultueux d'hommes armés résonnent dans l'escalier; les portes s'ouvrent avec fracas : Santerre paraît, accompagné de douze municipaux et à la tête de dix gendarmes, qu'il range sur deux lignes dans la chambre. Le roi, à ce bruit, entr'ouvre la porte de son cabinet : « Vous venez me chercher, dit-il d'une voix ferme et dans une impérieuse attitude à Santerre, je suis à vous dans un instant, attendez-moi là! » Il montre du doigt le seuil de sa chambre, referme sa porte et revient s'agenouiller aux pieds du prêtre. « Tout est consommé, mon père! lui dit-il; donnez-moi la dernière bénédiction, et priez Dieu qu'il me soutienne jusqu'à la fin. » Il se relève, ouvre la porte, s'avance le front serein, la majesté de la mort dans le geste et sur les traits, entre la double haie de gendarmes. Il tenait à la main un papier plié, c'était son testament. Il s'adresse au municipal qui se trouve en face de lui : « Je vous prie, lui dit-il, de remettre ce papier à la reine!!! » Un mouvement d'étonnement à ce mot sur ces visages républicains lui fait comprendre qu'il s'est trompé de terme : « A ma femme, » dit-il en se reprenant. Le municipal recule : « Cela ne me regarde point, répond-il rudement, je suis ici pour vous conduire à l'échafaud. » Ce municipal était Jacques Roux, prêtre sorti du sacerdoce et qui avait dépouillé toute charité avec sa robe. « C'est juste, » dit tout bas le roi visiblement contristé. Puis regardant les visages et se tournant vers celui dont l'expression plus douce lui révélait un cœur moins impitoyable, il s'approcha d'un municipal nommé Gobeau : « Remettez, je vous prie, ce papier à ma femme; vous pouvez en prendre lecture, il y a des dispositions que la commune doit connaître. » Le municipal, avec l'assentiment de ses collègues, reçut le testament.

Cléry, qui craignait, comme le valet de chambre de Charles Ier, que son maître, tremblant de froid, ne parût trembler devant l'échafaud, lui présenta son manteau : « Je n'en ai pas besoin, lui dit le roi, donnez-moi seulement mon chapeau. » En le recevant, il saisit la main de son fidèle serviteur et la serra fortement en signe d'intelligence et d'adieu; puis se tournant vers Santerre et le regardant en face, d'un geste de résolution et d'un ton de commandement il dit : « Marchons!... »

Santerre et sa troupe semblèrent plutôt le suivre que l'escorter. Le prince descendit d'un pas ferme l'escalier de la tour; et ayant rencontré dans le vestibule le concierge de la tour, nommé Mathey, qui lui avait manqué de respect la veille et à qui il avait reproché avec irritation son insolence, il s'avança vers lui : « Mathey, lui dit-il avec un geste cordial, j'ai eu hier un peu de vivacité envers vous, pardonnez-moi à cause de cette heure. » Mathey, au lieu de lui répondre, affecta de détourner la tête et de se retirer, comme si le contact du mourant eût été contagieux.

En traversant à pied la première cour, le roi se retourna deux fois du côté de la tour et leva vers les fenêtres de la reine un regard où son âme tout entière semblait porter son muet adieu à tout ce qu'il laissait de lui dans la prison.

Une voiture l'attendait à l'entrée de la seconde cour, deux gendarmes se tenaient à la portière; l'un d'eux monta le premier et s'assit sur le devant; le roi monta ensuite, il fit placer son confesseur à sa gauche; le second gendarme monta le dernier et ferma la portière. La voiture roula.

Soixante tambours battaient la marche en tête des chevaux. Une armée ambulante, composée de gardes nationaux, de fédérés, de troupes de ligne, de cavalerie, de gendarmerie et de batteries d'artillerie, marchait devant, derrière, aux deux côtés de la voiture. Paris entier était consigné dans ses maisons. Un ordre du jour de la commune interdisait à tout citoyen qui ne faisait pas partie de la milice armée de traverser les rues qui débouchaient sur les boulevards, ou de se montrer aux fenêtres sur le passage du cortége. Les marchés même étaient évacués. Un ciel bas, brumeux, glacé, ne laissait apercevoir qu'à quelques pas les forêts de piques et de baïonnettes rangées en haies immobiles, depuis la place de la Bastille jusqu'au pied de l'échafaud sur la place de la Révolution. De distance en distance, cette double muraille d'acier était renforcée par des détachements d'infanterie empruntés au camp sous Paris, le sac sur le dos et les armes chargées comme un jour de bataille. Des canons braqués, chargés à mitraille, les mèches fumantes, surveillaient aux principales embouchures des rues la ligne du cortége. Le silence était profond comme la terreur dans la ville. Nul ne disait sa pensée à son voisin. Les physionomies même étaient impassibles sous le regard du délateur; quelque chose de machinal se remarquait dans les visages, dans les gestes, dans les regards de cette multitude. On eût dit que Paris avait abdiqué son âme pour trembler et pour obéir. Le roi, au fond de la voiture, et comme voilé par les baïonnettes et les sabres nus de l'escorte, était à peine aperçu. Il portait un habit brun, une culotte de soie noire, un gilet et des bas blancs. Sa chevelure était roulée sous son chapeau. Le bruit des tambours, des canons, des chevaux, et la présence des gendarmes dans la voiture, l'empêchaient de s'entretenir avec son confesseur. Il demanda seulement à l'abbé Edgeworth de lui prêter son bréviaire, et il y chercha du doigt et de l'œil les psaumes dont les gémissements et les espérances s'appropriaient à sa situation. Ces chants sacrés, balbutiés par ses lèvres et retentissant dans son âme, lui dérobèrent ainsi le bruit, la vue du peuple, pendant tout ce trajet de la prison à la mort. Le prêtre priait à côté de lui. Les gendarmes placés en face portaient sur leurs figures l'empreinte de l'étonnement et de l'admiration que le recueillement pieux du roi leur inspirait. Quelques cris de grâce se firent entendre, au départ de la voiture, dans la foule accumulée à l'entrée de la rue du Temple. Ces cris moururent sans échos dans le tumulte et dans la compression générale des sentiments publics. Aucune injure, aucune imprécation de la multitude, ne s'élevèrent. Si on eût demandé à chacun des deux cent mille citoyens, acteurs ou spectateurs de ces funérailles d'un vivant : « Faut-il que cet homme, seul contre tous, meure? » pas un peut-être n'aurait répondu *oui*. Mais les choses étaient combinées ainsi par le malheur et par la sévérité des temps, que tous accomplissaient sans hésiter ce que nul isolément n'aurait voulu accomplir. Cette multitude, par la pression mutuelle qu'elle exerçait sur elle-même, s'empêchait de céder à son attendrissement et à son horreur; semblable à la voûte dont chaque pierre isolément tend à fléchir et à tomber, mais où toutes restent suspendues par la résistance que la pression oppose à leur chute!

XXI

Au confluent des rues nombreuses qui aboutissent au boulevard entre les portes Saint-Denis et Saint-Martin, lieu où la voie s'élargit et où une rampe rapide ralentit le pas des chevaux, une ondulation soudaine arrêta un moment la marche. Sept ou huit jeunes gens, débouchant en masse de la rue Beauregard, fendirent la foule, rompirent la haie et se précipitèrent vers la voiture le sabre à la main et en criant : « A nous ceux qui veulent sauver le roi ! » De ce nombre étaient le baron de Batz, aventurier de conspirations, et son secrétaire Devaux. Trois mille jeunes gens, secrètement enrôlés et armés pour ce coup de main, devaient répondre à ce signal et tenter après un soulèvement dans Paris, appuyés par Dumouriez. Cachés dans Paris, ces intrépides conspirateurs, voyant que personne ne les suivait, se firent jour, à la faveur de la surprise et de la confusion, à travers la haie de la garde nationale, et se perdirent dans les rues voisines. Un détachement de gendarmerie les poursuivit et en atteignit quelques-uns, qui payèrent de leur vie leur tentative.

Le cortége, un moment arrêté, reprit sa marche à travers le silence et l'immobilité du peuple, jusqu'à l'embouchure de la rue Royale sur la place de la Révolution. Là, un rayon de soleil d'hiver qui perçait la brume laissait voir la place couverte de cent mille têtes, les régiments de la garnison de Paris formant le carré autour de l'échafaud, les exécuteurs attendant la victime, et l'instrument du supplice dressant au-dessus de la foule ses madriers et ses poteaux peints en rouge couleur de sang.

Ce supplice était la guillotine. Cette machine, inventée en Italie et importée en France par l'humanité d'un médecin célèbre de l'Assemblée constituante, nommé Guillotin, avait été substituée aux supplices atroces et infamants que la Révolution avait voulu abolir. Elle avait de plus, dans la pensée des législateurs de l'Assemblée constituante, l'avantage de ne pas faire verser le sang de l'homme par la main et sous le coup souvent mal assuré d'un autre homme, mais de faire exécuter le meurtre par un instrument sans âme, insensible comme le bois et infaillible comme le fer. Au signal de l'exécuteur la hache tombait d'elle-même. Cette hache, dont la pesanteur était centuplée par des poids attachés sous l'échafaud, glissait entre deux rainures d'un mouvement à la fois horizontal et perpendiculaire, comme celui de la scie, et détachait la tête du tronc par le poids de sa chute et avec la rapidité de l'éclair. C'était la douleur et le temps supprimés dans la sensation de la mort. La guillotine était dressée ce jour-là au milieu de la place de la Révolution, devant la grande allée du jardin des Tuileries, en face et comme en dérision du palais des rois, non loin de l'endroit où la fontaine jaillissante la plus rapprochée de la Seine semble aujourd'hui laver éternellement le pavé.

Depuis l'aube du jour, les abords de l'échafaud, le pont

Louis XVI, les terrasses des Tuileries, les parapets du fleuve, les toits des maisons de la rue Royale, les branches dépouillées des arbres des Champs-Élysées, étaient chargés d'une innombrable multitude qui attendait l'événement dans l'agitation, dans le tumulte et dans le bruit d'une ruche d'hommes, comme si cette foule n'eût pu croire au supplice d'un roi avant de l'avoir vu de ses yeux. Les abords immédiats de l'échafaud avaient été envahis, grâce aux faveurs de la commune et à la connivence des commandants des troupes, par des hommes de sang des Cordeliers, des Jacobins et des journées de septembre, incapables d'hésitation ou de pitié. Se posant eux-mêmes autour de l'échafaud comme les témoins de la république, ils voulaient que le supplice fût consommé et applaudi.

A l'approche de la voiture du roi, une immobilité solennelle surprit cependant tout à coup cette foule et ces hommes eux-mêmes. La voiture s'arrêta à quelques pas de l'échafaud. Le trajet avait duré deux heures.

XXII

Le roi, en s'apercevant que la voiture avait cessé de rouler, leva les yeux, qu'il tenait attachés au livre, et, comme un homme qui interrompt sa lecture pour un moment, il se pencha à l'oreille de son confesseur et lui dit à voix basse et d'un ton d'interrogation : « Nous voilà arrivés, je crois? » Le prêtre ne lui répondit que par un signe silencieux. Un des trois frères Sanson, bourreaux de Paris, ouvrit la portière. Les gendarmes descendirent. Mais le roi refermant la portière et plaçant sa main droite sur le genou de son confesseur d'un geste de protection : « Messieurs, dit-il aux autorités et aux bourreaux, aux gendarmes et aux officiers qui se pressaient autour des roues, je vous recommande monsieur que voilà ! Ayez soin qu'après ma mort il ne lui soit fait aucune insulte. Je vous charge d'y veiller. » Personne ne répondit. Le roi voulut répéter avec plus de force cette recommandation aux exécuteurs. L'un d'eux lui coupa la parole. « Oui, oui, lui dit-il avec un accent sinistre, sois tranquille, nous en aurons soin, laisse-nous faire. » Louis XVI descendit. Trois valets du bourreau l'entourèrent et voulurent le déshabiller au pied de l'échafaud. Il les repoussa avec majesté, ôta lui-même son habit, sa cravate, et dépouilla sa chemise jusqu'à la ceinture. Les exécuteurs se jetèrent alors de nouveau sur lui. « Que voulez-vous faire ? murmura-t-il avec indignation. — Vous lier, » lui répondirent-ils ; et ils lui tenaient déjà les mains pour les nouer avec leurs cordes. « Me lier ! répliqua le roi, avec un accent où toute la gloire de son sang se révoltait contre l'ignominie. Non ! non ! je n'y consentirai jamais ! Faites votre métier, mais vous ne me lierez pas, renoncez-y ! » Les exécuteurs insistaient, élevaient la voix, appelaient à leur aide, levaient la main, préparaient la violence. Une lutte corps à corps allait souiller la victime au pied de l'échafaud. Le roi, par respect pour la dignité de sa mort et pour le calme de sa dernière pensée, regarda le prêtre comme pour lui demander conseil. « Sire, dit le conseiller divin, subissez sans résistance ce nouvel outrage comme un dernier trait de ressemblance entre vous et le

Dieu qui va être votre récompense. » Le roi leva les yeux au ciel avec une expression du regard qui semblait reprocher et accepter à la fois. « Assurément, dit-il, il ne faut rien moins que l'exemple d'un Dieu pour que je me soumette à un pareil affront ! » Puis se tournant en tendant lui-même les mains vers les exécuteurs : « Faites ce que vous voudrez, leur dit-il, je boirai le calice jusqu'à la lie ! »

Il monta, soutenu par le bras du prêtre, les marches hautes et glissantes de l'échafaud. Le poids de son corps semblait indiquer un affaissement de son âme ; mais, parvenu à la dernière marche, il s'élança des mains de son confesseur, traversa d'un pas ferme toute la largeur de l'échafaud, regarda en passant l'instrument et la hache, et se tournant tout à coup à gauche, en face de son palais et du côté où la plus grande masse de peuple pouvait le voir et l'entendre, il fit aux tambours le geste du silence. Les tambours obéirent machinalement. « Peuple ! dit Louis XVI d'une voix qui retentit dans le silence et qui fut entendue distinctement de l'autre extrémité de la place, peuple ! je meurs innocent de tous les crimes qu'on m'impute ! Je pardonne aux auteurs de ma mort, et je prie Dieu que le sang que vous allez répandre ne retombe jamais sur la France... »

Il allait continuer ; un frémissement parcourait la foule. Le chef d'état-major des troupes du camp sous Paris ordonna aux tambours de battre. Un roulement immense et prolongé couvrit la voix du roi et le murmure de la multitude. Le condamné revint de lui-même à pas lents vers la guillotine et se livra aux exécuteurs. Au moment où on l'attachait à la planche, il jeta encore un regard sur le prêtre qui priait à genoux au bord de l'échafaud. Il vécut, il posséda son âme tout entière jusqu'au moment où il la remit à son Créateur par les mains du bourreau. La planche chavira, la hache glissa, la tête tomba.

Un des exécuteurs, prenant la tête du supplicié par les cheveux, la montra au peuple et aspergea de sang les bords de l'échafaud. Des fédérés et des républicains fanatiques montèrent sur les planches, trempèrent les pointes de leurs sabres et les lances de leurs piques dans le sang, et les brandirent vers le ciel en poussant le cri de : « Vive la République ! » L'horreur de cet acte étouffa le même cri sur les lèvres du peuple. L'acclamation ressembla plutôt à un immense sanglot. Les salves de l'artillerie allèrent apprendre aux faubourgs les plus lointains que la royauté était suppliciée avec le roi. La foule s'écoula en silence. On emporta les restes de Louis XVI dans un tombereau couvert au cimetière de la Madeleine, et on jeta de la chaux dans la fosse, pour que les ossements consumés de la victime de la Révolution ne devinssent pas un jour les reliques du royalisme. Les rues se vidèrent. Des bandes de fédérés armés parcoururent les quartiers de Paris en annonçant la mort du *tyran* et en chantant le sanguinaire refrain de la *Marseillaise*. Aucun enthousiasme ne leur répondit, la ville resta muette. Le peuple ne confondait pas un supplice avec une victoire. La consternation était rentrée avec la liberté dans la demeure des citoyens. Le corps du roi n'était pas encore refroidi sur l'échafaud que le peuple doutait de l'acte qu'il venait d'accomplir, et se demandait, avec une anxiété voisine du remords, si le sang qu'il venait de répandre était une tache sur la gloire de la France ou le sceau de la liberté. La conscience des républicains eux-mêmes se troubla devant cet échafaud. La mort du roi laissait un problème à débattre à la nation.

XXIII

Cinquante-trois ans se sont écoulés depuis ce jour; ce problème agite encore la conscience du genre humain et partage l'histoire elle-même en deux partis : crime ou stoïcisme, selon le point de vue où l'on se place pour le considérer, cet acte est un parricide aux yeux des uns; il est aux yeux des autres un acte politique qui écrivit avec le sang d'un roi les droits du peuple, qui devait rendre la royauté et la France à jamais irréconciliables, et qui, ne laissant à la France compromise d'autre alternative que de subir la vengeance des despotes ou de les vaincre, condamnait la nation à la victoire par l'énormité de l'outrage et par l'impossibilité du pardon.

Quant à nous, qui devons justice et pitié à la victime, mais qui devons aussi justice aux juges, nous nous demandons, en finissant ce mélancolique récit, ce qu'il faut accuser, ce qu'il faut absoudre du roi, de ses juges, de la nation ou de la destinée. Et si l'on peut rester impartial quand on est attendri, nous posons en ces termes dans notre âme la redoutable question qui fait hésiter l'histoire, douter la justice, trembler l'humanité :

La nation avait-elle le droit de juger en tribunal légal et régulier Louis XVI? Non : car pour être juge il faut être impartial et désintéressé, et la nation n'était ni l'un ni l'autre. Dans ce combat terrible, mais inévitable, que se livraient, sous le nom de Révolution, la royauté et la liberté pour l'asservissement ou l'émancipation des citoyens; Louis XVI personnifiait le trône, la nation personnifiait la liberté. Ce n'était pas leur faute; c'était leur nature. Les tentatives de transaction étaient vaines. Les natures se combattaient en dépit des volontés. Entre ces deux adversaires, le roi et le peuple, dont par instinct l'un devait vouloir retenir, l'autre arracher les droits de la nation, il n'y avait d'autre tribunal que le combat, d'autre juge que la victoire. Nous ne prétendons pas dire par ces paroles qu'il n'y eût pas au-dessus des deux partis une moralité de la cause et des actes qui juge la victoire elle-même. Cette justice ne périt jamais dans l'éclipse des lois et dans la ruine des empires; seulement elle n'a pas de tribunal où elle puisse citer légalement ses accusés; elle est la justice qui n'a ni juges institués ni lois écrites, mais qui prononce ses arrêts dans la conscience, et dont le code est l'équité.

Louis XVI ne pouvait être jugé en politique ni en équité que par un procès d'État.

La nation avait-elle le droit de le juger ainsi? La nation avait certes la faculté de modifier la forme extérieure de sa souveraineté, de niveler son aristocratie, de salarier son Église, d'abaisser ou même de supprimer son trône pour régner elle-même par ses propres magistratures. Or, du moment que la nation avait le droit de combattre et de s'affranchir, elle avait le droit de surveiller et de consolider les résultats de sa victoire. Si donc Louis XVI, roi trop récemment dépossédé de la toute-puissance, roi à qui toute restitution de pouvoir au peuple devait paraître déchéance, roi mal satisfait de la part de règne qui lui restait, aspirant à reconquérir l'autre part, tiraillé d'un côté par une assemblée usurpatrice, tiraillé de l'autre par une reine inquiète, par une noblesse humiliée, par un clergé qui faisait intervenir le ciel dans sa cause, par une émigration implacable, par ses frères courant en son nom par toute l'Europe pour chercher des ennemis à la Révolution; si Louis XVI, roi, paraissait à la nation une conspiration vivante contre sa liberté, si la nation le soupçonnait de trop regretter dans son âme le pouvoir suprême, de faire trébucher volontairement la nouvelle constitution pour profiter de ses chutes, de conduire la liberté dans des piéges, de se réjouir de l'anarchie, de désarmer la patrie, de lui souhaiter secrètement des revers, de correspondre avec ses ennemis, la nation avait le droit de le citer jusque sur son trône, de l'en faire descendre, de l'appeler à sa barre et de le déposer au nom de sa propre dictature et de son propre salut. Si la nation n'avait pas eu ce droit, le droit de trahir impunément les peuples eût donc été dans la constitution nouvelle une des prérogatives des rois!

XXIV

Nous venons de voir qu'aucune loi écrite ne pouvait être appliquée au roi, et que, ses juges étant ses ennemis, son jugement ne pouvait être un jugement légal, mais une grande mesure d'État, dont l'équité seule devait débattre les motifs et dicter l'arrêt. Que disait l'équité, et quelle peine pouvait-elle prononcer, si le vainqueur a le droit d'appliquer une peine au vaincu?

Louis XVI, dégradé de la royauté, désarmé et prisonnier, coupable peut-être dans la lettre, était-il coupable dans l'esprit, si l'on considère la contrainte morale et physique de sa déplorable situation? Était-ce un tyran? Non. Un oppresseur du peuple? Non. Un fauteur de l'aristocratie? Non. Un ennemi de la liberté? Non. Tout son règne protestait, depuis son avènement au trône, de la tendance philosophique de son esprit et des instincts populaires de son cœur, à prémunir la royauté contre les tentations du despotisme, à faire monter les lois sur le trône, à demander des conseils à la nation, à faire régner par lui et en lui les droits et les intérêts du peuple. Prince révolutionnaire, il avait appelé lui-même la Révolution à son secours. Il avait voulu lui donner beaucoup; elle avait voulu arracher davantage : de là la lutte.

Cependant tout n'était pas politiquement irréprochable du côté du roi dans cette lutte. L'incohérence et le repentir des mesures trahissaient la faiblesse et avaient souvent servi de prétexte aux violences et aux attentats du peuple. Ainsi, Louis XVI avait convoqué les états généraux ; et voulant trop tard circonscrire le droit de délibération, l'insurrection morale du serment du *Jeu de Paume* lui avait forcé la main. Il avait voulu intimider l'Assemblée constituante par un rassemblement de troupes à Versailles, et le peuple de Paris avait pris la Bastille et embauché les gardes-françaises. Il avait pensé à éloigner le siége de l'Assemblée nationale de la capitale, et la populace de Paris avait marché sur Versailles, forcé son palais, massacré ses gardes, emprisonné sa famille aux Tuileries. Il avait tenté de s'enfuir au milieu de son armée et peut-être d'une armée étrangère, et la nation l'avait ramené enchaîné au trône et lui avait imposé la constitution de 91. Il avait parlementé avec l'émigration et les rois, ses vengeurs, et la populace de Paris avait fait le 20 juin. Pour obéir à sa conscience, il avait refusé sa sanction à des lois commandées par la volonté du peuple, et les Girondins unis aux Jacobins avaient fait le 10 août. Selon l'esprit dans lequel on envisageait ces vicissitudes de son règne, depuis le commencement de la Révolution, il y avait de quoi l'accuser ou de quoi le plaindre. Il n'était ni tout à fait innocent, ni tout à fait coupable; il était surtout malheureux! Si le peuple pouvait lui reprocher des faiblesses et des dissimulations, il pouvait, lui roi, reprocher de cruelles violences au peuple. L'action et la réaction, le coup et le contre-coup s'étaient succédé de part et d'autre avec une telle rapidité, comme dans une mêlée, qu'il était difficile de dire qui avait frappé le premier. Les fautes étaient réciproques, les ombrages mutuels. Qui donc avait le droit de condamner l'autre et de lui dire avec justice et impartialité : « Tu mourras? » Aucun des deux. Le roi ne pouvait pas plus, en cas de victoire, juger le peuple, que le peuple ne pouvait légalement juger le roi. Il n'y avait point là de justiciable; il y avait un vaincu, voilà tout. Le procès légal était une hypocrisie de justice, la hache seule était logique. Robespierre l'avait dit. Mais la hache après le combat, et frappant un homme désarmé, au nom de ses ennemis, qu'est-elle dans toutes les langues? Un meurtre de sang-froid, sans excuse, du moment qu'il est sans nécessité, en un mot une immolation.

XXV

Déposer Louis XVI, le bannir du sol national ou l'y retenir dans l'impuissance de conspirer et de nuire, voilà ce que commandaient aux conventionnels le salut de la république, la sûreté de la Révolution. L'immolation d'un homme captif et désarmé n'était qu'une concession à la colère ou une concession à la peur. Vengeance ici, lâcheté là, cruauté partout. Immoler un vaincu cinq mois après la victoire, ce vaincu fût-il coupable, ce vaincu fût-il dangereux, était un acte sans pitié. La pitié n'est pas un vain mot parmi les hommes. Elle est un instinct, qui avertit la force d'amollir sa main à la proportion de la faiblesse et de l'adversité des victimes. Elle est une justice généreuse du cœur humain, plus clairvoyante au fond et plus infaillible que la justice inflexible de l'esprit. Aussi tous les peuples en ont-ils fait une vertu. Si l'absence de toute pitié est un crime dans le despotisme, pourquoi donc serait-ce une vertu dans les républiques? Le vice et la vertu changent-ils de nom en changeant de parti? Les peuples sont-ils dispensés d'être magnanimes? Il n'y a que leurs ennemis qui oseraient le prétendre, car ils voudraient les déshonorer. Leur force même leur commande plus de générosité qu'à leurs tyrans!

XXVI

Enfin le meurtre du roi, comme mesure de salut public, était-il nécessaire? Nous demanderions d'abord si ce meurtre était juste, car rien d'injuste en soi ne peut être nécessaire à la cause des nations. Ce qui fait le droit, la beauté et la sainteté de la cause des peuples, c'est la parfaite moralité de leurs actes. S'ils abdiquent la justice, ils n'ont plus de drapeau. Ils ne sont que des affranchis du despotisme imitant tous les vices de leurs maîtres. La vie ou la mort de Louis XVI, détrôné ou prisonnier, ne pesait pas le poids d'une baïonnette de plus ou de moins dans la balance des destinées de la république. Son sang était une déclaration de guerre plus certaine que sa déposition. Sa mort était, certes, un prétexte d'hostilités plus spécieux que sa captivité, dans les conseils diplomatiques des cours ennemies de la Révolution. Prince épuisé et dépopularisé par quatre ans de lutte inégale avec la nation, livré vingt fois à la merci du peuple, sans crédit sur les soldats; caractère dont on avait si souvent sondé la timidité et l'indécision, descendu d'humiliation en humiliation et degré par degré du haut de son trône dans la prison, Louis XVI était l'unique prince de sa race à qui il ne fût pas possible de songer à régner. Dehors, il était décrédité par ses concessions; dedans, il eût été l'otage patient et inoffensif de la république, l'ornement de son triomphe, la preuve vivante de sa magnanimité. Sa mort, au contraire, aliénait de la cause française cette partie immense des populations qui ne juge les événements humains que par le cœur. La nature humaine est pathétique; la république l'oublia, elle donna à la royauté le prestige du martyre, à la liberté le stigmate de la vengeance. Elle prépara ainsi une réaction contre la cause républicaine, et mit du côté de la royauté la sensibilité, l'intérêt, les larmes d'une partie des peuples. Qui peut nier que l'attendrissement sur le sort de Louis XVI et de sa famille n'ait été pour beaucoup dans le retour vers la royauté quelques années après? Les causes perdues ont des retours dont il ne faut souvent chercher les motifs que dans le sang des victimes odieusement immolées par la cause opposée. Le sentiment public, une fois ému d'une iniquité, ne se repose que quand il s'est, pour ainsi dire, absous par quelque réparation éclatante et inattendue. Il y eut du sang de Louis XVI dans tous les traités que les puissances de l'Europe passèrent entre elles pour incriminer et étouffer la république; il y eut du sang de Louis XVI dans l'huile qui sacra Napoléon si peu de temps après les serments à la liberté; il y eut du sang de Louis XVI dans l'enthousiasme monarchique que raviva en France le retour des Bourbons à la restauration; il y en eut même en 1830 dans la répulsion au nom de la république, qui jeta la nation indécise entre les bras d'une autre dynastie. Ce sont les républicains qui doivent le plus déplorer ce sang, car c'est sur leur cause qu'il est retombé sans cesse, et c'est ce sang qui leur a coûté la république!

XXVII

Quant aux juges, Dieu lit seul dans la conscience des individus. L'histoire ne lit que dans la conscience des partis. L'intention seule fait le crime ou l'explication de pareils actes. Les uns votèrent par une puissante conviction de la nécessité de supprimer le signe vivant de la royauté en abolissant la royauté elle-même; les autres par un défi aux rois de l'Europe, qui ne les croiraient pas, selon eux, assez républicains tant qu'ils n'auraient pas supplicié un roi; ceux-ci pour donner aux peuples asservis un signal et un exemple qui leur communiquassent l'audace de secouer la superstition des rois; ceux-là par une ferme persuasion des trahisons de Louis XVI, que la presse et la tribune des clubs leur dépeignaient, depuis le commencement de la Révolution, comme un conspirateur; quelques-uns par impatience des dangers de la patrie; quelques autres, comme les Girondins, à regret et par rivalité d'ambition, à qui donnerait le gage le plus irrécusable à la république; d'autres par cet entraînement qui emporte les faibles âmes dans le courant des assemblées publiques; d'autres par cette lâcheté qui surprend tout à coup le cœur et qui fait abandonner la vie d'autrui comme on abandonne sa propre vie; un grand nombre enfin votèrent la mort avec réflexion, par un fanatisme qui ne se faisait illusion ni sur l'insuffisance des crimes, ni sur l'irrégularité des formes, ni sur la cruauté de la peine, ni même sur le compte qu'en demanderait la postérité à leur mémoire, mais qui crurent la liberté assez sainte pour justifier par sa fondation ce qui manquait à la justice de leur vote, et assez implacable pour lui immoler leur propre pitié !

XXVIII

Tous se trompèrent. Cependant l'histoire, même en accusant, ne peut méconnaître, au milieu de toutes les conséquences politiques, contraires à l'équité, cruelles pour le sentiment et fatales à la liberté, du supplice de Louis XVI, qu'il n'y eût une sinistre puissance dans cet échafaud. Ce fut la puissance des partis désespérés et des résolutions sans retour. Ce supplice vouait la France à la vengeance des trônes, et donnait ainsi cruellement à la république la force convulsive des nations : la force du désespoir. L'Europe l'entendit ; la France répondit. Les transactions, les indécisions, les négociations, cessèrent ; et la Mort, tenant la hache régicide d'une main et le drapeau tricolore de l'autre, fut prise seule pour négociateur et pour juge entre la monarchie et la république, entre l'esclavage et la liberté, entre le passé et l'avenir des nations.

LIVRE TRENTE-SIXIÈME

Impression produite par la mort de Louis XVI.—Lepelletier de Saint-Fargeau. — Cabinets de l'Europe. — Custine. — L'Angleterre. — Pitt. — Fox. — M. de Talleyrand. — Coalition à l'extérieur. — Recrutement. — L'armée. — Pache ministre de la guerre. — Dumouriez en Belgique. — Mesdemoiselles Fernig. — Jemmapes. — Le duc de Chartres. — Dumouriez vainqueur.

I

Les grandes catastrophes humaines ont des contre-coups dans l'imagination publique, qui sont plus fortement ressentis par certains hommes doués, pour ainsi dire, de la faculté de résumer en eux l'impression de tous et de porter jusqu'au délire, quelquefois jusqu'au crime, l'exaltation que ces catastrophes leur inspirent. La mort de Louis XVI, l'étonnement, la profanation, la douleur, produisirent cette commotion des âmes dans tout l'empire. Tous ceux qui ne partageaient pas le stoïcisme des juges furent saisis par l'horreur et par la consternation. Il leur semblait qu'un grand sacrilége appelait, sur la nation qui l'avait accompli ou souffert, une de ces vengeances où le ciel demande pour le sang d'un juste le sang d'un peuple tout entier. Des hommes moururent de douleur en apprenant la consommation du supplice, d'autres en perdirent la raison. Des femmes se précipitèrent du toit de leur maison dans la rue, et des ponts de Paris dans la Seine. Des sœurs, des filles, des femmes, des mères de conventionnels, éclatèrent en reproches contre leurs maris ou leurs fils. Le supplice même n'était pas encore exécuté que l'arrêt de mort de Louis XVI était déjà vengé dans le sang d'un de ses principaux juges.

Michel Lepelletier de Saint-Fargeau, issu d'une ancienne famille de haute magistrature et possesseur d'une fortune immense dans le département de l'Yonne, homme de plus d'ambition que de génie, avait d'abord défendu le pouvoir du roi aux états généraux. Après l'Assemblée constituante, prévoyant la ruine de la monarchie, il s'était retiré dans ses terres, et il avait passé au parti du peuple avec l'affectation de zèle et les complaisances d'un homme qui a beaucoup à se faire pardonner. Devenu le centre des agitations de son département, l'âme des clubs, l'instigateur des mouvements populaires, il avait été nommé membre de la Convention nationale à Sens. L'archevêque de Sens, Loménie de Brienne, ancien ministre de Louis XVI, transfuge éclatant de l'Église dans la philosophie, avait assisté, en costume civique et coiffé du bonnet rouge, à l'élection de Michel Lepelletier. Le clergé et l'aristocratie venaient ainsi s'abdiquer, les pieds dans le sang, entre les mains du peuple. L'archevêque de Sens, prévoyant les retours terribles d'une popularité qui demandait de pareils sacrifices, portait déjà sur lui un poison préparé par Cabanis et envoyé par Condorcet, dont il devait se servir quelques mois plus tard. Lepelletier de Saint-Fargeau pressentait le poignard d'un royaliste. L'un et l'autre prochains martyrs de leur nouvelle cause : l'un par ses propres mains, l'autre par les mains d'un assassin.

Plus important par sa naissance et par sa fortune que par sa parole, Lepelletier de Saint-Fargeau avait à la Convention et aux Jacobins l'espèce d'influence que les noms qu'on a l'habitude de respecter conservent quelque temps dans les partis où ces noms descendent. Il présidait quelquefois les Jacobins ; il allait au-devant des volontés de Robespierre. Nul ne sait mieux flatter les maîtres du peuple qu'un aristocrate instruit à la flatterie dans les cours. Il fréquentait le duc d'Orléans, et préméditait, dit-on, le mariage de sa fille unique avec le fils aîné de ce prince. L'immensité de la dot devait suppléer à l'inégalité des noms, et la conformité des principes révolutionnaires effacer la distance des rangs. Sa fortune et son patronage dans les départements de la Bourgogne groupaient autour de lui dix ou douze membres de la Convention, les yeux sur son vote, pour l'imiter. Ces douze voix, en se déplaçant à un signe de Saint-Fargeau, faisaient une différence de vingt-quatre voix dans le procès du roi. Par l'indécision et la balance des suffrages, la responsabilité de la vie ou de la mort de Louis XVI pouvait porter sur Lepelletier. Les royalistes le savaient. Des sollicitations mystérieuses avaient abordé Saint-Fargeau : il avait promis un vote de clémence. Les Jacobins, instruits de ces négociations, avaient exigé qu'il les démentît par un acte qui engageât sa tête : il avait promis un vote inflexible. A l'heure décisive, il avait tenu parole aux Jacobins et voté la mort. Les royalistes avaient détesté deux fois ce vote. Le régicide était de plus une trahison à leurs yeux.

II

Il y avait parmi ces royalistes un jeune homme nommé Pâris, fils d'un employé dans l'administration des biens du comte d'Artois. Pâris était entré dans la garde constitutionnelle de Louis XVI au moment où le zèle avait réuni dans ce corps tout ce qui restait de défenseurs du roi. Depuis le commencement de la garde constitutionnelle, il était resté à Paris, épiant toutes les occasions de se dévouer à sa cause. Audacieux d'attitude, intrépide de cœur, adroit de la main, il se montrait armé dans tous les lieux publics, encourageait les royalistes, affrontait les Jacobins, gourmandait le peuple, ameutait les femmes, et parvenait à échapper toujours à la haine des Jacobins par la force de son sabre et par le secret de son asile. Ce jeune homme était du nombre de ceux qui devaient attaquer l'escorte du roi quand on le conduirait au supplice, et qui ourdissaient un soulèvement pour forcer les portes du Temple. Il avait espéré jusqu'au dernier moment que la Convention n'accomplirait pas le régicide. A l'annonce du vote de mort et du refus de sursis, sa rage et sa douleur s'étaient exaltées jusqu'à la démence. Il avait senti en lui ce besoin irrésistible, qui saisit quelquefois les âmes passionnées, de protester seul contre un peuple. Il avait embrassé sa maîtresse, jeune marchande de parfums au Palais-Royal, qui lui donnait asile, comme pour un éternel adieu. Il avait caché son sabre sous son manteau, et il était sorti sans savoir quel coup il porterait, mais décidé à porter un coup mémorable.

Dans cette disposition, Pâris erra longtemps sous le péristyle, dans les cours, espérant que le hasard lui offrirait pour victime le duc d'Orléans. Le hasard avait trompé son attente. Le prince n'avait pas paru. Pâris, accompagné d'un de ses amis, entra chez un restaurateur du Palais-Royal, nommé Février. Les salons souterrains de ce restaurateur ressemblaient à des caves mal éclairées par des soupiraux. Une affectation de pauvreté, commune en ce temps où la richesse était un soupçon d'aristocratie, avait amené ce jour-là l'opulent Lepelletier dans les caveaux de Février. Il dînait seul, devant une petite table, dans une salle obscure voisine de la table de Pâris. La fièvre empêchait ce jeune homme de manger. Il s'entretenait à demi-voix, avec son ami, du vote de la veille, du supplice du lendemain, de la lâcheté du peuple. La rage mal contenue de son âme éclatait dans le son de sa voix et dans sa physionomie. Ses voisins, en le regardant, avaient le pressentiment de la démence ou du crime. Son compagnon lui parlait à voix basse, moins en ami qui déconseille qu'en complice qui encourage. Deux ou trois fois, pendant le repas, Pâris se leva avec une précipitation convulsive, sortit et rentra, comme un homme qui épie quelqu'un. Le dîner fini, il croisa ses bras sur sa poitrine, baissa la tête et parut réfléchir. Ses yeux hagards parcouraient machinalement les visages des convives assis chacun à des tables séparées. Quelqu'un ayant désigné Lepelletier par son nom, Pâris, qui ne connaissait ni le visage, ni le vote du représentant de Sens, s'approcha de lui. « C'est vous qu'on appelle Saint-Fargeau, dit-il en apostrophant le député. — C'est moi, répondit Saint-Fargeau. Que me voulez-vous ? — Vous avez la physionomie d'un homme de bien ; vous n'avez pas voté la mort du roi, n'est-ce pas ? — Vous vous trompez, monsieur, répliqua Saint-Fargeau d'un air de douleur et de fermeté ; je l'ai votée parce que ma conscience me commandait ce vote. — Tu as voté la mort ! Eh bien ! tiens ! voilà ta récompense ! » En disant ces mots, Pâris fait un mouvement pour écarter les pans de son manteau et pour chercher la poignée de son sabre. Saint-Fargeau se lève, saisit un couteau et avance les mains pour se couvrir. Mais Pâris, plus prompt que la pensée, tire son sabre, le plonge dans le cœur de Lepelletier, et s'enfuit par un corridor. Saint-Fargeau, transporté mourant sur un lit, demanda quel était l'homme qui venait de le frapper. Il expira quelques moments après.

On prêta à son agonie la joie sublime et les mots dévoués du martyre. On répandit ces mots d'apparat parmi le peuple, pour ajouter le culte de la victime à l'horreur contre le royaliste assassin. Le coup de poignard de Pâris avait fait de Lepelletier un grand homme. Un décret ouvrit le Panthéon à son cercueil. On lui prépara des funérailles nationales, moins en hommage à sa mémoire qu'en solennelle vengeance de l'opinion qui l'avait frappé.

Le soir, des groupes furieux se pressèrent au Palais-Royal, à la porte du restaurateur, autour du brancard sur lequel on emportait le corps inanimé de Lepelletier. Des orateurs populaires racontaient, en les solennisant, les circonstances de cette mort, et la présentaient comme le premier acte d'une immense conjuration qui menaçait la vie de tous les députés fidèles au peuple. Le Palais-Royal étincelait de sabres nus, tirés pour la vengeance de Saint-Fargeau. Au milieu de cette foule qui frémissait au nom et qui demandait à grands cris le sang de l'assassin, Pâris se promenait avec son ami dans le jardin. Un des royalistes témoin du meurtre l'ayant rencontré et reconnu, et lui ayant fait un signe de terreur et d'étonnement : « Ma journée n'est pas finie, lui dit tout bas Pâris ; je trouverai celui que je cherche, ici ou à la Convention, et je l'enverrai rejoindre l'autre. » La police, qui cherchait partout l'assassin, excepté sur la scène même du crime, le laissa, toute cette nuit et toutes les nuits de la semaine suivante, se montrer impunément au Palais-Poyal.

Il sortit de Paris, huit jours après son crime, avec sa maîtresse et son frère, enfant de douze ans. Il avait conservé le même costume qu'il portait le jour de l'assassinat. Il espérait s'embarquer à Dieppe pour l'Angleterre. Sa maîtresse et son frère l'ayant accompagné seulement jusqu'à Gisors, il en partit seul, à pied, par des chemins de traverse, pour la petite ville de Forges-les-Eaux. Il entra dans une auberge de faubourg et demanda un souper et un lit. En attendant le repas, il s'approcha du feu dans la salle commune. Quelques colporteurs s'y entretenaient entre eux des événements du jour. Pâris se mêla à la conversation. « Que pense-t-on ici, leur demanda-t-il avec une apparente indifférence, de la condamnation et du supplice du roi ? — On pense, lui répondit un marchand, qu'on a bien fait de l'immoler et qu'il faudrait avoir immolé tous les tyrans du même coup. » L'indignation de Pâris, plus forte que sa prudence, se trahit à cette réponse par un mouvement involontaire. « Je ne rencontrerai donc partout, murmura-t-il assez haut pour être entendu, que des assassins de mon roi ! » Et il se retira dans la chambre qu'on lui avait préparée. Il y soupa tranquillement. Les hommes qui l'observaient à travers le vitrage d'une porte le virent baiser, à plusieurs reprises, sa main droite, comme pour la remercier de la justice qu'elle avait accomplie. Après le souper, il demanda une plume et de l'encre. Il écrivit sur son brevet de garde du roi quelques lignes, cacha un pistolet sous son oreiller et se coucha.

Cependant les colporteurs et l'aubergiste, étant allés de grand matin réveiller le maire et la gendarmerie de Forges, leur firent part des conjectures que les gestes et les paroles d'un voyageur suspect leur avaient inspirées la veille. Les municipaux, revêtus de leurs écharpes tricolores, et les gendarmes, le sabre nu à la main, entrèrent dans la chambre de Pâris. Il dormait profondément. On l'éveilla. Il regarda les gendarmes sans se troubler. « C'est vous, leur dit-il; je vous attendais. — Montrez-nous votre passe-port. — Je n'en ai pas. — Suivez-nous à l'hôtel de ville. — Je vous suis. » En disant ces mots, il glisse sa main sous l'oreiller, en tire son pistolet et se fait sauter le crâne avant que les gendarmes aient pu discerner et prévenir son mouvement. On trouva sur son cœur son brevet de garde du roi. Il y avait écrit ces mots la veille : « Ceci est mon brevet d'honneur. Qu'on n'inquiète personne. Je n'ai point eu de complices dans l'heureuse mort du scélérat Saint-Fargeau. Si je ne l'avais rencontré sous ma main, je faisais une plus belle action, je purgeais la France du parricide d'Orléans. Tous les Français sont des lâches! »

A la nouvelle de cette arrestation et de ce suicide, Legendre et Tallien furent envoyés à Forges-les-Eaux par la Convention, pour s'assurer de l'identité du corps. Legendre voulait qu'il fût ramené à Paris et traîné sur la claie. Tallien s'y opposa. La Convention consultée répugna à cette vengeance sur un cadavre. Il fut jeté comme une bête fauve dans une fosse creusée au fond d'un bois, dans les environs de la ville.

III

Trois jours après le meurtre, la Convention fit les funérailles de la victime. Le génie tragique de Chénier avait dessiné le spectacle sur le modèle des funérailles héroïques de l'antiquité. Au sommet d'un catafalque porté sur un piédestal vivant de cent fédérés, le cadavre demi-nu de Lepelletier était étendu sur un lit de parade. Un de ses bras pendait comme pour implorer la vengeance. La large blessure par laquelle sa vie avait coulé s'ouvrait rougie de sang sur sa poitrine. Le sabre nu de l'assassin était suspendu sur le corps de la victime. Les vêtements ensanglantés étaient portés en faisceaux, au bout d'une pique, comme un étendard. Le président de la Convention monta les degrés du catafalque et déposa une couronne de chêne parsemée d'étoiles d'immortelles sur la tête du mort. Le cortége s'ébranla aux roulements des tambours voilés et aux sons d'une musique lugubre dont les instruments étouffés semblaient plutôt pleurer qu'éclater dans l'air. La famille de Lepelletier, en habits de deuil, venait à pied derrière le corps du père, du frère, de l'époux assassiné. Au milieu des sept cents membres de la Convention s'élevait une bannière flottante sur laquelle étaient inscrites en lettres d'or les dernières paroles attribuées à Saint-Fargeau : « Je meurs content de verser mon sang pour la patrie ; j'espère qu'il servira à consolider la liberté et l'égalité et à faire reconnaître les ennemis du peuple. » Le peuple entier suivait. Les hommes portaient à la main des couronnes d'immortelles, des femmes des branches de cyprès. On chantait des hymnes à la gloire du martyr de la liberté et à l'extermination des tyrans.

Arrivé au Panthéon, le cortége trouva le temple de la Révolution déjà envahi par la multitude. Le cadavre soulevé par les flots de la foule, qui disputait l'espace à la Convention, faillit rouler sur les marches du péristyle. Félix Lepelletier, frère de la victime, monta sur l'estrade, harangua le peuple au milieu du tumulte, compara son frère à l'aîné des Gracques et jura de lui ressembler. Le lendemain, Félix Lepelletier, tenant par la main la fille de son frère, enfant de huit ans, la présenta en pompe de deuil à la Convention. L'enfant, adoptée par la nation, fut proclamée, par un décret d'enthousiasme, *fille adoptive* de la république.

IV

Les départements se divisèrent d'opinion sur la mort de Louis XVI. La Vendée, dont nous raconterons bientôt les soulèvements, trouva dans cet événement le désespoir qui pousse les populations à la guerre civile. Le Calvados, les Cévennes, la Gironde, semblèrent partager les indécisions, les emportements de patriotisme et les repentirs de leurs représentants. Le bruit de la guerre étouffa bientôt les récriminations réciproques. Les prophéties de Salles, de Brissot, de Vergniaud, se réalisaient. L'Europe, attirée par les doctrines de la liberté, reculait tout entière, à la vue de l'échafaud d'un roi : elle jugeait ce supplice avec l'impartialité de la distance. Les négociations si habilement entamées par Dumouriez, Brissot, Danton et le ministre Lebrun, et si complaisamment accueillies par la Prusse, furent tranchées, avant d'être complétement nouées, par le fer de la guillotine.

Jetons un coup d'œil sur l'état de ces négociations et sur les dispositions des cabinets de l'Europe envers la Révolution française, au moment où la mort de Louis XVI détermina la seconde coalition.

Nous avons laissé, après le combat de Valmy, après le départ de Dumouriez pour Paris, l'armée coalisée, sous le roi de Prusse et sous le duc de Brunswick, repassant, en désordre, les défilés de l'Argonne, et se repliant sur Verdun et Longwy. Tout annonçait une intelligence secrète entre les Prussiens et les Français. Kellermann, qui voulait poursuivre, reçut deux fois des commissaires l'ordre de s'ouvrir pour laisser passer l'ennemi.

Chaque marche de l'armée française, calculée sur la marche de l'armée prussienne, était signalée par des pourparlers entre les chefs des corps opposés. A une demi-lieue de Verdun, une conférence, en plein champ, s'ouvrit entre les généraux Labarollière et Galbaud d'un côté, le général Kalkreuth et le duc de Brunswick de l'autre. Le prétexte était la restitution de Verdun, sans combat, à l'armée française. Nos généraux eurent la fierté d'une cause nationale; l'âme de la Convention avait passé dans les camps. « Nation étonnante ! dit tout haut le duc de Brunswick ; à peine elle s'est déclarée république, qu'elle prend déjà le langage des républicains de l'antiquité ! » Galbaud ayant répliqué que les peuples s'appartenaient et pouvaient choisir le gouvernement qui les grandissait le plus ou qui les défendait le mieux, le duc s'excusa humblement des termes de son manifeste, et dit que c'étaient là des protocoles de menaces qu'on jetait aux peuples pour les intimider avant le combat, mais dont les hommes intelligents apprécient la valeur. Je ne conteste nullement à la nation française, poursuivit-il, le droit de régler ses affaires. Seulement, a-t-elle choisi la forme qui convient le mieux à son caractère? Voilà l'inquiétude et le doute de l'Europe. En m'avançant en France, je n'avais d'autre désir que de concourir à y rétablir l'ordre. » Galbaud répondit que l'ordre rétabli par l'étranger s'appelait servitude chez tous les peuples. On convint d'attendre les ordres du roi de Prusse sur la reddition de Verdun. On se sacrifia mutuellement les émigrés, en horreur à un parti, en suspicion à l'autre. « Continuez l'un et l'autre à bien servir votre patrie, dit le duc de Brunswick aux deux généraux en les quittant, et croyez que, malgré les termes des manifestes, on ne peut s'empêcher d'estimer des guerriers qui assurent l'indépendance de leur pays. » Verdun fut rendu. Le général Valence y entra. A la hauteur de Longwy, les Hessois et les Autrichiens qui faisaient partie de l'armée combinée se séparèrent des Prussiens et filèrent sur Luxembourg, sur Coblentz et sur les Pays-Bas, menacés par Dumouriez. La coalition était dissoute de fait, et le territoire français évacué.

V

Ce n'était pas assez. Le duc de Brunswick, campé auprès de Luxembourg, fit demander une entrevue au général Dillon, et fixa pour rendez-vous le château de Dambrouge, entre Longwy et Luxembourg, pour entendre des propositions de paix. Kellermann, autorisé par les commissaires de la Convention, s'y rendit. Il y trouva réunis le duc de Brunswick, le prince de Hohenlohe, le prince de Reuss, ambassadeur de l'empereur, et le marquis de Lucchesini, diplomate italien au service de la Prusse. « Général, dit le duc de Brunswick à Kellermann, nous vous avons fixé ce rendez-vous pour parler de paix; posez-en vous-même les bases. — Reconnaissez la république, abandonnez le roi et les émigrés, ne vous mêlez ni directement ni indirectement de nos affaires intérieures, et la paix sera facile, répondit Kellermann. — Eh bien, dit le duc, nous rentrerons chacun chez nous. — Mais qui payera les frais de la guerre? reprit fièrement Kellermann. Quant à moi, je pense que l'empereur ayant été l'agresseur, les Pays-Bas autrichiens doivent rester en indemnité à la France. » Le prince de Reuss, envoyé de l'empereur, fit un mouvement qui indiquait l'étonnement de tant d'audace. Le duc de Brunswick feignit de ne pas s'en apercevoir. « Annoncez à la Convention, dit-il à Kellermann, que nous sommes disposés à la paix, et qu'elle n'a qu'à nommer des plénipotentiaires et fixer le lieu des conférences. »

De telles avances après l'humiliation d'une retraite, et envers une nation excommuniée de toute diplomatie, indiquaient suffisamment de la part du roi de Prusse le repentir d'une téméraire démonstration et la pensée de faire alliance avec la république. Son ministre Haugwitz, son secrétaire intime Lombard, sa maîtresse la comtesse de Lichtenau, et Lucchesini surtout, qui portait dans les conseils toute la grâce du courtisan et toute l'insinuation de la ruse, l'inclinaient de concert vers le parti des négociations. Les négociations sont le champ de l'intrigue. Lucchesini, de plus en plus influent en Prusse, et qui avait le génie de la diplomatie italienne, devait rechercher les occasions de l'exercer. Si le cabinet autrichien a la patience germanique pour caractère, le machiavélisme, transporté en Allemagne par Frédéric, a été souvent le génie du cabinet prussien. Lucchesini, né en Toscane, élevé à Berlin, rompu dès l'enfance aux dissimulations de la diplomatie, doué par la nature du don de complaire et de séduire, était l'homme le mieux préparé par les circonstances pour glisser entre une révolution républicaine et les monarchies, et pour nouer les fils de l'égoïsme prussien à toutes les politiques, sans se dévouer définitivement à aucune.

Ces négociations attestaient la terreur que la retraite de l'armée avait semée dans toute l'Allemagne. Cette retraite devant des forces si inégales, et après des manifestes si menaçants, ne pouvait s'expliquer par elle-même. Elle ressemblait plus à une manœuvre de cabinet qu'à une manœuvre de guerre. De deux choses l'une : il fallait douter ou du génie militaire du duc de Brunswick, ou de sa sincérité. On ne doutait pas de son génie. On recherchait les causes cachées de ses agitations et de ses lenteurs, trop semblables à des trahisons. Un motif plus sérieux et plus caché paraît avoir agi sur les inexplicables résolutions du duc de Brunswick. Pitt ne voulait pas la guerre. Le duc de Brunswick avait épousé la princesse Augusta, sœur de George III, roi d'Angleterre. Il était ainsi un client de la Grande-Bretagne. Il aspirait, avec la passion d'un père et avec l'ambition d'un souverain, à faire épouser sa fille à l'héritier du trône d'Angleterre. Pitt, qui connaissait cette ambition de la cour de Brunswick, la flatta. Il fit de ce mariage le prix de complaisances politiques et militaires à la volonté du cabinet de Londres. Le duc céda, ralentit la guerre, prêta l'oreille à la paix, découragea le roi de Prusse, et devint ainsi lui-même l'Ulysse de la coalition qui l'avait nommé son Agamemnon. Ses ruses perdirent ce que son épée avait promis de faire triompher.

VI

Pendant que ces sourdes négociations déconcertaient l'Autriche et préparaient l'Allemagne rhénane à l'idée de fraterniser bientôt avec la France, la témérité heureuse mais inopportune d'un général français vint à la fois couvrir de gloire les armes de la république, effrayer la Prusse et forcer l'empire encore indécis à déclarer la guerre à la France. Nous voulons parler de l'expédition de Custine.

Le comte Adam-Philippe de Custine était un de ces généraux de l'ancienne armée qui étaient allés respirer en Amérique l'air de la liberté, et qui étaient revenus avec La Fayette républicains de cœur, quoique aristocrates de sang. Presque Allemand, né à Metz d'une race illustre, propriétaire d'une fortune immense, colonel de dragons à vingt et un ans, élève du grand Frédéric dans ses dernières guerres, fanatique de la tactique prussienne, rude zélateur de la discipline, il avait vu avec ivresse la Révolution, divisant l'Europe en deux camps, offrir aux militaires de son grade et de sa science l'occasion d'égaler les héros antiques, en sauvant leur patrie. Custine avait, de plus, pour la cause républicaine cet enthousiasme presque mystique que le caractère allemand imprime aux opinions. La République pour lui était un idéal sublime auquel toutes les nations devaient aspirer, et dont il était beau pour la

France de porter le drapeau à la pointe de ses baïonnettes. Sa bravoure personnelle avait à la fois le calme germanique et la gaieté française. Le feu était son élément, le cheval son lit de repos, la charge son délassement. Un jour que son aide de camp Baraguay-d'Hilliers, à cheval à ses côtés, lui lisait une dépêche au milieu du feu, une balle déchire la dépêche. L'aide de camp regarde son général et s'arrête. « Continuez, dit Custine, la balle n'aura enlevé qu'un mot. »

Nommé membre de l'Assemblée constituante par la noblesse de Metz, Custine se rangea, dès le premier jour, du parti du peuple. Depuis le commencement de la guerre, il servait sous Biron dans le Nord et sur le Rhin. Nommé enfin général en chef après le 10 août, il s'impatientait de cette guerre de campements qui donnait si peu de carrière au talent et si peu de hasards à la gloire. Il croyait que le mouvement faisait la plus grande partie de l'art militaire et qu'au lieu d'attendre la fortune de la Révolution sur les frontières, la France devait aller la tenter sur les territoires et dans les capitales de ses ennemis. Né général comme Dumouriez, il devinait, comme Napoléon, la guerre de la Révolution.

Biron commandait, en Alsace, quarante-cinq mille hommes. Il attendait en outre vingt mille volontaires des départements de l'Est et du Midi, disséminés dans la plaine du Rhin. Cette armée formait plusieurs petits camps propres à observer, inhabiles à agir. Les Autrichiens et les émigrés, sous les ordres d'Erbach, d'Estherhazy et du prince de Condé, formaient, en face, un cordon sans unité et sans concentration, couvrant le Brisgaw et négligeant de fortifier Mayence, clef de l'Allemagne.

Custine vit d'un coup d'œil la trouée qu'il pouvait faire dans ces provinces. Il était campé sous Landau avec dix-sept mille hommes. Lié à Paris avec les chefs du parti jacobin, tandis que Dumouriez s'appuyait sur les Girondins, il était sûr de se faire pardonner aisément par les clubs la témérité d'une entreprise qui répondrait à leur impatience bien plus que les temporisations calculées de Dumouriez. Il pensa à un coup d'éclat, à la gloire que le succès d'une invasion soudaine répandrait sur son nom, à la popularité que la prise de quelques capitales étrangères donnerait à la guerre, à la terreur qu'un coup porté si loin imprimerait au cœur de l'Allemagne, et à la propagation des idées révolutionnaires couvant dans les électorats, et que la première cartouche française allumerait.

Une imprudence de l'ennemi décida Custine. Le comte d'Erbach, qui commandait dix mille Autrichiens en face de l'armée française, reçut l'ordre de remplacer le corps du prince de Hohenlohe devant Thionville. Par ce mouvement, Spire, magasin des coalisés, restait découvert, sous la protection seulement de mille Autrichiens et de deux mille Mayençais commandés par le colonel Winkelmann. Custine s'élance sur Spire; Winkelmann, en bataille avec ses trois mille hommes en avant de la ville, s'efforce en vain de la couvrir. L'artillerie de Custine foudroie ces défenseurs sans murailles. Ils courent en déroute vers le Rhin, où Winkelmann avait préparé des embarcations pour traverser le fleuve. Les bateliers, effrayés de la canonnade, avaient abandonné leurs barques et s'étaient enfuis sur l'autre rive. Cernés par les Français, adossés au fleuve, Winkelmann et ses trois mille soldats sont faits prisonniers. C'était le plus beau résultat que la guerre eût donné aux Français depuis qu'elle était déclarée. Custine entre dans Spire, s'empare des munitions et des approvisionnements de l'ennemi, marche sur Worms, et fait retentir du bruit de ses conquêtes la tribune de la Convention et les clubs des Jacobins dans tout le royaume. La Révolution, qui comprend mieux le nom des villes conquises que les plans vastes et savants de Dumouriez, proclame Custine le général de ses conquêtes. En trois jours, son nom grandit d'un siècle de popularité. Il s'enivre lui-même de ce bruit, qui lui revient par les adresses des Jacobins. Il dédaigne d'obéir ou de lier ses opérations avec Biron et Kellermann; il s'isole, il s'enfonce dans le Palatinat, il ose rêver la conquête de Mayence. La propagande lui en ouvrait les portes avant son canon.

Cette partie de l'Allemagne était minée, par la philosophie française, sous les pas des princes ecclésiastiques qui la possédaient. La théocratie des évêques souverains et l'aristocratie de ces féodalités sacrées accumulaient sur ces gouvernements la double haine des peuples contre une double domination. Le retentissement des tribunes françaises avait ébranlé les imaginations de la jeunesse allemande dans les universités. Toutes les idées étaient du parti de la France. Servir la cause de la Révolution, c'était, pour les penseurs allemands, servir la cause de l'humanité. Trahir ces princes, tyrans de l'intelligence et du peuple, c'était affranchir l'esprit humain et émanciper la liberté. La conquête même n'humiliait pas, elle ressemblait à la délivrance. Le drapeau tricolore était l'étendard de la philosophie par tout l'univers. Telle était l'opinion qui attendait Custine dans le Palatinat.

Les princes de la Souabe, de la Franconie, à l'exception

de l'archevêque de Trèves, connaissant ces dispositions de leurs peuples, avaient affecté jusque-là une prudente neutralité envers la France. L'électeur palatin de Bavière, le duc de Wurtemberg, le margrave de Bade, avaient refusé leurs territoires aux rassemblements des émigrés. L'archevêque électeur de Mayence avait prêté ses troupes à l'empereur. Son gouvernement, plus doux que celui des princes ses voisins, était moins détesté du peuple. Mais Mayence, ville tout ecclésiastique, sorte de Rome allemande, où un innombrable clergé oisif vivait dans le luxe et même dans le désordre public des mœurs, prêtait plus que toute autre capitale aux récriminations contre le règne de l'Église, et faisait désirer avec plus d'ardeur au peuple la ruine de cette souveraineté. Aux premiers pas de Custine, entre la Moselle et le Rhin, les partisans des idées nouvelles étaient accourus à son quartier général, apportant au général français le vœu secret des populations et les premiers fils des intelligences révolutionnaires que les patriotes allemands nouaient déjà de loin avec son armée.

Le colonel Houchard, homme athlétique, balafré de blessures, fut envoyé pour sommer le gouverneur de rendre Mayence, en menaçant la ville d'un bombardement si elle résistait. « Choisissez, disait Custine dans son message, entre la mort et la fraternité. Je dois à la gloire de ma république, qui veut l'extermination des despotes, de ne pas enchaîner davantage l'ardeur de mes soldats. » Mayence demandait la reconnaissance de sa neutralité pour prix de sa reddition. Custine se refusa à rien préjuger des résolutions de la république; mais il jura que la France ne voulait d'autre conquête que celle de la liberté des peuples. Les portes s'ouvrirent.

VII

La prise de Mayence retentit en Allemagne et dans le camp du roi de Prusse, comme le bruit de l'Allemagne elle-même qui s'écroulait. Custine exagérant, dans ses rapports à la Convention, les obstacles militaires qu'il avait eu à vaincre, et, transformant les négociations en assauts, exalta jusqu'à l'ivresse, parmi les Jacobins, un triomphe qui était le triomphe de nos idées bien plus que celui de ses armes. Il entra à Mayence en apôtre plus qu'en général, il y fomenta le foyer révolutionnaire dont il voulait incendier l'Allemagne. Il s'oublia dans l'orgueil de sa conquête, et négligea de s'emparer de Coblentz et de la redoutable forteresse d'Ehrenbreitstein, alors désarmée. Cette hésitation de Custine empêcha la France de recueillir, dans une armée entière détruite ou prisonnière de guerre, le fruit de la pensée de Dumouriez. Au lieu de céder aux conseils de son état-major, qui lui montrait Ehrenbreitstein et Coblentz comme les fourches Caudines de la coalition, Custine se laissa entraîner vers l'occupation de Francfort par l'appât de forts tributs à enlever à cette ville, capitale des richesses commerciales de l'Allemagne. Sans aucune déclaration de guerre, un lieutenant de Custine se présenta, le 22 octobre, à la tête d'une avant-garde, à la porte de Francfort, et demanda l'entrée. Les magistrats parlementèrent et cédèrent à la force. Custine y leva une contribution de quatre millions. Francfort, ville neutre et républicaine, ne donnait d'autre prétexte à cette violence que sa faiblesse. Ces dépouilles flétrirent la popularité de nos premières armes de l'autre côté du Rhin.

Après l'occupation de Francfort, Custine lança ses détachements et ses proclamations contre les possessions du landgrave de Hesse. « Peuples d'Allemagne, disait dans ses manifestes le général français, déclarez-vous ! que la réunion des deux nations soit un exemple effrayant pour tous les despotes, une espérance consolante pour tous les peuples qui gémissent sous la tyrannie ! Et toi, monstre ! dit-il en s'adressant au souverain lui-même, monstre sur lequel s'étaient amassées depuis longtemps, semblables à des nuages noirs, présages de la tempête, les malédictions de la nation allemande, tes soldats, dont tu as fait un usage abusif, te livreront à la juste vengeance des Français ! Tu ne leur échapperas pas ! Comment serait-il possible qu'il se trouvât un peuple pour accorder asile à un tyran tel que toi ? » C'était la tribune des Jacobins tonnant de l'autre côté du Rhin par la voix d'un général français. Custine, par son audace, par son langage, par son extérieur martial et populaire, se posait en propagateur armé des principes républicains. La spoliation de Francfort enlevait à ses paroles leur entraînement. L'Allemagne, qui ouvrait ses bras au libérateur, ne voulait pas du conquérant, encore moins du spoliateur. L'enthousiasme allumé par les doctrines françaises s'amortit sous les pieds de ses soldats. Le roi de Prusse, justement alarmé de l'invasion en Allemagne, renonça forcément à toute pensée de déserter la coalition et de pactiser avec la France. Il se concerta avec le duc de Brunswick, également irrité de tant d'audace, et avec les princes de l'Empire. Cinquante mille Prussiens et Hessois, rassemblés en toute hâte sur la rive droite de la Lahn, se concentrèrent pour opérer contre Custine et pour délivrer Francfort.

VIII

L'Empire tout entier s'ébranle. Les proclamations républicaines de Custine, le décret de la Convention, paraissent autant de déclarations de guerre à tous les princes de la Germanie. La diète y répond par une déclaration unanime de guerre à la France. Elle ordonne la levée du triple contingent de cent vingt mille hommes. En sa qualité d'électeur de Brandebourg, le roi de Prusse, trois jours après, annonce qu'il va faire marcher une seconde armée sur le Rhin. A cette explosion des souverainetés allemandes, Custine, tout-puissant sur la Convention par les Jacobins, fait donner l'ordre à Biron de lui envoyer d'Alsace un renfort de douze mille hommes. Il fait ordonner en même temps à Beurnonville, qui avait remplacé Kellermann sur la Moselle, de marcher à lui par l'électorat de Trèves. Pendant que ces mesures s'exécutent, l'armée prussienne et un corps français se rangent en bataille sous les murs de Francfort, comme pour se disputer cette proie. Deux mille hommes sont laissés inactifs et exposés dans la ville. On s'attend à un combat : mais le duc de Brunswick, qui commande les Prussiens et les Hessois, continue à négocier sourdement et à prévenir tout choc décisif. Le jeune diplomate Philippe de Custine, fils du général en chef, a une entrevue secrète avec le duc de Kœnigstein. Le prince et le négociateur se connaissaient dès longtemps. C'était le jeune Custine qui avait porté, un an plus tôt, au duc de Brunswick, l'offre du commandement général des armées françaises. L'un et l'autre savaient cacher des pensées secrètes sous des rôles officiels. Des engagements sérieux entre la Prusse et la France n'étaient pas dans les vues du duc de Brunswick. Custine, négociateur plus prudent que son père, voulait, comme Danton et les Girondins, conserver toujours une possibilité de réconciliation entre la Prusse et la république. Les résultats de cette entrevue attestent la pensée des deux négociateurs.

Francfort fut évacué par les Français. Cette retraite sans combat d'un champ de bataille choisi à loisir et retranché, et cet abandon de Francfort, s'expliquent par ces intelligences secrètes. Le roi de Prusse, toujours incliné à la paix avec la France, voulait en faire seulement assez pour n'avoir pas l'air de trahir la cause des trônes et la cause de l'Allemagne. Les Français voulaient le ménager en le combattant.

IX

L'Angleterre avait favorisé jusque-là de ses vœux le mouvement révolutionnaire. Le peuple anglais et le gouvernement britannique avaient semblé s'accorder à désirer la fondation de la liberté constitutionnelle à Paris : le peuple anglais, parce que la liberté est sa nature et qu'il prend pour sa propre cause la cause populaire dans tout l'univers; le gouvernement britannique, parce que la liberté est orageuse et que les orages que la fondation de la liberté devait inévitablement susciter en France, et, par la France, sur le continent tout entier, ne pouvaient qu'ouvrir à l'intervention diplomatique de l'Angleterre une carrière plus vaste et des influences plus décisives dans les affaires de l'Europe. Sans doute aussi un certain sentiment de vengeance nationale devait réjouir le cabinet de Londres à la vue des agitations de Paris, des embarras du trône et de la décadence précipitée de la maison de Bourbon. Indépendamment de la longue rivalité qui faisait, depuis trois siècles, de l'Angleterre et de la France les deux poids décisifs du monde, il était dans la nature du cœur humain que le cabinet de Londres vît avec satisfaction déchoir et s'écrouler dans la personne de Louis XVI un souverain qui avait porté secours à l'Amérique dans la guerre de son indépendance.

Il faut ajouter à ces motifs de satisfaction secrète du cabinet anglais la crainte que la marine française inspirait aux Anglais dans les mers et dans ses possessions des Indes orientales. La marine française devait languir pendant une crise révolutionnaire qui appellerait toutes les forces et toutes les finances de la France sur le continent. Cependant le cabinet de Londres s'était tenu jusque-là dans une attitude d'observation et de neutralité plutôt favorable qu'hostile à la Révolution. Non-seulement cette attitude lui était commandée par la crainte qu'une grande coalition des monarchies du continent ne triomphât sans elle de la France et ne l'effaçât de la carte des nations; mais elle lui était imposée aussi par cette puissance de l'opinion qui règne plus que les rois dans les pays libres, et qui prenait parti hautement pour le peuple contre la monarchie absolue et contre l'Église détrônées. La haine du catholicisme n'était pas moins populaire en Angleterre que l'amour de la liberté politique. Ce peuple de penseurs regardait comme la cause de Dieu et de l'esprit humain une révolution qui affranchissait les cultes. L'aristocratie anglaise commençait cependant, depuis la mort du roi, à fraterniser avec l'émigration française. Deux partis se formaient dans le parlement britannique.

Ces deux partis étaient représentés par deux chefs qui les faisaient lutter d'éloquence dans le parlement : c'étaient Pitt et Fox. Un troisième orateur, aussi puissant par le génie, par la plume et par la parole, avait tenu quelque temps la balance entre les deux; il commençait à se détacher de la cause populaire, à mesure qu'elle se souillait d'anarchie et de sang, et à se ranger du côté de l'aristocratie et de la royauté : c'était Burke. L'influence personnelle des individus est telle, dans les contrées vraiment libres, que ces trois hommes agitaient ou pacifiaient l'Angleterre d'un seul mouvement de leur pensée.

X

Pitt, âgé alors de trente-trois ans, gouvernait déjà depuis dix ans son pays. Fils du plus éloquent des hommes d'État modernes, lord Chatham, Pitt, comme nous l'avons vu, avait reçu, comme par droit d'hérédité de génie dans sa famille, des facultés aussi grandes que celles de son père. Si le premier, Chatham, avait l'inspiration, le second avait le caractère du gouvernement. Moins entraînant, plus dirigeant; moins éloquent, plus convaincant que son père, Pitt personnifiait mieux que personne en lui cette volonté orgueilleuse, patiente, continue, d'une aristocratie régnante, qui défend sa puissance et qui poursuit sa grandeur avec une obstination qui rappelle l'éternité du sénat de Rome. Pitt avait saisi le gouvernement à un de ces moments désespérés où l'ambition qui porte au pouvoir ressemble au patriotisme qui s'élance sur la brèche pour périr ou sauver la patrie. L'Angleterre était au dernier degré de l'épuisement et de l'humiliation. Une paix honteuse venait d'être signée par elle avec l'Europe. Les Français rivalisaient avec elle dans les Indes; l'Amérique lui échappait; nos escadres lui disputaient les mers; la majorité de la chambre des communes, corrompue par les ministères précédents, n'avait ni le patriotisme suffisant pour se sauver elle-même, ni la discipline nécessaire pour accepter un maître. Pitt, n'ayant pu l'entraîner, avait eu l'audace de la combattre et le bonheur de la vaincre par un appel à la nation. La nouvelle chambre se soumit à lui. En dix ans il avait pacifié les Indes, reconquis diplomatiquement et commercialement l'Amérique, tempéré l'irritation séditieuse de l'Irlande, restauré les finances, conclu avec la France un traité de commerce qui imposait à la moitié du continent le tribut des consommations anglaises, enfin ravi la Hollande à la protection de la France et fait des Provinces-Unies un appendice de la politique britannique sur la terre ferme. Son pays reconnaissant applaudissait à son administration; la confiance était entière dans une main qui avait relevé la nation de si bas. Les sentiments personnels de Pitt envers la Révolution française, quoique peu favorables aux agitations démocratiques, qui sont les tempêtes des hommes d'État, n'avaient jusque-là influé en rien sur sa politique. Les passions ne troublaient jamais son intelligence, ou plutôt il avait converti toutes ses passions en une seule : la grandeur de son pays. George III, ami de Louis XVI, n'aurait pas permis à son ministère de déclarer la guerre à la France dans un moment où la guerre pouvait compliquer les embarras du roi qu'il aimait. Il est faux que le gouvernement anglais ait suscité, à prix d'or, les troubles révolutionnaires de Paris; la liberté française, même dans ses convulsions les plus terribles, n'eut jamais besoin d'être la stipendiée de l'Angleterre. L'âme de George III, de lord Stafford, du chancelier Thurlow, de Pitt lui-même, aurait répugné à employer de si honteuses excitations contre un souverain aux prises avec son peuple. Seulement, Pitt n'aurait pas sacrifié à sa commisération pour Louis XVI une minute ou une occasion offerte à la fortune de son pays. Il prévoyait cette occasion, il avait le pressentiment de l'écroulement plus ou moins prochain d'un trône sapé par tant de passions déchaînées. Il savait que les principes de la Révolution française inspiraient autant de craintes que d'antipathie au roi et à la masse de l'aristocratie d'Angleterre. Il se préparait à la guerre pour l'heure où elle lui paraîtrait sonner dans l'esprit du roi, sans la désirer ni la devancer. Cette heure approchait. Burke la sonnait déjà dans le parlement.

On a vu que les constitutionnels et les Girondins, Brissot et Narbonne, réunis dans une même pensée, avaient envoyé, dix-huit mois avant cette époque, M. de Talleyrand à Londres pour faire appel aux souvenirs de la révolution de 1688 et pour offrir à Pitt le renouvellement du traité de commerce de 1786. A ce prix, Louis XVI, les constitutionnels, les Girondins, espéraient acheter, sinon l'alliance, du moins la neutralité du cabinet anglais. Ces deux partis, les constitutionnels et les Girondins, qui voulaient alors la guerre avec le continent, pour détourner sur les frontières les orages qui menaçaient la constitution de Paris, avaient besoin de neutraliser l'Angleterre. Ils avaient choisi pour négocier avec Pitt le diplomate le plus aristocratique et le plus séduisant parmi les hommes qui avaient embrassé la cause modérée de la Révolution. Madame de Staël avait déterminé ce choix. Il était heureux.

XI

M. de Talleyrand débutait alors dans les affaires, qu'il a maniées, nouées, dénouées depuis, sans interruption, pendant plus d'un demi-siècle, et qu'il n'a résignées qu'à sa mort. Il avait trente-huit ans. Sa figure délicate et fine révélait dans ses yeux bleus une intelligence lumineuse mais froide, dont les agitations de l'âme ne troublaient jamais la clairvoyance. L'élégance de sa taille élevée était à peine altérée par une difformité corporelle. Il boitait. Mais cette infirmité ressemblait à une hésitation volontaire de sa contenance. Son adresse savait changer en grâces jusqu'aux défauts de la nature. Ce vice de conformation l'avait seul empêché d'entrer dans la carrière des armes, à laquelle sa haute naissance l'appelait. Son esprit était la seule arme qu'il lui fût permis d'employer pour faire jour à son nom dans le monde. Il l'avait enrichi, poli, aiguisé pour les combats de l'ambition ou pour les conquêtes de l'intelligence. Sa voix était grave, douce, timbrée comme l'émotion voilée d'une confidence. On sentait en l'écoutant que c'était l'homme qui parlerait le mieux à l'oreille de toutes les puissances, peuples, tribuns, femmes, empereurs, rois. Quelque chose de sardonique dans son sourire se mêlait, sur ses lèvres, à un désir visible de séduction; ce sourire semblait indiquer en lui l'arrière-pensée de se jouer des hommes en les charmant ou en les gouvernant.

Né d'une race qui avait été souveraine d'une province de France avant l'unité du royaume, et qui maintenant décorait la royauté, M. de Talleyrand avait été jeté dans l'Église, comme un rebut indigne de la cour, pour y attendre les plus hautes dignités de l'épiscopat et du cardinalat. Évêque d'Autun, débris de ville romaine caché dans les forêts de la Bourgogne, le jeune prélat dédaignait son siége épiscopal, répugnait à l'autel, et vivait à Paris au sein de la dissipation, dans laquelle la plupart des ecclésiastiques de son âge et de son rang consumaient les immenses dotations de leurs églises. Lié avec tous les philosophes, ami de Mirabeau, pressentant de près une révolution dont les premières secousses feraient écrouler le sacerdoce dont il était membre, il étudiait la politique qui allait appeler toutes les hautes intelligences à détruire et à réédifier les empires.

Élu membre de l'Assemblée constituante, il avait déserté à propos, mais avec ménagement, les opinions et les croyances ruinées, pour passer au parti de la force et de l'avenir. Il avait senti qu'un nom aristocratique et des opinions populaires étaient une double puissance qu'il fallait habilement combiner dans sa personne, afin d'imposer aux uns par son rang, aux autres par sa popularité. Il avait dépouillé son sacerdoce comme un souvenir importun et comme un habit gênant. Il cherchait à entrer dans la Révolution par quelque porte détournée. La mesure et la réserve un peu timide de son esprit, qui n'avait d'audace que dans le cabinet et pour la conception des patients desseins, lui interdisaient la tribune. La grande parole y régnait alors. M. de Talleyrand s'était tourné vers la diplomatie, où l'habileté et le manége devaient régner toujours. L'amitié de

Mirabeau mourant avait jeté sur M. de Talleyrand un de ces reflets posthumes que les grandes renommées laissent, après elles, sur ce qui les a seulement approchées. Son silence plein de réflexion et de mystère, comme le silence de Sieyès, imprimait un certain prestige sur sa personne à l'Assemblée. C'est la puissance de l'inconnu, c'est l'attrait de l'énigme pour les hommes qui aiment à deviner. M. de Talleyrand savait admirablement exploiter ce prestige. Sa parole n'entr'ouvrait que par quelques éclairs rares et courts l'horizon voilé de son esprit. Il en paraissait plus profond. Les demi-mots sont l'éloquence de la réticence. C'était celle de M. de Talleyrand.

Ses opinions n'étaient souvent que ses situations ; ses vérités n'étaient que les points de vue de sa fortune. Indifférent au fond, comme sa vie entière l'a prouvé, à la royauté, à la république, à la cause des rois, à la forme des institutions des peuples, au droit ou au fait des gouvernements, les gouvernements n'étaient à ses yeux que des formes mobiles que prend tour à tour l'esprit du temps ou le génie national des sociétés, pour accomplir telle ou telle phase de leur existence. Trônes, assemblées populaires, Convention, Directoire, Consulat, Empire, Restauration ou changement de dynastie, n'étaient pour lui que des expédients de la destinée. Il ne se dévouait pas à ces expédients un jour de plus que la fortune. Il se préparait, dans sa pensée, le rôle de serviteur heureux des événements. Courtisan du destin, il accompagnait le bonheur. Il servait les forts, il méprisait les maladroits, il désertait les malheureux. Cette théorie l'a soutenu cinquante ans à la surface des choses humaines, précurseur de tous les succès, surnageant après tous les naufrages, survivant à toutes les ruines. Ce système a une apparence d'indifférence surnaturelle qui place l'homme d'État au-dessus de l'inconstance des événements, et qui lui donne l'attitude de dominer ce qui le soulève. Ce n'est au fond que le sophisme de la véritable grandeur d'esprit. Cette apparente dérision des événements doit commencer par l'abdication de soi-même. Car, pour affecter et pour soutenir ce rôle d'impartialité avec toutes les fortunes, il faut que l'homme écarte les deux choses qui font la dignité du caractère et la sainteté de l'intelligence : la fidélité à ses attachements et la sincérité de ses convictions : c'est-à-dire la meilleure part de son cœur et la meilleure part de son esprit. Servir toutes les idées, c'est attester qu'on ne croit à aucune. Que sert-on alors sous le nom d'idées? Sa propre ambition. On paraît à la tête des choses, on est à leur suite. Ces hommes sont les adulateurs et non les auxiliaires de la Providence. Cependant M. de Talleyrand devina, dès l'aurore de la Révolution, que la paix était la première des véritables idées révolutionnaires, et il fut fidèle à cette pensée jusqu'à son dernier jour.

XII

Le décret de l'Assemblée qui interdisait à ses membres d'accepter des fonctions du pouvoir exécutif moins de quatre ans après avoir cessé de faire partie de la représentation nationale défendait à M. de Talleyrand d'être le négociateur en titre. On donna les lettres de crédit à M. de Chauvelin, homme de cour popularisé par un zèle bruyant contre la cour; on donna le secret, les instructions, la négociation à M. de Talleyrand. Une lettre confidentielle de la main de Louis XVI au roi d'Angleterre disait à George III : « De nouveaux rapports doivent s'établir entre nos deux pays. Il convient à deux rois qui ont marqué leur règne par un désir continuel du bonheur de leur peuple de former entre eux des liens qui deviendront d'autant plus solides que l'intérêt des nations s'éclairera davantage. » M. de Talleyrand fut présenté à M. Pitt. Il employa auprès de lui tout ce que l'adulation indirecte et la grâce flexible pouvaient employer de caresses d'esprit pour intéresser le génie de ce grand homme à l'exécution du plan d'alliance qu'il désirait lui faire accepter. Il lui peignit avec enthousiasme la gloire de l'homme d'État à qui la postérité devrait la reconnaissance de cette réconciliation des deux peuples qui impriment le mouvement ou l'immobilité au monde. M. Pitt l'écouta avec une faveur mêlée d'incrédulité. « Il sera bien heureux, ce ministre, répondit-il avec un soupir au jeune diplomate français. Je voudrais bien être ministre encore dans ce temps-là ! — Est-ce donc monsieur Pitt, répliqua M. de Talleyrand, qui croit cette époque si éloignée? » Pitt se recueillit. « Cela dépend, répondit-il, du moment où votre révolution sera finie et où votre constitution pourra marcher. » Pitt laissa clairement pénétrer à M. de Talleyrand que le cabinet anglais ne compromettrait pas sa main dans une révolution en ébullition et dont les crises, succédant chaque jour aux crises, ne donnaient ni certitude ni sûreté aux engagements que l'on contracterait avec elle. M. de Talleyrand, de retour en

France, manifesta ces dispositions au ministère girondin de Roland et de Dumouriez, qui venaient de succéder à Narbonne et à de Lessart. Dumouriez renvoya de nouveau M. de Talleyrand à Londres, avec mission de solliciter la médiation de l'Angleterre entre l'empereur et la France. Cette fois, M. de Talleyrand et M. de Chauvelin devinrent non-seulement importuns, mais suspects à M. Pitt. Ce ministre s'aperçut que les deux négociateurs français menaient de front une double négociation : l'une avec lui pour pacifier la France, l'autre avec les chefs de l'opposition pour agiter l'Angleterre. On les accusait tout haut, dans les journaux ministériels, d'une liaison occulte et intime avec Fox, avec lord Grey et même avec Thomas Payne et le démagogue Torn-Hooke, fondateur d'un parti populaire qui n'attaquait plus seulement les ministres, mais l'aristocratie, la propriété, l'Église, l'esprit de la constitution britannique et les bases mêmes de la société.

En vain Fox, rival de Pitt à la tribune, homme plus capable de remuer les peuples par la parole que de les conduire par le génie du gouvernement, s'efforça-t-il, dans des discours où les coups de la Révolution française retentissaient jusque sur le trône de George III, de pallier les mouvements de Paris; en vain représentait-il la cause de la liberté française comme solidaire de la cause de la liberté britannique, l'esprit de sa nation s'éloigna de lui pour se rallier de plus en plus à M. Pitt. Les motions de Fox, plus populaires dans la rue que dans la chambre des communes, n'étaient plus soutenues que par de faibles minorités de cinquante à soixante voix. Le 20 juin et le 10 août répondirent coup sur coup à ses promesses de fondation d'une liberté constitutionnelle en France, et firent trembler ou frémir la nombreuse partie du peuple attachée à l'établissement constitutionnel. Lord Gower, ambassadeur d'Angleterre à Paris, fut rappelé aussitôt après la déchéance de Louis XVI, sous prétexte que ses lettres de créance tombaient, de droit, avec le souverain auquel elles s'adressaient. Le séjour à Londres de M. de Talleyrand et de M. de Chauvelin ne fut plus considéré par M. Pitt que comme une tolérance de son gouvernement. Les journées de septembre, commentées en traits de sang dans les écrits et dans les discours de Burke, jetèrent une teinte sinistre sur les paroles de Fox. La paix et l'alliance avec la France parurent à la nation anglaise une complicité avec les auteurs de ces égorgements impunis. La captivité du roi, de la reine, de deux enfants innocents de tout crime, ajoutait la pitié à l'horreur. Le procès du roi sans formes et sans juges donnait à Pitt tout le sentiment public pour auxiliaire.

XIII

Le roi fut exécuté. Tous les trônes tremblèrent ; tous les peuples reculèrent d'étonnement et d'horreur devant ce sacrilége de la royauté, à laquelle on attribuait quelque chose de divin. A l'arrivée du courrier qui apportait cette sinistre nouvelle à Londres, M. de Chauvelin reçut l'ordre de quitter l'Angleterre dans les vingt-quatre heures. Interrogé par l'opposition sur les motifs de cette expulsion du sol libre de l'Angleterre, Pitt fit répondre à la chambre : « Après des événements sur lesquels l'imagination ne peut s'arrêter sans horreur, et depuis qu'une infernale faction s'est emparée du pouvoir en France, nous ne pouvions plus tolérer la présence de M. de Chauvelin, car il n'est pas de moyen de corruption que M. de Chauvelin n'ait essayé, par lui ou par ses émissaires, pour séduire le peuple et pour le soulever contre le gouvernement et les lois de ce pays. » Maret, qui débarquait ce jour-là à Douvres, reçut l'injonction de se rembarquer, sans même obtenir la permission d'arriver jusqu'à Londres. M. de Talleyrand, sans titre officiel du gouvernement français, et qui n'avait pas donné à Pitt les mêmes prétextes et les mêmes ombrages que M. de Chauvelin, resta à Londres, tenant encore dans la main le dernier fil des négociations.

M. de Chauvelin, de retour à Paris, y sema le bruit d'une violente fermentation de la nation anglaise; il annonça que le peuple de Londres se soulèverait en masse, au signal des sociétés républicaines, le jour où Pitt aurait l'audace de déclarer la guerre à la France, et que George III ne serait pas en sûreté dans son propre palais. Brissot, confiant dans les rapports de Chauvelin, monta à la tribune de la Convention au nom du comité diplomatique. Il crut intimider Pitt en annonçant que la guerre qui allait éclater affranchirait l'Irlande du joug de l'Angleterre. Sourd aux conseils plus éclairés de Dumouriez : « La Hollande, dit-il, fait cause commune avec le cabinet de Saint-James, dont elle se montre le sujet plutôt que l'allié; qu'elle partage son sort! » Et la guerre contre l'Angleterre et le stathouder de Hollande, mise aux voix, fut déclarée à l'unanimité. « Nous ferons une descente dans leur île, écrivit le ministre Monge à la flotte française; nous y jetterons cinquante mille bonnets de la liberté, nous y planterons l'arbre sacré, et nous y tendrons les bras à nos frères les républicains. Ce gouvernement tyrannique sera bientôt détruit. » Pitt, appuyé sur la rivalité nationale, d'un côté, et sur l'effroi qu'inspirait le supplice du roi, de l'autre, ne se troubla pas de ces menaces. Il comptait nos vaisseaux et non nos proclamations. Il savait que la marine française avait ses équipages décimés par l'émigration. La France n'avait en mer ou dans ses ports que soixante-six vaisseaux de ligne et quatre-vingt-treize frégates ou corvettes. L'Angleterre avait cent cinquante-huit vaisseaux de ligne, vingt-deux vaisseaux de cinquante canons, cent vingt-cinq frégates et cent dix bâtiments légers. La Hollande, alliée de l'Angleterre, pouvait armer en outre plus de cent vaisseaux de guerre de différente grandeur. Du milieu de son île entourée d'un tel rempart flottant, Pitt pouvait imperturbablement attendre et dominer les événements du continent. Ses finances n'étaient pas moins redoutables que ses armements. Il pouvait tenir l'Europe à la solde de l'Angleterre. Ministre des préparatifs, ainsi qu'on l'avait appelé dix ans auparavant par dérision, sa prévoyance semblait avoir deviné l'immensité de l'œuvre qu'une coalition de dix années allait imposer à sa patrie.

XIV

Le contre-coup du supplice de Louis XVI ne retentit pas contre nous, en Russie, avec moins de conséquences funestes. Catherine II, rompant à l'instant les conventions commerciales de 1786, en vertu desquelles les Français étaient traités dans son empire comme la nation la plus favorisée, défendit à l'instant toute relation entre ses sujets et nos nationaux. Elle ordonna à tous les Français de sortir de la Russie dans le délai de vingt jours, à moins qu'ils n'abjurassent formellement les principes de la révolution de leur pays. Jusque-là, bien que l'impératrice eût d'immenses armées libres de s'élancer sur la France depuis sa paix avec la Turquie, elle avait suspendu leur marche et laissé l'Autriche et la Prusse agir seules contre une révolution qu'elle détestait de toute la haine que le despotisme porte à la liberté. Elle avait longtemps espéré que le roi de Suède, Gustave, dont elle encourageait l'enthousiasme contre-révolutionnaire, suffirait seul à dompter et à pacifier la France. L'assassinat de Gustave avait trompé ses desseins. Depuis la mort de ce prince, son cœur était partagé entre deux sollicitudes, dont l'une tenait à son ambition, l'autre à son orgueil de souveraine : la Pologne et la France. Ses troupes occupaient Varsovie, et comprimaient en Pologne les agitations d'une révolution qui fraternisait avec la révolution de Paris. Le roi de Prusse, par le même motif, occupait Dantzig et la grande Pologne. Ce malheureux pays n'a jamais laissé manquer de prétexte à l'intervention de ses puissants voisins. La Pologne n'a été trop habituellement qu'une anarchie constituée. L'impératrice et le roi de Prusse tramaient de concert la conquête et le partage de la Pologne, pendant que l'empereur serait occupé à défendre l'Allemagne contre la France. C'était le secret des lenteurs de la double diplomatie du roi de Prusse et de la mollesse de la première coalition. Le roi de Prusse regardait en arrière, et l'impératrice ne voulait pas compromettre les armées russes sur le Rhin, dans la crainte d'abandonner de l'œil la Pologne.

Mais le lendemain de la mort de Louis XVI, Catherine ordonna à son ministre à Londres, le comte Woronzoff, de conclure un traité d'alliance offensive et défensive avec l'Angleterre. Ce traité à peine signé, elle laissa l'Angleterre, la Hollande, la Prusse et l'empereur supporter seuls le poids de la guerre sur l'Océan, dans les Pays-Bas, sur le Rhin, et elle s'avança en masse sur la Pologne. Ainsi la politique d'ambition prévalut, dans le cœur de Catherine, sur la politique de principe. Elle affectait une haine bruyante contre l'anarchie française. Elle excitait de loin ses alliés à combattre, mais elle ne combattait pas. La Prusse, de son côté, inquiète de la présence de la Russie derrière elle, et jalouse de conserver sa part dans la grande Pologne, ne s'engagea qu'à demi. L'Autriche prit le rôle qu'avait la Prusse dans la première coalition, souleva l'Empire, réunit les contingents et se chargea de soutenir, en première ligne, la guerre offensive dans les Pays-Bas. On convint que les forces des puissances auraient chacune leur chef particulier. L'unité des armées et des opérations fut ainsi livrée à la merci des rivalités. L'empereur donna le commandement général au prince de Cobourg, qui avait commandé les Impériaux contre les Turcs, et partagé avec Souwaroff la gloire des victoires de Fokchani et de Rimnik. C'était un général temporiseur de l'école du duc de Brunswick, le moins propre des hommes à déconcerter ou à prévenir la fougue d'une armée française. A peine nommé, le prince de Cobourg vint à Francfort conférer avec le duc de Brunswick, généralissime des forces prussiennes, et concerter avec lui un plan aussi décousu et aussi pusillanime que celui qui venait de délivrer la Champagne, de perdre Louis XVI et de découvrir le Rhin.

XV

Telle fut l'organisation de cette nouvelle coalition, où de cinq puissances trois restaient en expectative, et deux seulement allaient combattre, en s'observant avec inquiétude l'une l'autre, en ne s'engageant qu'avec réserve, en faisant des efforts secrets pour se rejeter le poids de la guerre commune, et en manœuvrant sous la direction divergente de deux généraux qui ne s'entendaient que pour éviter l'ennemi.

Nous avons laissé Dumouriez vainqueur à Valmy, Kellermann accompagnant plutôt que poursuivant la retraite du roi de Prusse, Custine à Mayence, Dillon en Alsace,

Montesquiou rassemblant trente mille hommes des garnisons de nos villes du Midi pour envahir la Savoie.

La Savoie, massif des Alpes, se rattache au mont Blanc et au mont Cénis par son sommet le plus élevé. D'un côté elle décline d'une seule pente rapide sur les riches plaines du Piémont, vers Turin ; de l'autre elle se creuse en quatre larges et profondes vallées qui courent, chacune avec un torrent dans son lit, du pied des glaciers jusqu'à l'embouchure de ces gorges. Là, ces torrents, dont la pente s'adoucit ou cesse, deviennent des lacs, comme les lacs de Genève, d'Annecy, du Bourget, ou se perdent dans les grandes eaux de l'Isère et du Rhône, qui les versent à la Méditerranée par les provinces du midi de la France. Ces torrents roulent sans cesse dans leur écume les avalanches et les rochers détachés du flanc des montagnes. On les entend mugir à une immense profondeur. Ils rendent souvent entièrement impossible le passage d'un bord à l'autre. Dans les bassins où leurs lits s'élargissent, quelques bourgades, aux murailles basses, aux toits de lave noire, s'étendent sur le sable gris et sur les cailloux accumulés par ces eaux. Partout ailleurs les pentes rapides portent çà et là quelques petits villages ou quelques chaumières isolées, suspendus et comme cramponnés aux gradins étroits et perpendiculaires des montagnes. Là où les descentes sont moins roides, s'étendent quelques prairies et s'élèvent quelques ceps de vigne qui s'enlacent aux noyers, et que le paysan, avare d'espace, cultive en larges treilles, sur des colonnes de bois mort.

Sur ces vallées principales, d'autres vallées s'embranchent à chaque instant, mais pour se perdre sans issue dans des gorges qui se rétrécissent tout à coup et qui aboutissent aux neiges. La vallée de Faucigny, la plus rapprochée du Valais et de la Suisse, part du pied du mont Blanc et débouche sur Genève. La Maurienne, qui descend du mont Cénis, s'élargit tout à coup, en s'approchant de la France, entre Conflans et Montmélian, deux villes de la Savoie. Là elle a son confluent avec la vallée de la Tarantaise, où coule l'Isère. A quelque distance de Montmélian, la Maurienne se bifurque, courant à droite sur Chambéry, capitale de la Savoie, à gauche sur Grenoble, ville française et capitale du Dauphiné, encaissée dans une anse des Alpes. Montmélian, qui garde à la fois l'entrée de la Maurienne, de la Tarantaise, de la plaine de Chambéry et de la vallée du Grésivaudan, route de Grenoble, est ainsi la clef de la Savoie.

XVI

Le peuple qui habite ces plateaux, ces vallées et ces plaines, soumis à une souveraineté dont le siége est en Italie, n'a de l'Italien que son gouvernement. C'est une race complétement distincte de la race latine et de la race helvétique. Elle ne parle ni l'allemand, ni l'italien, elle parle français. Son caractère, ses mœurs, ses habitudes, ses industries même, se rattachent naturellement à la France. Aussitôt que le lien forcé qui l'unit au Piémont se relâche ou se brise, la Savoie incline vers la France. Les guerres qu'elle fait à la France sous le drapeau sarde sont des guerres contre nature et presque des guerres civiles. A l'exception de la noblesse et du clergé, que les souverainetés héréditaires et les faveurs de cour attachent d'un amour fanatique à la maison régnante de Savoie, tout le reste de la nation a le cœur français. Le joug du Piémont lui pèse; la suprématie du nom piémontais l'humilie; les priviléges honorifiques de la noblesse la froissent; la domination de son clergé, qui craint l'introduction des idées du dehors dans ces montagnes, lui dispute la lumière et l'air du siècle. La maison de Savoie, quoique paternelle, bienfaisante et recherchant les améliorations administratives pour les trois États qu'elle gouverne, les tient cependant dans une sorte de discipline monastique qui rappelle le régime espagnol. Le roi, le noble, le prêtre, le soldat, sont tout le peuple.

Cependant la communauté de langue, la contiguïté de frontières, les relations de commerce, les émigrations nombreuses des Savoyards en France, avaient laissé infiltrer les idées révolutionnaires dans ces montagnes. Jean-Jacques Rousseau avait passé sa jeunesse dans la petite ville d'Annecy et dans la solitude des Charmettes, auprès de Chambéry. Voltaire avait vieilli à Ferney, à la porte de la Savoie. Genève, forte colonie de la liberté protestante, et métropole, après les jours de Calvin, de la philosophie moderne, touchait par ses faubourgs au territoire savoisien. Ces souvenirs, ces influences, ces voisinages, avaient inspiré à la population le mépris d'un gouvernement doux, mais arriéré, et le désir de se donner à la France.

Malgré de fréquentes unions de famille entre la maison de Savoie et la maison de Bourbon, le traité de Worms, en 1741, entre Charles-Emmanuel et Marie-Thérèse, avait inféodé politiquement la monarchie sarde à l'Autriche. Victor-Amédée, qui régnait au moment où la révolution éclatait en France, était un prince aimé de ses peuples, temporisateur comme la vieillesse, épuisant sa sagesse en paroles et le temps en conseils. On l'appelait le Nestor des Alpes. Malgré les inquiétudes que lui donnait le penchant de la Savoie à se détacher du faisceau de ses trois principautés et à se jeter dans les bras de la Révolution, son caractère l'aurait porté à la neutralité. Mais l'influence de son clergé sur son esprit lui avait inspiré l'horreur d'une république qui ne menaçait pas moins le Dieu de sa foi que le trône de ses pères. De nombreux ecclésiastiques français, chassés de leurs paroisses par le refus de jurer la constitution civile du clergé, s'étaient réfugiés chez leurs confrères de Savoie. Ils y semaient le bruit des persécutions contre l'Église et les malédictions contre le schisme. Chambéry était rempli d'évêques et de gentilshommes fugitifs qui étalaient les douleurs, les espérances et les illusions des réfugiés de tous les temps et de tous les pays. Turin était la capitale de la contre-révolution au dehors. Les royalistes de Lyon, de Grenoble et du Midi entretenaient, par les frontières de la Savoie et par le comté de Nice, des relations sourdes avec Turin. Le roi de Sardaigne avait retiré son ambassadeur de Paris en déclarant suffisamment par cet acte qu'il considérait Louis XVI comme prisonnier, et qu'il ne traiterait plus avec la nation française. M. de Sémonville, envoyé par Dumouriez à Turin pour obtenir des explications amicales, avait été arrêté à Alexandrie, comme suspect de venir fomenter l'esprit d'agitation en Italie. Les Girondins, maîtres du ministère et de l'Assemblée, firent décider les hostilités.

XVII

Montesquiou, qui commandait l'armée du Midi, reçut ordre de se préparer à l'invasion. Quarante bataillons lui arrivèrent, détachés de l'armée oisive des Pyrénées. Sa base d'opérations s'étendait sur une ligne de plus de cent lieues : depuis le Jura, qui domine Genève, jusqu'au Var, qui couvre Nice. Montesquiou brûlait d'impatience de montrer le drapeau français à des peuples qui ne lui demandaient qu'une occasion de se donner à la France et pour qui la conquête ressemblait à la liberté. Il traça un camp à son extrême droite, sur le Var; il en établit un autre à Tournoux, au centre de la muraille des Basses-Alpes. Il rassembla à sa gauche dix mille hommes au fort Barreaux, près de Grenoble; enfin, il porta dix mille combattants de ses meilleurs soldats à Cessieux et quelques détachements à Seyssel et à Gex, à l'entrée des vallées de la Savoie.

Montesquiou, fidèle aux traditions militaires du maréchal de Berwick, avait senti qu'une expédition sur le Piémont, bassin étroit et circulaire dont chaque point menacé peut recevoir en trois marches des renforts de Turin, sa capitale et sa place d'armes, était impraticable avec des masses aussi faibles que les siennes; mais que le comté de Nice et la Savoie, deux longs bras détachés de la monarchie sarde, pouvaient être coupés du corps et acquis à la France sans que le Piémont pût les sauver. Il opéra en conséquence. Le 4 septembre il ordonna secrètement l'invasion du comté de Nice par ses troupes du Var, combinée avec la sortie de sa flotte de Toulon, qui attaquerait par la mer pendant que l'armée marcherait par les montagnes, sous les ordres du général Anselme. Il ordonna au général Casabianca de menacer Chambéry par Saint-Genis. Il se porta lui-même au fort Barreaux avec la masse de l'armée, pour forcer le défilé qui ferme la Savoie.

XVIII

L'armée piémontaise comptait dix-huit mille hommes. Elle était commandée par le général Lazary. Ce général, après quelques coups de canon échangés entre l'armée de Montesquiou et son arrière-garde, à l'entrée du défilé, replia ses troupes sur Montmélian. Au lieu de fortifier Montmélian et de fermer ainsi à Montesquiou l'entrée des trois vallées dont cette ville domine le point de partage, Lazary abandonna la ville, en coupant le pont, et se retira à Conflans. Tous les corps piémontais disséminés à Annecy, à Chambéry et dans le Faucigny, se replièrent isolément et presque sans combattre, pour rejoindre le noyau principal de l'armée sarde et remonter vers le Piémont. Les colonnes françaises les suivirent sans obstacle, aux acclamations du peuple envahi. Montesquiou fit son entrée triomphale à Chambéry, reçut des mains des magistrats les clefs de la capitale de la Savoie, et en laissa l'administration aux habitants. Le jour même de ce triomphe, les Jacobins destituaient à Paris le général Montesquiou. La nouvelle de sa victoire et le cri d'indignation publique contre l'ingratitude des Jacobins firent révoquer pour un moment sa destitution. Montesquiou organisa sa conquête, et porta ses troupes à la frontière de Genève.

Pendant ces opérations, le général Anselme, réunissant les bataillons des volontaires de Marseille aux huit mille hommes qu'il commandait, se fortifiait sur la ligne du Var, menaçant le comté de Nice d'une invasion, et se prémunissant lui-même contre une invasion dans le Midi. Le comte de Saint-André commandait les Piémontais. Son armée se composait de huit mille hommes de troupes de ligne et de douze mille soldats volontaires des milices du pays.

Le comté de Nice, étroit mais admirable amphithéâtre naturel qui descend par gradins du sommet des Alpes vers la Méditerranée, est une Suisse italienne, où l'olivier et le citronnier remplacent le hêtre et le sapin, mais dont les vallées, étroites, ardues, ravinées de torrents souvent à sec, offrent à l'invasion les mêmes difficultés que la Savoie. La race ligurienne qui l'habite, race pastorale dans les montagnes, maritime et commerçante au bord de la mer, belliqueuse partout, parlant une autre langue, ayant d'autres mœurs que nous, était loin d'avoir envers la France les mêmes dispositions que les Savoyards. La mer et les montagnes donnent aux peuples le sentiment d'une double indépendance. Le voisinage de Gênes offrait de tout temps aux populations de ces côtes l'exemple d'une individualité républicaine affranchie du joug des grandes monarchies voisines. L'esprit génois était l'esprit public du comté de

Nice : l'amour des principes français, l'horreur du joug de la France. Les montagnards descendaient par bandes de leurs villages alpestres, les jambes chaussées de sandales nouées par des courroies de cuir, le fusil des chasseurs à la main, incapables d'une longue campagne et d'une discipline militaire, mais lestes, infatigables, intrépides pour une guerre de montagnes, de surprises et de tirailleurs.

Le comte de Saint-André avait habilement choisi la position de Saorgio, hauteur inexpugnable qui domine Nice, les routes de France et de Piémont, pour centre et pour citadelle de la province qu'il était chargé de défendre. Il y avait établi d'avance un camp fortifié et des retranchements revêtus de murailles. L'amiral Truguet se présenta devant Nice, le 28 septembre, avec une escadre composée de neuf vaisseaux, et menaça de bombarder la ville. Le général Anselme s'approcha par terre prêt à tenter le passage du Var. Dans la soirée, le général Courten, commandant la ville, replia ses troupes sur Saorgio. Trois mille émigrés français, qui avaient cherché asile à Nice, indignés du lâche abandon de la garnison, soulevèrent une partie de la population et coururent, les uns aux batteries de mer, les autres aux batteries du Var ; mais, menacés par la bourgeoisie, qui ne voyait dans cette lutte désespérée qu'un prétexte à l'incendie de la ville, ils se retirèrent eux-mêmes, dans la nuit, sur la route de Saorgio, poursuivis, insultés, pillés, massacrés par la populace féroce des bords de la mer. Cette populace menaçait de piller la ville elle-même. La bourgeoisie envoya supplier le général Anselme d'occuper la place le plus promptement possible. Anselme passa le Var à la tête de quatre mille Français, et entra aux acclamations unanimes dans la capitale du comté.

XIX

Cependant les excès que les révolutionnaires de Nice commettaient contre leurs ennemis personnels, à l'abri des baïonnettes et du drapeau de la France, soulevèrent les montagnards, toujours plus attachés aux vieilles mœurs et plus fidèles aux vieilles dominations que les peuples des plaines, des bords des fleuves ou du littoral de la mer. Les prêtres et les moines, tremblant de voir pénétrer à main armée dans leur empire les idées qui venaient de déposséder l'Église en France, confondirent leur cause avec celle de la religion, et soulevèrent le peuple, non par son patriotisme, mais par sa conscience. Les plus jeunes et les plus intrépides marchèrent eux-mêmes à la tête des bandes, et fusillèrent les avant-postes et les détachements français partout où ils les trouvaient séparés de la masse des corps. Embusqués derrière les rochers ou les troncs d'arbre, ils tiraient et se sauvaient en escaladant les pentes escarpées avec l'adresse des chasseurs. La guerre n'était qu'un long assassinat.

Le général français Anselme voyait décimer ses troupes. Le centre de cette guerre sainte était à Oneille. Cette petite ville, maritime et montagneuse à la fois, capitale d'une petite principauté dépendante de la Sardaigne, était le foyer de toutes ces trames contre la domination des Français. Son port servait de refuge et de place d'armement à une multitude de pirates et de corsaires sardes, génois, napolitains, dont les bâtiments légers et les felouques armées faisaient des débarquements nocturnes sur la côte, ou exerçaient sur la mer le même brigandage que les bandes de montagnards dans la vallée de Nice. Plusieurs couvents de moines, véritables dominateurs de la ville, fomentaient cette guerre sainte et sanctifiaient par leurs violentes prédications ces inutiles et sanglantes expéditions. Anselme et Truguet résolurent de concert d'étouffer le fanatisme dans son repaire. Des troupes furent embarquées à Villefranche sur les vaisseaux de l'escadre. Le 23 octobre, ils parurent devant Oneille. L'amiral Truguet envoya son capitaine de pavillon du Chaila pour sommer la ville et engager les habitants à prévenir par leur soumission les horreurs d'un bombardement. Le canot qui portait du Chaila s'approchait sous pavillon parlementaire, aux signes et aux invitations pacifiques de la population qui couvrait le rivage. Mais à peine le canot touchait-il au lieu de débarquement, qu'une décharge de cent coups de feu cribla la chaloupe, tua un officier, quatre matelots, blessa plusieurs hommes et du Chaila lui-même. Le canot, encombré de cadavres et de blessés, vira de bord, poursuivi et mitraillé, de lame en lame, par une grêle de balles et de boulets, et revint avec peine étaler sous les yeux de l'escadre ce témoignage de la perfidie des habitants. Les équipages indignés crièrent vengeance. Truguet s'embossa et foudroya la ville jusqu'à la chute du jour. Le fort d'Oneille fut écrasé sous les bombes. Son feu s'éteignit. Douze cents soldats, sous les ordres du général Lahoulière, embarqués pendant la nuit sur les chaloupes de l'escadre, attendirent les premières heures du jour, pour opérer leur débarquement sous le feu de deux frégates.

A cet aspect les habitants se sauvent dans les montagnes, emportant ce qu'ils ont de plus précieux et abandonnant leurs maisons au pillage et à l'incendie. Les moines seuls, habitués à l'inviolabilité du sacerdoce, respectés jusque-là dans les guerres d'Italie, restent enfermés dans leurs couvents. Les Français forcent les portes de ces asiles, massacrent, sans choix de coupables ou d'innocents, les moines désignés à leur vengeance par les trames dont ils ont été les instigateurs, et par le lâche assassinat de du Chaila. Le pillage et l'incendie, représailles terribles, ravagent et détruisent le repaire de la piraterie et du brigandage. Les Français ne laissent dans la ville d'Oneille, en se rembarquant, qu'un monceau de cendres et les cadavres des moines sur les débris de leurs couvents.

L'expédition d'Oneille et l'égorgement de ses prêtres, loin d'apaiser l'insurrection dans les montagnes du comté de Nice, firent lever en masse les *Barbets*. Réunis aux Piémontais et à un corps autrichien prêté au roi de Sardaigne par l'empereur, ils attaquèrent les Français à Sospello, point le plus élevé de notre occupation. Six mille hommes et dix-huit pièces de canon en délogèrent le général Brunet. Anselme, sorti de Nice avec la garnison tout entière, composée de douze compagnies de grenadiers, de quinze cents hommes d'élite et de quatre pièces d'artillerie, marcha pour recouvrer cette importante position. Il la reconquit à la baïonnette et rentra à Nice. Dénoncé à la Convention pour la douceur de son administration, coupable, aux yeux des Jacobins, d'avoir refréné les assassinats et les vengeances des Niçards, il fut arrêté au milieu de son armée victorieuse et conduit à Paris pour expier dans les cachots les premières gloires de nos armes.

XX

Une escadre française, commandée par l'amiral Latouche, allait en même temps sommer le roi de Naples de se déclarer pour ou contre la république, et de désavouer les menées de son ambassadeur à Constantinople contre la reconnaissance du pavillon tricolore par le sultan. L'escadre, composée de six vaisseaux de guerre, était entrée le 27 décembre dans le golfe, bravant les cinq cents pièces de canon des quais et des forts de Naples. Latouche, ayant jeté l'ancre sous les fenêtres du palais du roi et fait le signal du combat à ses vaisseaux, envoya un grenadier de marine porter un message au roi lui-même. Cet ambassadeur n'avait d'autre titre que celui de soldat français, d'autres lettres de créance que les mèches allumées des canons de la flotte que le roi voyait fumer du haut de la terrasse de son palais. L'amiral exigeait dans sa lettre que l'envoyé de la république fût reçu, la neutralité de Naples garantie à la France, l'ambassadeur insolent qui avait nié la légitimité du gouvernement du peuple français à Constantinople rappelé, un ambassadeur envoyé à Paris par la cour de Naples. Le refus d'une seule de ces conditions serait le signal du feu des vaisseaux.

Le roi intimidé reçut le grenadier français avec les honneurs qu'il eût accordés à l'envoyé de la république; il concéda tout ce qui lui était demandé, il offrit de plus sa médiation entre la république et ses ennemis. « La république, lui répondit le grenadier, ne veut de médiation entre elle et ses ennemis que la victoire ou la mort. » La cour de Naples, dominée par une reine orgueilleuse et ennemie des Français, subit cette humiliation sans murmure. Elle feignit d'accomplir les conditions pacifiques imposées par l'attitude de Latouche, et reprit avec plus de haine dans le cœur sa place dans la conjuration des cours.

XXI

Pendant que nos bataillons soumettaient la Savoie et le comté de Nice, que nos escadres dominaient les bords de la Méditerranée et que Dumouriez balayait lentement la Champagne, les Autrichiens, encouragés dans les Pays-Bas par l'absence de la masse de nos troupes, que Dumouriez avait appelées au rendez-vous de l'Argonne, tentaient d'entamer le nord de la France. Les émigrés avaient persuadé au duc Albert de Saxe-Teschen, gouverneur des Pays-Bas, que les habitants du nord de la France et le peuple de Lille surtout n'attendaient qu'un prétexte pour se soulever contre la Convention et pour déclarer à leur roi captif une fidélité qui était le caractère de ces provinces. Beurnonville, en conduisant seize mille hommes de l'armée du Nord au secours de Dumouriez, laissait Lille à découvert. Cette ville n'avait que dix mille hommes de garnison, force insuffisante pour défendre des fortifications très-vastes et pour contenir à la fois une population de soixante-dix mille âmes. Le duc Albert rassembla vingt-cinq mille hommes, emprunta aux arsenaux des Pays-Bas cinquante pièces de canon de siége, se présenta le 25 septembre devant les remparts de Lille et fit ouvrir la tranchée.

Cinq batteries armées de trente pièces ayant été achevées dans la nuit du 29, le baron d'Aspre vint sommer la ville de se rendre. Conduit à l'hôtel de ville avec les égards conformes aux lois de la guerre, le parlementaire fit sa sommation au général Ruault, qui commandait la ville. Le général répondit, en homme sûr de lui-même, de la bravoure de sa faible garnison et de l'enthousiasme du peuple. La foule, qui se pressait aux portes de l'hôtel de ville, reconduisit le parlementaire jusqu'aux avant-postes autrichiens aux cris de : « Vive la république! Vive la nation! » Le feu commença à l'instant. Pendant sept jours et sept nuits les boulets et les bombes écrasèrent sans relâche la ville, tuèrent six mille habitants, incendièrent huit cents maisons. Les caves, où les femmes, les vieillards et les enfants cherchaient un refuge, s'écroulèrent dans plusieurs quartiers sous le poids des bombes et ensevelirent des milliers de victimes sous leurs ruines. Une population intrépide se changea en une armée aguerrie au feu et n'éprouva pas un seul moment d'hésitation. La guerre semblait être la profession habituelle de ce peuple des frontières. Toutes les villes du Nord, dont Lille n'était pas encore coupée par un investissement complet, lui envoyèrent des vivres, des munitions, des bataillons formés de l'élite de leur jeunesse.

Six membres de la Convention, Duhem, Delmas, Bellegarde, Daoust, Doulcet et Duquesnoy, vinrent s'enfermer dans ses murs pour animer le courage des assiégés et montrer aux frontières que la nation combattait avec elles dans la personne de ses représentants. En vain trente mille boulets rouges et six mille bombes du poids de cent livres, chargées de mitraille, continuèrent à pleuvoir pendant cent cinquante heures sur ce foyer fumant, sans cesse éteint, sans cesse rallumé ; en vain, pour ranimer la constance des assiégeants, l'archiduchesse d'Autriche, Marie-Christine, femme du duc Albert, vint elle-même allumer de sa main le feu d'une nouvelle batterie ; les Lillois s'aperçurent que les Autrichiens chargeaient leurs pièces de barres de fer, de chaînes et de pierres. Ils en conclurent que les munitions commençaient à manquer aux assiégeants, et persévérèrent avec plus de confiance dans leur héroïque impassibilité sous le feu. Le duc Albert, manquant à la fois de troupes et de munitions, et apprenant les succès de Dumouriez en Champagne, craignit le reflux de nos soldats sur le Nord, et leva le siége sans être poursuivi.

Lille avait perdu un faubourg entier ; plusieurs quartiers de la ville n'étaient plus que des monceaux de briques servant de sépulcre à des monceaux de cadavres. Ses débris fumaient encore, et les cicatrices de ses monuments attestaient la gloire d'une ville de guerre défendue et dévouée, à la fois, par ses propres habitants.

Il y eut des traits antiques. Un canonnier volontaire de la ville servait une pièce sur les remparts. On vient l'avertir qu'une bombe a éclaté sur sa maison ; il se retourne, voit la flamme qui s'élève du toit de sa demeure : « C'est ici mon poste, répond-il. On m'a placé là pour défendre non ma maison, mais ma patrie. Feu pour feu! » Et il charge et tire sa pièce. La délivrance de Lille excita un enthousiasme national. Les hontes de Verdun et de Longwy étaient vengées.

Le siége de Lille était à peine levé que Beurnonville, détaché de l'armée de Kellermann avec seize mille hommes, s'avança vers les frontières du Nord pour concourir au plan d'invasion de la Belgique, si longtemps prémédité par Dumouriez et si glorieusement interrompu par la campagne contre le roi de Prusse.

XXII

On a vu que Dumouriez, pressé de reprendre ce plan, était accouru à Paris aussitôt après le mouvement de retraite du duc de Brunswick. Son apparition à Paris avait moins pour objet de triompher que de préparer de nouveaux triomphes en obtenant, avec l'ascendant d'un général victorieux, tous les moyens nécessaires à l'invasion de la Belgique. Idole du peuple, redouté des Jacobins, ami de Danton, ménagé par les Girondins, sa gloire, son adresse, son entraînement militaire, enlevèrent au pouvoir exécutif tous les ordres et toutes les ressources dont il pouvait disposer. Le contre-coup du 10 août, la consternation des journées de septembre, la proclamation de la république, la stupeur des uns et le délire des autres devant l'échafaud du roi, enfin l'orgueil de Valmy, la gloire d'avoir reconquis le territoire, faisaient courir aux armes toute la jeunesse de la nation. Les armes manquaient aux bras, non les bras aux armes. On en fabriquait à la hâte dans tous les ateliers de la république. Des commissaires de la Convention et des commissaires nommés par les Jacobins, armés les uns de la loi, les autres de la dictature de l'opinion, parcoururent les départements pour activer les usines, décréter les réquisitions, animer les enrôlements sur toute la surface de la France. Les autorités locales, sorties comme spontanément du peuple et composées des hommes que le cri public avait désignés comme les plus brûlants du feu du patriotisme, avaient sur le pays une force de confiance, d'impulsion et d'exécution qu'aucun magistrat n'avait jamais obtenue en temps ordinaire. On leur obéissait comme on obéit à sa propre passion. Ils n'étaient que les régulateurs d'un mouvement général.

Des hommes de toute condition, de toute fortune, de tout âge, se présentèrent en foule, pour composer les bataillons que chaque département envoyait aux frontières. Les gardes nationales, en versant leurs hommes les plus aguerris dans ces bataillons, se transformèrent ainsi, sur le sol même, en armée active. Les jeunes gens qui s'étaient signalés par plus de zèle et de patriotisme dans la garde nationale, furent nommés, par leurs compagnons d'armes, commandants de ces bataillons. Ces volontaires, des mêmes villes, des mêmes villages, des mêmes cantons, frères, parents, amis, compatriotes, se connaissant les uns les autres et se choisissant leurs chefs parmi les plus braves, les plus intelligents, les plus aimés, formaient ainsi comme autant de familles militaires qu'il y avait de bataillons dans le département. Ils marchaient au combat en se surveillant, en s'excitant mutuellement et en se promettant de rendre témoignage de leur patriotisme, de leur valeur ou de leur mort.

A l'annonce d'un grand événement de Paris, à la nouvelle d'une déclaration de guerre avec un ennemi de plus, au récit des catastrophes ou des succès militaires qui marquaient les premiers pas de nos armées en Champagne, en Savoie, dans le Midi, dans le Nord, la passion de la patrie, éveillée avec plus de force par le danger ou par la gloire, s'allumait dans le cœur des citoyens. Des proclamations brûlantes de la Convention, des autorités, des Jacobins, des représentants du peuple en mission, faisaient appel aux défenseurs de la liberté. Leur voix, entendue à l'instant, était la seule loi de recrutement. L'enthousiasme enrôlait, la volonté disciplinait, les dons patriotiques habillaient, armaient, soldaient, nourrissaient ces enfants de la patrie.

XXIII

Dans les villes, dans les bourgades, dans les villages, les jours où les fêtes de la religion et les foires réunissent les hommes par plus grandes masses, un amphithéâtre en bois s'élevait sur la place publique, sur la place d'armes, devant la porte de la municipalité. Une tente militaire, soutenue par des faisceaux de piques et surmontée de drapeaux tricolores, était tendue sur ces tréteaux pour rappeler le camp. Cette tente, dont les toiles étaient relevées sur le devant par la main d'un grenadier et d'un cavalier en uniforme, s'ouvrait du côté du peuple. Une table portant des registres d'enrôlement en occupait le centre. Le représentant du peuple en mission, l'écharpe tricolore en ceinture, le chapeau retroussé par les bords, surmonté d'un panache à plumes, tenait le registre et écrivait les engagements. Le maire, les officiers municipaux, les présidents de districts, les présidents de clubs, se pressaient debout autour de lui. La foule émue s'ouvrait à chaque instant, pour laisser passer les files de défenseurs de la patrie qui montaient les degrés de l'estrade pour donner leurs noms aux commissaires. Les applaudissements du peuple, les accolades patriotiques des représentants, les larmes d'attendrissement des mères de famille, les fanfares de la musique militaire, les roulements des tambours, les couplets de la *Marseillaise* chantés en chœur, récompensaient, excitaient, enivraient ces actes de dévouement au salut de la république.

Cet enthousiasme contagieux qui saisit les foules s'emparait souvent des spectateurs et portait les hommes jusque-là indifférents ou timides à imiter les actes dont ils étaient les témoins. Des hommes mariés s'arrachaient des bras de leurs femmes pour s'élancer vers l'autel de la patrie. Des hommes déjà avancés dans la vie, des vieillards même encore verts et valides venaient offrir leur reste de vie au salut du pays. On les voyait ôter leurs vestes ou leurs habits devant les représentants, et montrer à nu leurs poitrines, leurs épaules, leurs bras, leurs poignets encore robustes, pour attester que leurs membres avaient la force de porter le sac, le fusil, et de braver les fatigues du camp. Des pères, se dévouant avec leurs enfants, offraient eux-mêmes leurs fils à la patrie et demandaient à marcher avec eux. Des femmes, pour suivre leurs maris ou leurs amants, ou saisies elles-mêmes de ce délire de la liberté et de la patrie, le plus généreux et le plus dévoué de tous les amours, dépouillaient les vêtements de leur sexe, revêtaient l'uniforme de volontaires et s'enrôlaient dans les bataillons de leurs départements.

Ces volontaires recevaient une feuille de route pour se rendre au dépôt désigné par le ministre de la guerre et y recevoir l'équipement, l'instruction et l'organisation. Ils se mettaient en marche, par groupes plus ou moins nombreux, au son du tambour, aux refrains de l'hymne patriotique, accompagnés, jusqu'à une grande distance de leurs villes ou de leurs villages, par des mères, des frères, des sœurs, des fiancées qui portaient les sacs et les armes, et qui ne se séparaient d'eux que quand la fatigue avait épuisé leurs forces. Partout, aux embranchements des routes, aux sommets des montées, aux entrées ou aux sorties des villes, aux portes des auberges isolées où ces détachements faisaient halte, les voyageurs étaient témoins de ces séparations et de ces adieux. Les volontaires, attardés par ces derniers embrassements, s'essuyaient les yeux en regagnant à pas pressés le noyau du bataillon, et, sans regarder en arrière, de peur d'hésiter et de s'attendrir, reprenaient d'une voix sourde mais résolue le couplet de la *Marseillaise* chanté par leurs camarades : « Allons, enfants de la patrie ! »

La population des villes et des bourgades qu'ils traversaient sortait pour les voir passer et pour leur offrir le pain et le vin sur le seuil de ses maisons. On se disputait, dans les lieux d'étape, à qui les logerait comme des enfants de famille. Les sociétés patriotiques allaient à leur rencontre ou les conviaient le soir à assister à leur séance. Le président les haranguait ; les orateurs du club fraternisaient avec eux, et enflammaient leur courage par des récits d'exploits militaires empruntés aux histoires de l'antiquité. On leur enseignait les hymnes des deux Tyrtées de la Révolution, les poëtes Lebrun et Chénier. On les enivrait de la sainte rage de la patrie, du fanatisme de la liberté.

XXIV

Tels étaient les éléments de l'armée qui marchait sur toutes nos routes, du centre vers les frontières. Dumouriez l'organisait en marchant.

Ce général, après quatre jours passés à Paris, en conférences secrètes avec Danton, et en conférences militaires avec Servan, alors ministre de la guerre, partit le 20 octobre, pour se rendre à son quartier général de Valenciennes. Avant d'y paraître, il se recueillit deux jours, dans une maison de campagne qu'il possédait dans les environs de Péronne. Il avait à méditer sur deux choses : son plan de campagne pour arracher la Belgique aux mains des Autrichiens, et son plan de conduite pour flatter ou intimider la Convention, servir la république si elle savait se donner un gouvernement, la dominer et la détruire si, comme il le soupçonnait, elle passait, d'une anarchie à une autre, entre les mains de toutes les factions. Le général était parti plein de mépris pour les Girondins, plein de confiance dans le génie de Danton. L'horizon indécis de sa fortune lui présentait deux perspectives sur lesquelles il se complaisait également à reposer son imagination : une dictature pour lui-même partagée à l'intérieur avec Danton, ou le rôle de Monk modifié par la différence des temps et des hommes; c'est-à-dire le rétablissement par les mains de l'armée d'une monarchie constitutionnelle, dont le duc de Chartres lui mettait la pensée sous la main.

Tandis que Dumouriez combinait ainsi les chances que pouvait amener la guerre ou la Révolution, Servan quittait le ministère. Pache le remplaça.

XXV

Pache, personnage subalterne, sorti tout à coup de l'obscurité, élevé au ministère de la guerre par les Girondins, était un ami de Roland. C'était un de ces hommes dont l'ambition se cache sous une modestie qui rassure contre leurs prétentions. On savait à peine quelle était son origine et par quels pas il avait marché ou rampé jusque-là dans la vie. On soupçonnait seulement qu'il était fils d'un portier du duc de Castries; élevé par les soins de cette famille illustre, il avait été chargé ensuite de faire l'éducation d'un des fils de cette maison. Instruit, studieux, réservé, ne laissant échapper dans la conversation que les mots rares et précis qui indiquaient la netteté et l'universalité de son intelligence, Pache semblait éminemment propre à devenir un de ces rouages utiles du mécanisme de l'administration, incapables d'aspirer à en devenir jamais les régulateurs. C'était un hypocrite désintéressement cachant ses aspirations à l'empire sous les habitudes et la simplicité d'un philosophe. Cette austérité antique avait séduit madame Roland, éprise de tout ce qui lui rappelait les hommes de Plutarque. Elle avait donné Pache à son mari pour chef de son cabinet particulier au ministère de l'intérieur, et pour confident et auxiliaire de ses travaux les plus difficiles et les plus secrets. Elle voyait dans Pache un de ces sages que la Providence suscite autour des hommes d'État pour inspirer leurs conseils.

Au moment où Servan fut appelé au ministère de la guerre, Pache entra dans son administration au même titre et avec la même dissimulation que chez Roland; il y avait montré la même application à ses devoirs et la même aptitude aux détails. A la retraite de Servan, Roland avait proposé Pache, pour la guerre, au conseil des ministres. Les Girondins, qui, sur la parole de Roland, voyaient dans Pache un ami dévoué de leur fortune et de leur cause, l'avaient accepté de confiance. Ils pensaient que l'esprit de Roland animerait ainsi deux ministres. Mais à peine Pache était-il installé au conseil qu'il secoua, comme un souvenir importun, toute dépendance comme toute reconnaissance envers son ancien patron, et qu'il commença à ourdir secrètement, puis bientôt ouvertement avec les Jacobins, les trames qui devaient renverser Roland du pouvoir et conduire sa femme à l'échafaud. Pache donna pour gage aux Jacobins l'administration du ministère de la guerre, qu'il confia à leurs créatures. Vincent et Hassenfratz y dominèrent sous son nom : l'un, jeune Cordelier, élève et émule de Marat; l'autre, patriote de Metz, réfugié à Paris. Pache, uniquement occupé du soin de grandir sa popularité, fit de ses bureaux autant de clubs où l'on affectait le costume, les mœurs, le langage de la démagogie la plus effrénée. Le bonnet rouge et la carmagnole remplaçaient l'uniforme. Les filles de Pache, se montrant dans les fêtes civiques, étalaient partout avec affectation l'exagération du patriotisme. Un tel ministère ne pouvait pas servir les vues de Dumouriez, qu'on accusait d'être l'homme de guerre des Girondins. Il fut atterré de la nomination de Pache, et comprit vaguement dès lors qu'il serait bientôt réduit, par l'intimité des Jacobins, à l'alternative de fléchir devant eux ou de les faire trembler devant lui.

XXVI

Arrivé à Valenciennes, Dumouriez rédigea son plan d'invasion de la Belgique, et envoya à chacun des généraux sous ses ordres la partie de ce plan qu'il était chargé d'exécuter, et dont lui seul connaissait l'ensemble et dirigeait les mouvements combinés. Ses forces s'élevaient à quatre-vingt mille combattants. L'élan qui avait entraîné ses bataillons à la frontière s'animait encore de l'espérance d'une conquête faite au nom de la république. Ils avaient dans leur général en chef cette confiance que le vainqueur de Valmi et le libérateur de la Champagne inspirait aux soldats combattants. Là où était Dumouriez, là étaient pour eux les lois et la patrie. Quelque chose de dictatorial se révélait dans sa physionomie, dans ses paroles, dans ses ordres du jour à l'armée. Il semblait s'inquiéter peu des commissaires, des décrets de la Convention, des vues du ministre de la guerre, et porter le gouvernement avec lui.

Le duc Albert de Saxe-Teschen commandait en Belgique pour les Autrichiens. Il avait été laissé par l'empereur et par la Prusse dans un isolement qui compromettait, de ce côté, la sûreté de la Belgique. Les forces disséminées du duc de Saxe-Teschen se composaient à peine de trente mille combattants, dont quatre mille émigrés français, du côté de Namur, sous le commandement du duc de Bourbon, fils du prince de Condé. Ses lieutenants couvraient, en gros détachements, toute la frontière belge. Le duc de Saxe-Teschen, placé au centre de ces forces disséminées, prêt à se porter en avant ou à les replier à lui, occupait Bruxelles avec une faible garnison.

XXVII

Dumouriez, s'il eût eu alors le génie novateur de la guerre qui multiplie la force des armées en les concentrant, pouvait combattre chacun de ces corps isolés des Autrichiens avec la masse entière de ses troupes, en s'avançant en une seule colonne au cœur de la Belgique, les couper, les mutiler, ou les dissoudre devant lui. Le peu de confiance que le général avait encore dans ses bataillons de volontaires, et surtout le dénûment de matériel, de voitures, de vivres, auquel on ne voulait pas suppléer par des réquisitions militaires, l'empêchèrent d'exécuter cette inspiration. La routine des vieilles guerres entravait encore l'instinct des plus grands généraux. Dumouriez divisa son armée en quatre corps, à l'imitation du duc de Saxe-Teschen. Le général Valence, son bras droit et son élève de prédilection, commandait l'armée des Ardennes, qui revenait aussi de Valmy pour s'opposer à Clairfayt. Valence reçut l'ordre de se porter sur Namur pour empêcher, s'il en était temps encore, la jonction de Clairfayt à l'armée de Belgique sous les murs de Mons; mais il était trop tard. Les premières colonnes de Clairfayt étaient déjà entrées dans Mons. Le second corps, de douze mille hommes, sous le commandement du général d'Harville, menaçait Charleroi. Le troisième, sous les ordres du général La Bourdonnaye, commandant l'armée du Nord proprement dite, et composé de dix-huit mille hommes, devait s'avancer sur Tournay. Enfin Dumouriez lui-même, à la tête de deux corps formant le centre de cette armée et forts de trente-cinq mille hommes, devait marcher sur Mons, y donner un choc décisif à l'armée réunie de Clairfayt et du duc de Saxe-Teschen, briser cette armée en deux et marcher par cette brèche sur Bruxelles, en insurgeant à droite et à gauche les provinces belges et en servant d'avant-garde aux trois corps de Valence, de d'Harville et de La Bourdonnaye. Des proclamations en style révolutionnaire modéré, appelant la Belgique à l'indépendance et propres à faire fermenter dans ces provinces le vieux levain de leur révolution, étaient rédigées avec art par Dumouriez lui-même. Ces proclamations, chefs-d'œuvre d'habileté, rappelaient la prudence du diplomate, la main du révolutionnaire, l'épée du guerrier. Dumouriez s'y présentait moins en conquérant qu'en libérateur. Les Français y parlaient en frères aux peuples qu'ils venaient secourir contre leurs oppresseurs. C'était le véritable esprit de la Révolution parlant par la voix de son premier général. Si elle eût toujours parlé et agi dans le sens de Dumouriez, sa propagande, pacifique pour les nationalités, menaçante seulement pour les dominations qui les opprimaient, aurait combattu pour elle plus que ses armées. Quelques patriotes belges, impatients d'affranchir leur pays du joug autrichien, avaient passé la frontière à l'approche et à la voix du général français et s'étaient formés en bataillons de volontaires. Dumouriez conduisait ces bataillons avec lui. C'était le charbon avec lequel il espérait allumer l'incendie du patriotisme et de l'insurrection devant ses pas.

XXVIII

Tout ce plan de campagne, ainsi conçu et préparé, reposait donc sur une première bataille sous les murs de Mons, entre l'armée de Dumouriez appuyée de l'armée de Valence et soutenue de celle de d'Harville, d'une part, et l'armée du duc de Saxe-Teschen et de Clairfayt, de l'autre, campée, fortifiée et adossée à une ville importante. Tout marcha, dès ce moment, avec rapidité et concert vers ce point de Mons, où la Belgique devait être conquise ou perdue. Les vues de Dumouriez, clairement indiquées par la disposition de ses corps et par la marche de ses colonnes, avaient été révélées au coup d'œil militaire de Clairfayt. Le duc de Saxe-Teschen et Clairfayt, réunis en une masse de trente mille combattants en avant de Mons, avaient eu le temps de choisir le terrain, de dessiner le champ de bataille, de s'emparer des hauteurs, de fermer les défilés, d'escarper les pentes et d'armer les redoutes, sur les points par où on pouvait les aborder.

Le champ de bataille qu'ils avaient ainsi bastionné de mamelons, palissadé de forêts, enceint de marais, de canaux et de rivières, comme une immense place forte, est une chaîne de collines à peine ondoyée de quelques inflexions aux points où elles se rattachent entre elles, et qui s'étend à une demi-lieue en avant de Mons. Cette ligne de hauteurs est couverte, au sommet, d'une forêt. Le village de Jemmapes, étagé sur les derniers gradins de cette chaîne de collines, en termine l'extrémité à droite; à gauche, elle vient incliner et s'affaisser au village de Cuesmes. L'espace compris entre ces deux villages, dont les Autrichiens avaient fait deux citadelles, forme par la disposition naturelle du terrain deux ou trois angles rentrants, où des batteries avaient été placées pour foudroyer de feux croisés les colonnes qui tenteraient de gravir la hauteur.

En avant s'étend, comme le bassin d'un lac écoulé, une plaine profonde, étroite, et dont les terres basses forment des détroits et des anses entre les mamelons brisés qui la bordent. Derrière, et surtout du côté de Jemmapes, la colline qui portait le camp et les redoutes de l'armée autrichienne plonge dans un marais dont le sol aqueux et tremblant sous les pieds est entrecoupé de canaux de dessèchement, de flaques d'eau croupissante, et de joncs formant des haies élevées sur les rebords des fossés, qui en rendent l'accès inabordable à la cavalerie et à l'artillerie. Couverte en arrière par ce marais et par la ville de Mons, flanquée à son aile droite par le village de Jemmapes, à son aile gauche par le village de Cuesmes, qui touche aux faubourgs de cette grande ville fermée, l'armée autrichienne, ayant devant elle, sous ses pieds, ses batteries et ses redoutes armées de cent vingt pièces de canon, et ses avant-postes fortifiés sur les dernières ondulations, qui s'avançaient dans la plaine, n'avait donc rien à craindre sur sa ligne de retraite et sur ses flancs, et n'avait qu'à combattre en face d'elle les Français s'avançant à découvert sous ses feux et dans un bassin qu'elle enveloppait de toutes parts. Le coup d'œil des deux généraux autrichiens avait suppléé au nombre par l'assiette formidable de leur armée. Le choix et la disposition de ce champ de bataille indiquaient à Dumouriez qu'il avait trouvé dans Clairfayt un général digne de se mesurer avec lui.

XXIX

Après avoir, le 3 et le 4 novembre, délogé les Autrichiens de quelques postes avancés qu'ils occupaient fortement sur sa route et dans la plaine, Dumouriez se déploya, le 5, sur une immense ligne convexe, partant à gauche du village de Quaregnon, qu'il n'avait pu emporter la veille, et à droite du hameau de Ciply, au pied des hauteurs de Berthamont et du mont Palisel, qui couvrent un faubourg de Mons. Il se plaça de sa personne au centre de cette ligne de bataille, à une égale distance de ses deux ailes. D'Harville, qui commandait l'extrémité de son aile droite, au pied du mont Palisel et presque sous les murs de Mons, avait ordre de rester en observation, et de profiter du mouvement de retraite et de confusion qui s'opérerait sous l'assaut des masses françaises dans l'armée autrichienne, pour s'emparer de la route de Mons et lui fermer les portes de cette ville, où le duc de Saxe-Teschen et Clairfayt se ménageaient sans doute un refuge. Beurnonville, à qui Dumouriez confia une avant-garde formant presque un corps d'armée, était chargé, avec l'élite des troupes, d'engager l'action, en abordant et en emportant le village et le plateau fortifiés de Cuesmes, gauche des autrichiens. Cinq redoutes étageaient ce formidable plateau. Toute la ligne ennemie, entre Cuesmes et Jemmapes, était également murée par des redoutes superposées les unes aux autres et dont les feux se croisaient au besoin, par des pans de forêts abattus dont les troncs d'arbres et les branches entre-croisés rendaient l'abord impraticable à la cavalerie, par des ravins que la pioche avait approfondis et fossoyés davantage, et par des maisons crénelées d'où les tirailleurs tyroliens, à la carabine infaillible, pouvaient viser lentement et à couvert et décimer les rangs de nos colonnes d'attaque. Au centre seulement, le hameau et le bois de Flénu, posés sur un plateau plus large et moins rapidement incliné, laissaient à la cavalerie française une gorge par laquelle elle pouvait s'élancer jusqu'au pied de la hauteur.

Le chemin, intercepté néanmoins par le hameau même de Flénu, était en outre encombré d'avance par les escadrons d'élite de la cavalerie autrichienne. Le vieux général Ferrand, débris de Laufelt et de la guerre de Sept ans, mais qui retrouvait sa jeunesse au bruit du canon, commandait l'aile gauche, rejetée un peu en arrière de la ligne de bataille par le village de Quaregnon, qu'une forte colonne autrichienne occupait encore avec de l'artillerie, en avant des hauteurs de Jemmapes.

Le duc de Chartres (depuis roi des Français) commandait le centre sous la main du général en chef ; c'était le plus jeune des lieutenants de Dumouriez et le plus caressé de la faveur de ce général. On eût dit que son chef voulait lui ménager un rayon de gloire pour le désigner à la France et à une destinée que l'instinct politique de Dumouriez semblait entrevoir à travers la fumée de ses premiers camps.

Le duc de Chartres ne devait s'ébranler que pour donner l'assaut décisif au centre inabordable de la position des ennemis. Ferrand et Beurnonville devaient auparavant emporter une des deux extrémités plus accessibles de Jemmapes ou de Cuesmes. L'une ou l'autre de ces positions était la seule porte par où l'armée française pût déboucher sur le plateau et aborder en flanc ou tourner l'armée autrichienne.

Dumouriez faisait ces dispositions, au milieu de son état-major, sur la carte plutôt que sur le coup d'œil des lieux. Les haies, les bouquets de bois, les grands arbres qui bordent les champs et les routes dans les grasses terres de Belgique, bien qu'effeuillés, interceptaient tout horizon étendu au regard du général. Des corps disséminés sur une grande ligne combinent leurs mouvements pour ainsi dire à tâtons, et dans une bataille d'un développement immense on combat au bruit plus qu'au coup d'œil.

La nuit enveloppait les deux armées quand ces différents ordres furent distribués aux lieutenants de Dumouriez avec tous leurs détails. Des dragons ou des hussards munis de torches escortèrent, dans les routes et dans les sentiers, les aides de camp et les généraux qui rentraient dans leurs bivouacs, pour se préparer à l'action du lendemain. L'armée dormit en bataille sous les armes, le sac sur le dos, les canonniers à leurs pièces, les canons attelés et les brides des chevaux passées au bras des cavaliers. Dumouriez l'avait ainsi ordonné. Pour une bataille sur une longue ligne et composée de trois batailles distinctes dont les hasards pouvaient prolonger les incertitudes, le général ne voulait pas perdre une lueur du crépuscule dans une saison où les jours si courts disputent la lumière aux combattants. Il craignait de plus que, si la victoire n'avait pas donné ses résultats avant le retour des ténèbres, l'ennemi en retraite ne profitât de l'ombre de la nuit pour rentrer dans Mons et pour échapper à sa poursuite.

XXX

Les premières clartés du jour sur la terre ondulée de Belgique éclairèrent donc l'armée française sous les armes. Le ciel était gris, bas, pluvieux, comme un ciel d'automne dans ces climats du Nord. Une brume froide trempait le sol et distillait en gouttes de pluie des branches des arbres. Les récoltes étaient enlevées des sillons, la terre était nue, les feuilles étaient tombées, aucun voile de moissons ou de verdure ne tranchait sur les lignes noires des bataillons et des escadrons qui attendaient, en silence, l'ordre de s'ébranler de leurs positions.

Le coup d'œil sévère, martial, réfléchi de l'armée ennemie retranchée sur les hauteurs, les bonnets fourrés des grenadiers hongrois, le manteau blanc de la cavalerie autrichienne, la veste bleu de ciel des hussards, l'habit gris des chasseurs tyroliens, l'immobilité des corps étagés, comme des spectateurs plutôt que comme des acteurs d'un combat, sur les rebords des plateaux de Jemmapes comme sur les glacis d'une citadelle, contrastaient avec l'aspect révolutionnaire et la mobilité tumultueuse de l'armée de Dumouriez ; comme si la Providence des nations eût voulu placer face à face et faire lutter ensemble les deux plus grandes forces militaires : la discipline et l'enthousiasme.

XXXI

L'armée française, à l'exception des généraux, tous vieillis sous l'uniforme, et de la cavalerie, dont les régiments se composaient d'anciens soldats soigneusement conservés dans les cadres et fiers de leur instruction, était presque tout entière formée de volontaires. Les uniformes, simples d'aspect, n'offraient à l'œil que de longues lignes sombres, dont les ondulations, mal alignées sous le sabre des officiers novices, attestaient l'inexpérience des manœuvres dans les soldats encore peu exercés. Des souliers de cuir épais, des guêtres de drap noir boutonnées jusqu'au-dessus du genou et donnant plus de légèreté à la marche en appuyant et en dessinant les muscles de la jambe; une culotte blanche; un habit dont les longues basques taillées en ailes d'oiseau battaient sur les talons; deux larges courroies de cuir blanc se croisant sur la poitrine, et servant l'une à soutenir la giberne sur le dos, l'autre à ceindre le sabre sur le flanc gauche; deux autres courroies pareilles, mais plus étroites, passant par-dessus chaque épaule et repassant immédiatement sous l'aisselle, qui servaient à porter le sac de peau de chèvre du soldat comme une hotte de manœuvre; des revers d'habit de drap rouge dessinant comme une large tache de sang sur la poitrine; un collet bas pour laisser libre le mouvement du cou; les cheveux longs, graissés et poudrés, pendants comme deux flocons de crinière sur les deux oreilles et ficelés derrière par un ruban de fil noir qui les emprisonnait sur la nuque; enfin, pour coiffure, selon les corps, un léger casque de cuir solide surmonté d'une courte aigrette de crin en vergette, ou bien un chapeau à bords retroussés sur lequel flottaient des plumes de coq : tel était le costume du volontaire français.

Il avait pour arme un sabre court, couteau de réserve pour se poignarder corps à corps quand la baïonnette était brisée, et un long fusil à un seul tube de fer brillant, à l'extrémité duquel s'emmanchait la baïonnette pour percer la poitrine de l'ennemi quand le coup de feu était tiré. L'infanterie presque tout entière portait cet uniforme et cet armement. Les chasseurs l'allégeaient quelquefois pour être plus lestes. Les grenadiers, ces géants de la ligne, relevaient leur haute taille par un long bonnet recouvert de fourrure noire dont les poils retombaient par devant sur une plaque de cuivre dorée ou argentée. Cette plaque laissait voir, en lettres relevées en saillie, le numéro du régiment ou le chiffre du bataillon.

Les compagnies de sapeurs, de pionniers et d'ouvriers militaires, dont les hommes étaient choisis à la masse et à la stature, portaient, à la place du fusil à baïonnette, une large hache affilée et luisante, à manche court, appuyée sur l'épaule, arme également propre à abattre des arbres sur la route de l'armée, ou des membres sur le champ de bataille.

Les canonniers portaient l'habit plus court, de couleurs plus brillantes, et plus d'ornements sur l'uniforme : l'aiguillette en fil de coton écarlate entourait le bras gauche, le casque argenté sur la tête, le plumet rouge sur le casque.

La cavalerie, composée de gendarmerie, de carabiniers, de cuirassiers, de dragons, de chasseurs et de hussards, selon la taille des cavaliers et la grandeur des chevaux, brillait sur les ailes de chaque division. Ces chevaux, reposés dans les grasses plaines du Nord, hennissaient, piaffaient, creusaient le sol comme impatients des batailles. Les pièces de canon, retentissant sur leurs affûts, suivies des caissons attelés et entourés des canonniers, la mèche à la main, qui s'apprêtaient à les servir, étaient couchées comme des troncs noirs sur les charrettes des bûcherons. Partout on levait les tentes des officiers supérieurs, qui seules avaient été dressées cette nuit-là. Les files des voitures qui portaient le pain stationnaient derrière les bataillons. Les feux des bivouacs, entourés de munitionnaires et de cantinières distribuant l'eau-de-vie aux compagnies, s'éteignaient en jetant leurs dernières fumées rampantes, qui se confondaient avec les brouillards du matin. De temps en temps un roulement des affûts sur le pavé des larges chaussées belges, un son de trompettes, un appel des tambours annonçait le mouvement de quelques corps qui se déplaçaient lentement pour aller prendre la position assignée par l'ordre du général.

XXXII

Tel était l'aspect des terrains fangeux de la plaine de Jemmapes le matin de la bataille. Quant aux dispositions du soldat, on pouvait aisément les lire sur le visage des volontaires. Ce n'était pas ce visage intrépide et morne, cette attitude immobile et martiale d'une armée consommée dans les manœuvres et dans la discipline, qui donne aux mouvements et aux physionomies l'uniformité machinale du même geste et de la même expression. L'ordre était mal conservé, l'habit et les armes inégalement portés, le silence fréquemment interrompu, le respect pour les chefs familier et souvent violé par des répliques et des railleries soldatesques. L'âge, les manières, la physionomie, le langage de ces volontaires étaient divers. Quelques-uns, jeunes adolescents, avaient à peine la force de porter le poids de quarante livres dont chaque soldat sous les armes était chargé. D'autres touchaient à la vieillesse et portaient la moustache blanche des vétérans. Le plus grand nombre était entre deux âges, de vingt à quarante ans. A la délicatesse ou à la rudesse des mains, à la blancheur ou au hâle de la peau, à l'élégance ou à la lourdeur des membres, on voyait que ces bataillons n'avaient pas été recrutés dans la même classe du peuple, mais que tous les âges, tous les rangs, toutes les professions, s'y étaient mêlés et confondus : l'homme de loisir à côté de l'homme de peine, le fils de la bourgeoisie des villes à côté du laboureur des campagnes, le riche à côté du pauvre, le noble à côté du plébéien. Les physionomies, aussi différentes que les races d'hommes, ne se ressemblaient que par l'uniformité de courage. On sentait qu'ils n'étaient pas là comme des machines que la loi de la discipline et du recrutement enrôle et range en des palissades vivantes devant l'ennemi ; mais qu'ils avaient obéi à une impulsion spontanée, soudaine, volontaire ; que la cause pour laquelle ils marchaient, souffraient de la faim, frissonnaient du froid, était leur cause personnelle ; et que dans cette bataille d'un peuple contre l'Europe, c'était la victoire de son patriotisme et de ses idées que chacun d'eux voulait remporter.

Il y avait de plus sur les figures une mobilité inquiète, curieuse, agitée, qui indiquait que ces troupes étaient novices au feu, inaccoutumées au bruit du canon. Attentives à la scène, elles attendaient la bataille comme un spectacle autant que comme un combat. Cette extrême sensibilité des visages et de l'âme dans les bataillons inquiétait et rassurait à la fois les chefs. Elle pouvait, selon l'impression de ces hommes trop passionnés pour rester de sang-froid, se convertir sous le feu en panique ou en enthousiasme, et faire de ces masses des masses de fuyards ou des bataillons de héros.

XXXIII

Dumouriez n'avait pris que quelques heures d'un sommeil interrompu par les rapports des ordonnances, sur une botte de paille, dans sa tente. Il parcourait déjà le front de ses lignes, entouré d'un groupe de son état-major particulier : Thouvenot, son chef d'état-major réel, officier qu'il estimait plus que tous les autres, parce que le premier, à Sedan, il avait compris et servi sa grande pensée de l'Argonne ; le duc de Chartres, qu'il montrait aux soldats pour accoutumer la république à la vue d'un prince ; le jeune duc de Montpensier, presque enfant, second fils du duc d'Orléans, aide de camp de son frère à Jemmapes : sa valeur précoce, sa figure mélancolique, son amitié passionnée pour son frère, attiraient les regards et touchaient le cœur des soldats ; Moreton de Chabrillan, chef de l'état-major en titre, brave, mais turbulent et jaloux ; le jeune Baptiste Renard, que le général avait attaché enfant à son service, et qui du sein de la domesticité s'était élevé jusqu'au dévouement à son maître ; enfin un groupe à cheval de quatre officiers de différents âges, parmi lesquels on remarquait deux figures féminines. Leur modestie, leur rougeur et leur grâce contrastaient, sous l'habit d'officier d'ordonnance, avec les figures mâles des guerriers qui les entouraient. C'étaient le capitaine des guides de Dumouriez, M. de Fernig, habitant de la Flandre française ; son fils, lieutenant dans le régiment d'Auxerrois, et ses deux filles, que leur tendresse pour leur père et leur passion pour la patrie avaient arrachées à l'abri de leur sexe et de leur âge et jetées dans les camps. L'amour filial ne leur avait pas laissé d'autre asile.

XXXIV

Elles étaient nées au village de Mortagne, sur l'extrême frontière de la France touchant à la Belgique. Voici comment leur vocation leur fut révélée.

Dans ces premiers temps de la guerre, les départements frontières se levaient d'eux-mêmes pour couvrir le pays. La France n'était qu'un camp dont ils se considéraient comme les avant-postes. Indépendamment des bataillons qu'ils envoyaient à Dumouriez, des compagnies de volontaires formées d'hommes mariés, de vieillards et d'adolescents, sans autre loi que le salut public, sans autre organisation que le patriotisme, sans autres chefs que les plus braves, sortaient des petites villes, des villages, des fermes, surprenaient les détachements ennemis, repoussaient l'invasion des avant-gardes et combattaient contre les uhlans légers de Clairfayt. Des femmes même accompagnaient leurs maris dans ces expéditions rapides, des filles leur père :

tous les âges et tous les sexes voulaient payer leur tribut d'enthousiasme et de sang à la patrie et à la liberté. Les plus pieuses et les plus dévouées de ces héroïnes furent ces deux jeunes filles, célèbres depuis dans les fastes de nos premiers combats; l'une s'appelait Théophile, l'autre Félicité.

M. de Fernig, ancien officier, retiré dans le village de Mortagne, était père d'une nombreuse famille. Ses fils servaient, l'un à l'armée des Pyrénées, l'autre à l'armée du Rhin. Ses quatre filles, à qui la mort avait enlevé leur mère, vivaient auprès de lui. Deux d'entre elles étaient encore enfants, les deux aînées touchaient à peine à l'adolescence. Leur père, qui commandait la garde nationale de Mortagne, avait animé de son ardeur militaire les paysans de son canton. Il avait fait un camp de tout le pays. Il aguerrissait les habitants par des escarmouches continuelles contre les hussards ennemis, qui franchissaient souvent la ligne de la frontière pour venir insulter, piller, incendier la contrée. Il se passait peu de nuits pendant lesquelles il ne dirigeât en personne ces patrouilles civiques et ces expéditions. Ses filles tremblaient pour ses jours. Les deux aînées, Théophile et Félicité, plus émues encore des dangers que courait leur père que des dangers de la patrie, se confièrent mutuellement leurs inquiétudes et sentirent naître à la fois dans leur cœur la même pensée. Elles résolurent de s'armer aussi, de se mêler à l'insu de M. de Fernig dans les rangs des cultivateurs dont il avait fait des soldats, de combattre avec eux, de veiller surtout sur leur père, et de se jeter entre la mort et lui s'il venait à être menacé de trop près par les cavaliers ennemis.

Elles couvèrent leur résolution dans leur âme et ne la

révélèrent qu'à quelques habitants du village, dont la complicité leur était nécessaire pour les dérober aux regards de leur père. Elles revêtirent des habits d'homme que leurs frères avaient laissés à la maison en partant pour l'armée, elles s'armèrent de leurs fusils de chasse, et, suivant plusieurs nuits la petite colonne guidée par M. de Fernig, elles firent le coup de feu avec les maraudeurs autrichiens, s'aguerrirent à la marche, au combat, à la mort, et électrisèrent par leur exemple les braves paysans du hameau. Leur secret fut longtemps et fidèlement gardé. M. de Fernig, en rentrant le matin dans sa demeure et en racontant à table les aventures, les périls et les exploits de la nuit à ses enfants, ne soupçonnait pas que ses propres filles avaient combattu au premier rang de ses tirailleurs et quelquefois préservé sa propre vie.

Cependant Beurnonville, qui commandait le camp de Saint-Amand, à peu de distance de l'extrême frontière, ayant entendu parler de l'héroïsme des volontaires de Mortagne, monta à cheval à la tête d'un fort détachement de cavalerie et vint balayer le pays de ces fourrageurs de Clairfayt. En approchant de Mortagne, au point du jour, il rencontra la colonne de M. de Fernig. Cette troupe rentrait au village après une nuit de fatigue et de combat, où les coups de feu n'avaient pas cessé de retentir sur toute la ligne et où M. de Fernig avait été délivré lui-même par ses filles des mains d'un groupe de hussards qui l'entraînait prisonnier. La colonne harassée, et ramenant plusieurs de leurs blessés et cinq prisonniers, chantait la *Marseillaise* au son d'un seul tambour déchiré de balles. Beurnonville arrêta M. de Fernig, le remercia au nom de la France, et, pour honorer le courage et le patriotisme de ses paysans, voulut les passer en revue avec tous les honneurs de la guerre. Le jour commençait à peine à poindre. Ces braves gens s'alignèrent sous les arbres, fiers d'être traités en soldats par le général français. Mais, descendu de cheval et passant devant le front de cette petite troupe, Beurnonville crut apercevoir que deux des plus jeunes volontaires, cachés derrière les rangs, fuyaient ses regards et passaient furtivement d'un groupe à l'autre pour éviter d'être abordés par lui. Ne comprenant rien à cette timidité dans des hommes qui portaient le fusil, il pria M. de Fernig de faire approcher ces braves enfants. Les rangs s'ouvrirent et laissèrent à découvert les deux jeunes filles; mais leurs habits d'homme, leurs visages voilés par la fumée de la poudre des coups de feu tirés pendant le combat, leurs lèvres noircies par les cartouches qu'elles avaient déchirées avec les dents, les rendaient méconnaissables aux yeux mêmes de leur propre père. M. de Fernig fut surpris de ne pas connaître ces deux combattants de sa petite armée. « Qui êtes-vous? » leur demanda-t-il d'un ton sévère. A ces mots, un chuchotement sourd, accompagné de sourires universels, courut dans les rangs. Théophile et Félicité, voyant leur secret découvert, tombèrent à genoux, rougirent, pleurèrent, sanglotèrent, se dénoncèrent et implorèrent, en entourant de leurs bras les jambes de leur père, le pardon de leur pieuse supercherie. M. de Fernig embrassa ses filles en pleurant lui-même. Il les présenta à Beurnonville, qui décrivit cette scène dans sa dépêche à la Convention. La Convention cita les noms de ces deux jeunes filles à la France, et leur envoya des chevaux et des armes d'honneur au nom de la patrie. Nous les retrouvons à Jemmapes, combattant, triomphant, sauvant les blessés ennemis après les avoir vaincus. Le Tasse n'a pas inventé dans Clorinde plus d'héroïsme, plus de merveilleux et plus d'amour que la république n'en fit admirer dans ce travestissement filial, dans les exploits et dans la destinée de ces deux héroïnes de la liberté.

XXXV

Dumouriez, à l'époque de son premier commandement en Flandre, les signala à l'admiration de ses soldats du camp de Maulde. A nos premiers revers, leur maison, désignée à la vengeance des Autrichiens, fut incendiée. M. de Fernig n'avait plus d'autre patrie que l'armée. Dumouriez emmena le père, le fils et les deux filles avec lui dans la campagne de l'Argonne. Il donna au père et au fils des grades dans l'état-major. Les jeunes filles, toujours entre leur père et leur frère, portaient l'habit, les armes et faisaient les fonctions d'officiers d'ordonnance. Elles avaient combattu à Valmy, elles brûlaient de combattre à Jemmapes. L'aînée, Félicité de Fernig, suivait à cheval le duc de Chartres, qu'elle ne voulait pas quitter pendant la bataille. La seconde, Théophile, se préparait à porter au vieux général Ferrand les ordres du général en chef, et à marcher avec lui à l'assaut des redoutes de l'aile gauche. Dumouriez montrait ces deux charmantes héroïnes à ces soldats comme un modèle de patriotisme et comme un augure de la victoire. Leur beauté et leur jeunesse rappelaient ces apparitions merveilleuses des génies protecteurs des peuples, à la tête des armées, le jour des batailles. La liberté, comme la religion, était digne d'avoir aussi ses miracles.

XXXVI

Pendant que Dumouriez, après avoir achevé son inspection, jetait en passant à ses soldats de ces mots qui résument l'enthousiasme en un geste et qui deviennent le mot d'ordre de la victoire, le combat s'engageait aux deux extrémités de sa longue ligne de bataille, par la droite et par la gauche. A gauche, le général Ferrand s'élança au chant de la *Marseillaise* sur le village fortifié de Quaregnon, poste avancé qu'il fallait emporter avant de pouvoir tourner la droite des Autrichiens ou escalader Jemmapes. Dumouriez, attentif au bruit du canon, qui grondait sans se déplacer depuis plus d'une heure de ce côté, comprit que Ferrand trouvait là un obstacle irrésistible dans les batteries qui déjà la veille avaient fait reculer les bataillons belges. N'ayant aucun mouvement à faire ou à surveiller au centre immobile, il s'élance au galop vers Quaregnon, pour animer par sa présence une attaque qui ne pouvait échouer sans paralyser tous ses mouvements au centre et à droite. A son approche, Ferrand, foudroyé par le feu qui partait des maisons et balayé par les boulets des redoutes, semblait comme indécis et, abrité par les premières maisons du village, donner à ses bataillons le temps de respirer. Un mot et un geste de Dumouriez, qui montre de la main les hauteurs, ranime les bataillons hésitants. Il lance son confident Thouvenot pour le remplacer lui-même dans l'impulsion et dans la direction de ces colonnes. Ferrand et Thouvenot, animés d'une généreuse émulation, reforment et ébranlent de nouveau les colonnes, s'élancent à leur tête sur le flanc droit et sur le flanc gauche du village, reçoivent trois fois la décharge des redoutes, les enlèvent au pas de course et à la baïonnette, et, soutenus par quatre bataillons du général Rozières, qui comblent les vides dans leurs rangs, s'emparent de Quaregnon et de l'espace qui sépare Quaregnon de Jemmapes.

Là, suivant les instructions de Dumouriez, ils divisent leurs forces en deux colonnes : l'une, sous le commandement de Rozières, déploie huit escadrons en bataille sur la route, pendant que le général en chef, avec huit bataillons d'infanterie, aborde le village de Jemmapes par la gauche ; l'autre, à la tête de laquelle marchent Ferrand et Thouvenot, forme l'attaque principale en colonnes par bataillons, et aborde Jemmapes de front et à la baïonnette, pour ne pas donner, en rechargeant les armes, le temps aux redoutes de foudroyer les assaillants.

Thouvenot, pour répondre à la pensée de son général et de son ami, Ferrand, pour racheter son hésitation du matin et pour rattacher la victoire à ses cheveux blancs, firent mille fois le sacrifice de leur vie en entraînant les grenadiers, l'infanterie de ligne et les volontaires décimés, de gradin en gradin, sur les plateaux étagés de Jemmapes.

Écrasé par une grêle de boulets et d'obus qui labouraient les pentes sous ses pieds, renversé de son cheval tué sous lui, Ferrand, relevé par Thouvenot, se place, à pied, son chapeau à la main, à la tête des grenadiers, saisit un fusil et charge à la baïonnette dans les rues du village, sous la mitraille des Autrichiens. Son sang coule, il ne le sent pas. Rozières, avec ses quatre bataillons, menace de tourner Jemmapes par la gauche. Les huit escadrons qu'il a placés en observation s'élancent et gravissent au galop la rampe du village. Les redoutes étouffées se taisent. Un détachement de chasseurs à cheval se précipite sur un des derniers bataillons de grenadiers hongrois, qui luttait encore avec la colonne du centre. La jeune Théophile de Fernig, chargeant avec ces chasseurs, renverse de deux coups de pistolet deux grenadiers et fait de sa main prisonnier le chef de bataillon, qu'elle conduit désarmé à Ferrand.

XXXVII

Dumouriez, tranquille désormais sur son attaque de gauche, où il avait laissé son âme dans la personne de Thouvenot, et voyant de la plaine les flocons de fumée envelopper Jemmapes et révéler en s'élevant les progrès des Français, porta toute son attention vers sa droite. Dépourvu de ce côté du corps d'armée des Ardennes et de Valence, son chef, qui n'étaient pas encore arrivés en ligne, il se reposait sur Beurnonville, général actif et inspiré par le feu. Il était onze heures du matin, la journée s'usait. Ayant changé de cheval à son quartier général, Dumouriez avait donné rapidement quelques ordres au duc de Chartres et était reparti à toute bride pour voir de ses yeux ce qui ralentissait l'attaque de Beurnonville au pied du plateau de Cuesmes. A son arrivée, il trouva les troupes de ce général immobiles comme des murailles devant les boulets qui pleuvaient sur elles, mais n'osant franchir les gradins de feu qui les séparaient du plateau. Deux des brigades d'infanterie de Beurnonville débordaient un peu les redoutes défendues par les grenadiers hongrois. A cent pas en arrière, dix escadrons de hussards, de dragons et de chasseurs français attendaient vainement que l'infanterie leur eût ouvert l'espace fermé devant eux. Ces escadrons recevaient, de moment en moment, les décharges obliques de pièces de canon qui les prenaient en écharpe et qui enlevaient des rangs entiers de chevaux. Pour comble de désastre, l'artillerie du général d'Harville, postée au loin sur les hauteurs de Ciply, prenant ces escadrons pour des masses de cavalerie hongroise, les canonnait par derrière. Au-dessus des redoutes une colonne de cavalerie et une colonne d'infanterie autrichiennes, prêtes à fondre sur nos bataillons aussitôt que les boulets les auraient rompus, montraient leurs premières lignes de baïonnettes, et les têtes et le poitrail des chevaux des premiers pelotons, en arrière et au-dessus de la fumée des pièces.

XXXVIII

Telle était la situation de nos colonnes d'attaque sur les plateaux de Cuesmes quand Dumouriez y arriva. Mais, impatient d'une halte qui, en suspendant l'élan des troupes, leur donnait le temps de compter les morts et la tentation de reculer, le général Dampierre, commandant sous Beurnonville, n'attend pas que Dumouriez lui ravisse la gloire ou la mort. Dans une charge désespérée, Dampierre enlève du geste et de la voix le régiment de Flandre et le bataillon de volontaires des voltigeurs de Paris, enfants perdus qui apportent sur le champ de bataille le fanatisme théâtral mais héroïque des Jacobins. Il agite de la main gauche le panache tricolore de son chapeau de général, appelle du mouvement de son épée le bataillon qu'il précède de cent pas, seul exposé à la mitraille des redoutes et au feu des Hongrois. La mort, qui l'attendait si près de là sur un autre champ de bataille, semble l'éviter. Il marcha sans être atteint. Le régiment de Flandre et le bataillon de Paris, rassurés en le voyant debout, s'élancent au pas de course, le rejoignent aux cris de : « Vive la république ! » rompent à la baïonnette les bataillons hongrois, et entrent sur leurs pas dans les deux redoutes, dont ils retournent les pièces contre l'ennemi. Dumouriez et Beurnonville, guidant en face et à droite les deux autres colonnes, au pas de charge, les lancent sur le plateau déjà balayé par Dampierre. Les cris de victoire et le drapeau tricolore planté sur la seconde redoute semblent annoncer à Dumouriez que Cuesmes est à lui et qu'il est temps d'attaquer un centre dont les deux ailes sont en retraite et dont les flancs peuvent être découverts.

Il court au galop pour donner l'ordre à la masse de ses trente-cinq mille combattants d'aborder enfin les hauteurs fortifiées qui lient le village de Cuesmes à celui de Jemmapes. Ces nombreux bataillons écoutaient, immobiles et l'arme au bras depuis l'aurore, les décharges d'artillerie qui se répondaient d'une aile à l'autre. Le vent, qui soufflait de Jemmapes, leur jetait avec le son du bronze les flocons de la fumée et l'odeur enivrante de la poudre. Ils étaient impatients de charger, et murmuraient contre la lenteur de leur général.

Au signal de Dumouriez, la ligne entière s'ébranle, se forme par bataillons en trois épaisses et longues colonnes, entonne simultanément le chant de la *Marseillaise*, et traverse au pas de course la plaine étroite qui la sépare des hauteurs. Les cent vingt canons des batteries autrichiennes vomissent coup sur coup leurs boulets et leurs obus sur ces colonnes, qui ne répondent que par l'hymne des combats. Les coups, visés trop haut, passent par-dessus la tête des soldats et n'atteignent que les derniers rangs. Deux des colonnes commencent à gravir les coteaux.

La troisième colonne, qui s'avançait par la gorge du bois de Flénu, chargée tout à coup par huit escadrons autrichiens, s'arrête, recule et s'abrite derrière les maisons du village. Cette hésitation se communique aux colonnes de droite et de gauche. Les rangs s'éclaircissent de minute en minute. Les têtes de colonnes se repliaient sur la queue. Les jeunes bataillons, moins intrépides pour attendre immobiles que pour courir au-devant de la mort, commençaient à se désunir et à se former au hasard en pelotons confus, indice et prélude ordinaire de la fuite. Dumouriez, l'épée à la main, guidait de l'œil, du geste et de la voix la tête des premiers bataillons de droite. Quitter les troupes d'élite, qu'enthousiasmait sa présence, au moment où elles abordaient la première redoute, c'était les entraîner en arrière avec lui. Il envoie le jeune Baptiste Renard s'informer du désordre qu'il aperçoit. L'intrépide Baptiste traverse au galop l'espace qui sépare la division de Dumouriez du bois de Flénu. Il rallie, en passant, la cavalerie française et la lance au secours de la colonne rompue. Déjà ces escadrons, débordant dans la plaine, semaient la confusion et la terreur sur le derrière de nos colonnes d'attaque. La brigade entière du général Drouin, coupée, sabrée, se dispersait. Clairfayt, du sommet de sa position, d'où il dominait toutes nos attaques, voit l'immense reflux que la brigade de Drouin en se débandant opère dans la plaine. Il y jette en masse toute sa cavalerie. Ce choc, terrible pour des bataillons novices, les coupe, les dissémine, les fait flotter en tronçons épars jusqu'à leur première ligne.

C'en était fait du centre, entraîné bientôt tout entier, de proche en proche, dans ce courant de terreur et de confusion, quand le duc de Chartres, qui combattait en avant, se retourne et voit à sa gauche cette déroute de ses bataillons. A l'instant, tournant la tête de son cheval, déjà blessé à la croupe d'un éclat d'obus, il s'élance le sabre à la main, suivi de son frère le duc de Montpensier, de la plus jeune des sœurs Fernig et d'un groupe de ses aides de camp, à travers les hussards ennemis. Il traverse la plaine en se faisant jour à coups de pistolet, il arrive au plus épais de la mêlée, au milieu des lambeaux des brigades en retraite. La voix du jeune général, l'élan de la victoire qui respire sur les physionomies du petit groupe qui l'accompagne, la honte qu'éprouvent les soldats intimidés en voyant une jeune fille de seize ans, le pistolet au poing, leur reprocher de fuir devant des dangers qu'elle brave, la poudre et le sang qui sillonnent le visage du duc de Montpensier, les supplications des officiers qui se jettent l'épée à la main sur le derrière de leurs compagnies, défiant leurs soldats de leur passer sur le corps, suspendent la déroute, et fixent autour de l'état-major du jeune prince un noyau de volontaires de tous les bataillons. Il les rallie à la hâte, il les encourage, les entraîne. « Vous vous appellerez, leur crie-t-il, le bataillon de Jemmapes, et demain le bataillon de la victoire, car c'est vous qui la tenez dans vos rangs ! »

Il fait placer en faisceau au milieu de ce corps les cinq drapeaux des cinq bataillons rompus dont cette colonne réunit les débris. Il l'enlève aux cris de : « Vive la république ! » Il la fait soutenir, en traversant de nouveau la plaine, par une charge désespérée de toute la cavalerie du centre contre les escadrons autrichiens. Le bataillon de Jemmapes, grossi dans sa course des détachements des brigades dispersées, aborde avec l'impétuosité de la vengeance les retranchements, et les escalade sur les corps des blessés et des mourants. La cavalerie elle-même, franchissant les difficultés du terrain, se précipite sur les redoutes. Les canonniers autrichiens meurent tous sur leurs pièces. Les abords des batteries sont glissants du sang des hommes et des chevaux. Des degrés de cadavres marquent les différents étages des redoutes. Les Hongrois, croisant la baïonnette avec les volontaires, opposent une muraille de fer derrière chaque muraille de feu. Les hommes ralliés qui montent d'en bas suffisent à peine à remplacer dans les rangs les hommes renversés par les décharges des redoutes. Le duc de Chartres et sa colonne n'avancent plus d'un pas; ils vont être renversés de nouveau dans la plaine, quand le général Ferrand, débouchant enfin du village de Jemmapes, qu'il avait emporté, s'avance à la tête de six mille hommes et de huit pièces de canon et place les Autrichiens entre deux feux.

Aux premières décharges qui viennent prendre leurs bataillons en écharpe, les généraux autrichiens font replier lentement leurs troupes, abandonnant au duc de Chartres et à Ferrand les hauteurs et les redoutes de Jemmapes. A ce mouvement rétrograde de l'ennemi, le duc de Chartres et le général Ferrand, réunis, lancent leur infanterie légère et leur cavalerie sur l'arrière-garde des Autrichiens. Cette aile compromise de l'armée ennemie n'a pas le temps de se renouer au corps principal; elle se précipite en bas de la colline, derrière Jemmapes, sous le feu, sous le sabre et sous la baïonnette des Français. L'infanterie parvient à s'échapper en partie, en jetant ses armes et en laissant des prisonniers et des morts. La cavalerie autrichienne, lancée au galop dans les marais qui bordent le pied de la colline, se précipite dans la Haine, rivière encaissée, profonde et rapide, qui serpente dans ces marais. Quatre ou cinq cents hommes et plus de huit cents chevaux s'y engloutissent en s'efforçant de la traverser. Les bords abrupts et boueux de ce torrent repoussent les pieds des chevaux et les mains des hommes qui s'y cramponnent pour remonter sur l'autre berge. La rivière, grossie par les pluies d'automne, roule ces cadavres d'hommes et de chevaux, et les rejette à une lieue de là sur la fange et parmi les joncs de ce vaste marais. Ferrand envoya à l'instant le général Thouvenot informer Dumouriez du succès de son aile gauche. Le duc de Chartres envoya son frère, le duc de Montpensier, annoncer au général en chef que le combat était rétabli et que les redoutes étaient éteintes au centre.

XXXIX

Pendant ces ondulations diverses de sa ligne de bataille et ces vicissitudes de tant de combats séparés, Dumouriez, plein de confiance dans son corps de bataille principal, qu'il voyait lancé et cramponné aux premiers étages des redoutes du centre, avait couru de nouveau à Beurnonville.

Des cinq redoutes qui flanquaient les hauteurs de Cuesmes, deux seulement avaient été emportées le matin sous ses yeux par la bravoure de Dampierre. Mais le duc de Saxe-Teschen avait massé ses meilleurs bataillons hongrois et ses escadrons de grosse cavalerie au sommet et au revers du plateau qui dominait les trois autres redoutes. Cette position, qui couvrait à la fois la tête de sa ligne et la communication avec la ville de Mons, était la clef de la victoire ou de la défaite. Latour, Beaulieu, ses meilleurs généraux, ses plus braves soldats, la défendaient. Le nerf de son armée était là. Dumouriez l'avait compris. Il y revenait avec inquiétude. Au moment où il y arrivait de nouveau, des officiers d'ordonnance, consternés de l'hésitation et du fléchissement de son corps de bataille, lui apportaient la triste nouvelle de la déroute de ses trois brigades au bois de Flénu. Dumouriez lui-même, ayant lancé son cheval sur un mamelon et contemplé un moment l'inflexion de sa ligne et les casques de la nombreuse cavalerie de Clairfayt qui brillaient au soleil, dans la plaine, éprouva une de ces hésitations mortelles qui placent l'homme de guerre entre une prudence humiliante et une téméraire obstination. Il sentit la nécessité de replier ses deux ailes à demi victorieuses, pour les rattacher à un centre qui ne les soutenait plus, et il descendit du mamelon au pas, la tête baissée, pensif, et avec la résolution de commander la retraite.

On voyait à sa physionomie combien cette résolution coûtait à son âme. La Révolution et lui avaient un égal besoin d'une victoire. C'était le premier feu que nos bataillons eussent vu depuis la triste guerre de Sept ans, car Valmy n'avait été qu'une canonnade héroïque; c'était la première occasion de reconquérir à sa patrie cette renommée de supériorité militaire qui compte pour plus qu'une armée dans la force des nations; c'était la première bataille rangée qu'il eût jamais livrée lui-même. Jusque-là il n'avait été que tacticien prudent, il n'avait pas été encore général victorieux. Les Jacobins et la Convention tenaient en ce moment suspendue sur sa tête la couronne du triomphateur ou la hache de la guillotine. C'était sa renommée acquise ou perdue dans cette journée qui allait faire tomber l'une ou l'autre sur son nom. On ne lui demanderait pas compte de quelques milliers de vies préservées ou perdues par sa prudence ou par sa témérité; on lui demanderait compte de la réputation de l'armée française et de l'enthousiasme de la Révolution, qu'il allait laisser échapper avec la victoire!

Dumouriez sentit qu'il lui convenait de mourir avant sa gloire, car il ne survivrait pas aux conséquences d'une défaite ou d'une retraite devant des généraux jaloux, des Jacobins soupçonneux et la Convention humiliée. Il enfonça les éperons dans les flancs de son cheval et le lança sur le plateau de Cuesmes. Tout y était immobile en face de la formidable ligne d'infanterie et de cavalerie impériale qui crénelait de ses bataillons et de ses escadrons, comme nous l'avons vu, le sommet des redoutes. Aucun général n'y commandait en ce moment. Dampierre blessé était allé panser sa blessure. Beurnonville, commandant à l'extrême droite, tenait sous sa main ses brigades prêtes à se porter au secours des bataillons chargés par les Autrichiens. C'était une de ces heures où l'incertitude mutuelle des deux camps fait hésiter et comme respirer les batailles.

Les premières troupes que rencontra Dumouriez étaient deux brigades d'infanterie composées de trois bataillons de ces jeunes enfants de Paris, qui semblent jouer avec la mort, et de quatre mille vieux soldats de son ancien camp de Maulde, longuement façonnés à son génie et attachés fanatiquement à lui comme les enfants de sa fortune. Le hasard les lui offrait à propos dans la crise de sa renommée et de sa vie.

A la vue de leur général, ces soldats intimidés se lèvent, font sonner les crosses de leurs fusils à terre, lancent leurs chapeaux en l'air et crient : « Vive Dumouriez ! vive notre père!» Leur enthousiasme se communique aux bataillons des enfants de Paris. Le général, ému et attendri, passe, en appelant les soldats par leurs noms, devant le front des deux brigades, et jure qu'il leur amène la victoire. Ils promettent de le suivre. Dix escadrons de cavalerie française, dragons, chasseurs, hussards, sillonnés de temps en temps par les boulets des redoutes, étaient en bataille, à quelques pas de là, dans un repli du terrain. Dumouriez vole à la tête de ces escadrons ébranlés. Il envoie son aide de camp de confiance, Philippe de Vaux, presser la charge de Beurnonville, en lui annonçant que le général en chef est engagé. Les Autrichiens reconnaissent Dumouriez au mouvement qui se fait autour de lui, à l'élan et aux cris des Français; ils lancent d'en haut toute une division de dragons impériaux pour dissoudre et fouler aux pieds ce noyau. Les soldats du camp de Maulde, immobiles comme des troupes un jour de revue, placent au milieu d'eux les bataillons de Paris, attendent à dix pas la charge de cette masse de dragons, visent au poitrail et à la tête des chevaux, et en abattent plus de deux cents qui viennent rouler et expirer avec leurs cavaliers au pied des bataillons. Protégées par ce rempart de cadavres, les deux brigades fusillent les escadrons à mesure qu'ils pivotent sous leur feu. Dumouriez, à la tête de dix escadrons français, lance les hussards de Bercheny, qui sabrent les dragons impériaux déjà décimés. Cette masse de cavalerie autrichienne s'enfuit enfin en désordre sur la route de Mons, et ébranle par le spectacle de sa déroute la colonne d'infanterie hongroise. Beurnonville arrive avec ses réserves au pas de course. Il remplace les Autrichiens sur le plateau qu'ils viennent d'abandonner. Dumouriez, rassuré de ce côté, descend de cheval au milieu de ses soldats, qui le reçoivent avec acclamation dans leurs bras. Il forme une colonne de ces deux brigades. Il y joint le régiment de chasseurs à cheval commandé par l'un des frères Frescheville, celui des hussards de Chamborand commandé par l'autre frère, tous deux intrépides lanceurs d'escadrons dans les mêlées; il y rallie le régiment des hussards de Bercheny, formé, dans nos vieilles guerres, d'aventuriers hongrois dont le nom seul inspirait la terreur et la fuite dans toutes les guerres de la Révolution, et que commandait le colonel Nordmann. Il entonne l'hymne des Marseillais répété par tout son état-major, et renforcé par les quinze cents voix des enfants de Paris.

A ce chant, qui s'élève au-dessus du bruit du canon et qui donne le délire aux soldats et aux chevaux eux-mêmes, la colonne s'ébranle, se précipite, la baïonnette en avant, sur les redoutes. Les canonniers hongrois n'ont que le temps de tirer leurs pièces chargées à mitraille sur les têtes de colonnes. Les volontaires et les soldats franchissent, pour escalader les redoutes, les membres de leurs camarades mutilés; ils clouent avec leurs baïonnettes les corps des Hongrois sur leurs affûts. Au milieu de l'épaisse fumée de poudre qui enveloppe cet étroit champ de carnage, à peine peut-on distinguer les Français de l'ennemi, on ne se reconnaît souvent qu'après s'être frappé. Cette fumée couvrit des prodiges d'héroïsme des deux côtés. On se battait corps à corps, dans un sinistre silence interrompu seulement par le froissement du fer contre le fer, par les coups sourds des cadavres qui tombaient et qui roulaient du haut des parapets, et par l'immense cri de victoire qui s'élevait de chaque étage des redoutes conquises, quand les Français les avaient couronnées du drapeau du bataillon. Il n'y eut là ni fuite ni prisonniers; tous les Hongrois moururent sur leurs pièces éteintes et tenant encore à la main les tronçons de leurs baïonnettes et de leurs fusils.

XL

Beurnonville, emporté par l'enivrement de la charge, galopait sur le flanc droit des redoutes, avec la masse de sa grosse cavalerie, sur les pas de la cavalerie autrichienne. Plus soldat que général, il devançait ses escadrons et forçait de temps en temps les derniers pelotons ennemis à se retourner pour combattre. Enveloppé une fois dans un escadron de cuirassiers refermé sur lui, tous ses aides de camp tombent; lui-même, renversé de son cheval, dont il se fait un rempart, se défend à peine contre le cercle de sabres qui pointent sa poitrine. Le lieutenant de gendarmerie Labretèche, suivi d'une poignée de ses cavaliers, anciens soldats, rompt au galop l'escadron autrichien, renverse du poitrail de son cheval les cuirassiers les plus rapprochés de Beurnonville, le couvre de son corps percé à l'instant de quarante lames de sabre, donne le temps à l'escadron français d'arriver, et sauve son général en s'offrant à la mort pour lui. Rapporté inanimé sur les bras de ses soldats, Labretèche vécut et combattit encore.

Au moment où la colonne, abordant une des redoutes, défilait devant Dampierre aux cris de : « Vive la république! » et comme soulevée par un enthousiasme qui rendait le sol élastique sous les pieds des soldats, le général aperçut au milieu des volontaires un vieillard à cheveux blancs qui versait des pleurs en se frappant le sein. « Qu'as-tu, mon ami? lui dit Dampierre; est-ce le moment de s'attrister pour un soldat que celui qui le mène à la victoire ou à la mort? — O mon fils! ô mon fils! se répondit à lui-même le vieux combattant, faut-il que la pensée de ta honte empoisonne pour moi un si glorieux moment!... » Il raconta au général que son fils, enrôlé dans le premier bataillon de Paris, avait déserté son drapeau, et qu'il était parti à l'instant lui-même pour le remplacer et pour donner sa vie en échange du bras que la lâcheté de son fils avait enlevé à la nation. Ce trait de Romain fut consigné dans les proclamations de Dumouriez à son armée. Les jeunes soldats voulaient connaître ce vétéran qui rachetait de son sang la faute de son fils, et pensaient à leur père en le voyant.

XLI

A peine Dumouriez triomphait-il à sa droite, que, sans se donner le temps de consolider la victoire sur ce point, il courut la ramener à son centre, qu'il croyait toujours rompu et débandé. Il venait de détacher six escadrons de chasseurs sous les ordres de Frescheville, et il marchait lui-même de toute la vitesse des chevaux à la tête de cette cavalerie, pour fondre sur la cavalerie autrichienne du bois de Flénu, quand il vit arriver au galop le duc de Montpensier. Ce jeune prince venait lui annoncer la victoire du duc de Chartres. Bientôt après Thouvenot lui apporta le triomphe de son aile gauche à Jemmapes. Dumouriez presse dans ses bras ces deux messagers de sa fortune; un cri de victoire, parti du cœur du général et du petit groupe de ses officiers de confiance et de ses amis, s'élève, répété par les escadrons de Frescheville, et court de Cuesmes à Jemmapes, de bouche en bouche, sur toute la ligne des hauteurs occupées maintenant par les Français. Les batteries se taisaient; on n'entendait plus de loin en loin que les volées du canon de retraite de l'armée de Clairfayt et du duc de Saxe-Teschen, qui s'affaiblissaient en s'éloignant. Ce fut la plus belle heure de la vie de Dumouriez, la première aussi des grandes heures militaires de la France. La victoire et le patriotisme venaient de faire alliance sur les plateaux de Jemmapes.

XLII

Dumouriez, qui voulait et qui pouvait arracher à la journée tous ses résultats en coupant à l'armée autrichienne la route de Mons et en la rejetant entre les marais de l'Haine, où il en aurait noyé et emprisonné les lambeaux, envoyait aide de camp sur aide de camp au général d'Harville, qui commandait l'armée de Valenciennes. Il avait été placé en corps auxiliaire et détaché plutôt qu'en ligne de bataille sur les hauteurs de Ciply, tout près des faubourgs de Mons. Dumouriez vainqueur le faisait presser de traverser à la hâte le vallon qui sépare Ciply du mont Palisel, d'escalader les trois redoutes qui couvrent cette hauteur et de fermer ainsi la route de Mons aux Autrichiens.

La lenteur du général d'Harville, le calme de Clairfayt, l'intrépidité des Hongrois, des Tyroliens et de la cavalerie autrichienne, trompèrent ces espérances de Dumouriez. Le duc de Saxe-Teschen et Clairfayt se retirèrent lentement et encore menaçants, entrèrent dans Mons sans être poursuivis, et refermèrent sur eux les portes. La renommée d'une victoire et un champ de bataille furent les seules conquêtes de Dumouriez. La fatigue, l'épuisement de munitions, de sang et de force d'une armée qui combattait ou bivouaquait depuis quatre jours, le besoin de nourriture enfin, obligèrent le général en chef à donner deux heures de repos aux troupes. On leur fit une distribution de pain et d'eau-de-vie sur le champ de bataille. Cette halte sur des redoutes emportées, sur des plateaux escaladés, sur des villages incendiés, au milieu de mourants et de morts, pendant laquelle les chants du *Ça ira* et de la *Marseillaise* répondaient aux gémissements des blessés, offrait à l'œil de Dumouriez, qui la parcourait au pas de son cheval, le tableau de ses pertes et de sa victoire. Ce général était assez philosophe pour déplorer, assez militaire pour braver ce spectacle, assez ambitieux pour en jouir. Il n'avait perdu aucun de ses confidents et de ses amis. Thouvenot, le duc de Chartres, le duc de Montpensier, Beurnonville, Ferrand, le fidèle et brave Baptiste, les deux jeunes et belles héroïnes Félicité et Théophile Fernig, l'accompagnaient à cheval, pleurant les morts, relevant et consolant les blessés. Une triple acclamation s'élevait à l'approche de Dumouriez du sein des brigades, des régiments, des bataillons. Nul blessé ne lui reprochait son sang, tous les survivants lui faisaient hommage de la victoire et de la vie. Les nuages qui salissaient le ciel le matin, rompus et rejetés aux deux extrémités de l'horizon par les décharges de l'artillerie, laissaient briller un clair soleil d'automne sur l'espace que couvrait l'armée. D'épais flocons de fumée de poudre rampaient çà et là aux flancs des plateaux entre Cuesmes et Jemmapes. Quelques maisons allumées par l'obus, et quelques bruyères incendiées par les cartouches dans le bois de Flénu, brûlaient encore. Trente ou quarante pièces de canon abandonnées avec leurs caissons jonchaient les redoutes. Quatre mille cadavres d'Autrichiens et de Hongrois étaient couchés dans leur sang, sur les pentes ou sur l'extrémité avancée du plateau de Jemmapes. Douze cents chevaux de l'artillerie ou de la cavalerie autrichienne achevaient d'expirer, la tête languissamment relevée et la bride encore passée au bras de leurs cavaliers morts.

La rivière de l'Haine et le marais que cette rivière traverse montraient çà et là des groupes d'hommes et de chevaux qui se débattaient dans les eaux ou dans la fange. Deux mille cadavres français et plus de deux mille chevaux, le poitrail ou le flanc percés de boulets de canon, attestaient le ravage des redoutes autrichiennes dans les rangs de l'artillerie et de la cavalerie françaises qui les avaient abordées par la gorge. Des escaliers de cadavres marquaient de distance en distance les pas des bataillons et les intervalles laissés par la mort entre une décharge et l'autre. Presque tous les coups qui avaient frappé les assaillants étaient mortels. Seulement, douze ou quinze cents blessés par la balle ou par le sabre étaient transportés par leurs camarades aux ambulances. Les autres étaient morts foudroyés par la mitraille, ou rendaient le dernier soupir en reconnaissant leur général. L'enthousiasme qui avait animé leurs visages dans l'élan de l'assaut respirait encore sur leurs figures. Leur agonie même était triomphale. Ils mouraient joyeux, non comme des soldats immolés à l'ambition d'un chef, mais comme des victimes offertes d'elles-mêmes et fières de leur sacrifice à la patrie.

Les chirurgiens attachés à l'armée remarquèrent que le délire de ceux qui moururent de leurs blessures, le lendemain ou le surlendemain de la bataille, dans les hôpitaux de Mons, était un délire patriotique ; que le mouvement de l'âme qui les avait emportés au combat se prolongeait et survivait jusque dans leur agonie, et que les dernières paroles qu'ils prononçaient presque tous étaient quelque refrain de l'hymne de Rouget de Lisle et les noms de patrie et de liberté. La pensée de la Révolution s'était incorporée dans l'armée, elle s'y appelait patrie ; et si elle faisait des martyrs à Paris, elle faisait des héros à Jemmapes.

XLIII

En rentrant sous sa tente pour donner les ordres du mouvement en avant qu'il méditait, Dumouriez fut arrêté par un autre cortége : c'était le corps du général Drouin mourant, que ses soldats rapportaient sur un brancard recouvert de son manteau ensanglanté. Responsable du désordre qui avait compromis le centre et changé un moment la victoire en déroute, Drouin semblait faire ainsi l'héroïque réparation de la faute de ses soldats. Il s'était offert à la mort. Ses camarades triomphaient, il allait mourir.

Du côté des Autrichiens, les généraux, les officiers, les soldats ne cédèrent les retranchements qu'avec la vie. Ce n'était pas seulement la Belgique que les deux armées se disputaient, c'étaient la réputation de deux nations et le prestige de la première bataille. Ils déchirèrent le coteau de Jemmapes en se le disputant. Chaque combat fut un combat corps à corps. On ne s'aborda qu'à l'arme blanche. Presque tous les généraux autrichiens furent blessés. Le baron de Keim, qui commandait les grenadiers hongrois, les voyant ébranlés, se fit tuer, en avant de ses troupes, pour que le spectacle de sa mort encourageât ses grenadiers à le venger.

Il était quatre heures du soir. Le jour n'avait plus qu'une heure à prêter aux vainqueurs. L'armée française s'avança en masse et occupa les faubourgs de Mons. Les Autrichiens sortirent de la ville pendant la nuit. Dumouriez y entra en vainqueur le lendemain. Sa présence fit éclater dans la population le sentiment d'indépendance et de fraternité qui couvait sous les pas de l'armée autrichienne dans toute la Belgique. Les magistrats et les habitants vinrent saluer la victoire et la Révolution dans le général et dans l'armée. Ils offrirent une couronne de chêne à Dumouriez et une autre à Dampierre, à qui les Jacobins de Mons attribuaient ainsi une part de la victoire. Dumouriez fut justement jaloux de la gloire qu'on voulait partager ainsi entre lui et un de ses lieutenants, dont les opérations subalternes avaient le plus contrarié, selon lui, la victoire. La victoire était toute à lui, car il l'avait préparée, conduite, rétablie avant et pendant la journée. Jemmapes appartenait à Dumouriez comme l'action appartient à la pensée qui l'a conçue. Sa première récompense était de se la voir disputer par l'envie, cette ombre qui suit les grands hommes. La victoire même lui devint amère, et les Jacobins lui devinrent plus odieux.

LIVRE TRENTE-SEPTIÈME

Dumouriez temporise. — La Belgique. — Danton. — Ses plans. — Dumouriez mécontent. — Il quitte Bruxelles. — Il vient à Paris. — Il médite la conquête de la Hollande. — Il retourne à Bruxelles. — Ordre de la Convention. — Beurnonville. — Déroute. — Dumouriez traite avec les ennemis. — Bruits de sa défection. — La famille d'Orléans. — Commissaires au camp de Dumouriez. — Rappel de Dumouriez. — Il refuse d'obéir. — Il livre les commissaires aux Autrichiens. — Défection. — Dumouriez échappe à la mort par la fuite.

I

L'armée française trouva dans Mons deux cents pièces de canon et des approvisionnements immenses destinés à l'armée impériale. Dumouriez y perdit cinq jours occupés à organiser l'administration du pays et le service des fournitures. Son dessein était de laisser la Belgique disposer d'elle-même, sous la protection d'une armée française. Une nation indépendante, animée de la haine de l'Autriche, fille de notre Révolution, condamnée à vivre ou à mourir avec nous, et obligée par sa faiblesse même de devenir le grenier, l'arsenal, le recrutement et le champ de bataille de nos armées du Nord, paraissait avec raison à Dumouriez plus utile à sa patrie qu'une province conquise, assujettie, opprimée et ravagée par les commissaires de la Convention et par la propagande des Jacobins. Il traitait les Belges, à ses premiers pas, en frères ; les commissaires et les Jacobins voulaient les traiter en vaincus.

Pendant ce séjour forcé, mais funeste, à Mons, les lieutenants de Dumouriez, exécutant lentement et faiblement son plan, s'avançaient chacun sur la ligne qu'il leur avait tracée : Valence à Charleroi, La Bourdonnaye à Tournai et à Gand. Après une série de combats d'avant-postes qui se succédèrent du 12 au 14 novembre, l'armée entra à Bruxelles, capitale de la Belgique, évacuée la veille par le maréchal Bender.

Dans une de ces rencontres entre l'avant-garde française et l'arrière-garde autrichienne, une des jeunes amazones Fernig, Félicité, qui portait les ordres de Dumouriez à la tête des colonnes, entraînée par son ardeur, se trouva enveloppée avec une poignée de hussards français par un détachement d'uhlans ennemis. Dégagée avec peine des sabres qui l'enveloppaient, elle tournait bride avec un groupe de hussards pour rejoindre la colonne, quand elle aperçoit un jeune officier de volontaires belges de son parti renversé de cheval d'un coup de feu et se défendant avec son sabre contre les uhlans qui cherchaient à l'achever. Bien que cet officier lui fût inconnu, à cet aspect Félicité s'élance au secours du blessé, tue de deux coups de pistolet deux des uhlans, met les autres en fuite, descend de cheval, relève le mourant, le confie à ses hussards, le fait partir, l'accompagne, le recommande elle-même à l'ambulance, et revient rejoindre son général. Ce jeune officier belge s'appelait Vanderwalen. Laissé après le départ de l'armée française dans les hôpitaux de Bruxelles, il oublia ses blessures, mais il ne pouvait jamais oublier la secourable apparition qu'il avait eue sur le champ de carnage. Ce visage de femme sous les habits d'un compagnon d'armes, se précipitant dans la mêlée pour l'arracher à la mort et penché ensuite à l'ambulance sur son lit sanglant, obsédait sans cesse son souvenir.

Quand Dumouriez eut fui à l'étranger et que l'armée eut perdu la trace des deux jeunes guerrières qu'il avait entraînées dans ses infortunes et dans son exil, Vanderwalen quitta le service militaire, et voyagea en Allemagne à la recherche de sa libératrice. Il parcourut longtemps en vain les principales villes du Nord, sans pouvoir obtenir aucun renseignement sur la famille de Fernig. Il la découvrit enfin réfugiée au fond du Danemark. Sa reconnaissance se changea en amour pour la jeune fille qui avait repris les habits, les grâces, la modestie de son sexe. Il l'épousa et la ramena dans sa patrie. Théophile, sa sœur et sa compagne de gloire, suivit Félicité à Bruxelles. Elle y mourut jeune encore sans avoir été mariée. Elle cultivait les arts. Elle était musicienne et poëte comme Vittoria Colonna. Elle a laissé des poésies empreintes d'un mâle héroïsme, d'une sensibilité féminine, et dignes d'accompagner son nom à l'immortalité.

Ces deux sœurs inséparables dans la vie, dans la mort, comme sur les champs de bataille, reposent sous le même cyprès sur la terre étrangère. Où sont leurs noms sur les pages de marbre de nos arcs de triomphe? Où sont leurs images à Versailles? Où sont leurs statues sur nos frontières qu'elles ont arrosées de leur sang?

II

Les magistrats de Bruxelles ayant apporté les clefs de la ville au quartier général français, dans le village d'Anderlecht : « Reprenez ces clefs, leur dit Dumouriez; nous ne sommes pas vos ennemis, soyez vos maîtres, et ne souffrez pas le joug de l'étranger. » L'armée entière défila aux acclamations du peuple dans la ville de Bruxelles; mais le général ne laissa pas exposer la ville aux déprédations d'une armée en campagne, ni son armée s'amollir dans les tentations et dans l'indiscipline d'une grande capitale. Il enferma ses troupes dans le camp d'Anderlecht. Quatre mille hommes de troupes belges, passant du côté des libérateurs de leur patrie et prenant la cocarde tricolore, vinrent se ranger sous ses drapeaux et combler les vides que la bataille de Jemmapes avait faits dans notre armée.

Dumouriez, grandi par ce double triomphe, cher à la nation, dont il avait sauvé l'indépendance à Valmy, cher à son armée, qui lui devait la victoire, cher aux Belges, dont il promettait de régulariser l'affranchissement, ministre, diplomate, général, administrateur heureux, ayant attaché son nom à la première victoire de la liberté, enthousiasme et orgueil d'une nation tout entière, était en ce moment le véritable dictateur de tous les partis. Madame Roland lui écrivait des lettres confidentielles où l'enthousiasme de la gloire prenait quelque chose de l'enivrement. Gensonné et Brissot lui montraient du doigt la Hollande et l'Allemagne à conquérir. Les Jacobins couronnaient son buste dans le lieu de leurs séances. Robespierre se taisait, pour ne pas contrarier avant le temps la faveur universelle. Marat seul osait dénoncer d'avance Dumouriez comme un transfuge ou comme un Cromwell. La Convention reçut dans son sein le brave Baptiste, jadis son serviteur, maintenant son aide de camp, le nomma officier, lui décerna des armes d'honneur, et écouta de sa bouche le récit de ses exploits. Danton et Lacroix sollicitèrent de leurs collègues la mission d'aller féliciter le vainqueur à Bruxelles et d'organiser derrière lui les pays conquis. Enfin le duc d'Orléans, envoyant sa fille à madame de Genlis, à Tournai, se rapprocha lui-même de l'armée où ses deux fils, pupilles de Dumouriez, ornaient le quartier général; en sorte que Dumouriez tenait, à son choix, dans sa main, la république ou la monarchie. C'était pour lui la réalisation de cette dictature que La Fayette n'avait fait que rêver. Sans doute l'heure n'était pas venue pour lui de la proclamer. La république, à peine enfantée, n'en était pas encore à ces repentirs qui rendent possible la domination d'un chef armé sur des partis épuisés; mais cette heure, hâtée par les mouvements anarchiques qui déchiraient Paris et qui allaient les décimer les uns par les autres, pouvait et devait se lever. Dumouriez n'avait qu'à se laisser soulever de plus en plus par le flot. Il ne le fit pas. Il ralentit lui-même le mouvement qui entraînait sa fortune. Au lieu d'être pendant quelques campagnes le conquérant de la république, il songea trop tôt à s'en faire le modérateur. Danton comprenait mieux que Dumouriez lui-même sa mission militaire et l'impulsion téméraire, soudaine, inattendue, qu'il devait, sans regarder derrière lui, donner en ce moment à ses armes. Depuis la proclamation de la république, la paix n'était plus possible. Il fallait donc brusquer la guerre et surprendre les rois encore endormis. Dumouriez se souvint trop qu'il était diplomate, à l'heure où il ne devait se souvenir que de son épée. Il résista aux lettres de Brissot, aux incitations de Danton. Il donna le temps à l'Angleterre de tramer, à la Hollande de s'armer, à l'Allemagne de réfléchir, à la Belgique de s'aigrir, à sa propre armée de se refroidir, à ses généraux de conspirer contre lui. La temporisation, si souvent utile dans les temps calmes, perd les hommes dans les temps extrêmes. Le mouvement est l'essence des révolutions. Les ralentir, c'est les trahir. Militairement, ce fut la faute de Dumouriez.

III

Sans doute, les Belges demandaient à être ménagés. La révolution que Dumouriez leur apportait ne devait pas être en tout une servile et anarchique imitation de la révolution de Paris. Les deux peuples, si semblables par la situation géographique, par le sol et par les idées, ne se ressemblent pas par les caractères. Ces hommes du Nord, engraissés par une terre fertile, enrichis par une industrie et par un commerce opulents, disciplinés par un catholicisme rigide, ayant conservé, jusque sous le despotisme sacerdotal de Philippe II, le sentiment orageux des libertés municipales et la fierté individuelle du citoyen; libres de cœur, passionnés pour les arts, rivalisant avec Rome elle-même de génie pour la peinture et pour la musique, n'ayant point sur leur territoire de ces grandes capitales où s'accumule et fermente la lie d'une nation, n'ayant qu'un peuple et peu de populace, ces Belges se faisaient de la liberté une autre idée que nous. La république qui leur convenait, aristocratique, bourgeoise et sacerdotale, n'était pas le triomphe d'une plèbe turbulente sur la richesse et sur la lumière du reste de la nation; c'était la distribution régulière des droits et des pouvoirs entre toutes les classes du pays. En France la liberté était une conquête, en Belgique elle était une habitude. Une Convention était dans la nécessité de l'une; un sénat était dans la nature de l'autre.

Mais ce n'était pas l'heure de délibérer sur la forme définitive de gouvernement et d'administration à donner à la Belgique. La conquérir, l'enthousiasmer, la soulever sous nos pas, la traverser en entraînant avec nous ses révolutionnaires et ses soldats à la conquête de la Hollande et du Rhin, telle était la seule œuvre militaire de Dumouriez. Un gouvernement provisoire sous la protection et sous l'impulsion de l'armée française suffisait à tout. La promesse d'une organisation semi-indépendante, proportionnée aux services que le peuple belge nous aurait rendus dans la guerre commune, telle était la seule politique indiquée par le moment à la Convention et à son général. Dumouriez, en affranchissant la Belgique, devenait, à l'exemple des généraux de Rome, le patron d'un peuple, et il était en droit d'exiger de ce peuple les subsides et les approvisionnements nécessaires à l'armée libératrice.

La Convention, dont Cambon maniait les finances, était trop épuisée pour solder et alimenter seule ses armées. Elle envoyait sur les pas du général des commissaires pour pressurer les provinces et les villes belges. Ces commissaires, traitant ces provinces et ces villes plutôt en pays conquis qu'en pays auxiliaires, se jetaient sur la Belgique comme sur une proie, et transformaient en rapines personnelles les subventions patriotiques qu'ils étaient chargés d'exiger et d'administrer. En lutte violente et déclarée pour cela avec Cambon, avec le ministre de la guerre Pache et avec leurs agents en Belgique, le général entravait à la fois les mesures financières de la Convention et la marche de ses propres troupes. Elles manquaient de tout dans le grenier de l'Europe; elles murmuraient, se débandaient, désertaient. En ce moment Danton arriva à Bruxelles avec Lacroix, son ami.

Danton avait un double but en quittant Paris et en recherchant une mission dans les camps. Premièrement, il évitait par son absence de se prononcer dans la lutte ouverte entre les Jacobins et les Girondins; secondement, il se rapprochait du théâtre de la diplomatie et de la guerre. Enfin, il pouvait concerter plus sûrement avec Dumouriez les plans de dictature qui couvaient dans son âme et le rétablissement d'une monarchie constitutionnelle. Les renseignements les plus authentiques et les plus intimes ne laissent aucun doute sur les vrais sentiments de Danton à l'égard de la république. Il ne cachait ni à sa femme, ni à ses proches, ni à ses confidents, son désir de se retourner contre l'anarchie aussitôt que l'anarchie serait fatiguée d'elle-même, de traiter avec la Prusse ou du moins avec l'Angleterre, de relever un trône et d'y faire asseoir un prince aussi compromis que la France dans la Révolution. Ce prince était alors le duc d'Orléans, sous le nom de qui Danton lui-même espérait régner. C'est par les conseils de Danton que le duc d'Orléans se jeta à cette époque au milieu de l'armée, et vint résider quelques mois à Tournai, sous prétexte d'y rencontrer sa fille et madame de Genlis.

En attendant que ses plans vagues prissent de la consistance, Danton s'efforçait de se faire conciliateur entre Pache et Dumouriez. Il lui importait de conserver à la tête de l'armée un général aussi incrédule qu'il l'était lui-même au système républicain, et aussi incliné à la restauration de la monarchie constitutionnelle.

Sans se prononcer donc ouvertement sur la question de la réunion définitive de la Belgique à la France, Danton et Lacroix soufflaient le feu du jacobinisme à Bruxelles. Ils fraternisaient avec les Belges les plus exaltés; ils distribuaient à leurs affidés les dépouilles des biens ecclésiastiques des églises et des couvents. Leur fortune personnelle, accrue alors et dont la source était inconnue, les fit accuser d'imiter les concussions des proconsuls romains, et d'acheter le silence du général lui-même par une part dans ces dilapidations nationales.

Quoi qu'il en soit de ces bruits, que le luxe inexpliqué de Danton et de Lacroix et leur familiarité avec Dumouriez accréditaient sans les prouver, le désordre, la contradiction, l'incohérence, signalaient les mesures administratives des Français depuis leur entrée à Bruxelles. L'armée perdait ses forces, la république sa considération, le général l'occasion d'affermir sa conquête et de s'avancer plus avant.

Ii chargea le général La Bourdonnaye de prendre Anvers. Sortie de Bruxelles le 10, son avant-garde, commandée par Stengel, s'empara de Malines, arsenal des Autrichiens, où l'on trouva des munitions pour une campagne. Dumouriez lui-même entra dans Louvain et dans Liége. Anvers, qui avait résisté jusque-là aux molles attaques de La Bourdonnaye, se rendit au général Miranda. Un mois avait suffi à la conquête de la Belgique et de la principauté de Liége. Danton, Lacroix et trente-deux commissaires de la Convention ou des Jacobins suivirent l'armée de Liége et décidèrent ce pays à demander, comme la Savoie, sa réunion à la république française. Dumouriez, opposé à cette mesure, qui forçait l'empire germanique, encore indécis, à nous déclarer la guerre pour ce démembrement de la fédération allemande, déclara également à contre-cœur la guerre à la Hollande en rompant le blocus de l'Escaut.

L'Escaut fermé ruinait le commerce d'Anvers, rival de celui d'Amsterdam. L'empereur Joseph II, après avoir fait la guerre à la Hollande pour obtenir la liberté de navigation sur ce fleuve, dans l'intérêt des pays soumis à sa domination, avait fini par renoncer à cet objet de la guerre et par vendre aux Hollandais, pour quatorze millions de livres, la fermeture de l'Escaut. La France, conquérante des Pays-Bas, ne pouvait respecter cet indigne traité, qui aliénait, au détriment de ses nouveaux sujets, jusqu'à la nature. La république rendit la liberté au fleuve. Ce bienfait de la France aux Belges parut une injure aux Hollandais et aux Anglais, protecteurs alors jaloux de la Hollande. L'ouverture de l'Escaut ne contribua pas moins que l'échafaud de Louis XVI à décider M. Pitt à déclarer la guerre à la république.

IV

L'armée française, quoique victorieuse et occupant des quartiers d'hiver qui s'étendaient d'Aix-la-Chapelle à Liége, manquait de tout et se fondait tous les jours sous la double influence de la misère et de la sédition. Elle ne comptait qu'un quart de sa force en troupes de ligne. Le reste était composé de ces bataillons de volontaires braves un jour de bataille, indisciplinés le lendemain. Les soldats, sans solde, sans souliers, sans habits, désertaient en masse, fiers d'une victoire, incapables d'une campagne d'hiver. Les généraux et les officiers abandonnaient leurs cantonnements pour venir s'amollir dans les clubs et dans les plaisirs des villes de Liége et d'Aix-la-Chapelle. Les commissaires de la Convention, les envoyés des Jacobins de Paris, fraternisant avec les révolutionnaires allemands, et faisant de Liége une colonie démagogique de Paris, enlevaient toute liberté d'action et toute autorité au général. La Convention, sur la demande de Danton, prenant en main la cause de tous les opprimés dans toute l'Europe, rendit un décret qui changeait la guerre régulière en universelle sédition.

« La Convention, disait ce décret, déclare, au nom du peuple français, qu'elle accordera fraternité et secours à tous les peuples qui voudront recouvrer la liberté. Elle ordonne aux généraux de porter secours aux peuples, de défendre tous les citoyens qui auraient été vexés ou qui pourraient l'être pour la cause de la liberté. » Il n'y avait plus de limites à la guerre. Ce n'était plus la diplomatie, ce n'était plus la guerre qui commandaient, c'étaient les commissaires. Liége était en proie à leur omnipotence et à leurs déprédations. Cependant l'autorité proconsulaire de Danton et de Lacroix, toujours secrètement unis à Dumouriez, défendait un peu le général contre les exigences des clubistes de Liége et contre les dénonciations des agents de Pache, et surtout de Ronsin. Danton aspirait à refaire sa fortune, que les subsides de la cour n'alimentaient plus, et que les subsides des villes conquises pouvaient alimenter plus largement encore.

V

Depuis quelques semaines, Dumouriez, inactif et mécontent, enfermé dans le palais de l'évêque de Liége, assiégé de soucis, sentant sa gloire lui échapper avec son armée à demi dissoute, ne voyait que Danton, et ne s'accordait pas même complétement avec lui. Le vainqueur de Jemmapes expiait dans un secret découragement les hommages que la France entière rendait ailleurs à son nom. Seul, errant dans les vastes salles du palais de Liége, il regardait quelquefois son épée, et se sentait tenté de couper prématurément le nœud d'une situation qu'il supportait avec impatience.

Un jour qu'obsédé de tristesse et de sinistres prévisions

il ouvrit un volume de Plutarque, cette école des grands hommes, ses regards tombèrent sur ces mots du philosophe historien, dans la Vie de Cléomène : *Puisque la chose n'est pas belle, il est temps d'en voir la honte et d'y renoncer.* Ces mots, qui correspondaient si bien à l'état de son âme, furent le poids qui emporta son esprit au parti de l'impatience et de la trahison. Ce ne fut pas pour Dumouriez le mot du repentir et de la sagesse, ce fut le mot de la révolte et de l'indignation contre les excès de la Révolution.

C'était le moment où le procès du roi touchait à son dénoûment, et où le prince qu'il avait servi et aimé allait monter sur l'échafaud, pendant que lui, son serviteur et son ami, tenait en main l'épée de la France et commandait à ses armées. Ce contraste entre sa situation et ses sentiments lui arracha des pleurs d'attendrissement et de rage. Il tâta secrètement son armée pour connaître s'il restait encore dans le cœur du soldat français une fibre qui s'émût au spectacle d'un roi prisonnier. La république seule y palpitait. La mémoire de tant de siècles de servilisme pesait sur le cœur des Français. Le parti de Robespierre et des Jacobins avait ses séides à l'armée dans les généraux eux-mêmes, rivaux ou ennemis de Dumouriez. La Bourdonnaye, Dampierre, Moreton, conspiraient contre lui. Le général, désespérant d'entraîner une masse de son armée dans un mouvement contre Paris, conçut le projet de favoriser l'évasion des prisonniers du Temple au moyen d'un détachement de cavalerie légère qui s'avancerait sous un prétexte militaire jusqu'aux portes de Paris, et qui couvrirait par des pelotons échelonnés la fuite de la famille royale jusqu'à ses avant-postes. C'était le rêve de La Fayette, plus inexécutable au Temple qu'aux Tuileries. Il écrivit à Gensonné et à Barère pour les engager à provoquer un décret de la Convention qui l'appelât à Paris au secours de l'Assemblée contre les insurrections démagogiques de la commune. Les Girondins, hardis de parole, n'avaient pas assez de hardiesse dans l'action pour montrer une épée à la Convention. Barère, homme de pressentiment, se détachait déjà des Girondins, et caressait Robespierre. Il ne répondit pas au général. Dumouriez partit pour Paris, après avoir adressé aux peuples belges une proclamation qui les pressait de se former en assemblées primaires, et de nommer une assemblée constituante qui déciderait de leur sort et qui organiserait leur liberté.

VI

Entré furtivement dans Paris, plus en fugitif qu'en triomphateur, Dumouriez se cacha dans une maison obscure de Clichy. Au moment où toutes les passions étaient tendues pour ou contre la condamnation de Louis XVI, il voulait rester dans l'ombre, étudier les hommes, épier les circonstances ; également incapable d'affecter contre le roi une fureur hypocrite qu'il n'avait pas dans l'âme, ou de se prononcer seul et désarmé pour la cause d'une victime qu'il osait plaindre, mais qu'il ne pouvait pas sauver. Dumouriez s'approcha successivement de tous les hommes et de tous les partis pour voir où était la force, et pour augurer auquel d'entre eux la crise du moment promettait le gouvernement de la république. Il les tenta tous de la généreuse pensée d'épargner les jours du roi. Meneur consommé des négociations souterraines, il reprit son premier rôle, et n'hésita devant aucune intrigue ni devant aucun déguisement de ses vues pour s'aboucher avec les principaux chefs d'opinion et pour capter leur politique, leur vanité ou leur intérêt. Vêtu de l'uniforme le plus simple, couvert du manteau de l'officier de cavalerie, il se rendit à pied, aux heures du soir, aux entrevues assignées dans des maisons tierces et chez des amis mutuels. La gloire dont il rayonnait et les espérances confuses qui s'attachaient au général favori de la victoire et de l'armée lui ouvrirent toutes les portes. Il vit intimement Gensonné, Vergniaud, Roland, Pétion, Condorcet, Brissot. La république, que ces orateurs venaient d'enfanter, les épouvantait déjà de ses emportements; ils ne reconnaissaient pas en elle l'enfant à peine né de leur idéal philosophique; ils tremblaient devant leur ouvrage, et se demandaient avec effroi si la démocratie avait enfanté un monstre.

Gensonné se flattait de l'espoir de sauver le roi; Barbaroux s'indignait de la férocité des Parisiens; Vergniaud jurait d'épargner cette honte à sa patrie, dût-il être le seul à refuser cette tête au peuple; Roland et sa femme désiraient d'autant plus sauver les victimes, qu'ils se reprochaient davantage de les avoir livrées. Pétion s'attendrissait et disait qu'il *aimait* Louis XVI comme homme, tout en le précipitant du trône comme roi. Mais aucun d'eux, excepté Vergniaud, ne se montrait résolu à sacrifier le salut de son parti au salut de cette tête; aucun surtout ne se montrait disposé à agir et à tenter contre la commune une journée dirigée par Dumouriez. Malgré le prestige du nom de Dumouriez, quelques régiments incertains de la garnison de Paris et quelques bataillons de fédérés de Marseille, animés par Barbaroux, ne leur paraissaient pas capables de lutter avec succès contre le mouvement général qui soulevait dans ce moment le fond même du peuple. Dumouriez, qui avait au fond de l'âme plus de penchant pour ces aristocrates républicains que pour tous les autres, se retira d'eux tristement en voyant leur faiblesse et leur impuissance. Il les plaignit et les dédaigna.

Lié avec Santerre par l'intermédiaire de Westermann, il vécut dans une intimité secrète, pendant son séjour à Paris, avec ce commandant général; il vit chez Santerre les meneurs de la commune et même les hommes de septembre; il s'efforça de séduire Panis, beau-frère de Santerre et ami de Robespierre; il fit insinuer par Panis à Robespierre que c'était à lui seul qu'il appartenait de sauver le roi.

VII

Robespierre, qui pressentait déjà dans Dumouriez un autre La Fayette à proscrire, refusa tout contact avec lui; il ne voulait d'autre dictature que celle de l'opinion; il détestait toute épée; il attendait que la gloire de Jemmapes, qui éblouissait en ce moment la France, se fût dissipée, pour dénoncer un conspirateur dans le général victorieux. Dumouriez joua le républicanisme auprès des Jacobins. Mais il se convainquit de plus en plus que les Jacobins étaient une force d'explosion qu'aucune politique ne pouvait diriger ni contenir. Il résolut de feindre leurs opinions jusqu'à ce qu'il eût reçu d'eux-mêmes la force de les dominer. Ces rapports intimes entre les Jacobins et lui rendirent Pache et le conseil exécutif plus souples aux plans qu'il apportait pour la conquête de la Hollande. Sa popularité, retrempée chez Santerre, chez Panis, chez Desfieux, aux Jacobins, à la Convention, lui donna l'audace de parler en maître de la guerre. Il fut obéi dans les comités de la Convention comme dans le cabinet de Pache : Marat seul osait l'invectiver dans ses feuilles. Dans un dîner chez Santerre, Dubois-Crancé, militaire et jacobin très-populaire, ami de Marat, ayant osé insulter le vainqueur de Jemmapes et même le menacer du geste, Dumouriez se leva de table, porta la main sur le pommeau de son sabre, et affronta, malgré sa petite taille, la stature colossale et le poing levé de Dubois-Crancé. Les convives se jetèrent entre les deux militaires, et empêchèrent le sang de couler avec l'injure.

VIII

Cependant le général, indigné, rêvait déjà la vengeance. Renfermé, sous prétexte de maladie, dans sa retraite isolée de Clichy pendant les jours qui précédèrent et suivirent le supplice du roi, il ne vit personne, excepté ses trois confidents, Westermann, Lacroix, Danton. Il passa ces jours sinistres à méditer son plan militaire pour la conquête de la Hollande, et son plan politique pour dompter et pour refréner la Révolution. Westermann, menacé de la vengeance de Marat, qu'il avait osé frapper sur le Pont-Neuf, souriait d'avance à l'humiliation de ces démagogues devant le sabre d'une armée victorieuse. Danton encourageait sous main ces espérances des hommes de guerre; il croyait à une lutte désespérée de la Révolution et des trônes. Il pensait qu'il fallait fasciner par la gloire militaire les yeux du peuple, incapable de comprendre encore la gloire philosophique de la Révolution. A tous ces titres, il adhérait d'intelligence, de cœur et d'ambition, à la grandeur future de Dumouriez. Lacroix s'y attachait par sa soif de fortune.

IX

Le plan militaire, lié à la conspiration politique de Dumouriez, reposait sur les combinaisons suivantes : s'avancer d'Anvers, avec vingt-cinq mille hommes, au cœur de la Hollande, jusqu'au canal de Moerdyk, bras de mer qui couvre la Haye, Rotterdam, Harlem, et qui, une fois franchi, rend inutiles toutes les places fortes qui défendent ces riches contrées; faire appel au sentiment républicain des Bataves, et restituer l'empire aux ennemis de la maison d'Orange et aux nombreux proscrits que la dernière tentative de révolution contre le stathouder avait jetés sous les drapeaux français. La légion batave et deux mille hommes appelés à Anvers formaient l'avant-garde de cette expédition libératrice. La conquête achevée, Dumouriez purgeait son armée de tous les bataillons de volontaires dont la présence contrariait ses vues. Il ne garderait en Hollande que les troupes de ligne les plus souples à sa volonté et les généraux dévoués à ses desseins. Il levait trente mille soldats dans la Belgique, trente mille dans la Hollande; il réunissait ainsi une armée indépendante et pour ainsi dire personnelle dans sa main. Il armait les places et la flotte du Texel; il convoquait les représentants des deux nations : les Belges à Gand, les Bataves à la Haye; il les constituait, sous la protection de son armée, en deux républiques alliées, mais indépendantes l'une de l'autre; il déclarait la neutralité à l'Angleterre, il faisait une trêve avec l'empire, et marchait sur Paris, à la tête de cette armée combinée, pour y régulariser la république. Le dernier mot de cette conjuration militaire, Dumouriez, en aventurier confiant, le laissait au hasard. Serait-ce sa propre dictature? Serait-ce le triumvirat avec Danton? Serait-ce la monarchie constitutionnelle de 89 avec le duc de Chartres pour roi? Serait-ce enfin le protectorat perpétuel de la Hollande et de la Belgique pour lui-même? Et des débris de tant de trônes songeait-il à se faire un trône sous le titre de duc de Brabant? Il ne le disait pas; il ne le savait pas. Nul homme ne comprit jamais mieux quelle immense part il faut laisser à la destinée dans les plans des hommes.

X

Dumouriez, avec la rapidité du mouvement qui égalait l'élasticité de ses conceptions, arriva à Bruxelles, lança ses colonnes, étonna la Hollande, s'empara de Breda et de Gertruydenberg, arriva presque sans résistance au Moerdyk, forma une flottille pour le renverser, et touchait à la première partie de l'accomplissement de son plan avant que la lenteur hollandaise se fût remuée pour opposer aucune masse imposante aux douze mille hommes avec lesquels il tentait le renversement d'un État. La situation des esprits en Hollande combattait pour lui. Les Hollandais, nation germanique modifiée par le contact avec la mer, tiennent à la fois de l'Allemand et de l'Anglais, lourds comme les uns, libres comme les autres. La mer semble inspirer aux nations qui habitent ses rivages le sentiment et la volonté de la liberté. L'Océan, dont l'aspect affranchit les pensées, semble aussi affranchir les peuples. Les Hollandais, obligés de se construire un sol pour ainsi dire artificiel, d'élargir leur empire par la marine, de l'enrichir par le commerce, de le compléter au loin par des colonies dans les Indes orientales, s'étaient affranchis de la tyrannie espagnole sous Philippe II, par l'épée de la maison d'Orange. L'indépendance des Provinces-Unies avait couronné, sous le titre de stathouder, ses libérateurs. République fédérative sous un stathoudérat héréditaire, riche, féodal, aimé, puissant par lui-même, de grandes luttes entre le stathoudérat et la confédération avaient agité tout récemment encore cette constitution, dont les membres étaient républicains et dont la tête était monarchique.

Pendant que Dumouriez marchait ainsi sur la Haye et Amsterdam, un ordre de la Convention vint déconcerter ses plans. Le prince de Cobourg avait rassemblé son armée à Cologne, repoussé partout l'armée française, fait lever le siége de Maëstricht, et s'avançait à la tête de soixante mille hommes pour reconquérir la Belgique. Démoralisés par leurs revers, odieux par leurs désordres au peuple belge, les soldats français désertèrent en masse. Plus de dix mille volontaires rentrèrent par bandes dans le département du Nord. Les troupes campées en avant de Louvain perdirent leurs tentes, leurs équipages et les canons de leurs bataillons. Aucun des généraux qui les commandaient n'avait assez de prestige et d'autorité pour arrêter ou diriger une retraite qui menaçait de se changer en déroute. Dumouriez seul pouvait ressaisir l'armée et ramener la fortune que son absence avait laissée échapper. Il courut à Louvain. Aigri par ce commencement de revers, il se répandit avec affectation, sur toute la route, en reproches, en invectives et presque en menaces contre la Convention, à qui il attribuait nos désordres en les exagérant. On eût dit qu'il s'étudiait à faire pressentir aux Belges et à ses propres soldats la possibilité prochaine d'une révolte armée contre les proconsuls de la Belgique et contre les tyrans de Paris. Il semait le murmure, le mépris, l'indignation contre eux sur ses pas. Il essayait la sédition en paroles avant de la tenter en action.

XI

Danton et Lacroix, prévoyant la crise, étaient repartis pour Paris afin d'amortir le choc qui se préparait entre le général et la Convention. Les commissaires, Camus, Merlin de Douai, Treilhard et Gossuin, s'étaient retirés à Lille avec le flot des déserteurs de l'armée, pour les arrêter et les réorganiser à l'abri des murs de la ville. Ils vinrent trouver le général en chef à Louvain. Ils lui reprochèrent les actes de haute administration qu'il s'était permis de faire à Bruxelles, et entre autres la restitution de l'argenterie des églises. Dumouriez répondit en maître responsable envers la France et la postérité, et non envers la Convention. « Allez voir, dit-il à Camus, janséniste austère, associant la superstition la plus exaltée au jacobinisme le plus inflexible, allez voir dans les cathédrales de la Belgique les hosties foulées aux pieds, dispersées sur les pavés de l'église; les tabernacles, les confessionnaux brisés, les tableaux déchirés! Si la Convention applaudit à de tels crimes, si elle ne s'en offense pas, si elle ne les punit pas, tant pis pour elle et pour ma malheureuse patrie! Sachez que, s'il fallait commettre un seul crime pour la sauver, je ne le commettrais pas. Cet état de choses déshonore la France, et je suis résolu à la sauver. » Les commissaires, étonnés d'une telle audace de langage, commencèrent à croire aux bruits sourds qui accusaient Dumouriez de vouloir élever puissance contre puissance. « Général, lui dit Camus, qui n'osait prendre encore ses soupçons pour des crimes, on vous accuse d'aspirer au rôle de César; si j'en étais sûr, je deviendrais Brutus et je vous poignarderais. » Dumouriez, qui s'était trop découvert, appela à son aide cette légèreté d'attitude et cette ironie d'esprit qui servaient de voile à sa dissimulation. « Mon cher Camus, répondit-il, je ne suis point César, vous n'êtes point Brutus, et la menace de mourir de votre main m'assure l'immortalité. » En quittant les commissaires, le général écrivit à la Convention une lettre menaçante, dans laquelle il lui reprochait insolemment le dénûment de l'armée, les déprédations de ses agents, la réunion impolitique de la Belgique à la France, les profanations, les sacriléges, les rapines qui marquaient les pas de nos armées dans un pays ami, et la rendait responsable des désastres d'Aix-la-Chapelle, de Liége et de Maëstricht. Il exagérait ces désastres pour donner plus d'amertume à ses récriminations. Il n'exceptait de ces accusations que le général Beurnonville, son élève et son ami.

Beurnonville venait de remplacer Pache au ministère de la guerre. Ce général, que Dumouriez appelait son *Ajax*, avait été nommé par l'influence et sur l'indication de Danton. Dumouriez terminait sa lettre par l'offre de sa démission. Cette démission, dont il parlait souvent, était un défi qu'il jetait à ses ennemis. La Convention savait bien que la confiance et l'affection des troupes n'accepteraient jamais un autre général.

XII

L'armée frémit de joie en revoyant son chef. Elle crut retrouver en lui la victoire. Dumouriez traita les officiers et les soldats en père qui retrouve ses enfants. La sévérité martiale de ses réprimandes ne fit qu'ajouter le respect à l'enthousiasme qu'il savait inspirer. L'armée comptait encore quarante mille hommes de vieille et solide infanterie et cinq mille hommes de cavalerie de ces vaillants régiments qui s'étaient fait chacun un nom de guerre dans l'ancienne armée. Elle comptait de plus sur ses flancs, sur sa ligne d'opérations, dans les garnisons de la Belgique et dans le corps détaché qui envahissait la Hollande, environ quarante mille autres combattants. Des quarante mille hommes qu'il avait sous sa main, Dumouriez donna dix-huit bataillons à droite au général Valence, autant au duc de Chartres au centre, autant à Miranda à gauche; une réserve de huit bataillons de grenadiers au général Chancel, une forte avant-garde de six mille hommes au vieux général Lamarche, ancien colonel de hussards, qui conservait sous ses cheveux blancs l'élan de ses jeunes années. Le 16 mars, Dumouriez attaqua les Autrichiens à Tirlemont et les obligea à se replier.

Le prince de Cobourg, qui recevait tous les jours de nouveaux renforts et qui déployait plus de soixante mille combattants sous ses ordres, avait concentré son armée entre Tongres et Saint-Tron. Les trois villages de Nerwinde, d'Oberwinde et de Midlewinde avaient été laissés par le général autrichien, en avant de sa ligne, comme champ de bataille et prix de la victoire entre les deux armées. Dumouriez forma son armée en plusieurs colonnes : trois à droite sous le général Valence, pour tourner la gauche des Autrichiens et menacer Saint-Tron ; deux au centre sous le duc de Chartres, qui commandait aussi la réserve ; trois à gauche sous le général Miranda. Il donna le signal de l'attaque générale le 18, au lever du soleil. Ses colonnes de droite s'avancèrent sans obstacle jusqu'à la hauteur de Saint-Tron ; mais, refoulées ensuite par des masses de cavalerie, elles revinrent s'appuyer sur l'infanterie du centre. Le duc de Chartres emporta deux fois le village de Nerwinde, mais l'abandonna une troisième fois après avoir vu le général Desforets, son meilleur lieutenant, tomber à ses côtés. Dumouriez reprit une quatrième fois ce village en sacrifiant des colonnes d'infanterie. Le choc des masses autrichiennes l'obligea à l'évacuer de nouveau. Ralliées par le duc de Chartres et par le général en chef à cent pas du village, l'infanterie et la cavalerie du centre et de la droite, réunies, reçurent à plusieurs reprises les charges de quinze mille hommes de cavalerie autrichienne. Valence, combattant en soldat, reçut un coup de sabre et fut emporté du champ de bataille. Thouvenot, faisant ouvrir les rangs pour laisser passer les escadrons, démasqua des pièces de canon chargées à mitraille et repoussa cette cavalerie mutilée. La bataille semblait gagnée ou hésitante ainsi devant Nerwinde, à la droite et au centre des Français.

Mais la gauche, composée de volontaires et commandée par Miranda, fléchit après avoir perdu la plupart de ses généraux et de ses officiers par le canon. Miranda, sans avertir le général en chef, se retira avec sa division à plus de deux lieues en arrière de la ligne de bataille. La gauche de l'armée, sur laquelle la bataille tout entière pivotait dans le plan de Dumouriez, manquant au centre et à la droite, le mouvement sur Nerwinde et sur Saint-Tron devenait impossible. L'armée n'avait plus de base. Dumouriez, s'apercevant vers le soir que des masses d'infanterie et de cavalerie ennemies se portaient de la droite à la gauche du prince de Cobourg, commença à soupçonner la catastrophe ou la défection de Miranda. Laissant son confident Thouvenot pour surveiller le centre et la droite, il s'élança presque seul, au galop, vers les positions qu'il avait assignées à Miranda. Il les trouva abandonnées par ses troupes, occupées par Clairfayt, et n'échappa que par la vitesse de son cheval aux hussards autrichiens. Poursuivant son aile gauche en retraite par des chemins détournés, seul, au milieu de la nuit, étonné de ce silence et de cette solitude, il rencontra aux portes de Tirlemont quelques bataillons de volontaires, sans artillerie et sans cavalerie, bordant le grand chemin.

XIII

Ces fuyards lui apprirent la perte de trois mille de leurs compagnons laissés sur le champ de bataille. Le général, étonné de l'attitude immobile et insouciante de Miranda dans Tirlemont, lui fit de sévères reproches et passa la nuit à donner des ordres de retraite au duc de Chartres et à Valence. Ces deux corps avaient déjà trois généraux et deux mille hommes tués, des canons perdus, six mille volontaires débandés et fuyant vers Louvain.

Danton et Lacroix, au bruit de la déroute, arrivèrent à Louvain au moment où Dumouriez rentrait vaincu dans cette ville. Ils revenaient de Paris en médiateurs, conjurer le général en chef de rétracter la lettre impérieuse qu'il avait écrite à la Convention. Ils passèrent la nuit à vouloir lui persuader, dans l'intérêt de sa situation et dans l'intérêt de leur ambition commune, de conserver encore quelques ménagements avec la Convention. Dumouriez leur remit un billet de six lignes, qui, sans être une rétractation, était un tempérament. Danton repartit la nuit même, sentant fléchir l'appui que sa politique prenait sur Dumouriez, et comprenant, avec son instinct sûr, mais rapide, qu'une défaite était un mauvais prélude de dictature.

XIV

A peine Danton était-il reparti que le colonel Mack, chef d'état-major du prince de Cobourg, entra à Louvain comme parlementaire, et conclut avec Dumouriez une convention secrète qui réglait pas à pas les marches des deux armées jusqu'à Bruxelles. Les Impériaux devaient respecter la retraite des Français, et borner leurs hostilités à ces rencontres insignifiantes d'avant-garde et d'arrière-garde nécessaires seulement pour masquer aux troupes la connivence des généraux. Malgré ces précautions, qui assuraient aux Impériaux la restitution de la Belgique, et à Dumouriez la sécurité de sa retraite, cette retraite de Louvain se changea en déroute pour les Français. A peine Dumouriez, qui n'osa pas résister dans Bruxelles avec une armée débandée, put-il former avec la garnison de cette capitale et avec ses meilleurs régiments une arrière-garde solide d'environ quinze mille hommes pour couvrir la marche des restes de son armée vers la France. Il fit arrêter le général Miranda et l'envoya à Paris, sur l'ordre de la Convention, comme une victime expiatoire de nos désastres.

Le même jour, une dernière et fatale conférence eut lieu à Ath entre le colonel Mack et Dumouriez. Le duc de Chartres, le colonel Montjoie et le général Valence y étaient présents. C'était à l'armée le parti d'Orléans tout entier, assistant, par ses plus hautes têtes, à l'acte qui devait renverser la république et faire tomber, par la main du peuple et des soldats, la couronne constitutionnelle sur le front d'un prince de cette maison. Dumouriez oubliait qu'une couronne ramassée dans la défection au milieu d'une déroute, soutenue par les Autrichiens d'un côté, de l'autre par un général traître à sa patrie, ne pouvait jamais tenir sur le front d'un roi. Pendant que Dumouriez marcherait sur Paris pour renverser la constitution, les Autrichiens s'avanceraient en auxiliaires sur le sol français et prendraient Condé en gage.

XV

Dans ce traité secret, la démence rivalisait avec la trahison. Dumouriez, qui croyait passer le Rubicon et qui avait sans cesse le rôle de César devant les yeux, oubliait que César n'avait pas amené les Gaulois à Rome. Faire prendre parti à son armée dans une des factions qui divisaient la république après avoir vaincu l'étranger et assuré la sûreté des frontières, marcher sur Paris et s'emparer de la dictature, c'était un de ces attentats politiques que la liberté ne pardonne pas, que le succès et la gloire excusent quelquefois dans les temps extrêmes; mais livrer son armée, ouvrir ses places fortes à l'empire, guider soi-même contre son pays les légions ennemies que sa patrie l'avait chargé de combattre, imposer à l'aide de l'étranger un gouvernement à son pays, c'était dépasser mille fois le tort des émigrés, car les émigrés n'étaient que des réfugiés, les confédérés d'Ath étaient des conspirateurs.

A l'issue de cette conférence nocturne, Dumouriez se rendit à Tournai avec son état-major. Il réunit autour de lui six mille hommes de cavalerie les plus dévoués à sa personne; il distribua dans les places fortes voisines de Lille, de Valenciennes, de Condé, ainsi qu'aux camps de Maulde et de Saint-Amand, les généraux et les troupes qu'il espérait le plus facilement entraîner, et il prépara tout pour la grande perfidie dont il voulait étonner l'Europe et écraser la Convention.

Cependant, comme il était tout à la fois obligé de cacher son dessein et de le révéler à demi pour y préparer l'esprit des troupes, le bruit sourd de la trahison qu'il méditait transpira autour de lui et se répandit jusque dans Paris comme le pressentiment de quelque grand crime. Danton et Lacroix se tenaient immobiles, et affectaient la défiance envers un général qu'ils avaient vu si fier et si irrité. Les Girondins, ennemis du nom d'Orléans, désignaient aux soupçons un général dont l'état-major comptait deux princes de cette maison. Ils faisaient remarquer de plus que madame de Sillery, amie et confidente de Philippe-Égalité, et sa fille mademoiselle d'Orléans, jeune princesse âgée de seize ans, se trouvaient à Tournai dans le moment même où Dumouriez y ourdissait ses trames, en sorte que le quartier général du général de la république ressemblait à la cour anticipée d'une monarchie d'Orléans. Les Jacobins envoyèrent trois émissaires, Proly, Dubuisson et Pereyra, pour sonder le général et le décider à soutenir leur parti contre la Gironde. « Ne croyez pas, leur dit Dumouriez après les avoir écoutés, que votre république puisse subsister ; vos folies et vos crimes l'ont rendue aussi impossible qu'elle est odieuse. »

XVI

Cependant Dumouriez, menaçant au lieu d'agir, semblait en proie à ce désordre d'esprit qui saisit l'homme dans l'accomplissement d'un crime et qui donne à ses actes l'incohérence et l'agitation de ses pensées. Toute son audace se dépensait en paroles ; il donnait à son armée le temps de la réflexion, et par conséquent du repentir. Retiré dans la petite ville de Saint-Amand avec son état-major et ses régiments les plus dévoués, il y apprit coup sur coup la capitulation de la citadelle d'Anvers rendue aux Autrichiens par nos troupes, la déroute du camp de Maulde et l'insurrection patriotique des citoyens de la garnison de Lille contre le général Miaczinsky, qu'il avait chargé de s'emparer de cette ville.

Dumouriez n'avait plus autour de lui à Saint-Amand que le duc de Chartres, le duc de Montpensier son frère, le général Valence, l'adjudant-général Montjoie, Thouvenot, Nordmann, colonel du régiment de Bercheny, et les officiers de son état-major. Il avait trouvé à Tournai et conduit à Saint-Amand, pour la protéger à la fois contre les Autrichiens et contre la Convention, la princesse Adélaïde d'Orléans, sœur du duc de Chartres. Cette jeune princesse, douée d'une grâce noble, d'un esprit précoce, d'une âme énergique, errait alors sur les confins de la France et de la Belgique ; repoussée de sa patrie par les lois contre l'émigration, repoussée de l'étranger par la répulsion que le nom de son père inspirait aux ennemis de la Révolution. Attachée à ses frères par une amitié que le malheur, l'exil et le trône devaient tour à tour éprouver et illustrer, elle cherchait dans le camp la protection de l'armée. Elle avait pour compagne une autre jeune fille de son âge, Paméla Seymour, que la rumeur publique disait fille naturelle du duc d'Orléans et de madame de Genlis. Cette jeune personne, d'une beauté éclatante, élevée comme une sœur des princes et de la princesse d'Orléans, venait d'épouser à Tournai lord Édouard Fitz-Gerald, fils du duc de Leinster, premier pair d'Irlande. Ce jeune patriote irlandais s'enflammait dans le camp français de la passion de la liberté. Il conspira bientôt après pour soustraire l'Irlande au joug de l'Angleterre ; et, condamné à mort comme chef de cette conspiration, il échappa au supplice par le suicide dans son cachot, et légua un nom et une mort à regretter aux patriotes de son pays.

XVII

Madame de Sillery-Genlis, confidente du duc d'Orléans, était aussi au quartier général. Femme séduisante encore par sa figure, remarquable par l'esprit, façonnée à l'intrigue, elle donnait par sa présence à la conspiration de Dumouriez la couleur de la maison d'Orléans. Le général Valence était gendre de madame de Genlis, le duc de

Chartres et le duc de Montpensier étaient ses élèves, la princesse Adélaïde était sa pupille, les Jacobins étaient ses persécuteurs. Sa maison rassemblait tous les soirs les principaux chefs de ces corps, qu'il fallait séduire et ébranler pour les tourner contre la république. Dumouriez sentait qu'il avait là toute une révolution en otage. S'il n'arborait pas ouvertement la dynastie d'Orléans, cet entourage était un drapeau qu'il se complaisait à déployer pour faire pressentir et adopter par l'opinion les espérances d'une monarchie révolutionnaire. Séduit lui-même par ce rôle de protecteur armé d'une princesse jeune, charmante, persécutée, il affectait envers elle un culte qui donnait à l'armée l'exemple du respect.

Au milieu de ces femmes exilées et de cette société suspecte à la république, Dumouriez attendait oisif que son armée lui fît violence et l'entraînât d'elle-même contre Paris. De sourds symptômes lui annonçaient cependant de toutes parts la défection de ses généraux, révoltés à l'idée de marcher contre la patrie. Du mécontentement d'une armée à l'acte de tourner ses armes contre son propre pays, il y a aussi loin que du murmure au crime. Dumouriez avait pris le murmure des soldats pour une opinion, et l'insubordination pour la révolte. On savait déjà à Saint-Amand que la Convention délibérait sur le parti qu'elle devait prendre à l'égard du général rebelle, et qu'elle allait l'appeler à sa barre pour lui demander compte de sa conduite. Danton, Robespierre, et même Marat, craignant de disloquer l'armée en présence de l'ennemi victorieux, et se refusant à croire à la trahison, avaient obtenu avec peine que cette mesure fût suspendue quelques jours. En attendant, le camp était rempli d'espions de la Convention; et les volontaires, moins soldats que citoyens, épiaient eux-mêmes les démarches de leur général.

Six de ces volontaires d'un bataillon de la Marne, l'esprit agité par les chuchotements de l'armée, osèrent se présenter en armes à l'audience du général : le mot de république était écrit à la craie sur leurs chapeaux. Ils sommèrent leur chef d'obéir aux ordres qu'il allait recevoir de la Convention, et lui déclarèrent qu'imitateurs de Brutus, ils avaient juré de le poignarder s'il hésitait à obéir à la voix de la patrie. Le général leur ayant répondu de manière à confirmer leurs soupçons, ils avancèrent pour l'entourer; mais le fidèle Baptiste, qui épiait de l'œil leurs mouvements, s'élança le sabre à la main entre son maître et les soldats en appelant la garde. Les volontaires, saisis et désarmés, furent emprisonnés. Dumouriez, exagérant à dessein le péril qu'il avait couru, répandit le bruit d'une tentative d'assassinat contre lui, afin de rappeler l'attachement par l'indignation. Il y réussit. Des adresses signées par tous les corps protestèrent de leur horreur pour cet attentat et de leur confiance inébranlable dans leur chef.

XVIII

Cependant la Convention, longtemps hésitante, avait rendu enfin le décret qui arrachait le général à son armée, et qui l'appelait à Paris pour s'expliquer sur ses griefs et sur ses plans. Dumouriez ne se faisait point illusion sur la portée d'un tel décret. Il se sentait trop coupable pour affronter l'examen de sa conduite; il voyait bien qu'une fois séparé de ses soldats, on ne rendrait pas à l'armée un général qui avait fait trembler la république; il aimait mieux succomber dans une tentative armée contre les oppresseurs de sa patrie que d'aller humblement leur offrir sa tête sans défense et sans vengeance. D'ailleurs, lors même que la ruse de ses discours, l'audace de son attitude et l'influence de Danton l'eussent fait absoudre, son absence seule déconcertait tous les plans convenus entre Mack et lui. Il était donc fermement résolu à refuser l'obéissance à la Convention; et, s'il ne pouvait la tromper plus longtemps, il se préparait à accomplir son dernier acte de rébellion contre les commissaires qu'on oserait envoyer vers lui.

Les choses en étaient là quand, le 2 avril, à midi, on annonça l'arrivée au camp du ministre de la guerre lui-même : c'était Beurnonville, ami personnel de Dumouriez. Beurnonville descendit de voiture, accompagné des quatre commissaires, Camus, Lamarque, Bancal et Quinette : Camus, homme austère, portant dans la Révolution la rigueur du jansénisme et les scrupules de la probité; Lamarque, avocat verbeux et déclamateur, accoutumé à vociférer le patriotisme dans les armées; Bancal, négociateur prudent et tempéré, propre à s'interposer avec modération entre les passions des partis; Quinette, chez qui l'instinct de l'ordre balançait la passion de la liberté, s'efforçant toujours d'arrêter la théorie aux limites du vrai et le patriotisme aux limites du juste.

XIX

Beurnonville se précipita, en entrant, dans les bras de Dumouriez, comme pour témoigner aux spectateurs par ce geste qu'il ne voulait enchaîner le général à la patrie que par ses sentiments et ses souvenirs. Il lui dit qu'il avait voulu accompagner lui-même les commissaires porteurs du décret de la Convention, pour ajouter l'entraînement de l'amitié à la voix du devoir. Camus, pour éviter à Dumouriez l'embarras d'un entretien public, et pour que les intercessions confidentielles des commissaires eussent plus de latitude et d'intimité, supplia le général d'écarter les témoins qui gênaient l'épanchement des âmes, ou de passer dans un appartement plus secret. Un murmure des généraux et des officiers présents s'éleva à ces paroles, comme si on eût voulu soustraire leur général à la protection de leurs regards et de leurs sabres. Dumouriez calma d'un geste ce soulèvement. Il conduisit Beurnonville et les commissaires dans son cabinet; mais les généraux exigèrent que la porte restât ouverte pour surveiller sinon les paroles, du moins la sûreté de l'entretien. Camus présenta le décret à Dumouriez. Le général le lut avec une impassibilité voisine du dédain; puis, le rendant au commissaire, il répondit que l'exécution de ce décret serait la dissolution de l'armée et la perte de la patrie; qu'il ne refusait pas d'obéir, mais qu'il voulait obéir à son heure et non à l'heure de ses ennemis. Il offrit ironiquement sa démission. L'ironie sentie dans ces paroles n'échappa point aux commissaires. « Mais, après avoir donné votre démission, que ferez-vous? lui demanda avec anxiété Camus. — Ce qu'il me plaira, reprit fièrement le général. Seulement, je vous déclare que je n'irai pas me faire avilir et condamner à Paris par un tribunal révolutionnaire. — Vous ne reconnaissez donc pas ce tribunal? reprit Camus. — Je le reconnais pour un tribunal de sang et de crime, répliqua Dumouriez; et tant que j'aurai un pouce de fer dans la main, je ne m'y soumettrai pas. »

XX

Les autres commissaires, craignant que l'aigreur des paroles entre Camus et Dumouriez n'amenât un dénoûment violent, s'interposèrent en médiateurs affectueux et conjurèrent le général d'obéir pour la forme à l'ordre qui l'appelait à Paris, lui promettant sur leurs têtes que la Convention satisfaite le renverrait immédiatement à son armée. Quinette s'offrit à l'accompagner, à le couvrir de son corps et à le ramener à son quartier général. Bancal lui cita les beaux exemples d'obéissance à la patrie des grands hommes de l'antiquité. « Les Romains, répondit Dumouriez, n'ont pas tué Tarquin; ils n'avaient ni clubs des Jacobins ni tribunal révolutionnaire : des tigres veulent ma tête, et je ne veux pas la leur donner. Puisque vous me citez les Romains, je vous déclare que j'ai souvent joué le rôle de Décius, mais que je ne serai jamais Curtius, et que je ne me jetterai pas dans le gouffre. — Vous ne voulez donc pas obéir à la Convention ? demanda catégoriquement Camus. — Je vous jure, dit Dumouriez, que, quand ma patrie aura un gouvernement et des lois, je lui rendrai compte de mes actes et je les soumettrai à son jugement; à présent, ce serait un acte de démence. »

Les commissaires se retirèrent dans une autre pièce pour délibérer. Dumouriez resta seul un moment avec Beurnonville; il tenta de séduire le ministre en lui montrant le danger qu'il courait à Paris, et en lui offrant le commandement de son avant-garde. « Je sais, répondit héroïquement Beurnonville, que je dois succomber sous mes ennemis; mais je mourrai à mon poste. Ma situation est horrible! Je vois que vous êtes décidé, que vous allez prendre un parti désespéré; je vous demande pour unique grâce de me faire partager le sort, quel qu'il soit, que vous réservez aux députés. — N'en doutez pas, répondit Dumouriez, et je croirai, en agissant ainsi, vous servir et vous sauver. »

Dumouriez et Beurnonville rentrèrent dans la salle où l'état-major était assemblé. Le colonel des hussards de Bercheny, Nordmann, dont le régiment était en bataille devant le logement du général, avait reçu l'ordre de tenir trente hommes d'élite de son régiment à la porte et prêts à exécuter ce qui leur serait commandé. Ces hussards étaient tous Allemands ou Alsaciens. La différence de langue les garantissait contre l'éloquence patriotique des commissaires; ils ne connaissaient que la voix de leur colonel.

Après une heure de délibération secrète, pendant laquelle l'inflexible Camus combattit avec intrépidité les tempéraments que cherchaient encore ses collègues pour éviter ce déchirement à la patrie, les députés entrèrent. Le calme de la résolution, l'autorité de la loi, la tristesse mâle de leur mission, éclataient sur leur visage. Ils sommèrent encore une fois le général d'obéir au décret. Le général éluda de nouveau l'obéissance. « Eh bien, dit Camus, je vous déclare suspendu de toutes vos fonctions; vous n'êtes plus général, je défends qu'on vous obéisse ; j'ordonne qu'on s'empare de vous, et je mets les scellés sur vos papiers. » Le sourd murmure de l'état-major et le mouvement des officiers qui se rapprochaient, la main sur leurs armes, pour couvrir leur général, apprirent aux commissaires que leur voix était méconnue et leur vie peut-être menacée : ils l'avaient dévouée à leur devoir. « Ceci est trop fort, s'écria Dumouriez, il est temps de mettre un terme à tant d'audace; » et il cria en allemand aux hussards d'entrer. « Arrêtez ces quatre hommes, dit-il à l'officier qui les commandait, et qu'on ne leur fasse pas de mal ; arrêtez aussi le ministre de la guerre, et qu'on lui laisse ses armes.— Général Dumouriez! s'écria Camus, vous perdez la république! » Les hussards entraînèrent les commissaires de la Convention, et des voitures, préparées pendant l'entretien et escortées par un escadron de hussards de Bercheny, les conduisirent à Tournai, où ils furent remis en otage entre les mains du général autrichien Clairfayt.

XXI

Aussitôt après l'acte qui déchirait le dernier voile de ses manœuvres, Dumouriez fit demander de nouvelles conférences aux généraux ennemis, pour concerter sa marche avec la leur. Il monta à cheval le lendemain et se rendit à son camp. Là, il harangua les soldats en leur présentant l'événement de la veille comme un attentat des Jacobins, qui voulaient enlever le général à son armée et le père à ses enfants. Les troupes couvrirent leur général d'acclamations. L'humiliation de la loi civile devant le sabre réjouit toujours le soldat. Pour témoigner mieux de sa confiance dans l'attachement de ses troupes, Dumouriez coucha dans le camp. Son projet était de porter ses troupes à Orchies, d'où il aurait menacé à la fois Lille, Douai et Bouchain. Il voulait aussi s'assurer de Condé, gage qu'il avait promis de livrer aux Autrichiens. Il partit de Saint-Amand le 4 avril pour accomplir ce premier acte de sa défection.

Cinquante hussards devaient former son escorte, mais cette escorte se fit attendre. Il monta à cheval, accompagné seulement du duc de Chartres, du colonel Thouvenot, de l'adjudant général Montjoie, de ses aides de camp et de huit hussards d'ordonnance, et prit avec ses trente chevaux la route de Condé. Il avait laissé l'ordre au camp de faire suivre cette même route à son escorte quand elle serait prête. Il marchait ainsi en parfaite sécurité, et roulant dans sa pensée les chances désespérées de son entreprise, quand, à une demi-lieue de Condé, un aide de camp du général Neuilly, qui commandait cette ville, accourut de la part de son général annoncer la fermentation de la garnison et la difficulté de contenir les troupes. Elles commençaient à se sentir trahies. Elles s'indignaient des pourparlers suspects entre leurs généraux et les généraux ennemis; elles déclaraient hautement qu'elles répondaient de Condé à la patrie, et qu'elles ne laisseraient entrer dans la place aucun nouveau corps qui pût en compromettre la défense. Dumouriez, descendu de son cheval au bord de la route, réfléchit sur la gravité d'un incident qui faisait manquer son projet. En ce moment, trois bataillons de volontaires marchant sur Condé, de leur propre mouvement, avec leur artillerie, passèrent devant lui : l'officier qui les commandait fut depuis le maréchal Davoust. Étonné d'une marche qu'il n'avait point ordonnée, Dumouriez interrogea vivement les officiers de ces bataillons et leur ordonna de s'arrêter.

XXII

Les bataillons firent halte. Dumouriez, s'écartant d'une centaine de pas de la route, entrait dans une chaumière pour écrire un ordre, quand des cris tumultueux partis du sein des bataillons et un mouvement subit et confus de la colonne, qui rebroussait chemin, l'avertirent qu'il était temps de penser à sa sûreté. Les volontaires, saisis d'une illumination soudaine à la vue de Dumouriez et à l'incohérence des ordres et des contre-ordres, allaient déconcerter la trahison en saisissant les traîtres. Quelques-uns, tenant déjà en joue le général, menaçaient de faire feu s'il ne les attendait pas. Dumouriez, remonté précipitamment à cheval, s'enfuit au galop à travers champs, avec sa faible escorte, sous les imprécations et les coups de feu. Un canal qui bordait un terrain marécageux arrête son cheval. Déjà une grêle de balles décime le groupe qui l'environne. Deux hussards sont frappés à mort. Deux domestiques qui portaient le portefeuille et le manteau du général tombent à ses côtés. Thouvenot a son cheval tué sous lui et saute en croupe sur celui du brave Baptiste. Le général alors abandonne son cheval de bataille, qui s'élance épouvanté dans les bataillons, et qui fut conduit en triomphe par eux à Valenciennes. La plus jeune des filles de M. de Fernig est également démontée. Sa sœur Félicité descend de son cheval et le donne à Dumouriez. Les deux jeunes filles s'élancent d'un bond de l'autre côté du canal, et remontent sur les chevaux de suite du duc de Chartres. Le secrétaire du général, Cantin, tombe, en franchissant le fossé, engagé sous le corps de son cheval. Cinq cadavres d'hommes, huit cadavres de chevaux, un prisonnier, les équipages et les papiers secrets du général restent dans le canal. Le reste du groupe fugitif s'enfuit à toute course, à travers les marais, coupé des camps de Breuille, que Dumouriez voulait rejoindre, et poursuivi jusqu'à l'Escaut par les balles des volontaires. Les deux jeunes amazones, qui connaissaient les passages, conduisirent le général jusqu'au bac, sur lequel il passa le fleuve avec elles et le duc de Chartres. Les chevaux furent abandonnés. La suite, que la barque ne pouvait contenir, s'enfuit en longeant l'Escaut, et regagna le camp de Maulde. Baptiste y sema le bruit de l'assassinat de son général par des volontaires insurgés, et ranima en faveur de Dumouriez le vieil attachement des troupes de ligne.

Cependant le général, après avoir traversé l'Escaut, s'enfonça à pied, exténué de fatigue, dans les terres fangeuses qui bordent le fleuve. Il frappa à la porte d'un petit château, dont on lui refusa d'abord l'entrée ; mais, ses compagnons l'ayant nommé, il reçut l'hospitalité et quelque nourriture de ces mêmes Belges qu'il venait de conquérir six mois auparavant. Baptiste le rejoignit à la chute du jour. Il lui apprit l'indignation du camp, soulevé de nouveau en sa faveur. Mack arriva dans la nuit. Il donna au général fugitif une escorte de cinquante dragons impériaux, qui le ramena à son camp de Maulde. A l'exception de quelques visages sombres et de quelques regards où le soupçon luttait avec l'attachement, tous les corps reçurent Dumouriez comme un chef encore adoré. Ayant rappelé autour de lui le régiment des hussards de Bercheny et quelques escadrons dévoués de cuirassiers et de dragons, il s'avança à la tête de cette cavalerie jusqu'à Rumigies, à une lieue de son camp de Saint-Amand. Il croyait avoir ressaisi son armée et s'obstinait à accomplir le plan de surprise de Condé, manqué la veille.

Mais l'artillerie du camp de Saint-Amand, sur le faux bruit de la mort de Dumouriez, noyé dans l'Escaut, avait chassé ses généraux, attelé ses pièces, et s'était mise en marche pour Valenciennes. Des divisions entières, déposant ou entraînant leurs officiers, abandonnèrent ce camp, où la perfidie de leur général en chef les faisait servir d'instrument à des trames inconnues.

A ces nouvelles, apportées coup sur coup à Rumigies, Dumouriez laissa tomber la plume qui dictait les ordres à son armée évanouie. Il sentit la faiblesse d'un homme contre une patrie, et d'une intrigue contre une révolution. Il monta à cheval avec les deux frères Thouvenot, le duc de Chartres, le colonel Montjoie, le lieutenant-colonel Barrois, M. de Fernig et ses deux filles, et se rendit sans escorte à Tournai, où le général Clairfayt l'accueillit, non comme un général ennemi, mais comme un allié malheureux. L'attachement que Dumouriez avait su inspirer à ses soldats était tel, que les huit cents hommes du régiment de Bercheny et les hussards de Saxe le rejoignirent d'eux-mêmes à Tournai. Ces soldats préférèrent la honte du nom de transfuges à la douleur de se séparer de leur général.

Un reste de l'armée française rompue en faisceaux, et ralliée à peine dans les places fortes, demeura exposé aux coups prémédités de Clairfayt. Le sang des soldats fut livré par le général, mais les transfuges n'emmenèrent pas à l'ennemi le trésor de l'armée. Dumouriez arriva les mains vides, et se confia au hasard et à la reconnaissance des souverains coalisés. Arrivé à Tournai, il n'avait que quelques pièces d'or dans sa bourse. Ses compagnons de fuite étaient presque tous dans le même dénûment. Le duc de Chartres, Thouvenot, Nordmann, Montjoie, le fidèle Baptiste et jusqu'aux deux intrépides héroïnes Fernig, entraînées sans crime dans une désertion qui ressemblait pour elles à la fidélité, se cotisèrent à l'insu de Dumouriez, et lui donnèrent les premiers le pain amer de l'exil.

XXIII

Tel fut le dénoûment de ce long drame politique et militaire, qui avait élevé en trois ans Dumouriez jusqu'à la hauteur des plus grands hommes, pour le faire descendre tout à coup jusqu'au niveau du plus misérable aventurier. C'est que l'élévation de ses sentiments ne répondait pas à la grandeur de son courage et à l'étendue de son esprit. Nourri dans les légèretés des cours et trop accoutumé, par sa vie de diplomate, à voir l'envers des choses politiques et à attribuer les grands résultats aux petites causes, il n'eut dans l'âme ni assez de sérieux pour comprendre la république, ni assez de longanimité pour la servir au péril de sa tête. Il joua le grand homme, il ne le fut qu'à demi. Son sang répandu pour la liberté sur un champ de bataille, ou versé sur un échafaud par l'ingratitude de la république, aurait crié une éternelle vengeance à la postérité, et consacré pour tous les siècles une des plus belles mémoires de la Révolution. Sa vie sauvée par une défection, sa trahison démasquée, jettent l'ombre du regret sur l'éclat de ses campagnes et de ses batailles. Son nom n'est pour ainsi dire qu'une brillante apparition dans l'histoire et un éblouissement de la patrie. Tête de politique, bras de héros, cœur d'intrigant, on s'afflige de ne pas l'admirer tout entier. La tristesse se mêle à l'enthousiasme dans l'impression que fait son nom. On évite de le prononcer parmi les noms glorieux de la patrie, car il n'y a pas de pire honte pour l'esprit humain que le spectacle des grandes destinées remises à de petites âmes, et des grandes qualités qui ne se respectent pas. L'œuvre des peuples veut des hommes sérieux comme la pensée qui les agite. Le crime dans les révolutions offense moins l'esprit que la légèreté; plus coupable et plus odieux, le crime est cependant un moins grand contre-sens dans les catastrophes humaines.

XXIV

Depuis ce jour, Dumouriez, maudit dans son pays, toléré chez l'étranger, erra de royaume en royaume, sans retrouver une patrie. Objet d'une dédaigneuse curiosité, presque indigent, sans compatriotes et sans famille, pensionné par l'Angleterre, il faisait pitié à tous les partis. Comme pour le punir davantage, le ciel, qui lui destinait une longue vie, lui avait laissé tout son génie pour le tourmenter dans l'inaction. Il ne cessa d'écrire des mémoires et des plans militaires pour toutes les guerres que l'Europe fit à la France pendant trente ans; il offrit son épée, toujours refusée, à toutes les causes. Assis, vieux et importun, au foyer de l'Allemagne et de l'Angleterre, il n'osa pas rompre son exil, même quand la France se rouvrit aux proscrits de tous les partis; il craignit que le sol même ne lui reprochât sa trahison. Il mourut à Londres. Sa patrie laissa ses cendres dans l'exil, et n'éleva pas même sa tombe vide sur le champ de bataille où il avait sauvé son pays.

LIVRE TRENTE-HUITIÈME

Événements à l'intérieur. — Marat. — Organisation des comités. — Institutions populaires. — Séditions. — Assignats. — Considérations. — Le maximum. — Décret d'accusation contre Marat. — Lyon. — La Vendée. — L'armée. — Danton à la frontière. — Robespierre. — Les Girondins. — Comité insurrectionnel. — Mort de la femme de Danton. — Les vingt-deux députés girondins. — Complot contre eux. — Danton. — Discours. — Le tribunal révolutionnaire. — Vergniaud. — Discours. — Les Girondins repoussent les avances de Danton. — Comité de salut public. — Madame Roland.

I

Reprenons le cours des événements de l'intérieur, que nous avons laissés en arrière pour ne point faire diverger le récit.

La concession que les Girondins avaient faite de la tête du roi n'avait point étouffé les germes de dissension dans le gouvernement. Les partis s'étaient un moment confondus ;

ils ne s'étaient pas réunis. La faiblesse ne désarme pas, elle encourage à de nouvelles exigences. Les Girondins s'étaient dépouillés, en livrant la vie du roi, de la seule force d'opinion qui pût lutter pour eux dans la nation et au dehors. Le secret de leur faiblesse une fois révélé, on savait d'avance le dernier mot de leur résistance. On n'allait pas tarder à le leur demander.

Cependant, satisfaits de la grande victoire qu'ils venaient de remporter sur leurs adversaires, les Jacobins laissèrent un moment respirer leurs ennemis. Un certain accord s'établit même, en apparence, entre les comités de la Convention et la commune de Paris, pour refréner les excès et concentrer une grande force dans le gouvernement. On s'entendit pour faire rentrer dans son lit le flot populaire qui venait de submerger le trône.

II

Danton se tenait à l'écart, dans une réserve et dans une fière indépendance, qui semblait devoir faire de lui l'arbitre des partis. Robespierre attendait qu'une nouvelle crise vînt le soulever et le porter plus loin et plus haut. Ni l'un ni l'autre alors ne fomentaient les désordres et les agitations sans but de la multitude. Un seul homme dans la Convention troublait le concours apparent de toutes les volontés. Cet homme était Marat, véritable incarnation de l'anarchie. Danton personnifiait la force convulsive qui essaye de sauver les nations en leur donnant des accès de patriotisme poussés jusqu'au meurtre; Robespierre, l'obstination de la foi philosophique qui marche à travers tous les événements à son but. Marat personnifiait en lui ces rêves vagues et fiévreux de la multitude qui souffre, qui gémit, qui s'agite au fond de toutes les sociétés; classe qui, sans voix pour se faire entendre, sans action régulière pour se faire place, s'émeut comme un élément au souffle de toutes les factions, se fanatise d'espérances trompées, change ses déceptions en fureurs, et brise sans cesse les gouvernements, sans avoir pu briser encore les conditions de travail, d'oppression et de misère qui la retiennent dans la dégradation. Marat était le représentant du prolétariat moderne, sorte d'esclavage tempéré par le salaire. Il introduisait sur la scène politique cette multitude jusque-là reléguée dans son impuissance et souillée de ses haillons. La passion qui portait Marat à ce rôle n'était pas seulement la passion de la domination, c'était aussi en lui la passion de la réhabilitation des classes souffrantes et dégradées de l'espèce humaine. Il avait adopté cette cause désespérée. Il voulait qu'elle s'appelât dans l'avenir de son nom. Il voulait délivrer les classes souffrantes de leurs maux, et retourner contre les classes riches tous les fléaux qui pesaient depuis tant de siècles sur la partie opprimée du peuple; il aspirait à lui restituer sa place dans le bien-être. Il prétendait y conduire les prolétaires. Seulement il les conduisait en barbares qui font invasion, le fer et le feu à la main, dans leurs droits reconquis, et qui ne savent trouver place pour eux sur la terre qu'en incendiant et en exterminant tout ce qui l'occupait avant eux.

Depuis le 10 août, Marat ne faisait plus seulement sortir

sa voix des souterrains qu'il habitait, comme un gémissement du fond du peuple; il se montrait avec affectation à la multitude, aux Jacobins, aux Cordeliers, à l'hôtel de ville, aux sections, dans tous les tumultes. Il commençait à s'affranchir de la tutelle de Danton, qu'il avait longtemps briguée et subie. Il commençait à disputer à Robespierre les applaudissements des Jacobins. Robespierre ne promettait au peuple que le règne de lois populaires, qui répartiraient plus équitablement le bien-être social entre toutes les classes. Marat promettait des renversements complets et des dépouilles prochaines. L'un retenait le peuple par sa raison, l'autre l'entraînait par sa folie. Robespierre devait être plus respecté, Marat plus redouté. Il sentait ce rôle, et voici en quels termes il se caractérisait lui-même dans l'*Ami du peuple* :

III

« Que mes lecteurs me pardonnent si je les entretiens aujourd'hui de moi. Ce n'est ni amour-propre ni fatuité, mais désir de mieux servir la chose publique. Comment me faire un crime de me montrer tel que je suis, quand les ennemis de la liberté ne cessent de me représenter comme un fou, comme un anthropophage, comme un tigre altéré de sang, afin d'empêcher le bien que je voudrais faire? Né avec un cœur sensible, une imagination de feu, un caractère bouillant, franc, tenace, un esprit droit, un cœur ouvert à toutes les passions exaltées et surtout à l'amour de la gloire; élevé avec les soins les plus tendres dans la maison paternelle, je suis arrivé à la virilité sans m'être jamais abandonné à la fougue des passions. A vingt et un ans j'étais pur, et depuis longtemps déjà livré à l'étude et à la méditation.

» C'est à la nature que je dois la trempe de mon âme; mais c'est à ma mère que je dois le développement de mon caractère, c'est elle qui fit éclore dans mon cœur l'amour de la justice et des hommes. C'est par mes mains qu'elle faisait passer les secours qu'elle donnait aux indigents; l'accent d'intérêt qu'elle avait en parlant aux misérables m'inspira de bonne heure la tendresse qu'elle avait pour eux. A huit ans j'avais déjà le sens moral formé. A cet âge je ne pouvais supporter la vue des mauvais traitements exercés contre mes semblables. L'aspect d'une cruauté me soulevait d'indignation, le spectacle d'une injustice faisait bondir mon cœur comme un outrage personnel.

» Pendant ma première jeunesse mon corps était débile. Je n'ai connu ni la joie, ni l'étourderie, ni les jeux des enfants. Docile et appliqué, mes maîtres obtenaient tout de moi par la douceur. Je n'ai jamais été châtié qu'une fois. J'avais alors onze ans. Le châtiment était injuste. On m'avait enfermé dans une chambre, j'ouvris la fenêtre et je me précipitai dans la rue.

» L'amour de la gloire fut à tout âge ma principale passion. A cinq ans j'aurais voulu être maître d'école, à quinze ans professeur, à dix-huit auteur, à vingt génie créateur, comme j'ambitionne aujourd'hui la gloire de m'immoler pour ma patrie! Penseur dès mon adolescence, le travail de l'esprit est devenu le seul besoin pour moi, même dans la maladie. Mes plus doux plaisirs, je les ai trouvés dans la méditation, dans ces moments paisibles où l'âme contemple avec admiration le spectacle des cieux ; ou lorsque, repliée sur elle-même, elle semble s'écouter en silence, peser à la balance de la vraie félicité la vanité des grandeurs humaines, percer le sombre avenir, chercher l'homme au delà du tombeau, et porter une inquiète curiosité sur les destinées éternelles.

» J'ai passé vingt-cinq ans dans la retraite, dans la lecture, dans la méditation des meilleurs livres sur la morale, la philosophie et la politique, pour en tirer les meilleures conclusions. Dans huit volumes de recherches métaphysiques, vingt de découvertes sur les sciences physiques, j'ai porté dans mes recherches un sincère désir d'être utile à l'humanité, un saint respect pour la vérité, le sentiment des bornes de l'humaine sagesse. Les charlatans du corps scientifique, les d'Alembert, les Condorcet, les Laplace, les Lalande, les Monge, les Lavoisier, voulaient être seuls sur le chandelier. Je ne pouvais même faire prononcer les titres de mes ouvrages. Je gémissais depuis cinq ans sous cette lâche oppression, quand la Révolution s'annonça par la convocation des états généraux. J'entrevis bientôt où les choses en viendraient, et je commençai à respirer, dans l'espoir de voir enfin l'humanité vengée, de concourir à rompre ses fers, et de monter à ma vraie place.

» Ce n'était encore qu'un beau rêve ! il fut prêt à s'évanouir. Une maladie cruelle me menaçait d'aller l'achever dans la tombe. Ne voulant pas quitter la vie sans avoir fait quelque chose pour l'humanité, je composai sur mon lit de douleur l'*Offrande à la patrie*... Rendu à la vie, je ne m'occupai plus que des moyens de servir la cause de la liberté! et ils m'accusent d'être un scélérat vendu! Mais je pouvais amasser des millions en vendant simplement mon silence, et je suis dans la misère!... »

IV

Ces lignes révélaient l'âme de Marat, une frénésie de gloire, une explosion perpétuelle de vengeance contre les inégalités sociales, et un amour pour les classes souffrantes, perverti jusqu'à la férocité envers les riches et les heureux.

Une telle soif de justice absolue et de nivellement soudain ne pouvait s'apaiser qu'avec du sang. Marat ne cessait d'en demander au peuple, par suite de cet endurcissement de l'esprit qui jouit d'immoler par la pensée ce qui résiste à l'implacabilité de ses systèmes.

Sa vie était pauvre et laborieuse comme l'indigence qu'il représentait. Il habitait un appartement délabré dans une maison obscure de la rue des Cordeliers; il gagnait son pain par sa plume. Un infatigable travail d'esprit, une colère chronique, des veilles prolongées, enflammaient son sang, cavaient ses yeux, jaunissaient sa peau, et donnaient à sa physionomie l'ardeur maladive et les tressaillements nerveux de la fièvre. Il prodiguait sa vie comme la vie des autres. Même quand ses longues et fréquentes maladies le retenaient cloué sur son lit de douleur, il ne cessait pas d'écrire, avec la rapidité de la foudre, toutes les pensées soudaines que le bouillonnement de ses rêves faisait monter dans son imagination. Des ouvriers d'imprimerie emportaient une à une à l'atelier les feuilles imbibées de sa haine ; une heure après, les crieurs publics et des affiches placardées au coin des rues les répandaient dans tout Paris. Sa vie était un dialogue furieux et continu avec la foule. Il semblait regarder toutes ses impressions comme des inspirations, et les recueillait à la hâte comme des hallucinations de la sibylle ou les pensées sacrées des prophètes. La femme avec laquelle il vivait le considérait comme un bienfaiteur méconnu du monde, dont elle recevait la première les confidences. Marat, brutal et injurieux pour tout le monde, adoucissait son accent et attendrissait son regard pour cette femme. Elle se nommait Albertine. Il n'y a pas d'homme si malheureux ou si odieux sur la terre à qui le sort n'ait ainsi attaché une femme dans son œuvre, dans son supplice, dans son crime ou dans sa vertu.

Marat avait, comme Robespierre et comme Rousseau, une foi surnaturelle dans ses principes. Il se respectait lui-même dans ses chimères comme un instrument de Dieu. Il avait écrit un livre en faveur du dogme de l'immortalité de l'âme. Sa bibliothèque se composait d'une cinquantaine de volumes philosophiques, épars sur une planche de sapin clouée contre le mur nu de sa chambre. On y remarquait Montesquieu et Raynal souvent feuilletés. L'Évangile était toujours ouvert sur sa table. « La Révolution, disait-il à ceux qui s'en étonnaient, est tout entière dans l'Évangile. Nulle part la cause du peuple n'a été plus énergiquement plaidée, nulle part plus de malédictions n'ont été infligées aux riches et aux puissants de ce monde. Jésus-Christ, répétait-il souvent en s'inclinant avec respect à ce nom, Jésus-Christ est notre maître à tous ! »

Quelques rares amis visitaient Marat dans sa morne solitude : c'étaient Armonville, le septembriseur d'Amiens; Pons de Verdun, poëte adulateur de toutes les puissances; Vincent, Legendre, quelquefois Danton; car Danton, qui avait longtemps protégé Marat, commençait à le craindre. Robespierre le méprisait comme un caprice honteux du peuple. Il en était jaloux, mais il ne s'abaissait pas à mendier si bas sa popularité. Quand Marat et lui se coudoyaient à la Convention, ils échangeaient des regards pleins d'injure et de mépris mutuels : « Lâche hypocrite! murmurait Marat. — Vil scélérat! » balbutiait Robespierre. Mais tous deux unissaient leur haine contre les Girondins.

Le costume débraillé de Marat à cette époque contrastait également avec le costume décent de Robespierre. Une veste de couleur sombre rapiécée, les manches retroussées comme celles d'un ouvrier qui quitte son ouvrage; une culotte de velours tachée d'encre, des bas de laine bleue, des souliers attachés sur le coude-pied par des ficelles; une chemise sale et ouverte sur la poitrine, des cheveux collés aux tempes et noués par derrière avec une lanière de cuir, un chapeau rond à larges bords retombant sur les épaules : tel était l'accoutrement de Marat à la Convention. Sa tête d'une grosseur disproportionnée à l'extrême petitesse de sa taille, son cou penché sur l'épaule gauche, l'agitation continuelle de ses muscles, le sourire sardonique de ses lèvres, l'insolence provoquante de son regard, l'audace de ses apostrophes, le signalaient à l'œil. L'humilité de son extérieur n'était que l'affiche de ses opinions. Le sentiment de son importance grandissait en lui avec le pressentiment de sa puissance. Il menaçait tout le monde, même ses anciens amis. Il raillait Danton sur son luxe et sur ses goûts voluptueux. « Danton, disait-il à Legendre, va-t-il toujours disant que je suis un brouillon qui gâte tout? J'ai demandé autrefois pour lui la dictature, je l'en croyais capable. Il s'est amolli dans les délices. Les dépouilles de la Belgique et l'orgueil de ses missions l'ont enivré. Il est trop grand seigneur aujourd'hui pour s'abaisser jusqu'à moi. Camille Desmoulins, Chabot, Fabre d'Églantine et ses flatteurs me dédaignent. Le peuple et moi nous les surveillons. »

V

La Convention s'efforça pendant quelque temps, par l'organisation de ses comités, de classer les lumières, les aptitudes et les dévouements individuels dont elle était remplie, et d'appliquer chacun de ses membres à la fonction pour laquelle sa nature, ses facultés et ses études semblaient le désigner. C'était le gouvernement et l'administration nommés pour ainsi dire par l'acclamation publique. La constitution, l'instruction publique, les finances, les armées, la marine, la diplomatie, la sûreté générale des citoyens, le salut public enfin, cette attribution suprême qui donne à une nation la souveraineté de ses propres destinées, formèrent autant de comités distincts où s'élaboraient, dans des discussions intimes et dans des rapports approfondis, les différentes matières du gouvernement, d'économie politique ou d'administration. La Convention utilisait ainsi toutes les aptitudes en les concentrant sur les objets spéciaux à leur compétence. Elle réservait aux séances publiques les grandes luttes de théories ou de passions politiques qui ébranlaient l'empire, et qui faisaient tour à tour triompher ou succomber les partis. Mais le nerf de l'administration intérieure ou de la défense extérieure fut placé dans les comités. Ce ressort continuait à agir sourdement, pendant que la Convention paraissait déchirée par ses convulsions publiques.

L'organisation du gouvernement républicain, dans un pays accoutumé depuis tant de siècles à l'unité et à l'arbitraire du gouvernement monarchique, fut la première nécessité et la première pensée de la Convention. Elle appela au comité de constitution les hommes qu'elle supposait doués à un plus haut degré du génie ou de la science des institutions humaines. Elle ne fit pas acception de parti, mais de mérite, dans ces premiers choix. Les Girondins y dominaient, mais y dominaient à titre de lumières plus qu'à titre de faction. C'était Sieyès, c'était Thomas Payne, c'était Brissot, c'était Pétion, c'était Vergniaud, c'était Gensonné, c'était Barère qui communiquait l'enthousiasme en le simulant; c'était Condorcet, c'était Danton enfin. Robespierre, odieux aux Girondins et suspect d'anarchie, n'en fut pas. Il en conçut une humiliation profonde et un ressentiment qu'il déguisa sous l'apparence du dédain.

VI

Le comité d'instruction publique, le plus important après celui de la constitution, dans un moment où il fallait transformer les mœurs du peuple comme on transformait ses lois, se composait des philosophes, des lettrés et des artistes de la Convention. Condorcet, Prieur, Chénier, Hérault de Séchelles, Lanjuinais, Romme, Lanthenas, Dusaulx, Mercier, David, Lequinio, Fauchet, en étaient les principaux membres. Cambon régnait au comité des finances : Jacobin par sa passion pour la république, Girondin par sa haine des anarchistes, probe comme la main du peuple dans son propre trésor, inflexible comme un chiffre. Le comité de salut public, qui devait absorber tous les autres et se placer au-dessus de toutes les lois comme la fatalité, ne fut organisé que deux mois plus tard et ne régna que six mois après.

Pendant que ces comités préparaient dans le silence la constitution et les systèmes d'éducation, de guerre, de finance et de bienfaisance publique, l'agitation du peuple de Paris rappelait sans cesse la Convention à l'urgence et à l'imprévu. La guerre et la faim poussaient également le peuple à la sédition. Par une fatale coïncidence, les années de troubles pour la France avaient été des années de stérilité pour la terre; des hivers longs et âpres avaient gelé les blés; les saisons avaient été rudes. On eût dit que les éléments eux-mêmes combattaient contre la liberté. La panique, en exagérant la rareté des grains, avait assombri l'imagination publique; les fleuves étaient glacés, le bois rare, le pain cher; le prix élevé de toutes les subsistances présentait la détresse et la mort sous la forme où elle soulève le plus de griefs dans le peuple : la famine. Le travail manquait aux ouvriers; le luxe avait disparu avec la sécurité qui le fait naître; les riches affectaient l'indigence pour échapper à la spoliation; les nobles et les prêtres avaient emporté dans leur fuite ou enfoui dans les caves, dans les jardins, dans les murs de leurs demeures, une partie considérable de l'or et de l'argent monnayés, signes de la valeur, moyens d'échange, mobiles de circulation, sources du travail et du salaire. Les confiscations ou les séquestres paralysaient entre les mains de la république une masse immense de terres incultes et de maisons inhabitées.

Pour suppléer à l'or et à l'argent, qui semblaient avoir tari tout à coup, l'Assemblée constituante avait créé une monnaie de papier sous le nom d'*assignats*. Cette monnaie de papier, si le peuple avait voulu la comprendre et l'adopter, aurait pu avoir les mêmes effets que la monnaie métallique; elle aurait multiplié les transactions entre les particuliers, alimenté le travail, payé l'impôt, représenté le prix des terres. Une monnaie, quoi que disent quelquefois des économistes, n'a jamais d'autre valeur que celle de la convention qui la crée et du crédit qu'elle porte avec elle. Il suffit que la proportion entre les choses achetées et le signe qui les achète ne puisse pas être soudainement et arbitrairement changée par une multiplication désordonnée de ce signe monétaire; le prix réel et vrai de toutes choses s'établit d'après cette proportion. La loi seule, une loi probe et prudente, peut donc frapper monnaie. Que la loi frappe monnaie en or, en argent, en cuivre, en papier, peu importe, pourvu que la proportion soit religieusement gardée, et que le peuple conserve ainsi confiance dans la sincérité et dans le crédit de ce signe. La lettre de change, monnaie individuelle qui n'a d'autre valeur que la signature de celui qui la crée, supplée entre les particuliers à un numéraire incalculable. Elle a tous les effets de l'or et de l'argent. Ce n'est qu'une monnaie frappée par chacun et représentative de la confiance qu'on a dans l'individu. Comment l'État, qui représente la fortune et le crédit de tous, ne frapperait-il pas une monnaie de papier aussi inviolable et aussi accréditée que celle des simples citoyens? Mais le gouvernement révolutionnaire n'avait pas donné une garantie de stabilité capable d'inspirer confiance.

VII

Le peuple avait l'habitude de l'or. Il voulait peser et palper sa valeur. Il n'avait pas de foi dans le papier. Tant que les vérités ne sont pas devenues des habitudes, elles paraissent des piéges au peuple.

De plus, le gouvernement, pressé par des nécessités croissantes, avait multiplié trop soudainement le nouveau signe monétaire de papier. De là, dépréciation du signe et évanouissement de la richesse monétaire entre les mains de celui qui la possédait ou qui l'acceptait; de là aussi des lois implacables contre ceux qui refusaient de l'accepter ; de là, enfin, ralentissement de circulation, dépression du commerce, danger des affaires, suspension des échanges, cessation du travail libre, disparition du salaire, exténuation de l'ouvrier ; les propriétaires et les riches vivaient des produits directs de leurs terres ou de sommes réservées en or et en argent, dont ils ne laissaient échapper, d'une main avare, que la quantité nécessaire à la satisfaction de leurs besoins les plus urgents. On cultivait mal. On consommait peu. On ne bâtissait plus. Les voitures, les chevaux, avaient disparu. Les meubles n'étaient plus renouvelés. Les vêtements affichaient la peur, l'avarice ou la misère. La vie, réduite au plus étroit nécessaire, retranchait tout emploi et tout salaire à ces innombrables artisans que nourrissent les besoins factices d'une société calme.

VIII

Les commerçants des grandes villes, ces intermédiaires entre le consommateur qui veut acheter à bas prix et le producteur qui veut vendre cher, ajoutaient encore l'usure et l'accaparement au prix des denrées. La spéculation profite de tout ; ce n'est pas son vice seulement, c'est sa nature. La soif de l'or endurcit comme la soif du sang.

Une lutte violente s'animait tous les jours davantage entre le bas peuple de Paris et le commerce de détail. La haine contre les épiciers, ces débitants des petites consommations journalières des masses, était devenue aussi ardente et aussi sanguinaire que la haine contre les aristocrates. Les boutiques étaient assiégées d'autant d'imprécations que les châteaux. De continuelles émeutes à la porte des boulangers, des marchands de vin, et sur le seuil des magasins d'épiciers, troublaient la rue. Des bandes affamées, à la tête desquelles marchaient des femmes et des enfants, enseignes de détresse, sortaient tous les matins des quartiers populeux et des faubourgs pour se répandre dans les quartiers riches et stationner devant les maisons suspectes d'accaparement. Ces bandes entouraient la Convention et en forçaient quelquefois les portes pour demander à grands cris du pain ou l'abaissement violent du prix des denrées. Ces légions de femmes qui habitent les bords ou les bateaux du fleuve, et qui gagnent leur vie et celle de leurs enfants à blanchir le linge d'une grande ville, venaient sommer la Convention de réduire le prix du savon, élément de leur profession, de l'huile, de la chandelle, du bois nécessaires à leur ménage.

Elles demandaient le *maximum*, c'est-à-dire la taxe des marchandises, l'arbitraire du gouvernement, placé entre le commerçant et le consommateur pour modérer les gains de l'un, pour favoriser les besoins de l'autre. Si la pensée du *maximum* était légitime, l'exécution en était impossible. La justice qu'on prétendait faire ainsi au consommateur nécessiteux pouvait à chaque instant devenir une injustice ou une oppression envers le commerçant. La loi allait agir à tâtons et substituer l'arbitraire à la liberté des échanges. Le *maximum*, pour être juste, aurait dû changer aussi souvent son chiffre qu'il y avait de variations dans les prix d'acquisition des marchandises. Or nul ne pouvait parvenir à cette appréciation. Toute spéculation se trouvait détruite. La spéculation est l'âme du commerce. Le commerce, assujetti à ces interventions inquisitoriales, devait cesser d'approvisionner la France; c'était la mort des transactions que le peuple demandait. Ces mesures, vivement combattues par la haute raison des Girondins, par Robespierre, par Hébert et Chaumette même, allaient porter dans les approvisionnements de Paris et dans les rapports du peuple et du marchand le trouble et la disette qu'elles avaient pour objet de prévenir. Mais, si le peuple comprend vite les questions purement politiques et les vérités nationales, parce qu'il les comprend par le cœur et qu'il les résout par la passion, il est lent à comprendre les questions économiques, parce qu'elles exigent l'application d'une intelligence exercée et les lumières de l'expérience. L'économie politique est une science, la politique n'est qu'un sentiment: aussi est-ce par ce côté qu'il est plus aisé d'égarer les masses, surtout quand la misère et la faim viennent passionner les sophismes.

IX

Marat et ses partisans avaient adopté fanatiquement cette cause du *maximum*. Ils poussaient le peuple par la faim à la taxe et au pillage des riches. Les feuilles de Marat sonnaient tous les jours le tocsin de la famine.

« Il est incontestable, disait-il dans l'*Ami du peuple* du 23 février, que les capitalistes, les agioteurs, les monopoleurs, les marchands de luxe, les suppôts de la chicane, les ex-robins, les ex-nobles, sont, à quelques exceptions près, les suppôts de l'ancien régime, qui regrettent les abus dont ils profitaient pour s'engraisser des dépouilles publiques. Dans l'impossibilité de changer leur cœur, vu la vanité des moyens employés jusqu'ici pour les rappeler au devoir, et désespérant de voir nos législateurs prendre les grandes mesures pour les y forcer, je ne vois que la destruction totale de cette engeance maudite qui puisse rendre la tranquillité à l'État : les voilà qui redoublent de scélératesse pour affamer le peuple par l'élévation extraordinaire du prix des denrées de première nécessité, et par la perspective de la disette. Le pillage des magasins, à la porte desquels on pendrait quelques accapareurs, mettrait bientôt fin à ces malversations, qui réduisent cinq millions d'hommes au désespoir, et qui en font mourir des milliers de misère. Les députés du peuple ne sauront-ils donc jamais que bavarder sur ses maux, sans jamais lui présenter le remède? Laissons là les lois, il est évident qu'elles ont été toujours sans effet! Au reste, cet état de choses ne peut durer plus longtemps ; un peu de patience, et le peuple sentira enfin cette grande vérité, qu'il doit se sauver lui-même. Les scélérats qui cherchent, pour le remettre aux fers, à le punir de s'être défait d'une poignée de traîtres les 2, 3 et 4 septembre, qu'ils tremblent d'être mis eux-mêmes au nombre des membres pourris qu'il est utile de retrancher du corps politique !

» Infâmes hypocrites, qui vous efforcez de perdre la patrie, sous prétexte de relever le règne de la loi, montez donc à la tribune! osez me dénoncer! Cette feuille à la main, je suis prêt à vous confondre! »

X

On ne pouvait prêcher en termes plus formels le pillage et l'assassinat. Le lendemain, le peuple, dont la feuille de Marat était la tribune à quarante mille voix, obéit au signe de son apôtre ; des bandes affamées sortirent des faubourgs, des ateliers, des lieux suspects, se répandirent comme une invasion dans les riches quartiers de Paris, forcèrent la porte des boulangers, enfoncèrent les magasins d'épiciers, se distribuèrent, en les taxant, les denrées de première nécessité, le pain, le savon, l'huile, la chandelle, le café, le sucre, le fromage, et pillèrent ensuite quelques boutiques de comestibles.

Le lendemain, Barère, organe des centres, demanda que la loi fût vengée ! « Tant que je serai représentant du peuple, dit-il, je ferai imperturbablement la guerre à ceux qui violent les propriétés, et qui mettent le pillage et le vol à la place de la morale publique, couvrant ces crimes du masque du patriotisme. »

Le Girondin Salles lit à la tribune la provocation sanguinaire de Marat. « Le décret d'accusation contre ce monstre ! » s'écrient une foule de députés. Marat s'élance à la tribune aux applaudissements de ses amis, apostés par lui dès le matin parmi les spectateurs. « Les mouvements populaires qui ont eu lieu hier, dit-il en regardant Salles et Brissot, sont l'œuvre de cette faction criminelle et de ses agents; ce sont eux qui envoient dans les sections des émissaires pour y fomenter des troubles. Dans l'indignation de mon âme, j'ai dit qu'il fallait piller les magasins des accapareurs et les pendre à la porte de leur maison, seul moyen efficace de sauver le peuple; et on ose demander contre moi le décret d'accusation ! » A ces mots, l'indignation soulève la salle presque entière. Les imprécations étouffent la voix de l'orateur. Marat sourit de dédain pour ces âmes *faibles*. « Les imbéciles ! » dit-il en abandonnant la tribune.

Laréveillère-Lépaux, homme intègre et neutre entre les partis, rend témoignage de l'intégrité de Roland et le justifie des calomnies de Marat. « Il est temps de savoir, s'écrie Laréveillère-Lépaux, si la Convention saura se décider entre le crime et la vertu ! — Qui oserait défendre Marat? murmure-t-on de toutes parts. — Moi ! répond Thirion. — Je ne veux pas de défenseur, répond l'*ami du peuple;* c'est là une manœuvre de la cabale qui poursuit en moi la députation de Paris. Ils veulent m'éloigner de l'Assemblée, parce que je les importune en dévoilant leurs complots. — Marat est crédule, dit Carra, il fait tort par ses emportements à ses amis, il jette de la défaveur sur la Montagne. » Marat interrompt Carra. «Le perfide commentaire de Carra ne tendrait qu'à conduire à l'échafaud les meilleurs patriotes. » Buzot demande ironiquement la parole pour Marat. « Je suis assez fort pour me défendre moi-même, dit audacieusement l'accusé. — Pourquoi, continue Buzot, accuseriez-vous cet homme? il n'écrit dans son journal que ce qui se dit tous les jours à cette tribune; il n'est que l'organe imprudent des calomnies qu'on ne cesse de vomir contre nous et contre les meilleurs citoyens; il n'est que le précurseur de cette anarchie qui contient dans ses derniers fléaux la royauté! Le décret que vous porteriez contre lui ne ferait que donner de l'importance à un homme qui n'agit pas de lui-même, mais qui n'est que l'instrument d'hommes pervers. » Les murmures de la Montagne grondent contre Buzot, et changent en fureur contre les Girondins l'indignation contre Marat. Salles, Valazé, Boileau, Fonfrède, demandent le décret d'accusation, Bancal l'expulsion, Pereyres la déclaration de démence. La Convention, debout, se divise en deux groupes inégaux, d'où partent les exclamations, les dérisions, les invectives. « L'appel nominal! s'écrie Boileau. Que l'on connaisse enfin les amis de Marat et les lâches qui craignent de le frapper! — Qu'il parle! s'écrie-t-on, il est accusé, il a le droit de parler. »

Marat s'adressant alors aux Girondins : « Il n'y a ici ni justice ni pudeur! » Les Girondins se lèvent comme un seul homme, et semblent écraser du geste et de la voix l'insolence de l'orateur. « Oui, décrétez-moi d'accusation, poursuit Marat avec un sourire de défi, mais en même temps décrétez de démence ces *hommes d'État*. » C'était le nom dont les démagogues de la commune et Robespierre lui-même qualifiaient les amis de Roland. Tallien, un des premiers disciples de Marat, s'obstine en vain à défendre son maître, les vociférations des centres couvrent la voix de Tallien. Un dernier mot de Vergniaud fait renvoyer l'accusation aux tribunaux ordinaires, et charge le ministre de la justice de poursuivre les auteurs et les instigateurs de pillage.

« C'est une scélératesse! » s'écrie Marat; et il sort protégé par les applaudissements de la Montagne. Tout en flétrissant les doctrines, la Montagne couvrait l'homme. Ce qu'elle aimait dans Marat, c'était l'ennemi des Girondins.

XI

C'est peu de jours après ces désordres qu'on apprit les troubles de Lyon et l'insurrection en masse de la Vendée, premiers symptômes de guerre civile. Ces symptômes éclataient au moment où Dumouriez fléchissait et trahissait aux frontières, et où l'anarchie déchirait Paris; mais l'attention de la Convention se portait tout entière aux frontières.

Là, les désastres succédaient aux désastres. On apprit coup sur coup les revers de Custine en Allemagne, la déroute de l'armée du Nord et les conspirations transparentes de Doumouriez. L'Espagne commença les hostilités. La Convention, sur le rapport de Barère, répondit sans hésitation par une déclaration de guerre à la cour de Madrid. La Convention, loin de déguiser ses périls à la nation, chercha le salut dans le péril même. Elle le dévoila tout entier. Quatre-vingt-treize commissaires furent nommés à l'instant pour porter dans les différentes sections de Paris a nouvelle de la défaite de nos armées et des dangers de nos frontières. La commune fit arborer un drapeau noir, signe de deuil et de mort, au sommet des tours de la cathédrale. Les théâtres se fermèrent. Le rappel fut battu comme un tocsin de guerre, pendant vingt heures de suite, dans tous les quartiers. Des orateurs ambulants lurent sur les places publiques une proclamation du conseil qui empruntait à l'hymne des Marseillais son impétuosité : « Aux armes, citoyens ! aux armes ! si vous tardez, tout est perdu ! » Les sections, dont chacune était devenue une municipalité agissante et une Convention délibérante, votèrent des mesures désespérées. Elles demandèrent la prohibition de la vente du numéraire, la peine de mort contre le commerce de l'argent monnayé, la création d'une taxe sur les riches, la destitution du ministre de la guerre, l'accusation contre Dumouriez et ses complices, enfin la création d'un tribunal révolutionnaire pour juger Brissot, Pétion, Roland, Buzot, Guadet, Vergniaud et tous les Girondins, dont la modération perfide perdait la patrie sous prétexte de sauver la légalité.

XII

Danton, tour à tour à la Convention ou aux camps, s'élevant au-dessus des deux partis par l'élan de son caractère, chassa de la voix et du geste le peuple aux frontières, et sembla commander à la Convention la concorde, pour concentrer toute l'énergie contre l'étranger. Robespierre, au nom des Jacobins, adressa au peuple une proclamation qui imputait aux Girondins tous nos revers. Il les accusait d'avoir été les instigateurs du pillage pour déshonorer les doctrines populaires, et pour ranger les riches, les propriétaires et les commerçants, du côté de la contre-révolution. Il demanda un rempart de têtes entre la nation et ses ennemis, et d'abord celles des Girondins.

Mais au-dessous de ce mouvement visible des Jacobins de la commune, des Cordeliers et des sections, qui bouillonnait contre les maîtres de la Convention, un conciliabule souterrain, quelquefois public, quelquefois caché, s'occupa de réunir et d'enflammer les éléments d'une insurrection du peuple contre la majorité de la Convention. Ce comité insurrectionnel se rassemblait tantôt dans une salle de l'hôtel de ville, tantôt en plus petit nombre dans une maison du faubourg Saint-Marceau. On y comptait Marat, Dubois-Crancé, Duquesnoy, Drouet, Choudieu, Pache, maire de Paris; Chaumette, Hébert, Momoro, Panis, Dubuisson, l'Espagnol Gusman, Proly, Pereyres, Dopsent, président de la section de la Cité, un des organisateurs des massacres des prisons; Hassenfratz, Hanriot, Dufourny. Les agents secondaires étaient pour la plupart des hommes du 6 octobre, du 20 juin, du 10 août, du 2 septembre : cadre révolutionnaire que la commune avait conservé. Ces hommes de main, après avoir obéi à l'impulsion de Pétion et de ses amis, étaient prêts à obéir à l'impulsion de Pache, de Marat et de Robespierre : flot révolutionnaire dont la nature était de déborder sans cesse. Tout ce qui tendait à fixer la Révolution leur était insupportable. On retrouvait parmi ces hommes d'exécution Maillard, le président des massacres de l'Abbaye; Cerat, qui avait dirigé les assassinats aux Carmes et qui était maintenant juge de paix de la section du Luxembourg; Gonchon, le Danton du faubourg Saint-Antoine; Varlet; le teinturier Malard, ami de Billaud-Varennes; le coiffeur Siret, qui depuis la prise de la Bastille, où il avait essayé son courage, n'avait manqué à aucun des combats de la Révolution; le tanneur Gibon, patriote entraîné par Hanriot, et confondant comme lui le patriotisme et le crime; Lareynie, l'ancien grand vicaire de Chartres, poursuivant jusqu'au bout, dans la Révolution, la ruine des institutions qu'il avait abjurées; Alexandre, qui affectait dans son faubourg l'ascendant militaire; et enfin le cordonnier Chalandon, président du comité révolutionnaire de la section, et dont le célèbre avocat Target mendiait lâchement la protection, fréquentait la table et rédigeait les harangues.

XIII

Le 6 mars, dans la nuit, le comité d'insurrection générale se réunit plus mystérieusement que de coutume. Les membres d'une implacable résolution et d'un secret à toute épreuve y avaient été seuls convoqués. Ils étaient las du nom d'assassins que Vergniaud et ses amis leur lançaient du haut de la tribune. Ils espéraient que Danton, qui avait été leur complice et sur qui rejaillissaient les injures des Girondins, s'unirait à eux pour écraser ces ennemis communs. Ils étaient prêts à lui décerner la dictature du patriotisme. Ils attendaient d'heure en heure son retour de l'armée, où il avait couru une troisième fois pour raffermir les troupes ébranlées.

XIV

Danton, informé par une lettre de son beau-frère, Charpentier, de la maladie de sa femme, était reparti précipitamment de Condé pour venir recueillir le dernier soupir de la compagne de sa jeunesse. La mort l'avait devancé. En descendant de voiture à la porte de sa maison, on lui annonça que sa femme venait d'expirer. On voulut l'éloigner de ce funèbre spectacle; mais Danton, qui, sous l'impétuosité de ses passions politiques et sous les débordements de sa vie, nourrissait une tendresse mêlée de respect pour la mère de ses deux enfants, écarta les amis qui lui disputaient le seuil de sa maison, monta éperdu dans la chambre, se précipita vers le lit, souleva le linceul, et, couvrant de baisers et de larmes le corps à demi refroidi de sa femme, passa toute la nuit en gémissements et en sanglots.

Nul n'osa interrompre sa douleur et l'arracher à ce cercueil pour l'entraîner à la sédition. Les projets des conjurés furent ajournés à défaut de chef. Cependant Dubuisson harangua le comité et lui démontra l'urgence de prévenir les Girondins, qui parlaient tous les jours de venger les meurtres de septembre. « La mort, dit-il en finissant, à ces hypocrites de patriotisme et de vertu! »

XV

Les bras levés et les gestes de mort furent le silencieux applaudissement de ce discours de Dubuisson. Les noms de vingt-deux députés girondins furent débattus et leurs têtes dévouées. Ce chiffre de vingt-deux têtes correspondait, par une sorte de talion, à celui de vingt-deux Jacobins que Dumouriez avait promis, dit-on, de livrer à la vengeance de son armée et à la colère de l'étranger. Les uns proposèrent de pendre Vergniaud, Brissot, Guadet, Pétion, Barbaroux et leurs amis, aux branches des arbres des Tuileries; les autres, de les conduire à l'Abbaye, et de renouveler sur eux la justice anonyme de septembre. Marat, dont le nom n'avait rien à craindre d'un forfait de plus, et pour qui la gloire n'était que l'éclat du crime, écarta ces scrupules : « On nous appelle buveurs de sang, dit-il; eh bien, méritons ce nom en buvant le sang de nos ennemis! La mort des tyrans est la dernière raison des esclaves. César fut assassiné en plein sénat, traitons de même les représentants traîtres à la patrie, et immolons-les sur leurs bancs, théâtre de leurs crimes. » Mamin, qui avait promené la tête de la princesse de Lamballe au bout de sa pique, se proposa, lui et quelques-uns de ses égorgeurs, pour assassiner les Girondins dans leur propre demeure. Hébert appuya ce dernier parti. « La mort sans bruit, donnée dans les ténèbres, vengera aussi bien la patrie des traîtres, et montrera la main du peuple suspendue à toute heure sur la tête des conspirateurs. » On s'arrêta à ce plan, sans exclure néanmoins l'idée de Marat, si l'occasion d'un meurtre plus solennel se présentait, au milieu des désordres, dans l'assaut que le peuple donnerait à la Convention. On distribua les quartiers à soulever aux agitateurs, et on fixa pour l'exécution la nuit du 9 au 10 mars.

XVI

Pendant que les conjurés du comité d'insurrection recrutaient leurs forces, une révélation fortuite informait les Girondins de la nature du complot tramé contre leur vie. Le coiffeur Siret, avec l'indiscrétion habituelle à sa profession, avait confié au président de la section de l'île Saint-Louis, Mauger, que le lendemain, à midi, les Girondins auraient cessé de vivre. Mauger, ami de Kervélégan, député du Finistère, et un des plus fermes courages de la faction de Roland, se rendit, à la nuit tombante, chez Kervélégan, et le conjura, au nom de sa sûreté personnelle, de ne pas aller le lendemain à la séance de la Convention, et de ne pas coucher dans sa maison pendant la nuit du 9 au 10. Kervélégan, qui attendait ce soir-là les principaux chefs de la Gironde à souper, leur transmit l'avis de Mauger, et envoya prévenir tous les députés du même parti de s'abstenir d'aller à la Convention, et de s'absenter de leurs demeures pendant la journée et la nuit suivantes. Il courut lui-même chez Gamon, un des inspecteurs de la salle, pour provoquer les mesures nécessaires à la sûreté de la Convention. Il alla ensuite réveiller le commandant du bataillon des fédérés du Finistère à la caserne, et fit prendre les armes à ce bataillon. Déjà quelques groupes étaient en marche.

Louvet, le courageux accusateur de Robespierre, logeait alors dans la rue Saint-Honoré, non loin du club des Jacobins. Il savait que le premier soulèvement du peuple le choisirait pour première victime. Il menait d'avance la vie d'un proscrit, ne sortant que pour se rendre à la Convention, toujours armé, demandant asile à des toits différents pour passer la nuit, et ne fréquentait furtivement sa propre demeure que pour visiter la jeune femme qui s'était dévouée à lui. C'était cette Lodoïska dont il a immortalisé dans ses récits la beauté, le courage et l'amour. Cette femme, dont l'œil épiait sans cesse les moindres symptômes, entendit, au commencement de la nuit, un tumulte inaccoutumé dans la rue, et des vociférations qui partaient du sein des groupes plus nombreux qu'à l'ordinaire sur le seuil des Jacobins. Elle y courut; elle pénétra dans la salle; du haut des tribunes où les femmes étaient admises, elle assista, inconnue, aux sinistres préliminaires des attentats réservés à la nuit. Elle vit éclater la conjuration, désigner le but, donner le mot d'ordre, proférer les serments, éteindre les flambeaux, tirer les sabres. Aussitôt, se confondant dans la foule, elle s'échappa pour prévenir son amant. Louvet, sortant de sa retraite, court chez Pétion, où quelques-uns de ses amis étaient réunis. Ils délibéraient tranquillement sur des projets de décrets qu'ils se proposaient de présenter le lendemain. Louvet les décida avec peine à s'abstenir d'aller à la séance de nuit de la Convention. Vergniaud se refusait à croire au crime. Pétion, indifférent à son sort, aimait mieux l'attendre dans sa maison que de le fuir. Les autres se dispersèrent et allèrent demander sûreté jusqu'au jour à l'hospitalité. Louvet courut dans la nuit de porte en porte avertir Barbaroux, Buzot, Salles, Valazé, de se soustraire à la hâte aux piques des assassins. Brissot, déjà informé, était allé instruire les ministres et les animer de son intrépidité.

XVII

Pendant que les députés girondins échappaient ainsi à leurs ennemis, des bandes parties des Cordeliers, armées de pistolets et de sabres, se portèrent à l'imprimerie de Gorsas, rédacteur de la *Chronique de Paris*, forcèrent les portes, déchirèrent les feuilles, brisèrent les presses et pillèrent les ateliers. Gorsas, armé d'un pistolet, passa inconnu au milieu des assassins qui demandaient sa tête. Puis, arrivé à la porte de la rue et la trouvant gardée par des hommes armés, il escalada le mur de la cour et se jeta dans une maison voisine, d'où il se réfugia à la section.

Une autre colonne, d'environ mille hommes du peuple, sortant d'un repas civique sous les piliers des halles, marcha à la Convention et défila dans la salle aux cris de : *Vivre libres ou mourir !* Les bancs vides des Girondins déconcertèrent les projets de leurs ennemis. Les Girondins, bravant les huées et les menaces de la foule et des tribunes, se rendirent le jour suivant à leur poste. Un attroupement d'environ cinq mille hommes des faubourgs encombrait la rue Saint-Honoré, la cour du Manége, la terrasse des Feuillants. Les sabres, les pistolets, les piques, s'agitaient sur les têtes des députés aux cris de : *Mort à Brissot et à Pétion!* Fournier l'Américain, Varlet, Champion, et des vociférateurs connus du peuple, demandèrent les têtes de trois cents députés modérés; ils se rendirent en députation au conseil de la commune pour exiger qu'on fermât les barrières de Paris et qu'on proclamât l'insurrection. Le conseil rejeta ces demandes, et Marat lui-même désavoua et gourmanda Fournier et ses complices.

La Convention fut tumultueuse comme le peuple lui-même. On se lançait les outrages et les provocations. Barère, indécis entre les Girondins et les Montagnards, et par là même toléré des deux partis, assoupit un moment la fureur générale en s'égarant dans les généralités patriotiques et en protestant à la fois contre l'aristocratie des Girondins, contre l'anarchie des Montagnards, contre l'insurrection municipale de Paris. « On a parlé, dit-il, du projet de couper cette nuit des têtes de députés? Citoyens! les têtes des députés sont bien assurées; les têtes des députés sont posées sur tous les départements de la république : qui donc oserait y toucher? Le jour de ce crime impossible, la république serait dissoute! » D'unanimes applaudissements couvrirent la voix de Barère et semblèrent garantir la vie des représentants de la nation contre les poignards du peuple de Paris. Robespierre présenta comme remède au mal la concentration du pouvoir exécutif dans les comités. Il fit pressentir le comité de salut public, c'est-à-dire la dictature sans intermédiaire de la Convention.

« Les considérations générales qu'on vous présente sont vraies, dit Danton ; mais quand l'édifice est en feu, on ne s'attache pas aux fripons qui volent les meubles. J'éteins d'abord l'incendie. Voulons-nous être libres? Si nous ne le voulons pas, périssons, car nous l'avons tous juré. Faites donc partir vos commissaires, qu'ils partent ce soir, cette nuit même, qu'ils disent à la classe opulente : « Il faut que
» l'aristocratie de l'Europe, succombant sous nos efforts,
» paye notre dette ou que vous la payiez. Le peuple n'a
» que du sang, il le prodigue. Allons, misérables ! prodi-
» guez vos richesses. » (On applaudit sur la Montagne et dans les tribunes.) Voyez, citoyens, reprend Danton avec une physionomie où rayonne la prévision prophétique du bonheur public, voyez, citoyens, les belles destinées qui vous attendent ; quoi ! vous avez une nation entière pour levier, la raison pour point d'appui, et vous n'avez pas encore bouleversé le monde? (Les applaudissements suspendent un instant l'emportement de son enthousiasme.) Dans des circonstances plus difficiles, quand l'ennemi était aux portes de Paris, j'ai dit à ceux qui gouvernaient alors : « Vos discussions sont misérables, je ne connais que l'en-
» nemi, battons l'ennemi. » (Applaudissements prolongés.) Vous qui me fatiguez de vos contestations particulières, reprend-il en regardant tour à tour Marat, Robespierre, les Girondins, au lieu de vous occuper du salut de la république, je vous regarde tous comme des traîtres, je vous mets tous sur la même ligne. Eh ! que m'importe ma réputation? que la France soit libre, et que mon nom soit flétri ! »

Cambacérès appuya la demande présentée par la commune pour l'organisation d'un tribunal révolutionnaire. Buzot s'écria qu'on voulait conduire la France à un despotisme plus sinistre que le despotisme même de l'anarchie. Il protesta contre la réunion de tous les pouvoirs dans une seule main. « Il ne protestait pas, murmura Marat, quand tous les pouvoirs étaient dans la main de Roland. »

Robert Lindet lut le projet de décret qui instituait un tribunal révolutionnaire. « Il sera composé de neuf juges, dit Lindet. Il ne sera soumis à aucune forme. Son code sera sa conscience; ses moyens de conviction, l'arbitraire. Il y aura toujours dans la salle de ce tribunal un membre chargé de recevoir les délations. Il jugera tous ceux que la Convention lui enverra. » La Montagne applaudit à ces dispositions. Vergniaud, indigné, se lève : « C'est une inquisition mille fois plus redoutable que celle de Venise; nous déclarons que nous mourrons plutôt que d'y consentir. »

XVIII

Cambon et Barère parurent d'abord épouvantés de l'arme qu'on leur présentait. « Les Lacédémoniens, dit Barère, ayant vaincu les Athéniens, les mirent sous le gouvernement de trente tyrans. Ces hommes condamnèrent d'abord à mort les plus grands scélérats qui étaient en horreur à tout le monde, le peuple applaudit à leur supplice; bientôt ils frappèrent arbitrairement les bons et les méchants. Sylla, victorieux, fit égorger un grand nombre de citoyens qui s'étaient élevés par leurs crimes et par le mal qu'ils avaient fait à la république, tout le monde applaudit : on disait partout que ces criminels avaient bien mérité leur supplice; mais ce supplice fut le signal d'un affreux carnage. Dès qu'un homme enviait une maison ou quelque terre, il dénonçait le possesseur et le faisait mettre au nombre des proscrits. »

La Convention décréta que les jurés de ce tribunal révolutionnaire seraient nommés par elle-même, et pris dans tous les départements. Ces dispositions, qui tempéraient la dictature de vie ou de mort du tribunal, impatientaient visiblement Danton; on allait lever la séance, il bondit sur son banc et s'élança à la tribune : son geste impérieux força à se rasseoir les députés déjà debout.

« Je somme, dit Danton d'une voix de commandement, tous les bons citoyens de ne pas quitter leur poste. (Tous les membres reprennent silencieusement leur place.) Quoi, citoyens, dit-il, vous pouvez vous séparer sans prendre les grandes mesures qu'exige le salut de la république! Je sens combien il est important de prendre des mesures judiciaires qui punissent les contre-révolutionnaires, car c'est pour eux que le tribunal est nécessaire, c'est pour eux que ce tribunal doit suppléer au tribunal suprême de la vengeance du peuple. Arrachez-les vous-mêmes à la vengeance populaire, l'humanité vous l'ordonne; rien n'est plus difficile que de définir un crime politique : mais n'est-il pas nécessaire que des lois extraordinaires, mises en dehors des institutions sociales, épouvantent les rebelles et atteignent les coupables? Ici le salut public exige de grands moyens et des mesures terribles : je ne vois pas de milieu entre les formes ordinaires et un tribunal révolutionnaire. Soyons terribles pour dispenser le peuple d'être cruel. Organisons un tribunal, non pas bien, cela est impossible, mais le moins mal qu'il se pourra, afin que le glaive de la loi pèse sur la tête de ses ennemis. Ce grand œuvre terminé, je vous rappelle aux armes, aux commissaires que vous devez faire partir, au ministère que vous devez organiser. Le moment est venu, soyons prodigues d'hommes et d'argent. Prenez-y garde, citoyens! vous répondez au peuple de nos armées, de son sang, de ses assignats. Je demande donc que le tribunal soit organisé séance tenante. Je demande que la Convention juge mes raisonnements et méprise les qualifications injurieuses qu'on ose me donner. Ce soir, organisation du tribunal révolutionnaire, organisation du pouvoir exécutif; demain, mouvement militaire. Que demain vos commissaires soient partis, que la France entière se lève, coure aux armes, marche à l'ennemi! que la Hollande soit envahie! que la Belgique soit libre! que le commerce anglais soit ruiné! que les amis de la liberté triomphent de cette contrée! que nos armes, partout victorieuses, apportent aux peuples la délivrance et le bonheur, et que le monde soit vengé! »

XIX

Le cœur national de la France semblait battre dans la poitrine de Danton. Ses paroles pressées retentissaient dans les âmes comme le pas de charge des bataillons sur le sol de la patrie. Il descendit de la tribune dans les bras de ses collègues de la Montagne. Le soir, le tribunal révolutionnaire fut définitivement décrété. Cinq juges et un jury nommés par la Convention, un accusateur public nommé aussi par elle, la mort et la confiscation des biens au profit de la république, tel était ce tribunal d'État, seule institution capable, croyait-on, de défendre dans un pareil moment la république contre l'anarchie, la contre-révolution et l'Europe. La Convention, résumé du peuple, rappelait tout à soi, même la justice, un des attributs de la souveraineté suprême. L'arme qu'elle saisissait dans le péril pouvait être salutaire ou funeste, selon l'usage qu'elle en ferait. Si elle n'eût fait qu'en couvrir les frontières, la sûreté des citoyens et sa propre puissance, cette arme pouvait sauver à la fois la nation et la liberté; si elle la livrait aux partis pour s'entre-détruire, elle perdait et elle déshonorait la Révolution. Les Girondins n'osèrent pas refuser cette mesure à l'impatience publique et à l'urgence de la nécessité. Par une étrange dérision des choses humaines, Barère, qui refusait cette loi, devait en faire lui-même le plus sanglant usage, et Danton, qui l'implorait, devait lui porter sa tête. C'était la victime qui forgeait le glaive : c'était le sacrificateur qui le repoussait.

XX

Le peuple, soulevé par l'émotion publique et par le comité d'insurrection, assiégeait encore la Convention : un second projet d'égorgement des Girondins à domicile fut tramé dans le conciliabule du faubourg Saint-Marceau. Danton, confident par ses agents de toutes ces trames nouées et dénouées à sa volonté, fit avertir les députés menacés de quitter une seconde fois leurs demeures. Il intimidait d'une main, il protégeait de l'autre; il se ménageait des appuis, des espérances, des reconnaissances dans les trois partis; il voulait être nécessaire et terrible à tous à la fois; seul il empêchait le choc entre la Gironde et la Montagne : en se décidant, il décidait la victoire.

Mais l'orgueil des Girondins souffrait de cette supériorité d'attitude de Danton; ils répondaient à ses avances par des mépris, ils poursuivaient Robespierre jusque dans son silence, ils attribuaient à ces deux hommes toute la démence de Marat, tous les délires de l'anarchie. Ils excusaient presque Marat pour verser tout l'odieux des attentats du peuple sur Robespierre et sur Danton. « Marat, disait Isnard à la tribune, n'est pas la tête qui conçoit, mais le bras qui exécute; il est l'instrument d'hommes perfides qui se jouent avec adresse de sa sombre crédulité, enveniment ses dispositions naturelles à voir tous les objets sous des couleurs funèbres, lui persuadent ce qu'ils veulent, et lui font faire ce qui leur plaît : une fois qu'ils ont monté sa tête, cet homme extravague et délire à leur gré. »

Les membres de ce parti, réunis en conseil chez Roland, se décidèrent enfin à profiter de l'indignation que l'insurrection du peuple contre la Convention venait d'exciter parmi les citoyens de Paris pour reconquérir un ascendant qui leur échappait. Vergniaud, qui se taisait depuis longtemps, céda aux sollicitations de ses collègues, et prépara un discours pour demander vengeance à l'opinion des poignards de Marat. Mais déjà la division s'était introduite dans la faction de la Gironde. Vergniaud, aimé et admiré de tous les Girondins, n'exprimait plus la politique de son parti ; il affectait le rôle de modérateur, et se rapprochait ainsi de Danton. Ces deux hommes, qui se touchaient, n'avaient plus entre eux que le sang de septembre. Ainsi parla Vergniaud :

« Sans cesse abreuvé de calomnie, je me suis abstenu de la tribune tant que j'ai pensé que ma présence pourrait y exciter des passions, et que je ne pouvais y porter l'espérance d'être utile à mon pays ; mais aujourd'hui que nous sommes tous, je le crois du moins, réunis par le sentiment d'un danger devenu commun à tous, aujourd'hui que la Convention nationale entière se trouve sur les bords d'un abîme, où la moindre impulsion peut la précipiter à jamais avec la liberté, aujourd'hui que les émissaires de Catilina ne se présentent plus seulement aux portes de Rome, mais qu'ils ont l'insolente audace de venir jusque dans cette enceinte déployer les signes de l'insurrection, je ne puis plus garder un silence qui devient une véritable trahison. Je dirai la vérité sans crainte des assassins, car les assassins sont lâches, et je sais défendre ma vie contre eux. » Après avoir rappelé les attentats à la propriété des mois de février et de mars : « Ainsi de crimes en amnistie et d'amnistie en crimes, un grand nombre de citoyens en est venu à confondre les insurrections séditieuses avec les insurrections contre la liberté. On a vu se développer cet étrange système de liberté d'après lequel on vous dit : « Vous êtes libres,
» mais pensez comme nous, ou nous vous dénonçons aux
» vengeances du peuple ; vous êtes libres, mais courbez la
» tête devant l'idole que nous encensons, ou nous vous dé-

» nonçons aux vengeances du peuple; vous êtes libres, mais
» associez-vous à nous pour persécuter les hommes dont
» nous redoutons la probité et les lumières, ou nous vous
» désignons par des dénominations ridicules et nous vous
» dénonçons aux vengeances du peuple! »

» Alors, citoyens, il a été permis de craindre que la Révolution, comme Saturne, ne dévorât successivement tous ses enfants.

» Une partie des membres de la Convention nationale a regardé la Révolution comme finie du jour où la France a été constituée en république; dès lors, elle a pensé qu'il convenait d'arrêter le mouvement révolutionnaire, de rendre la tranquillité au peuple, et de faire promptement les lois nécessaires pour que cette tranquillité fût durable; d'autres membres, au contraire, alarmés des dangers dont la coalition des rois nous menace, ont cru qu'il importait de perpétuer l'effervescence. La Convention avait un grand procès à juger. Les uns ont vu dans l'appel au peuple ou dans la simple reclusion du coupable un moyen d'éviter une guerre qui allait faire répandre des flots de sang, et un hommage solennel rendu à la souveraineté nationale. Les autres ont vu dans cette mesure un germe de guerres intestines et une condescendance pour le tyran, ils ont appelé les premiers royalistes; les premiers ont accusé les seconds de ne se montrer si ardents à faire tomber la tête de Louis que pour placer la couronne sur le front d'un nouveau tyran. Dès lors, le feu des passions s'est allumé avec fureur dans le sein de cette Assemblée, et l'aristocratie, ne mettant plus de bornes à ses espérances, a conçu l'infernal projet de détruire la Convention par elle-même. L'aristocratie s'est dit : « Enflammons encore les haines, faisons en sorte que

» la Convention nationale elle-même soit le cratère brûlant
» d'où sortent ces expressions sulfureuses de conspiration,
» de trahison, de contre-révolution, notre rage fera le reste;
» et si dans le mouvement que nous aurons excité périssent
» quelques membres de la Convention, nous présenterons
» ensuite à la France leurs collègues comme des assassins
» et des bourreaux. »

Après avoir dénoncé tous les faits qui révélaient un plan d'insurrection et d'assassinat dans les journées des 9 et 10 mars : « Citoyens, poursuit Vergniaud, telle est la profondeur de l'abîme qu'on avait creusé sous vos pas. Le bandeau est-il enfin tombé de vos yeux? Aurez-vous appris enfin à reconnaître les usurpateurs du titre d'amis du peuple?

» Et toi, peuple infortuné, seras-tu plus longtemps la dupe des hypocrites qui aiment mieux obtenir les applaudissements que les mériter ? Les contre-révolutionnaires te trompent avec les mots d'égalité et de liberté ! Un tyran de l'antiquité avait un lit de fer sur lequel il faisait étendre ses victimes; mutilant celles qui étaient plus grandes que le lit, disloquant douloureusement celles qui l'étaient moins pour leur faire atteindre le niveau. Ce tyran aimait l'égalité, et voilà celle des scélérats qui te déchirent par leur fureur. L'égalité pour l'homme social n'est que celle des droits, elle n'est pas plus celle des fortunes que celle des tailles, celle des forces, de l'esprit, de l'activité, de l'industrie et du travail : c'est la licence qu'on représente sous l'apparence de la liberté; elle a, comme les faux dieux, ses druides qui veulent la nourrir de victimes humaines. Puissent ces prêtres cruels subir le sort de leurs prédécesseurs ! puisse l'infamie sceller à jamais la pierre déshonorée qui couvrira leur cendre !

» Et vous, mes collègues, le moment est venu : il faut choisir enfin, entre une énergie qui vous sauve et la faiblesse qui perd tous les gouvernements; si vous mollissez, jouets de toutes les factions, victimes de tous les conspirateurs, vous serez bientôt esclaves. Citoyens, profitons des leçons de l'expérience; nous pouvons bouleverser les empires par des victoires, mais nous ne ferons des révolutions chez les peuples que par le spectacle de notre bonheur. Nous voulons renverser les trônes, prouvons que nous savons être heureux avec une république. Si nos principes se propagent avec tant de lenteur chez les nations étrangères, c'est que leur éclat est obscurci par des sophismes, par des mouvements tumultueux, et surtout par un crêpe ensanglanté. Lorsque les peuples se prosternèrent pour la première fois devant le soleil, pour l'appeler père de la nature, pensez-vous qu'il fût voilé par les nuages destructeurs qui portent les tempêtes? Non, sans doute : brillant de gloire, il s'avançait alors dans l'immensité de l'espace et répandait sur l'univers la fécondité et la lumière.

» Eh bien, dissipons par notre fermeté ces nuages qui enveloppent notre horizon politique, foudroyons l'anarchie, non moins ennemie de la liberté que le despotisme, fondons la liberté sur les lois et sur une sage constitution; bientôt vous verrez les trônes s'écrouler, les sceptres se briser, et les peuples, étendant leurs bras vers nous, proclamer par des cris de joie la fraternité universelle. »

Ce discours éloquent, qui faisait applaudir l'orateur, ne produisit qu'un vain retentissement de paroles qui agita l'âme de l'Assemblée sans lui donner aucune direction.

Marat succéda à l'orateur des Girondins. Le cynisme de

sa contenance à la tribune disait assez qu'il méprisait cette éloquence et qu'il n'y prétendait pas.

« Je ne me présente pas, dit-il, avec des discours fleuris, avec des phrases parasites, pour mendier des applaudissements ; je me présente avec quelques idées lumineuses, faites pour dissiper tout ce vain batelage que vous venez d'entendre. Personne plus que moi ne s'afflige de voir ici deux partis, dont l'un ne veut pas sauver la Révolution, et dont l'autre ne sait pas la sauver. » A ces mots, la salle et les tribunes éclatent en applaudissements, comme pour enfoncer dans l'âme des Girondins le trait que Marat vient de lancer. Celui-ci montre de la main le banc de Vergniaud et de ses amis. « Ici, dit-il, sont les hommes d'État ; je ne leur fais pas à tous un crime de leur égarement, je n'en veux qu'à leurs chefs ; mais il est prouvé que les hommes qui ont fait l'appel au peuple voulaient la guerre civile, et que ceux qui ont voté pour la conservation du tyran votaient pour la conservation de la tyrannie. Ce n'est pas moi d'ailleurs qui les poursuis, c'est l'indignation publique. Je m'oppose à l'impression d'un discours qui porterait dans les départements le tableau de nos dissensions et de nos alarmes. » L'Assemblée, déjà partagée en deux moitiés égales, dont chacune voulait effacer la victoire pour ne pas paraître vaincue, vota à la fois l'impression du discours de Vergniaud et celle du discours de Marat. Une telle approbation ressemblait tellement à une injure, que Vergniaud offensé déclara que son improvisation s'était effacée de sa mémoire.

XXI

Danton, à cette époque, avait des conférences fréquentes avec Guadet, Gensonné et Vergniaud ; il inclinait évidemment vers le parti de ces hommes dont les lumières, l'éloquence et les mœurs promettaient à la république un gouvernement moins anarchique au dedans, plus imposant au dehors. Sa conduite avec ce parti se ressentait tous les jours davantage de ses dispositions secrètes. Sans cesse attaqué par Brissot, par Valazé, par Louvet, par Barbaroux, par Isnard, par Buzot, par tous ceux des jeunes Girondins que dirigeait la vertueuse indignation de Roland et que soufflait la colère de sa femme, Danton souffrait en silence leurs insinuations contre lui. Il affectait de ne pas entendre. Il ne répondait jamais. Soit magnanimité, soit prudence, il contenait en lui sa fougue et ne cessait de refuser le combat que les imprudents de la Gironde ne cessaient de lui offrir. Danton déployait de jour en jour davantage les qualités d'un homme d'État. Homme d'action surtout, il apportait aux Girondins la puissance de volonté et d'unité qui leur manquait ; il avait le cœur du peuple, dont Vergniaud et ses amis n'avaient que l'oreille ; il eût donné la foule aux Girondins, qui avaient déjà les propriétaires avec eux ; unis, ils auraient comprimé l'anarchie au cœur de la France en soulevant le sol national et en lançant la Révolution au delà des frontières. Danton avait l'instinct de cette mission ; il déplorait amèrement l'obstination des amis de Roland à s'éloigner de lui : « Leur haine contre moi les perd et me perdra peut-être après eux ! disait-il aux négociateurs qui s'interposaient entre eux et lui ; les insensés ! ils ne savent pas ce qu'ils repoussent ! » Mais, malgré les rapprochements souvent tentés par les modérés de la Gironde, la réconciliation échouait toujours. Le passé de Danton frappait de stérilité son génie ; sa complicité avec les exécuteurs de septembre le poursuivait, et poursuivait en lui la république.

XXII

C'est à cette époque que fut institué, sur la proposition d'Isnard, le premier comité de salut public. Les membres nommés furent Dubois-Crancé, Pétion, Gensonné, Guyton de Morveau, Robespierre, Barbaroux, Ruhl, Vergniaud, Fabre d'Églantine, Buzot, Delmas, Guadet, Condorcet, Bréard, Camus, Prieur (de la Marne), Camille Desmoulins, Barère, Quinette, Danton, Sieyès, Lasource, Isnard, Cambacérès, Jean Debry. Les membres suppléants étaient Treilhard, Aubry, Garnier (de Saintes), Lindet, Lefebvre, Laréveillère-Lépaux, Ducos, Sillery, Lamarque et Boyer-Fonfrède. Les forces des partis s'y balançaient. Un redoublement d'énergie caractérisa les actes du gouvernement et de la commune pendant cette courte période de conciliation. Le danger de la patrie tendait toutes les pensées vers la guerre. Le tocsin sonnait dans Paris, le rappel battait, les sections couraient aux armes. Santerre était à la tête de deux mille citoyens armés. La Convention ordonnait. Le comité de salut public dirigeait. La commune exécutait des visites domiciliaires pour arrêter les conspirateurs, désarmer les aristocrates, exiler de la capitale les nobles, les prêtres suspects. Le tribunal révolutionnaire commençait à siéger et à rendre ses premiers jugements. L'instrument des supplices se dressait sur la place de la Révolution comme une institution complémentaire de la république. Mais les Girondins détournaient le couteau sur les têtes des émigrés et des aristocrates, et n'osaient frapper leurs véritables ennemis.

XXIII

Depuis la retraite de son mari, madame Roland désespérait de la liberté. Les froides théories de Robespierre glaçaient son cœur. Les haillons de Marat offensaient ses yeux. Renfermée dans la solitude, elle se demandait déjà si l'idéal de la révolution qu'elle avait rêvée n'était pas un de ces mirages de l'âme qui trompent par des perspectives séduisantes les imaginations altérées de bien, et qui se convertissent en aridité et en soif quand on en approche. Il lui eût été doux de mourir avant son désenchantement.

L'ardeur de la lutte et la grandeur de son courage avaient soutenu son âme pendant que son mari était au pouvoir. Maintenant l'activité de sa pensée se retournait contre elle-même et la dévorait. L'ingratitude du peuple venait avant la gloire. De toutes les promesses de la république, madame Roland n'avait vu se réaliser que des ruines et des crimes. La calomnie, qui s'acharnait sur elle et sur son mari, l'effrayait plus que l'échafaud. Elle avait conservé ses amis Barbaroux, Pétion, Louvet, Brissot, Buzot. Elle se préparait à quitter Paris et à se retirer de nouveau avec son mari et son enfant dans sa maison du Beaujolais.

Mais ce n'était pas seulement pour fuir le bruit menaçant que ses ennemis faisaient autour de son nom qu'elle allait s'abriter dans ses montagnes : c'était pour se fuir elle-même. Les dangers que couraient ses amis lui révélaient la force des sentiments qu'elle éprouvait pour eux. Chaste comme les statues de l'antiquité dont elle avait fait son modèle, elle craignit de profaner dans son âme, par le feu d'un amour vulgaire, le feu pur et surnaturel de la liberté. Elle résolut de s'éloigner. Elle avait besoin de sa propre estime plus encore que de gloire. Elle voulait offrir une victime sans tache à la mort.

Mais l'agitation du moment, les comptes que Roland avait à rendre de sa gestion, les dangers tous les jours croissants suspendaient ce départ de semaine en semaine. L'âme partagée entre son culte pieux pour Roland, son amour pour sa fille, ses inquiétudes sur ses amis, sa vigilance sur ses sentiments et sa douleur sur les maux de sa patrie, elle subissait à la fois toutes les douleurs de l'épouse, de la mère et du chef de parti. Elle connaissait à son tour l'amertume de la haine du peuple, les poisons de la calomnie, la froideur du foyer conjugal, les alarmes nocturnes sur la vie d'un époux et des enfants, et toutes ces angoisses qu'elle n'avait pas su plaindre dans la reine. Son logement, caché dans une sombre rue du quartier du Panthéon, contenait autant de troubles et de gémissements qu'un palais.

LIVRE TRENTE-NEUVIÈME

Danton et Robespierre. — Second mariage de Danton. — Danton accuse les Girondins. — Robespierre demande leur jugement. — Vergniaud se défend. — Danton réplique. — Marat. — Théories de Robespierre. — Appréciations.

I

Les événements se pressaient, coup sur coup, comme dans une fortune qui s'écroule. L'influence des Girondins dans les départements, artificiellement soutenue par les journaux à la solde de Roland, croissait chaque jour. Les dangers de la patrie donnaient le peuple aux partis extrêmes. Les commissaires de la Convention couraient de ville en ville, installant ou renversant, selon leurs caprices, les autorités locales, les unes dans le sens du Jacobinisme, les autres dans l'esprit de la Gironde. Bourdon de l'Oise, en mission à Orléans, où il prêchait les doctrines de Robespierre et remplaçait la municipalité modérée par une municipalité jacobine, recevait vingt coups de baïonnette dans la salle de l'hôtel de ville ; relevé et sauvé par les démagogues, il envoyait ses assassins à Paris, au tribunal révolutionnaire. Manuel, l'ancien procureur-syndic de Paris, retiré à Montargis, sa patrie, était arraché de sa demeure par le peuple, traîné au pied de l'arbre de la liberté, dépouillé de ses vêtements, criblé de blessures, défiguré de coups, inondé de sang, et la municipalité, qui accourait pour le délivrer, ne trouvait plus d'asile pour lui qu'un cachot.

La majorité de la Convention, décidée par la Plaine, flottait au gré de Barère. Robespierre s'éloignait de Danton, suspect de complicité dans les trahisons de Dumouriez. Legendre entreprit de les réconcilier.

II

Danton et Robespierre se rencontrèrent à la table de Legendre. Danton, qui avait dans le caractère la franchise de la force et la haine facile à fléchir des hommes violents, s'avança le premier vers Robespierre et lui tendit la main. Robespierre retira la sienne, et resta pendant tout le repas dans une contrainte et dans une observation taciturne. A la fin du dîner il laissa échapper quelques mots à double tranchant, qui, sans désigner directement Danton, exprimaient la défiance et le mépris pour les hommes qui ne voient dans les révolutions que des échelons sanglants de fortune, et dans la victoire que les dépouilles. C'était une allusion trop claire aux soupçons de concussion qui pesaient sur la conscience de Danton et aux souvenirs de septembre. Danton y répondit par quelques sarcasmes sur les hommes qui prenaient leur orgueil pour de la vertu et leur lâcheté pour de la modération. Ces deux rivaux se séparèrent plus aigris et plus antipathiques qu'avant ce rapprochement. Danton se rejeta de nouveau vers les Girondins, et s'humilia jusqu'à demander l'amnistie de son passé. Un député de son parti, nommé Meilhand, supplia ses amis de profiter de ces dispositions pour s'attacher ce colosse, qui portait avec lui la popularité et la victoire.

Un jour, ayant rencontré Danton dans un des comités de la Convention, Meilhand s'entretenait avec lui. Marat traversa la salle, dit quelques mots à l'oreille de Danton et s'éloigna. « Le misérable! dit Danton à Meilhand; du sang, du sang, toujours du sang, il ne lui faut que du sang! Sortons d'ici. Ces hommes me font horreur! » Et il entraîna Meilhand dans le jardin des Tuileries. Meilhand, en voyant son ami oppressé par le remords, et son esprit prêt à s'ouvrir à des conseils de modération, lui représenta que Marat déshonorait sa politique, et que Robespierre, après avoir usé sa popularité, menacerait jusqu'à sa vie; il lui montra le besoin qu'avait la république d'une main puissante qui saisît les affaires, qui donnât à la fois un frein à la populace, une impulsion à la nation, une direction à la Convention, et qui écrasât, comme de vils reptiles, Marat dans son sang et Robespierre dans son orgueil. « Tu es cet homme, ajouta-t-il; prononce-toi pour nous, nous oublierons le passé et nous te suivrons ; ton ambition sera le salut de la patrie. » Danton écoutait sans répugnance et se taisait comme un homme qui délibère en lui-même. Son regard interrogeait celui de Meilhand, pour voir si le Girondin avait dans l'âme ce qu'il exprimait des lèvres. « Si je pouvais m'y fier! dit-il enfin avec un soupir. Au nom de qui me parles-tu ainsi? — Au nom de ceux, répondit le Girondin, qui méprisent Marat et qui détestent Robespierre autant que toi. — Et qui t'a dit que je détestais Robespierre ? — Qui me l'a dit? — Ton intérêt. Robespierre a déjà murmuré contre toi des paroles sinistres ; si tu ne le préviens pas, il te préviendra. » Danton réfléchit encore un moment; puis, avec le geste d'une résolution désespérée et qui coûte à l'âme : « N'en parlons plus, dit-il, c'est impossible ! Tes amis n'ont pas de confiance en moi. Je me perdrais pour eux, et ils me livreraient ensuite à nos ennemis communs. Le sort est jeté, que la mort décide ! »

Danton répugnait aux Girondins à cause de ses violences, et à Robespierre à cause de son immoralité. La crainte qu'il inspirait le protégeait seule alors contre le mépris. Il bravait effrontément sa mauvaise renommée. Il affichait la licence à l'abri du patriotisme. Entouré d'hommes corrompus et serviles, il avait une cour et des courtisans. Hébert, Fabre, Merlin, Chabot, Lacroix, Westermann, Brune, Bazire, Camille Desmoulins, s'asseyaient à sa table. On y passait des conjurations aux plaisirs. On donnait à la Révolution le caractère d'une orgie de patriotisme. Les vers, les arts, la musique, l'amour complaisant, y délassaient Danton de la tension des affaires et des fougues de l'éloquence. L'insouciance voluptueuse et l'athéisme sans lendemain étaient la philosophie de ces réunions. C'étaient les disciples d'Helvétius pratiquant la morale du plaisir sur les ruines d'un empire.

Danton avait de plus acheté et meublé une maison de campagne aux bords de la Seine, sur le coteau de Sèvres. Là, à l'exemple de Mirabeau, il se retirait souvent avec ses confidents les plus intimes pour méditer des coups d'État.

Depuis la mort de sa femme il souffrait de son isolement. Déjà son âme, promptement assouvie de tout, se lassait de ces voluptés sensuelles et rêvait un pur attachement. Une jeune fille, d'une famille sans tache et d'une touchante beauté, avait attiré ses regards et fixé son choix. Elle se nommait Louise Gély. Elle avait seize ans. Il songeait à l'épouser. Sa première femme, mourante, l'avait désignée elle-même à Danton comme propre à servir de mère à ses enfants. Danton n'avait que trente-trois ans. Il voulait se retirer du tumulte et se refaire un bonheur conjugal. L'influence de cet amour, le désir de se purifier aux yeux de sa fiancée du contact de Robespierre et de Marat, le besoin de fixer la Révolution pour fixer son propre sort, étaient au nombre des motifs qui poussaient en ce moment Danton vers les Girondins; le parti de ces hommes éloquents, modérés, le réhabilitait à ses propres yeux. L'idée obstinée de se rattacher à eux le poursuivait; même après y avoir renoncé, il y revenait sans cesse comme à un regret ou à un pressentiment.

III

Le père de mademoiselle Gély avait été huissier audiencier au parlement. La protection de Danton l'avait fait nommer à une place lucrative dans les bureaux du ministère de la marine. Cette famille conservait une vive reconnaissance de ce bienfait; mais si la renommée de Danton avait son prestige, elle avait aussi son horreur. La mère de la jeune fille refusa longtemps de consentir à ce mariage. Elle adressa à Danton des reproches amers sur sa conduite dans les journées de septembre, et sur son vote dans le procès du roi. Danton s'humilia devant cette femme, confessa ses torts dans les premières crises de la Révolution, les attribua à la fougue de son patriotisme et de sa *jeunesse*, témoigna un repentir sincère d'avoir voté la mort de Louis XVI, attribua ce vote à la pression des circonstances et à la conviction qu'il avait eue de l'impossibilité de sauver le roi. Il affirma que les excès de la démagogie lui inspiraient de jour en jour plus d'horreur; que l'établissement de la république au sein d'une pareille conception lui paraissait une chimère, et que tous ses efforts secrets tendaient depuis longtemps au rétablissement d'une monarchie constitutionnelle. L'accent de franchise et de douleur qui éclatait dans les aveux de Danton fléchit la famille Gély, et la jeune fille lui fut accordée.

IV

L'amour qu'inspirait à Danton sa fiancée poussa sa complaisance encore plus loin. Il consentit à donner à son union le caractère religieux qu'exigeaient les croyances et les habitudes pieuses de la famille dans le sein de laquelle il allait entrer. Au moment même où les cérémonies du culte catholique étaient le plus proscrites et ses ministres le plus persécutés, Danton fit célébrer son mariage dans la chambre et par le ministère d'un prêtre non assermenté, nommé M. de Kéravenan, mort depuis curé de Saint-Germain des Prés. Avant la cérémonie, Danton passa dans le cabinet du prêtre, s'agenouilla à ses pieds et accomplit ou simula l'acte de la confession.

L'immense fortune qu'on lui supposait, et qu'on attribuait à ses concussions en Belgique, parut également démentie par la modicité du douaire qu'il reconnut à sa nouvelle épouse. Il n'apporta en mariage qu'une somme de trente mille francs en assignats, qui ne représentèrent bientôt après que douze mille francs. Il donna à sa femme pour unique présent de noce une bourse contenant cinquante louis en or.

V

C'était le moment où Danton couvait avec le plus de mystère dans sa pensée le dégoût de la république, et la restauration, par l'armée, de la monarchie constitutionnelle dans la famille d'Orléans. Quelques jours après son mariage, il demanda à sa femme si elle avait dépensé les cinquante louis qu'il lui avait donnés le jour de ses noces. « Non, lui répondit la jeune femme, je les ai conservés pour te les rendre dans un moment extrême. — Eh bien, prête-les-moi, dit Danton, j'en ai besoin pour un usage que je ne puis révéler qu'à toi seule. » Il lui confia alors qu'un complot pour modifier la république et pour arracher le gouvernement à l'anarchie était mûr; qu'un mouvement de Paris, coïncidant avec un mouvement de l'armée, proclamerait bientôt la nécessité de la centralisation du pouvoir et appellerait le duc d'Orléans au trône de la Révolution; qu'il ne manquait plus à ce plan que le consentement et le concours du duc d'Orléans lui-même, absent alors de Paris; qu'il fallait envoyer un agent discret et sûr pour sonder ce prince; qu'il avait choisi pour cette mission son secrétaire, nommé Miger, et que les cinquante louis étaient destinés à payer son voyage.

Les cinquante louis furent donnés par madame Danton à son mari. Miger partit. Le duc d'Orléans refusa sa coopération et son nom à une entreprise qui lui parut ou coupable ou prématurée. Danton ajourna le mouvement, non la pensée.

Remontons de quelques semaines pour bien comprendre la situation de Danton dans les mouvements qui précédèrent le 31 mai.

Quelques jours après la défection de Dumouriez, Lasource, le plus ombrageux des amis de Roland, insinua dans un discours que Lacroix et Danton étaient complices de la trahison du général leur ami, dans le but de rétablir la royauté. « Voilà le nuage qu'il faut déchirer, dit en terminant Lasource, la main tendue vers le banc où siégeait Danton. Je demande que vous nommiez une commission pour découvrir et frapper le coupable. Il y a assez longtemps que le peuple voit le trône et le Capitole, il veut voir maintenant la roche Tarpéienne et l'échafaud! (On applaudit.) Je demande de plus l'arrestation d'Égalité et de Sillery; je demande enfin, pour prouver que nous ne capitulons jamais avec un tyran, que chacun de nous prenne l'engagement de donner la mort à celui qui tenterait de se faire roi ou dictateur. » L'Assemblée, se levant tout entière, répéta le serment de Lasource. Les tribunes, entraînées par le mouvement de la Convention, jurèrent la mort du dictateur en regardant Danton. Le soupçon qui couvait dans toutes les âmes sembla avoir éclaté enfin par la voix de Lasource, et purifié l'air de la Convention.

VI

L attitude de Danton avait révélé pendant le discours de Lasource tout ce qui s'agitait dans son âme, l'étonnement d'abord d'un orgueil qui se croyait inattaquable, puis la colère prête à bondir sur un insolent ennemi, puis le dédain d'une popularité qui pouvait braver toute atteinte, puis l'énergie contenue d'une résolution prise de combattre à mort, puis enfin l'immobilité affectée de l'indifférence qui prend en pitié ses accusateurs, et qui retourne dans sa pensée les armes dont il va les frapper. Jamais la figure de Danton n'avait en si peu de minutes parcouru toutes les gammes de la physionomie humaine. L'esprit s'y troublait comme sur un abîme. L'œil y était emporté comme dans une trombe de passions. Quand Lasource fut descendu de la tribune, Danton se leva; en passant devant les bancs de la Montagne, où il siégeait, il se pencha vers les amis de Robespierre, et leur dit à demi-voix en montrant du poing les Girondins : « Les scélérats, ils voudraient rejeter leurs crimes sur nous! » Les Montagnards comprirent que Danton, enfin arraché à sa longue hésitation, se décidait pour eux et allait écraser leurs ennemis. Tous les yeux le suivirent à la tribune. Il se tourna en s'inclinant avec l'expression d'une fière déférence vers la Montagne, et d'une voix dont la gravité étouffait mal l'émotion :

« Citoyens, dit-il en indiquant du geste qu'il s'adressait aux Montagnards seuls, je dois commencer par vous rendre hommage. Vous qui êtes assis sur cette montagne, vous aviez mieux jugé que moi. J'ai cru longtemps que, quelle que fût l'impétuosité de mon caractère, je devais tempérer les moyens que la nature m'a départis pour employer, dans les circonstances difficiles où m'a placé ma mission, la modération que les événements me paraissaient commander. Vous m'accusiez de faiblesse, vous aviez raison ; je le reconnais devant la France entière. C'est nous qu'on accuse! nous, faits pour dénoncer l'imposture et la scélératesse! et ce sont les hommes que nous ménageons qui prennent aujourd'hui l'attitude insolente de dénonciateurs ! »

Sa voix tonnante résonnait comme le tocsin au-dessus des murmures des Girondins et des applaudissements anticipés de la Montagne. Après avoir justifié, par des démentis et par des affirmations, sa conduite dans ses rapports avec Dumouriez, il se tut un moment comme pour juger de l'effet de sa justification, sonder le terrain sous ses pieds et recueillir sa colère ; puis reprenant :

« Et aujourd'hui, dit-il, parce que j'ai été trop sage et trop circonspect ; parce qu'on a eu l'art de répandre que j'avais un parti, que je voulais être dictateur ; parce que je n'ai pas voulu, en répondant jusqu'ici à mes adversaires, produire de trop rudes combats, opérer des déchirements dans cette Assemblée, on m'accuse de mépriser et d'avilir la Convention ! Avilir la Convention ! Et qui donc plus que moi a cherché à relever sa dignité, à fortifier son autorité ? N'ai-je pas parlé de mes ennemis mêmes avec respect ? Et pourquoi ai-je abandonné ce système de silence et de modération ? Parce qu'il est un terme à la prudence, parce que, attaqué par ceux-là mêmes qui devaient s'applaudir de ma circonspection, il est permis d'attaquer à son tour et de sortir des limites de la patience! Nous voulons un roi? Il n'y a que ceux qui ont eu la lâcheté de vouloir sauver le tyran par l'appel au peuple qui peuvent être justement soupçonnés de vouloir un roi! Il n'y a que ceux qui ont voulu punir Paris de son héroïsme en soulevant contre Paris les départements, il n'y a que ceux qui ont fait des soupers clandestins avec Dumouriez quand il était à Paris, oui! il n'y a que ceux-là qui sont les complices de sa conjuration! »

A chacune de ces insinuations directes contre Lasource, Vergniaud, Barbaroux, Brissot, la Montagne répondait par des trépignements de joie qu'entrecoupaient les apostrophes et la voix aigre de Marat.

« Nommez ceux que vous désignez, crient Gensonné et Guadet à l'orateur. — Eh bien, écoutez! répond Danton en se tournant vers la Gironde. — Écoutez, répète Marat, les noms de ceux qui veulent égorger la patrie! — Voulez-vous entendre un mot qui contient tout? reprend Danton. — Oui, oui! » lui crie-t-on de toutes parts. Danton alors, avec l'accent et le geste d'un homme qui dépouille tout ménagement : « Eh bien, dit-il, je crois qu'il n'y a plus de trêve entre la Montagne et les patriotes qui ont voulu la mort du tyran, et les lâches qui, en voulant le sauver, nous ont calomniés par toute la France! »

La Montagne, acceptant ce signe de séparation entre elle et les Girondins, se lève comme un seul homme et pousse une longue exclamation. « J'ai vécu de calomnie, reprend douloureusement Danton; elle s'est repliée de cent façons sur mon compte, et toujours elle s'est elle-même démentie par ses contradictions. J'ai soulevé le peuple au début de la Révolution, et j'ai été calomnié par les aristocrates; j'ai fait le 10 août, et j'ai été calomnié par les modérés; j'ai poussé la France aux frontières et Dumouriez à la victoire, et j'ai été calomnié par de faux patriotes; aujourd'hui les homélies misérables d'un vieillard cauteleux, Roland, sont le texte de nouvelles inculpations : tel est l'excès de son délire, et ce vieillard a tellement perdu la tête, qu'il ne voit que la mort, et qu'il s'imagine que tous les citoyens sont prêts à le frapper! Il rêve avec ses amis l'anéantissement de Paris. Eh bien, quand Paris périra, il n'y aura plus de république! »

VII

Les tribunes à ces mots retentissent de battements de mains prolongés. On veut leur imposer silence. Danton les justifie et adresse un hymne au peuple de Paris et de l'empire, qui du haut de ces tribunes a mis lui-même son cœur, sa main et sa voix dans l'œuvre de sa liberté. Il entre dans quelques détails pour sa propre justification; puis, se tournant encore vers la Montagne : « Je prouverai que je suis un révolutionnaire immuable, que je résisterai à toutes les atteintes, et je vous prie, citoyens, d'en accepter l'augure. » La Montagne, du haut de ses bancs, ouvre ses bras à Danton comme pour embrasser son nouveau chef. Une voix s'élève de la Plaine et prononce le nom de *Cromwell*. « Quel est le scélérat qui a osé me dire que je res-

semble à Cromwell? s'écrie l'orateur en s'interrompant.
Oui, je demande que ce vil calomniateur soit puni et conduit à l'Abbaye. Moi Cromwell ! mais Cromwell fut l'allié
des rois! quiconque a frappé comme moi un roi à la tête
devient à jamais l'exécration de tous les rois!... Ralliez-
vous, reprend-il enfin d'une voix qui semble arracher la
Montagne de sa base, ralliez-vous, vous qui avez prononcé
l'arrêt du tyran, contre les lâches qui ont voulu l'épargner ! Serrez-vous, appelez le peuple à écraser nos ennemis
communs du dedans; confondez par la vigueur et l'imperturbabilité de votre caractère tous les scélérats, tous les aristocrates, tous les modérés, tous ceux qui vous ont calomniés
dans les départements. Plus de paix, plus de trêve, plus de
transaction avec eux!... » La fureur de son âme semble
avoir passé dans la Montagne. « Vous voyez par la situation
où je me trouve en ce moment la nécessité où vous êtes
d'être fermes, et de déclarer la guerre à vos ennemis, quels
qu'ils soient. Il faut former une phalange indomptable. Je
marche à la république, marchons-y ensemble ; nous verrons qui de nous ou de nos lâches détracteurs atteindra le
but. Je demande que la commission des six, que vous venez de nommer sur la proposition de Lasource, examine
non-seulement la conduite de ceux qui nous ont calomniés,
qui ont conspiré contre l'indivisibilité de la république,
mais de ceux aussi qui ont cherché à sauver le tyran ! »

Danton descendit dans les bras de ses collègues de la
Montagne. Ses paroles répondaient à l'impatience de lutte
qui existait entre les Jacobins et les Girondins, et que son
attitude avait seule contenue jusque-là. Ce discours brisait
la digue entre les deux partis : la colère et le sang étaient
libres de couler.

VIII

A son tour, Marat accusa tout le monde. Santerre annonça que cent bataillons formés par Carnot et par lui allaient sortir de Paris et combler le vide que la trahison venait de faire sur nos frontières du Nord. Custine écrivit qu'il commençait sa retraite. Les Cordeliers, les Jacobins, la commune, les sections, redoublèrent d'énergie et se répandirent en imprécations contre les Girondins, qui jetaient la division entre Paris et les départements, et qui, incapables de diriger la république, conspiraient, dans les conciliabules de Roland, la perte des meilleurs patriotes et le rétablissement de la royauté. Le tribunal révolutionnaire lui-même, récemment nommé par la Convention, vint se plaindre à la barre de n'avoir encore ni conspirateurs ni traîtres à juger. On ne tarda pas à lui envoyer en masse les aristocrates, les émigrés, les généraux de l'armée de Dumouriez, coupables, non de sa trahison, mais de sa défaite. Carnot, envoyé à la frontière du Nord, y porta avec lui le génie de l'organisation militaire dont il était doué; les places fortes furent armées, les garnisons réparties, les approvisionnements préparés, les ateliers d'armes et de canons mis en activité, les généraux nommés à l'acclamation, et l'armée reforma ses lignes en face d'un ennemi qui s'étonnait de retrouver une autre muraille de baïonnettes derrière celle qu'il avait détruite.

IX

Ces nécessités du salut public confondirent en apparence quelques jours les actes, les votes, les discours dans la Convention; les cœurs paraissaient unanimes, mais ils s'étaient refermés sur des ambitions et sur des haines qui n'attendaient qu'une occasion pour éclater. Depuis le discours de Danton, le parti de Marat, sûr d'un appui si redoutable, devenait de jour en jour plus audacieux.

Cet homme, qui n'était plus rien par lui-même, s'était fait le drapeau de la Montagne; la Montagne ne pouvait l'abandonner sans paraître faiblir ou transiger devant les Girondins. Marat sentait sa force, il en abusait pour engager sur son nom des luttes nouvelles, où il grandissait aux yeux du peuple de toute l'importance du combat. Idole du bas peuple, agitateur des sections, sûr de la commune, orateur des Cordeliers, il était soutenu de plus par ce club central d'insurrection dont il avait fait le pouvoir exécutif de l'anarchie, et qui siégeait dans la salle de l'Archevêché. Là se réunissaient, à un signe de Marat, pour rédiger des pétitions incendiaires, ou pour attrouper les faubourgs, ces hommes dont la sédition était devenue le métier; les pétitionnaires des sections ne cessaient de demander à la Convention la mise en accusation des Guadet, des Vergniaud, des Gensonné, des Brissot, des Barbaroux, des Louvet, des Roland.

Pétion dénonça à la Convention une de ces adresses, qui provoquait au meurtre d'une partie de la représentation nationale : « Qui mérite mieux l'échafaud que Roland ? disait cette adresse, et cependant il respire. Partout où nous portons nos regards nous ne voyons que des conspirateurs. Législateurs, effrayez par le supplice ! Montagne de la Convention, sauvez la République ! ou si vous ne vous sentez pas assez forts pour le faire, osez nous le dire avec franchise, nous nous chargerons de le faire. » Danton, dépassant toutes les bornes, proposa une mention honorable à cette adresse. Il s'élança à la tribune, avec Fabre d'Églantine et plusieurs membres de la Montagne, pour en précipiter Pétion. « Reste, Pétion ! lui crie Duperret; nous avons des enfants, ils nous vengeront. — Vous êtes des scélérats ! » répond Danton. Des cris : « A bas le dictateur ! » s'élèvent de la Plaine. Les députés descendent de leurs bancs, se précipitent en deux torrents contraires autour de la tribune. Un Girondin tire un poignard de son fourreau. Un Montagnard met le canon d'un pistolet sur la poitrine de Duperret. Le président se couvre. Pétion continue à commenter l'adresse et à demander vengeance des outrages dirigés contre les membres de la représentation nationale. Des murmures, des éclats de rire, l'interrompent à chaque mot. David, l'ami de Robespierre et de Marat, s'avance au milieu de la salle, et défie Pétion du geste et de la voix. Pétion persiste. Il fait rougir la Convention de garder dans son sein un homme auprès duquel personne ne voulait s'asseoir peu de mois auparavant, et qui aujourd'hui obtenait plus de faveur et de silence que les meilleurs citoyens ; un homme qui prêche ouvertement le despotisme, qui provoque au pillage, qui demande des têtes, Marat enfin !

Danton succède à Pétion. « Avons-nous le droit, dit-il, d'exiger du peuple plus de sagesse que nous n'en montrons nous-mêmes? Le peuple n'a-t-il pas le droit de sentir les bouillonnements qui le conduisent au délire patriotique, quand cette tribune semble une arène de gladiateurs? N'ai-je pas été tout à l'heure moi-même assiégé à cette place? Ne m'a-t-on pas dit que je voulais être dictateur? Je vais examiner froidement la proposition de Pétion. Moi, je n'y mettrai aucune passion, j'y conserverai mon impassibilité, quels que soient les flots d'indignation qui se pressent dans mon sein. Je sais quel sera le dénoûment de ce grand drame. Le peuple sera le but. Je veux la république; je prouverai que je marche constamment à ce but. Pétion se plaint qu'on ait demandé sa tête! et n'a-t-on pas demandé la mienne dans quelques départements? J'en appelle à Pétion lui-même, ce n'est pas d'aujourd'hui qu'il se trouve dans les orages populaires; il sait bien que, lorsqu'un peuple brise la monarchie pour arriver à la république, il dépasse son but par la force de projection qu'il s'est donnée. Que devez-vous répondre au peuple quand il vous dit des vérités sévères? Vous devez lui répondre en sauvant la république. La constitution sera d'autant plus belle qu'elle sera née dans les orages de la liberté. Ainsi un peuple de l'antiquité construisait les murs en tenant d'une main la truelle et de l'autre l'épée qui devait le défendre. Que l'on ne vienne donc plus nous apporter des dénonciations exagérées, comme si l'on craignait la mort! Il vous sied bien de vous élever contre le peuple parce qu'il vous dit des vérités énergiques! Je demande qu'on néglige la motion de Pétion. Si Paris montre de l'indignation, il a bien le droit de reporter la guerre à ceux qui l'ont tant de fois calomnié après les services qu'il a rendus à la patrie. »

Fonfrède indigné se lève et appuie la motion de Pétion. « Je ne prends pas, dit-il, quelques hommes pour le peuple. On accuse la majorité de cette assemblée de complicité. Et qui l'accuse? C'est Dumouriez. Qui veut la dissoudre? C'est d'Orléans, quand il passe à l'ennemi. Qui l'accuse? Les royalistes, qui vous redemandent le tyran dont vous avez abattu la tête. Qui l'accuse enfin? Tous les nobles, tous les prêtres, tous les rois. Ils nous accusent de complicité, parce qu'ils n'osent pas nous accuser d'avoir fondé la république, d'avoir déclaré la guerre à la royauté, d'avoir enfin banni ces Bourbons dont le chef méprisable nous fait ainsi ses adieux : et sans doute il faut marcher droit au but, il faut d'une main repousser l'ennemi et de l'autre fonder une constitution. Citoyens ! ne laissez pas avilir la nation en vous. — Citoyens ! dit à son tour Guadet, la république est perdue si vous souffrez que ces scélérats viennent vous dire impunément que la Convention est corrompue. » Robespierre se lève : « Ceux qui prétendent, dit-il, que la majorité de la Convention est corrompue sont des insensés; mais ceux qui nieraient que la Convention puisse être quelquefois égarée par une coalition composée de quelques hommes profondément corrompus seraient des imposteurs... Je vais lever une partie du voile !... »

A ces mots Vergniaud s'indigne, et demande lui-même que Robespierre soit entendu. « Quoique nous n'ayons pas, dit-il, de discours artificieusement préparé, nous saurons répondre et confondre les scélérats. »

X

Robespierre accuse Vergniaud et son parti avec la dernière véhémence. Il conclut en demandant leur jugement. La Montagne applaudit les conclusions de ce discours. Vergniaud monte après Robespierre à la tribune, et parvient difficilement à se faire entendre.

XI

« J'oserai répondre, dit-il, à Robespierre, qui, par un roman perfide, artificieusement écrit dans le silence du cabinet, et par de froides ironies, vient prodiguer de nouvelles discordes dans le sein de la Convention ; j'oserai lui répondre sans méditation. Je n'ai pas comme lui besoin d'art, il suffit de mon âme. Ma voix, qui de cette tribune a porté plus d'une fois la terreur dans ce palais, d'où elle a concouru à précipiter le tyran, la portera aussi dans l'âme des scélérats qui voudraient substituer leur tyrannie à celle de la royauté. En vain on cherche à m'aigrir, je veillerai sur moi. Je ne seconderai pas les projets infâmes de ceux qui s'efforcent de nous faire entr'égorger comme les soldats de Cadmus, pour livrer notre place vacante aux despotes qu'ils nous préparent.

» Robespierre nous accuse d'avoir inséré dans le décret de suspension un article portant qu'il serait nommé un gouverneur au prince royal ? Le 17 août je quittai le fauteuil du président, vers neuf heures du matin, pour rédiger en dix minutes le décret de déchéance. Je suppose que les motifs sur lesquels je me fondais pour y insérer l'article qu'on me reproche m'aient trompé, peut-être dans les circonstances graves où nous nous trouvions, peut-être au milieu des inquiétudes qui devaient m'agiter pendant le combat, peut-être serais-je excusable de n'avoir pas été infaillible. Au moins ne conviendrait-il pas à Robespierre, qui alors s'était prudemment enseveli dans une cave, de me témoigner tant de rigueur pour un moment de faiblesse. Mais quand je rédigeais à la hâte le projet de décret, la victoire flottait incertaine entre le peuple et le château. Cette nomination d'un gouverneur au prince royal, dans le cas de la victoire du tyran, isolait constitutionnellement le fils du père, et livrait ainsi un otage au peuple contre les vengeances de la cour.

» Robespierre nous accuse d'avoir loué La Fayette et Narbonne? C'est Guadet et moi qui, malgré les murmures de l'Assemblée législative, avons attaqué La Fayette à cette barre quand il a tenté de faire le petit César.

» Robespierre nous accuse d'avoir fait déclarer la guerre à l'Autriche? La question n'était pas de savoir alors si nous aurions la guerre : la guerre nous était déclarée par le fait. Il s'agissait de savoir si nous attendrions paisiblement que nos ennemis eussent consommé les préparatifs qu'ils faisaient à notre porte pour nous écraser, si nous leur laisserions transporter le théâtre de la guerre sur notre territoire, ou si nous le transporterions sur le leur. Le courage des Français a répondu pour nous à cette accusation.

» Nous avons, dit-on, calomnié Paris. Robespierre seul et ses amis calomnient cette ville célèbre. Ma pensée s'est toujours arrêtée avec effroi sur les scènes déplorables qui ont souillé la Révolution; mais j'ai constamment soutenu qu'elles étaient l'ouvrage non du peuple, mais de quelques scélérats accourus de toutes les parties de la république pour vivre de pillage et de meurtre dans une ville dont l'immensité et les agitations ouvraient la plus grande carrière à leurs crimes. Pour la gloire même du peuple, j'ai demandé qu'ils fussent livrés au glaive des lois. D'autres, au contraire, pour assurer l'impunité des brigands, et leur ménager sans doute de nouveaux massacres et de nouveaux pillages, ont fait l'apologie de leurs excès, et les ont attribués au peuple. Or, qui est-ce qui calomnie le peuple, ou de l'homme qui le soutient innocent des crimes de quelques brigands étrangers, ou de celui qui s'obstine à imputer au peuple entier l'odieux de ces scènes de sang?— Ce sont des vengeances nationales, » s'écrie Marat.

Vergniaud continue sans le regarder. « Nous avons voulu fuir Paris ! nous dit Robespierre, lui qui avait voulu fuir à Marseille. Quant à moi, je déclare que, si l'Assemblée législative sortait de Paris, ce ne pourrait être que comme Thémistocle sortit d'Athènes, c'est-à-dire avec tous les citoyens, en ne laissant à nos ennemis pour conquête que des cendres et des décombres, et en ne fuyant un moment devant eux que pour mieux creuser leur tombeau.

« Robespierre nous accuse d'avoir voté l'appel au peuple. Lui devais-je le sacrifice d'une opinion que je croyais bonne et qui pouvait éviter à la nation une nouvelle guerre, dont je redoutais les calamités ?

» Et nous sommes des intrigants et des meneurs ! poursuit Vergniaud ; mais nous a-t-on vus le 10 août proposer de prendre les ministres dans le sein de l'Assemblée législative? L'occasion était belle pourtant ; nous pouvions croire sans présomption que les choix tomberaient sur quelques-uns d'entre nous ; où sont donc les preuves de cette passion de fortune, de cette soif de pouvoir qu'on nous attribue ? Danton s'est glorifié d'avoir sollicité et obtenu des places pour des hommes qu'il croyait de bons citoyens : si, ce que j'ignore, quelqu'un de nous a suivi la même règle de conduite, comment pourrait-on lui faire un crime de ce qui n'a pas paru blâmable en Danton ?

» Mais nous sommes des modérés, des Feuillants. Nous, modérés ! Je ne l'étais pas le 10 août, Robespierre, quand tu étais caché dans ta cave ! Des modérés ! Non, je ne le suis pas dans ce sens que je veuille éteindre l'énergie nationale : je sais que la liberté est toujours active comme la flamme ; qu'elle est inconciliable avec un calme parfait, qui ne convient qu'à des esclaves. Je sais aussi que, dans les temps révolutionnaires, il y aurait autant de folie à prétendre calmer à volonté l'effervescence du peuple qu'à commander aux flots d'être tranquilles quand ils sont battus par les vents. Mais c'est au législateur à prévenir, autant qu'il peut, les désastres de la tempête par de sages conseils, et s'il faut, pour être patriote, se déclarer le protecteur du brigandage et du meurtre, oui ! je suis modéré !

» Depuis l'abolition de la royauté, j'ai beaucoup entendu parler de révolutions ; je me suis dit : « Il n'y en a plus que » deux possibles, celle des propriétés, ou la loi agraire, et

» celle qui nous ramènerait à la royauté. » J'ai pris la ferme résolution de combattre l'une et l'autre; si c'est être modéré, oui ! je suis modéré.

» J'ai aussi beaucoup entendu parler d'insurrection, et, je l'avoue, j'en ai gémi. Ou l'insurrection a un objet, elle n'en a pas. Dans le dernier cas, c'est une convulsion pour le corps politique, qui, ne pouvant lui faire aucun bien, doit nécessairement lui faire beaucoup de mal. Si l'insurrection a un objet déterminé, quel peut-il être, si ce n'est d'arracher le pouvoir à la représentation nationale pour le transporter sur la tête d'un seul citoyen? Dans les deux cas, les hommes qui prêchent l'insurrection conspirent contre la république et la liberté ; et s'il faut ou les approuver pour être patriote, ou être modéré en les combattant, je suis modéré ! Quand la statue de la liberté est sur le trône, l'insurrection ne peut être provoquée que par les amis de la royauté.

» J'ai voulu aussi des mesures terribles, mais contre les seuls ennemis de la patrie; des punitions et non des proscriptions. Quelques hommes ont paru faire consister leur patriotisme à tourmenter, à faire verser des larmes ; j'aurais voulu que le patriotisme ne fît que des heureux. On cherche à consommer la Révolution par la terreur, j'aurais voulu la consommer par l'amour. Enfin je n'ai pas pensé que, semblables aux prêtres et aux farouches ministres de l'inquisition, qui ne parlent de leur Dieu de miséricorde qu'à la lueur des bûchers, nous dussions parler de la liberté au milieu des poignards et des bourreaux. Ah ! qu'on nous rende grâce de notre modération ! si nous avions accepté le combat qu'on ne cesse de nous présenter ici, je le déclare à mes accusateurs, de quelque soupçon dont on nous environne, de quelques calomnies dont on veuille nous flétrir, nos noms sont encore plus estimés que les leurs, et l'on aurait vu accourir de tous les départements des hommes également redoutables à l'anarchie et aux tyrans. Nos accusateurs et nous, nous serions déjà consumés par le feu de la guerre civile ! »

Après avoir ainsi répondu à tous les chefs d'accusation de Robespierre, Vergniaud, examinant la pétition de Pétion, poursuit ainsi :

« Vous avez ordonné par votre décret que les coupables du 10 mars seraient renvoyés devant le tribunal révolutionnaire : le crime est avéré. Quelles têtes sont tombées ? Aucune. Quel complice a été arrêté ? Aucun. Vous avez ordonné qu'un des coupables serait remis en liberté pour être entendu comme témoin : c'est à peu près comme si à Rome le sénat eût décrété que Lentulus pourrait servir de témoin dans la conspiration de Catilina. Vous avez mandé à votre barre des membres du comité central d'insurrection. Ont-ils obéi ? sont-ils venus ? Qui êtes-vous donc ? Dans la pétition de la Halle aux blés, on verse à pleines coupes l'opprobre sur la Convention nationale ; ce n'est pas une pétition que l'on vient vous soumettre, ce sont des ordres qu'on vient vous dicter : l'on vous propose insolemment l'ordre du jour. Citoyens ! si vous n'étiez que de simples individus, je vous dirais : « Êtes-vous des lâches ? eh bien,
» abandonnez-vous au hasard des événements, attendez
» avec stupeur que l'on vous chasse ou que l'on vous
» égorge, et déclarez que vous serez les esclaves du premier
» brigand qui voudra vous enchaîner ! » Vous cherchez des complices de Dumouriez, les voilà ! les voilà ! ce sont eux qui ont formé le comité central d'insurrection, ce sont eux

qui ont provoqué la criminelle adresse signée par quelques scélérats intrigants au nom de la section de la Halle aux blés : tous ces hommes veulent, comme Dumouriez, l'anéantissement de la Convention ; tous ces hommes, comme Dumouriez, veulent un roi, et c'est nous qu'on appelle les complices de Dumouriez! On a donc oublié que nous avons sans cesse dénoncé la faction d'Orléans! Nous, les complices de Dumouriez! On a donc oublié qu'au milieu des orages d'une séance de huit heures nous fîmes rendre le décret qui bannissait tous les Bourbons de la république ! Nous, les complices de Dumouriez! On a donc oublié quels furent ceux (en montrant du geste Robespierre) qui firent rapporter ce décret! Quoi! Dumouriez conspire pour un Bourbon, nous luttons pour obtenir le bannissement des Bourbons, et c'est nous qu'on accuse !

» J'ai répondu à tout, j'ai confondu Robespierre, j'attendrai tranquillement que la nation prononce entre moi et mes ennemis! Citoyens, je termine cette discussion aussi douloureuse pour mon âme que fatale pour la chose publique; je pensais que la trahison de Dumouriez produirait une crise heureuse en nous ralliant tous par le sentiment d'un danger commun ; je pensais qu'au lieu de nous acharner à nous perdre les uns les autres, nous ne nous occuperions que de sauver la patrie. Par quelle fatalité des représentants du peuple ne cessent-ils de faire de cette enceinte le foyer de leurs calomnies et de leurs passions? Vous savez si j'ai dévoré en silence les amertumes dont on m'abreuve depuis six mois, si j'ai su sacrifier à ma patrie les plus justes ressentiments! Vous savez si, sous peine de lâcheté, sous peine de m'avouer coupable, sous peine de compromettre le peu de bien qu'il m'est encore permis d'espérer de faire, j'ai pu me dispenser de mettre dans tout leur jour la perfidie et les impostures de Robespierre! Puisse cette journée être la dernière que nous perdions en scandaleux débats! »

XII

Ce discours rallia à Vergniaud le nombreux parti des modérés; Paris et la France entière retentirent pendant quelques jours de cette éloquence. Les Girondins résolurent de profiter de ce retour de la faveur publique pour écraser leurs ennemis; mais ils n'avaient que des discours. Danton et Robespierre avaient le peuple de Paris dans leurs mains. Les jours suivants, les esprits étaient si animés, que Duperret mit l'épée à la main et fondit sur les membres de la Montagne. Revenu à lui aux cris d'horreur de la Convention, il s'excusa, et déclara que, s'il avait eu le malheur de porter la main sur un représentant du peuple, il lui restait une autre arme pour se tuer lui-même. L'Assemblée attribua son emportement à la démence et lui pardonna.

Pétion fit entendre ensuite un discours qui ressemblait aux cris de désespoir de sa popularité perdue. Guadet lui succéda et se défendit comme Vergniaud de toute complicité avec d'Orléans et Dumouriez. « Il est vrai, dit-il, Dumouriez est venu à Paris, il était précédé de la réputation de grand général, il était entouré de l'éclat de ses victoires; je ne l'ai point recherché, je l'ai vu quelquefois au comité dont j'étais membre. Je l'ai vu une autre fois dans une maison tierce, où on lui offrit une fête à laquelle je fus invité et à laquelle je me rendis par amitié pour celui qui la donnait, Talma. J'y restai une demi-heure seulement. Il a demeuré plusieurs jours à Paris, je n'ai pas su où il logeait ; mais qui a-t-on vu assidûment à côté de Dumouriez dans tous les spectacles de Paris ? qui était sans cesse à ses côtés ? Votre Danton !... »

A ces mots, Danton se réveillant comme en sursaut : « Ah ! tu m'accuses, moi ! tu ne connais pas ma force. Je te répondrai, je prouverai tes crimes. A l'Opéra j'étais dans une loge à côté de Dumouriez et non dans la sienne ; tu y étais aussi, toi. » Guadet reprend : « Oui, Danton, Fabre d'Églantine, le général Santerre, formaient la cour du général Dumouriez ; et toi, Robespierre, tu nous accuses d'intelligence avec La Fayette ! Mais où étais-tu donc caché le jour où on le vit, dans tout l'éclat de sa puissance, porté du château des Tuileries jusqu'à cette barre, au bruit des acclamations qui se faisaient entendre sur cette terrasse, comme pour en imposer aux représentants du peuple ? Moi, tout seul, je me présentai à la tribune, et je l'accusai, non pas ténébreusement comme toi, mais publiquement ; il était là, et cependant, éternel calomniateur que tu es, tu m'accuses de corruption, tu dis que la conspiration dont nous faisons partie est une chaîne dont le premier anneau est à Londres et le dernier à Paris, et que cet anneau est d'or ! Eh bien, où sont-ils donc, ces trésors ? Venez, vous qui m'accusez, venez dans ma maison, venez y voir ma femme et mes enfants se nourrissant du pain du pauvre ; venez y voir l'honorable médiocrité au milieu de laquelle nous vivons. Allez dans mon département, voyez-y si mes minces domaines sont accrus ; voyez-moi arriver à l'Assemblée, y suis-je traîné par des coursiers superbes?

» A qui donc devait profiter la trahison de Dumouriez? A d'Orléans. Eh bien, ce n'est pas d'aujourd'hui, ce n'est pas en confidence que j'ai dit à d'Orléans ce que je pensais de lui. Je l'ai accusé ici, un soir, d'aspirer à la royauté ; le lendemain, à sept heures du matin, je vis entrer chez moi d'Orléans. Ma surprise fut grande. Il protesta que sa renonciation à la royauté était sincère. Il me demanda si j'avais entendu le désigner, il me pria de m'expliquer franchement. « Vous me priez de m'expliquer franchement, lui
» dis-je, vous n'aviez pas besoin de m'en prier, je connais
» votre nullité, et, s'il n'y avait que vous, je ne vous redou-
» terais pas ; mais je vois derrière vous des hommes qui ont
» besoin de vous, et je les crains. » J'ajoutai : « Vous avez un
» moyen bien simple de faire cesser ces soupçons ; deman-
» dez vous-même à la Convention nationale le décret qui
» vous bannisse de la république, vous et votre famille. »
D'Orléans me répondit que déjà Rabaut Saint-Étienne lui avait donné ce conseil. Le surlendemain je dis à Sillery que d'Orléans n'avait que ce parti à prendre. Sillery me répondit : « Oui, je le sens comme vous ; et je vais lui pré-
» parer un discours par lequel il demandera son expulsion,
» car il ne sait rien faire de lui-même. » Quelle ne fut pas ma surprise quand, dans la séance où l'on proposait le décret de bannissement, j'entendis Sillery demander la parole pour combattre ce décret! Cette contradiction augmenta les soupçons que j'avais sur d'Orléans. Ainsi, citoyens, cela est démontré, la conjuration du 10 mars se lie à la conjuration d'Orléans. Eh bien, qui a ourdi la conju-

ration du 10 mars? Qui l'a ourdie? citoyens! j'aurai le courage de dire la vérité tout entière : c'est Robespierre. Tandis que ce nouveau Mahomet enveloppait ainsi dans une mystérieuse désignation les victimes qu'il fallait frapper, son Omar les nommait dans ses feuilles et d'autres se chargeaient de les égorger. Mais, citoyens, ce danger auquel vous avez échappé, croyez-vous qu'on ne vous le prépare pas encore? Détrompez-vous et écoutez... »

Guadet lit à la Convention une adresse des Jacobins à leurs frères des départements : « Aux armes! disent-ils, aux armes! nous sommes trahis! vos plus grands ennemis sont au milieu de vous, ils dirigent vos opérations, ils disposent de vos moyens de défense; oui, frères et amis, c'est dans le sénat que des mains parricides déchirent vos entrailles; oui, la contre-révolution est dans le gouvernement, dans la Convention nationale; c'est là, c'est au centre de votre sûreté et de votre confiance, que de criminels représentants tiennent les fils de la trame qu'ils ont ourdie avec la horde de despotes qui vient nous égorger; mais déjà l'indignation vous enflamme. Allons, républicains, armons-nous! »

XIII

« C'est vrai! » s'écrie Marat. A ces mots le côté droit et le centre se lèvent saisis d'une indignation électrique, et demandent à grands cris que Marat soit mis en accusation.

Marat, appuyé par l'immobilité de la Montagne et par les encouragements des tribunes, affronte la colère de la majorité et s'élance à la tribune : « Pourquoi ce vain batelage, dit-il insolemment, et à quoi bon? On cherche à jeter parmi vous le soupçon d'une conjuration chimérique pour étouffer une conspiration trop réelle. — Le décret d'accusation contre Marat! » crient d'une seule voix trois cents membres. Marat s'efforce d'être entendu. Ces mêmes cris étouffent sa voix.

Danton descend alors de la Montagne et vient couvrir Marat de son dédain, mais de sa protection. « Marat, reprend-il, n'est-il pas représentant du peuple? Devez-vous entamer la Convention avant d'avoir contre un de ses membres des preuves évidentes? Quel est le coupable, de Marat ou des *hommes d'État*? Le temps le dira. Mais le vrai coupable, c'est d'Orléans. Envoyez-le d'abord au tribunal révolutionnaire, mettez à prix la tête de tous les Bourbons émigrés. — Et nos commissaires arrêtés par Dumouriez, quel sera leur sort? lui demande une voix de la Montagne. — Vos commissaires, reprend Danton, sont dignes de la nation et de la Convention nationale; ils ne doivent pas craindre le sort de Régulus. »

Boyer-Fonfrède insiste sur la mise en accusation de Marat.

XIV

La Convention mit aux voix le lendemain l'accusation de Marat ; elle fut décrétée par deux cent vingt voix contre quatre-vingt-douze. Les Jacobins poussèrent un cri d'indignation. L'ostracisme de Marat commença son triomphe.

XV

Marat, entouré de nombreux Cordeliers en sortant de la salle, ne fut ni arrêté ni conduit à l'Abbaye. Nul n'osa porter la main sur l'idole du peuple. Il s'évada sans obstacle, et une foule immense le porta le lendemain à la barre de la Convention. L'orateur des sections était un jeune homme inspiré par Danton. « Nous venons vous demander vengeance des traîtres qui souillent la représentation nationale. Le peuple a poursuivi les traîtres sur le trône ; pourquoi les laisserait-il impunis dans la Convention ? Le temple de la liberté serait-il comme ces asiles d'Italie où les scélérats trouvent l'impunité ? La république aurait-elle renoncé au droit de purifier la représentation nationale ? Nous demandons l'expulsion de Brissot, de Guadet, de Vergniaud, de Gensonné, de Grangeneuve, de Buzot, de Barbaroux, de Salles, de Biroteau, de Pontécoulant, de

Pétion, de Lanjuinais, de Valazé, de Hardy, de Lehardy, de Louvet, de Gorsas, de Fauchet, de Lanthenas, de Lasource, de Valady et de Cambon. » L'Assemblée écoutait en silence sa propre proscription. Quand l'organe de Danton eut achevé de la lire, un jeune homme se leva du milieu des membres proscrits : c'était Fonfrède. « Citoyens, dit-il, vous m'avez oublié, j'ai le droit de m'offenser de ne pas entendre mon nom sur la liste glorieuse qu'on vient de vous présenter. — Et nous aussi, et nous tous! » s'écrièrent, dans un courageux défi au peuple, les membres de la Gironde.

La Convention, oubliant ses dissensions pour faire face à l'Europe, adressa à tous les peuples une adresse rédigée par Condorcet. C'était un appel à l'insurrection générale. On reprit la discussion des articles de la constitution.

Robespierre continuait à développer chaque soir, aux Jacobins, les théories de la philosophie sociale dont il demandait le lendemain l'introduction dans la constitution. Les Jacobins devenaient ainsi, par lui, les inspirateurs de la Convention. La déclaration des droits, qui avait servi de base à la constitution de 91, devait, en s'élargissant sous la main de Robespierre, servir de base à la nouvelle constitution. C'était le décalogue populaire qui devait contenir toutes les vérités sociales dont les conséquences découleraient en institutions. Le peuple avait ainsi le moyen de comparer les principes de sa philosophie avec les dispositions de ses lois et la pratique de son gouvernement. Ces axiomes sociaux, rédigés par Robespierre, confondaient, comme ceux de Jean-Jacques Rousseau, les instincts naturels de l'homme avec les droits légaux créés et garantis par la société. Robespierre oubliait que l'état de nature était l'absence ou l'anarchie de tous les droits; que la société seule, en triomphant, de siècle en siècle, de la force brutale de chaque individu, créait lentement, et en retranchant quelque chose au droit de chaque être isolé, ce vaste système de rapports, de droits, de facultés, de garanties et de devoirs dont se compose ce droit social que la société distribue et garantit ensuite à ses membres.

Mais, si la science manquait à la déclaration des droits de Jean-Jacques Rousseau et de Robespierre, l'esprit social respirait dans chacune de ces formules. C'était l'idéal de l'égalité et de la fraternité entre les hommes. C'était la vérité des rapports entre l'État et les citoyens. C'était la société intellectuelle et morale, au lieu de la société égoïste et tyrannique; l'État devenait famille humaine, la patrie mère, au lieu de marâtre, de tous ses enfants. Un instinct sûr avertissait Robespierre et ses disciples de s'arrêter dans ce projet d'organisation de la société à ce qui pouvait se réaliser définitivement. Ils respectaient la famille et la propriété. Semblable aux architectes de l'antiquité, qui, en bâtissant aux dieux un temple, conservaient toujours dans l'édifice nouveau quelques pans de murs ou quelques piliers du vieil édifice, Robespierre conservait les traditions de l'ancienne société dans la nouvelle. Il allait aussi loin que la réforme pouvait aller. Il s'arrêtait à l'utopie. Il donnait Dieu pour source et pour garant de tous les droits. On sentait dès les premiers mots qu'il voulait remonter à la vérité suprême, pour en faire découler les vérités secondaires. « La Convention nationale, disait-il, proclame à la face de l'univers, et sous les yeux du législateur immortel, la déclaration suivante des droits de l'homme et du citoyen :

« Art. 1ᵉʳ. Le but de toute association politique est le maintien des droits naturels et imprescriptibles de l'homme, et le développement de toutes ses facultés.

» Art. 2. Les principaux droits de l'homme sont de pourvoir à la conservation de son existence et de sa liberté.

» Art. 3. Ces droits appartiennent également à tous les hommes, quelle que soit la différence de leurs forces physiques et morales. L'égalité des droits est établie par la nature. La société, loin d'y porter atteinte, ne fait que la garantir contre l'abus de la force, qui la rend illusoire.

» Art. 4. La liberté est le pouvoir qui appartient à chaque homme d'exercer à son gré toutes ses facultés; elle a la justice pour règle, les droits d'autrui pour bornes, la nature pour principe, et la loi pour sauvegarde.

» Art. 5. La loi ne peut défendre que ce qui est nuisible à la société, elle ne peut ordonner que ce qui lui est utile.

» Art. 7. La propriété est le droit qu'a chaque citoyen de jouir de la portion de bien qui lui est garantie par la loi.

» Art. 8. Le droit de propriété est borné, comme tous les autres, par l'obligation de respecter la propriété d'autrui.

» Art. 11. La société est obligée de pourvoir à la subsistance de tous ses membres, soit en leur procurant du travail, soit en assurant les moyens d'exister à ceux qui sont hors d'état de travailler.

» Art. 12. Les secours nécessaires à l'indigence sont une dette du riche envers le pauvre; il appartient à la loi de déterminer la manière dont cette dette doit être acquittée.

» Art. 13. Les citoyens dont le revenu n'excède pas ce qui est nécessaire à leur subsistance sont dispensés de contribuer aux dépenses publiques; les autres doivent les supporter progressivement selon l'étendue de leur fortune.

» Art. 14. La société doit favoriser de tout son pouvoir le progrès de la raison publique, et mettre l'instruction à la portée de tous les citoyens.

» Art. 16. Le peuple est souverain, le gouvernement est son ouvrage et sa propriété, les fonctionnaires publics sont ses commis. Le peuple peut, quand il lui plaît, changer son gouvernement et revoquer ses mandataires.

» Art. 18. La loi est égale pour tous.

» Art. 19. Tous les citoyens sont admissibles à toutes les fonctions, sans aucune autre distinction que celles des vertus et des talents.

» Art. 20. Tous les citoyens ont un droit égal de concourir à la nomination des mandataires du peuple et à la formation de la loi.

» Art. 21. Pour que ces droits ne soient pas illusoires et l'égalité chimérique, la société doit salarier les fonctionnaires publics, et pourvoir à ce que tous les citoyens qui vivent de leur travail puissent assister aux assemblées publiques où la loi les appelle, sans compromettre leur existence et celle de leurs familles.

» Art. 25. La résistance à l'oppression est la conséquence des autres droits de l'homme et du citoyen : il y a oppression contre le corps social quand un seul de ses membres est opprimé.

» Art. 34. Les hommes de tous les pays sont frères, et les différents peuples doivent s'entr'aider selon leur pouvoir comme les citoyens du même État.

» Art. 35. Celui qui opprime une seule nation est l'ennemi de toutes.

» Art. 37. Les rois, les aristocrates, les tyrans, quels

qu'ils soient, sont des esclaves révoltés contre le souverain de la terre, qui est le *genre humain*, et contre le législateur de l'univers, qui est la *nature*. »

XVI

Cette déclaration était plutôt un recueil de maximes qu'un code de gouvernement; elle révélait cependant la pensée du mouvement qui s'accomplissait. Ce qui rend la Révolution si grande au milieu même de ses orages, de ses anarchies et de ses crimes, c'est qu'elle était une doctrine. Ses dogmes étaient si sains, que, si l'on avait effacé de ce code l'impression de la main sanglante qui les avait signés, on aurait pu les croire rédigés par le génie de Socrate ou même par la charité de Fénelon. C'est par cette raison que les théories révolutionnaires, dépopularisées par les douleurs et les crimes dont leur enfantement a travaillé la France, revivent et revivront de plus en plus dans les aspirations des hommes. Elles ont été souillées, mais elles sont divines. Effacez le sang, il reste la vérité.

XVII

Les vérités fondamentales de la théorie de la Convention se traduisaient en institutions empreintes de cet esprit démocratique, à chaque séance où elle s'occupait de la constitution ou de la discussion des lois populaires. Aussitôt que l'Assemblée se calmait, ses dogmes éclataient avec ses actes; la colère de ses orateurs acharnés les uns contre les autres se changeait en un immense amour de la vérité sociale, du peuple, du genre humain. Cet amour inexpérimenté du bien avait ses ignorances, ses impatiences, ses erreurs. C'était quelquefois la folie de la vérité, mais c'était encore la vérité. C'est pour cela qu'il a été et qu'il sera dans l'avenir tant pardonné à ce temps. Nul travail humain n'est perdu, nul sang répandu pour l'idée n'est stérile, nul rêve de la vertu n'est trompé. Les aspirations obstinées du genre humain sont pour la société ce que la boussole est pour le navire : elle ne voit pas le rivage, mais elle y conduit.

XVIII

Le projet de constitution émané des Girondins et rédigé par Condorcet, quoique aussi démocratique dans son mécanisme, était moins populaire dans son esprit que la constitution de Robespierre. Il se bornait à établir la souveraineté du peuple dans son acception la plus indéfinie, et à restituer à chaque citoyen la part de la liberté la plus large compatible avec l'action collective de l'État. L'unité de la société en était également la base : mais dans l'esprit des Girondins cette unité était l'unité nationale; dans l'esprit de Robespierre, c'était l'unité humaine. La constitution présentée par les Girondins était une institution francaise; la constitution conçue par les Montagnards était une institution universelle.

XIX

La démocratie constituée en gouvernement se formulait en institutions populaires dans toutes les applications. La Convention ne voulait pas que la démocratie fût une lettre morte. L'âme du peuple animait toutes les lois proposées. Ainsi l'abolition de la mendicité par des maisons de travail, par des refuges et par des secours donnés à la partie indigente du peuple; ainsi des emprunts sur les riches pour les forcer à un concours proportionnel à leur aisance; ainsi l'adoption par la république de tous les enfants trouvés ou abandonnés; des encouragements, humains dans leur intention, immoraux dans leur effet, à la maternité des filles non mariées; des maximum sur la valeur des denrées les plus nécessaires au peuple; des restrictions à la liberté et à la cupidité de la concurrence chez les marchands; l'État s'interposant comme arbitre entre le producteur, le commerçant et le consommateur, pour tenter vainement de faire justice à tous en plaçant son arbitraire entre les uns et les autres; une organisation générale de l'instruction publique, faisant distribuer par l'État la lumière morale à tous les citoyens.

A l'égard de l'éducation publique, Robespierre demandait plus encore. En rendant cette éducation primaire obligatoire pour toutes les familles, et en jetant dans le même moule toute la génération de cinq à douze ans, il établissait, à défaut du communisme des biens, le communisme des enfants et le communisme des idées. Il considérait le genre humain comme un père qui devait faire aux générations de la patrie le legs égal de toutes les pensées, de toutes les croyances, de toutes les opinions dont le temps l'avait lui-même enrichi. L'éducation pour la Convention était comme l'air, que la société doit gratuitement à la respiration de tous les citoyens.

Le travail, selon cette théorie, devait faire partie de l'éducation. Les écoles étaient des ateliers. La culture des champs était le premier des travaux. Robespierre, ainsi que tous les législateurs de l'antiquité, considérait le travail appliqué à la terre comme le plus moral et le plus social des travaux de l'homme, parce qu'il nourrit plus directement le travailleur, qu'il excite moins l'âpre cupidité du gain, et qu'il crée moins de vices et moins de misère que le travail des manufactures. La discipline à laquelle cette éducation commune devait plier de bonne heure les enfants était une habitude du joug des devoirs auxquels les citoyens sont plus tard assujettis. Cette discipline avait quelque chose de lacédémonien. Elle rappelait les institutions de Fénelon dans sa république de Salente, et les plans de Jean-Jacques Rousseau dans son livre de l'*Émile*.

Quant aux connaissances que la patrie devait à l'enfant, ces connaissances consistaient à apprendre à lire, à écrire, à compter, à mesurer, et à inculquer les principes de morale universelle passés dans la civilisation à l'état de dogmes, à enseigner les lois du pays, à orner la mémoire des récits de l'histoire des peuples, à développer dans l'esprit de l'enfant le sentiment du beau, si voisin du sentiment de la vertu, par la récitation des plus admirables fragments de philosophie, de poésie, d'éloquence, légués aux siècles par l'esprit humain.

Mais quant à la religion, l'enfant, d'après ce système, ne devait en choisir une que lorsque cette éducation aurait suffisamment développé son intelligence et sa raison, afin que la religion ne fût pas une habitude, mais un choix délibéré de l'être intelligent.

XX

Robespierre, pour subvenir aux frais de ces établissements, à la nourriture des enfants, aux salaires des instituteurs et des institutrices, proposait une taxe proportionnelle, appelée taxe des enfants. Il demandait aussi une taxe des pauvres, au moyen de laquelle les communes entretiendraient les vieillards et les infirmes indigents. Le riche dépouillé graduellement de son superflu, le pauvre gratuitement élevé à l'instruction, à la faculté du travail, à la profession d'un métier; tout, dans ce plan de Robespierre, tendait évidemment à la communauté des biens et à l'égalité des conditions. C'était l'esprit du communisme primitif, idéal des premiers chrétiens redevenu idéal des philosophes.

Ce partage égal des lumières, des facultés et des dons de la nature est évidemment la tendance légitime du cœur humain. Les révélateurs, les poëtes et les sages ont roulé éternellement cette pensée dans leur âme, et l'ont perpétuellement montrée dans leur ciel, dans leurs rêves ou dans leurs lois, comme la perspective de l'humanité. C'est donc un instinct de la justice dans l'homme, par conséquent un plan divin que Dieu fait entrevoir à ses créatures. Tout ce qui contrarie ce plan, c'est-à-dire tout ce qui tend à constituer des inégalités de lumières, de rang, de condition, de fortune parmi les hommes, est impie. Tout ce qui tend à niveler graduellement ces inégalités, qui sont souvent des injustices, et à répartir le plus équitablement l'héritage commun entre tous les hommes, est divin. Toute politique peut être jugée à ce signe comme tout arbre est jugé à ses fruits : l'idéal n'est que la vérité à distance.

Mais plus un idéal est sublime, plus il est difficile à réaliser en institutions sur la terre. La difficulté jusqu'ici a été de concilier avec l'égalité des biens les inégalités de vertus, de facultés et de travail, qui différencient les hommes entre eux. Entre l'homme actif et l'homme inerte, l'égalité de biens devient une injustice : car l'un crée et l'autre dépense. Pour que cette communauté des biens soit juste, il faut supposer à tous les hommes la même conscience, la même application au travail, la même vertu. Cette supposition est une chimère. Or quel ordre social pourrait reposer solidement sur un tel mensonge? De deux choses l'une. Ou bien il faudrait que la société, partout présente et partout infaillible, pût contraindre chaque individu au même travail et à la même vertu; mais alors que devient la liberté? La société n'est plus qu'un universel esclavage.

Ou bien il faudrait que la société distribuât de ses propres mains, tous les jours, à chacun selon ses œuvres, la part exactement proportionnée à l'œuvre et au service de chacun dans l'association générale. Mais alors quel sera le juge ?

La sagesse humaine imparfaite a trouvé plus facile, plus sage et plus juste de dire à l'homme : « Sois toi-même ton propre juge, rétribue-toi toi-même par ta richesse ou par ta misère. » La société a institué la propriété, proclamé la liberté du travail et légalisé la concurrence.

Mais la propriété instituée ne nourrit pas celui qui ne possède rien. Mais la liberté du travail ne donne pas les mêmes éléments de travail à celui qui n'a que ses bras et à celui qui possède des milliers d'arpents sur la surface du sol. Mais la concurrence n'est que le code de l'égoïsme, et la guerre à mort entre celui qui travaille et celui qui fait travailler, entre celui qui achète et celui qui vend, entre celui qui nage dans le superflu et celui qui a faim ! Iniquité de toutes parts ? Incorrigibles inégalités de la nature et de la loi ! La sagesse du législateur paraît être de les pallier une à une, siècle par siècle, loi par loi. Celui qui veut tout corriger d'un coup brise tout. Le possible est la condition de la misérable sagesse humaine. Sans prétendre résoudre par une seule solution des iniquités complexes, corriger sans cesse, améliorer toujours, c'est la justice d'êtres imparfaits comme nous. Dans les desseins de Dieu, le temps paraît être un élément de la vérité elle-même; demander la vérité définitive à un seul jour, c'est demander à la nature des choses plus qu'elle ne peut donner. L'impatience crée des illusions et des ruines au lieu de vérités. Les déceptions sont des vérités cueillies avant le temps.

XXI

La vérité est évidemment la communauté chrétienne et philosophique des biens de la terre; les déceptions, ce sont les violences et les systèmes par lesquels on a cru vainement pouvoir établir cette vérité et l'organiser jusqu'ici. Le nivellement social, loi de justice, paraît être le plan de la nature dans l'ordre politique. Accompli en un moment, ce serait un cataclysme semblable à ceux qui déjà ont englouti tous les êtres vivants sur la surface de ce globe; lent, gradué et insensible, au contraire, il rétablira l'égalité de niveau et de fertilité sans écraser une fourmi. Découvrir la loi de Dieu dans les sociétés, et y conformer la loi du législateur, en ne devançant pas la vérité par la chimère et le temps par l'impatience, voilà la sagesse; prendre le désir pour la réalisation et sacrifier à l'inconnu, voilà la folie; s'irriter contre l'obstacle et contre la nature, et écraser des générations entières sous les débris d'institutions imparfaites, au lieu de les conduire en sûreté d'une société à une autre, voilà le crime!

Il y avait de ces trois choses dans l'âme de la Convention : un idéal vrai et pratiquement accessible; des chimères qui s'évanouissaient à l'application; des accès de fureur qui voulaient arracher par la torture la réalisation d'un ordre de choses que la nature humaine ne contenait pas encore. De saints désirs, de vaines utopies, d'atroces moyens, tels étaient les éléments dont se composait la politique sociale de cette Assemblée, placée entre deux civilisations, pour exterminer l'une et pour devancer l'autre. Robespierre personnifiait ces tendances plus qu'aucun de ses collègues. Ses plans, religieux dans le but, chimériques dans leurs dispositions, devenaient sanguinaires au moment où ils se brisaient contre les impossibilités de la pratique. La fureur du bien saisissait l'utopiste : la fureur du bien a les mêmes effets que la fureur du mal. Robespierre s'obstinait aux chimères comme aux vérités. Plus éclairé, il eût été plus patient. Sa colère naquit de ses déceptions. Il voulait être l'ouvrier d'une régénération sociale : la société résistait; il prit le glaive, et crut qu'il était permis à l'homme de se faire bourreau de Dieu. Il communiqua, moitié par fanatisme, moitié par terreur, son esprit aux Jacobins, au peuple, à la Convention. De là ce contraste d'une Assemblée s'appuyant d'une main sur le tribunal révolutionnaire et l'instrument du supplice, et de l'autre écrivant une constitution qui rappelait les républiques pastorales de Platon ou de Télémaque, et qui respirait dans toutes ses pages Dieu, le peuple, la justice et l'humanité. Jamais il n'y eut tant de sang sur la vérité. L'œuvre de l'histoire est de laver ces taches, et de ne pas rejeter la justice sociale, parce que des flots de sang sont tombés sur les dogmes de la liberté, de la charité et de la raison.

LIVRE QUARANTIÈME

Robespierre et Danton s'unissent contre les Girondins. — Triomphe de Marat. — Les Girondins apostrophent les Jacobins. — Pamphlet de Camille Desmoulins. — Le duc d'Orléans arrêté. — Essais de constitution. — Dangers de la république. — Isnard. — Commission des Douze. — Hébert arrêté. — Divisions. — Hanriot. — Garat. — Accusations. — Les vingt-deux Girondins.

!

Ces discussions, en ouvrant à la Convention les perspectives du bonheur de l'humanité, détendirent quelques jours ces âmes irritées. Divisés sur le présent, Vergniaud, Robespierre, Condorcet, Danton, Pétion, se rencontraient dans l'avenir. Les physionomies des Girondins, des Jacobins, des Cordeliers, s'apaisaient et présentaient aux spectateurs, dans ces séances, le caractère de la sérénité. Danton lui-même, le moins chimérique de ces hommes d'État, semblait, avec ivresse et sur le lointain, reposer ses regards du sang qu'il avait fait répandre. « Cela me console, disait-il avec un soupir en sortant de l'Assemblée. On ne sait pas ce que le triomphe d'une doctrine coûte au cœur des hommes qui la lèguent à la postérité ! »

II

Ces principes de l'école de Robespierre furent développés par Saint-Just dans un discours où ce jeune orateur se rendit l'oracle des théories de son maître. « L'ordre social, dit Saint-Just dans ce discours, est dans la nature même des choses et n'emprunte à l'esprit humain que le soin d'en combiner le mécanisme; l'homme naît pour la paix et pour la vérité : ce sont les mauvaises lois qui le corrompent. Lui trouver des lois conformes à la nature de son cœur, c'est le rétablir dans son bonheur et dans ses droits. Mais l'art de gouverner n'a presque produit que des monstres, et les peuples ont perdu leur route. Notre œuvre est de la retrouver. L'état social est le rapport vrai des hommes entre eux. L'état politique est le rapport du peuple au peuple. Le vice des gouvernements, c'est qu'ils emploient pour opprimer les citoyens au dedans la force dont ils sont armés et dont ils ont besoin pour défendre les nations contre leurs ennemis du dehors. Divisez donc le pouvoir, si vous voulez que la liberté subsiste. Le pouvoir exécutif empiète peu à peu dans le gouvernement le plus libre du monde; mais si cette autorité délibère et exécute à la fois, elle devient bientôt souveraine : la royauté n'est pas dans le nom de roi, elle est dans tout pouvoir qui délibère et exécute à la fois. » Cette série de maximes incohérentes et le nuage dont Saint-Just enveloppait sa pensée laissent à peine discerner s'il voulait attaquer ou fortifier l'unité de puissance de la Convention.

III

Marat, Hébert et Chaumette se servaient seuls de l'amorce de la communauté des biens pour flatter et pour fanatiser le peuple. Encore la communauté, dans leur pensée, était-elle plutôt le déplacement violent que la destruction de la propriété. La propriété et la famille étaient tellement passées en habitude et en droit dans l'esprit des hommes de toute condition, qu'une tentative de *loi agraire* eût paru un blasphème contre l'homme lui-même. Ce principe, purement spéculatif, pouvait servir de texte à quelques dissertateurs chimériques ; il ne pouvait rallier aucune faction. Elles le désavouaient toutes pour ne pas faire horreur à l'opinion. Les programmes des partis commençaient toujours par un acte de foi et par une profession de respect pour la propriété. Ils prodiguaient la mort sans se dépopulariser, ils ménageaient les biens. C'est que l'homme moderne tient plus à ses biens qu'à sa vie même, car ses biens sont sa vie d'abord, puis la vie de sa femme, de ses enfants, de sa postérité. En mourant pour défendre ses biens, il meurt pour se défendre dans le présent et jusque dans l'avenir. La Révolution française était faite pour rendre la propriété plus égale et plus accessible à tous les hommes, et non pour la détruire.

IV

Pendant que la Convention ajournait la lutte par ces excursions philosophiques et par ces institutions populaires, la commune, les Jacobins et les Cordeliers profitèrent du temps pour ameuter les faubourgs contre les Girondins, seul obstacle, selon leurs orateurs, au bonheur du peuple et à la sûreté de la patrie.

Réduire les départements à subir le joug des opinions de Paris; asservir la représentation nationale par la terreur; faire de la Convention l'instrument passif et avili de la commune; dominer la commune elle-même par les sections, et les sections par une poignée d'agitateurs aux ordres de deux ou trois démagogues, entre lesquels le peuple choisirait un dictateur implacable pour remédier à sa propre anarchie : tel était le plan confus de Marat, de Chaumette, d'Hébert et de leurs partisans.

Robespierre et Danton servaient ce plan avec répugnance. Se fiant l'un et l'autre à l'instabilité de la faveur publique et à leur profond mépris pour l'idole du jour, Marat, ils pensaient avec raison que le pouvoir tomberait de lui-même de ce front ignoble et insensé, et qu'une fois les Girondins détruits par Marat, et Marat détruit par lui-même, la nation n'aurait plus qu'à choisir entre eux deux pour la sauver d'elle-même et de ses ennemis. Chacun d'eux se croyait certain de l'emporter facilement alors sur son rival : Danton par la supériorité de courage, Robespierre par la supériorité de pensée. Ils feignaient l'un et l'autre contre les Girondins une haine qu'ils ne ressentaient pas, et pour la cause de l'*ami du peuple* proscrit un intérêt dont ils rougissaient en secret. Quant au peuple, l'expulsion de Marat de la Convention, sa mise en jugement, sa fuite, ses doctrines, le mystère qui environnait son asile, et enfin le bruit répandu des maladies qu'il avait contractées par le travail et dans les souterrains pour servir la cause des opprimés, tout exaltait jusqu'à l'idolâtrie la passion de la multitude pour celui qu'elle croyait son vengeur.

Marat sortit de sa retraite et comparut, le 24 avril, devant le tribunal révolutionnaire. L'audace de son attitude, le défi qu'il jeta aux juges, la foule qui l'escorta au tribunal, les acclamations du peuple qui se pressait en foule autour du palais de justice, donnèrent d'avance aux jurés l'ordre de reconnaître son innocence. Elle fut proclamée. Un cri de triomphe, parti de l'enceinte du tribunal et prolongé par les groupes jusqu'aux portes de la Convention, apprit aux Girondins l'acquittement de leur ennemi. Les Cordeliers et les faubourgs, qui avaient commandé le jugement, avaient d'avance préparé le triomphe. Marat acquitté fut hissé dans les bras de quatre hommes qui l'élevèrent au-dessus de leurs têtes pour le montrer à la foule. Ces hommes portèrent l'*ami du peuple* sur une estrade surmontée d'un siége antique semblable à un trône. C'était le

pavois de la sédition, où les prolétaires inauguraient le ro
de l'indigence. Les femmes de la halle et du marché aux
fleurs ceignirent sa tête de plusieurs couronnes de laurier.
Marat s'en laissa décorer sans résistance. « C'est le peuple,
s'écria-t-il, qui se couronne sur ma tête. Puissent toutes
les têtes qui dépasseront le niveau du peuple tomber bientôt à ma voix ! »

Le cortége se mit en marche vers la Convention aux cris
de : « Vive l'ami du peuple ! » L'attroupement, composé
d'hommes en haillons, de femmes, d'enfants, d'indigents,
s'avança lentement par les quais et par le Pont-Neuf vers
la rue Saint-Honoré, grossi dans sa route par la foule innombrable des ouvriers de tous les métiers qui avaient suspendu leurs travaux pour défendre et pour honorer le
représentant des prolétaires. Les porteurs se relevaient.
Des députations des différents métiers attendaient Marat
sur les ponts, sur les places et à l'entrée des principales
rues. A chaque station, ces groupes se joignaient à la colonne de peuple qui précédait ou qui suivait le brancard.
Les fenêtres des maisons étaient garnies de femmes qui
laissaient tomber sur la tête du triomphateur une pluie de
rubans, de couronnes et de fleurs. On battait des mains sur
son passage, en sorte que toute sa marche, depuis le Palais
jusqu'au Manége, ne fut qu'un long applaudissement. « Mes
amis, épargnez-moi, épargnez ma sensibilité, s'écriait Marat ; j'ai trop peu fait pour le peuple, je ne puis m'acquitter qu'en lui donnant désormais ma vie ! »

V

Au milieu de la rue Saint-Honoré, les femmes des marchés de Paris, réunies pour s'associer à cette fête, arrêtèrent le cortége, et ensevelirent sous des monceaux de bouquets le pavois, le trône et l'*ami du peuple*. Marat, le front surchargé de couronnes, les épaules, les bras, le corps, les jambes enchaînés de festons de feuillage, disparaissait pour ainsi dire sous les fleurs. A peine apercevait-on son habit noir râpé, son linge sale, sa poitrine débraillée, ses cheveux flottants sur ses épaules. Ses bras s'ouvraient sans cesse comme pour embrasser la foule. La hideuse sordidité de son costume contrastait avec la fraîcheur de ces guirlandes et de ces festons. Sa figure hâve, sa physionomie égarée, les sourires pétrifiés sur les lèvres, le balancement de l'estrade sur laquelle il était porté, l'agitation saccadée de sa tête et la gesticulation de ses mains donnaient à toute sa personne quelque chose de machinal et de contraint qui ressemblait à la démence, et qui laissait le spectateur indécis entre un supplice et un triomphe. C'était une convulsion du peuple personnifiée dans Marat, plus propre à dégoûter de l'ivresse de la foule qu'à rendre jaloux Robespierre et Danton.

Un peu plus loin, les hommes des halles et des quais de Paris, au nombre de deux ou trois mille, haranguèrent le député, et firent éclater de leur voix tonnante de longs cris de : « Vive l'ami du peuple ! » Ces cris ébranlèrent les voûtes de la Convention. Le cortége en força les portes. Marat, descendu de son fauteuil, mais soulevé par les bras du peuple, entra dans la salle, le front encore couronné de lauriers. La foule demanda à défiler dans l'enceinte, et se répandit confusément avec les députés sur les gradins de la Convention. La séance fut interrompue.

Marat, porté jusque sur la tribune par ses vengeurs aux applaudissements de l'enceinte et des galeries, tenta longtemps en vain d'apaiser par ses gestes les battements de mains qui étouffaient sa voix. A la fin, ayant obtenu le silence :

« Législateurs du peuple français, dit-il, ce jour rend au peuple un de ses représentants dont les droits avaient été violés dans ma personne. Je vous représente en ce moment un citoyen qui avait été inculpé et qui vient d'être justifié. Il continuera à défendre avec toute l'énergie dont il est capable les droits de l'homme et les droits du peuple. » A ces mots la foule agite ses chapeaux et ses bonnets en l'air. Un cri unanime de : « Vive la république ! » part de l'enceinte et des tribunes, et va se répéter et se prolonger dans le rassemblement qui presse les murs de la Convention. Danton, feignant de partager l'enthousiasme de la foule pour l'idole qu'il méprisait, demanda que le cortége de Marat reçût les honneurs de l'Assemblée en défilant dans son enceinte. Marat, tenant sa couronne à la main, alla s'asseoir au sommet de la Montagne, à côté du féroce Armonville. « Maintenant, dit-il à haute voix au groupe de députés qui le félicitaient, je tiens les Girondins et les Brissotins ; ils iront en triomphe aussi, mais ce sera à la guillotine ! » Puis s'adressant aux députés qui l'avaient décrété d'accusation, il les appela par leur nom et les apostropha en termes injurieux. « Ceux que vous condamnez, s'écria-t-il, le peuple es acquitte; le jour n'est pas loin où il fera justice de ceux que vous respectez comme des hommes d'État. » Le scandale des apostrophes de Marat n'excita dans la salle que le sourire du mépris. Robespierre haussa les épaules en signe de dégoût. Marat lui lança un regard de défi et l'appela *lâche scélérat*. Robespierre feignit de n'avoir pas entendu, et laissa passer cette folie du peuple. Marat, étant ressorti, fut de nouveau promené en triomphe sur son palanquin dans les principales rues de Paris. « Marat est l'ami du peuple, le peuple sera toujours pour lui! » s'écriait la foule en l'accompagnant. Un banquet populaire lui fut offert sous les piliers des halles. On le conduisit ensuite au club des Cordeliers.

VI

Là, Marat harangua longtemps la foule et lui promit du sang. La joie même était sanguinaire dans cet esprit exterminateur. Les cris de : « Mort aux Girondins! » étaient l'assaisonnement de son triomphe. Après la séance, les Cordeliers et le peuple, qui l'attendaient à la porte du club, le reconduisirent aux flambeaux jusqu'à sa maison. Les fenêtres et les toits de la rue des Cordeliers et des rues voisines avaient été illuminés comme pour l'entrée d'un sauveur du peuple. « Voici mon palais! dit Marat à son ami Gusman en montrant l'escalier obscur de son logement, et voici mon sceptre! ajouta-t-il en souriant et en montrant sa plume qui trempait dans une écritoire de plomb. Rousseau, mon compatriote, n'en eut jamais d'autre. C'est avec cela pourtant que j'ai transporté la souveraineté des Tuileries dans ce bouge! Ce peuple est à moi parce que je suis à lui. Je n'abdiquerai que lorsque je l'aurai vengé. »

Telle fut l'ovation de Marat. Mais déjà l'incendie de son âme consumait sa vie. Ce jour de gloire et de règne pour lui, en faisant bouillonner son sang, alluma la fièvre qui minait son corps. La maladie ne ralentit pas ses travaux, mais le retint souvent sur son lit. L'approche de la mort et la concentration de ses pensées n'apaisèrent point ses provocations au meurtre. Ce Tibère moderne envoyait ses ordres à la multitude du fond de son indigente Caprée. Ses insomnies coûtaient du sang au lendemain. Il ne semblait regretter dans la vie que le temps d'immoler trois cent mille têtes qu'il ne cessait de demander à la vengeance de la nation. Sa porte, nuit et jour assiégée de délateurs, recevait, comme la bouche de fer de Venise, les indices du soupçon. Sa main, déjà glacée par la mort, ajoutait toujours de nouveaux noms à la liste de ses proscriptions, toujours ouverte sur son lit.

VII

Cette journée, en montrant au peuple sa force, à la Convention son asservissement, aux Girondins leur impuissance, encouragea aux dernières entreprises contre eux. Les progrès des Vendéens, qui avaient repoussé les républicains de toute la rive gauche de la Loire ; le partage de la France, que les généraux et les plénipotentiaires des puissances délibéraient ouvertement dans un conseil de guerre tenu à Anvers; Custine qui se repliait sous Landau devant cent mille confédérés allemands ; Mayence bloquée et paralysant dans ses murs vingt mille soldats d'élite de notre armée du Rhin ; les premiers chocs de l'armée des Pyrénées et de l'armée espagnole; Servan, qui commandait là nos troupes, attaqué à la fois dans ses trois camps; Lyon, où les sections, toutes royalistes, résistaient à l'installation d'un régime révolutionnaire et menaçaient d'une imminente insurrection ; Marseille, indignée des outrages du peuple de Paris à ses fédérés et à Barbaroux, levant de nouveaux bataillons pour venger ses fils; Arles, Nîmes, Toulon, Montpellier, Bordeaux, se déclarant ennemies de la Montagne, et jurant dans leurs adresses d'envoyer leur jeunesse contre Paris ; les accusations réciproques de fédéralisme et d'anarchie sans cesse renvoyées des Montagnards aux Girondins et des Girondins aux Montagnards; la disette aux portes des boulangers ; le peuple sans autre travail que celui de sa perpétuelle agitation dans les rues ; les clubs en ébullition; les feuilles publiques écrites avec du fiel ; les factions en permanence; les prisons déjà remplies; la guillotine donnant à la multitude le goût du sang, au lieu de l'assouvir : tout imprimait à la population de Paris ce frissonnement de terreur, prélude des derniers excès.

Le désespoir est le conseiller du crime. Le peuple, qui se sentait périr, avait besoin de s'en prendre à quelqu'un de sa perte. Les Jacobins tournaient toute sa haine contre les Girondins. Le vol du Garde-Meuble, dont les millions et les diamants, disait-on, avaient passé dans les mains de Roland et dans les écrins de sa femme, imprimait de plus à l'irritation populaire un caractère de personnalité, d'insulte et de meurtre.

Brissot, Girey-Dupré, Gorsas, Condorcet, les principaux journalistes girondins, appuyés sur les riches, soutenus par le commerce et la bourgeoisie, n'épargnaient pas de leur côté les ironies sanglantes à Marat, à Robespierre, à Danton, aux Jacobins. Ces feuilles, lues aux séances des clubs, y étaient déchirées, brûlées, foulées aux pieds. On jurait de laver ces lignes dans le sang de leurs auteurs. Marat osa demander insolemment, en face de Robespierre, qu'on lui renvoyât toutes ces pièces et toutes les délations des citoyens contre les ministres, pour en faire justice. Il personnifiait hardiment le peuple en lui seul. Robespierre, présent, osa à peine murmurer. Marat se constituait ainsi lui-même, depuis son triomphe, le plénipotentiaire de la multitude. Il prenait cette dictature qu'il avait vingt fois conjuré le peuple de donner au plus déterminé de ses défenseurs. Sa politique avait pour toute théorie la mort. Il était l'homme de la circonstance, car il était l'apôtre de l'assassinat en masse. Chaque fois qu'il sortait de sa demeure, dans le costume d'un malade et la tête enveloppée d'un mouchoir sale, pour paraître aux Jacobins ou à la Convention, Danton et Robespierre lui cédaient la tribune. Il y parlait en maître, et non en conseiller de la nation. Un mot de lui tranchait la discussion comme le poignard tranche le nœud. Les applaudissements des tribunes le plaçaient sous la protection du peuple. Les murmures et les huées interrompaient ceux qui tentaient de discuter avec lui. C'était le plébiscite sans réplique de la multitude.

VIII

Déjà même à la Convention les discussions étaient changées en pugilat de paroles. A l'occasion des honneurs funèbres rendus par la commune à Lazouski, un des conspirateurs du club de l'Archevêché, Guadet ayant osé dire que la postérité s'étonnerait un jour de ce qu'on eût décerné une apothéose nationale à un homme convaincu d'avoir été à la tête des pillards et d'avoir voulu marcher dans la nuit du 10 mars pour dissoudre la Convention, Legendre s'élança pour répondre à Guadet. Les murmures du centre lui contestèrent la tribune. « Je céderai la tribune à ceux qui parlent mieux que moi, s'écria Legendre ; mais dussé-je occuper le poste du fourneau qui doit rougir le fer qui vous marquera tous d'ignominie, je l'occuperai ! Dussé-je être votre victime, je fais la motion que le premier patriote qui mourra sous vos coups soit porté dans les places publiques, comme Brutus porta le corps de Lucrèce, et qu'on dise au peuple : « Voilà l'ouvrage de tes » ennemis ! »

IX

Le lendemain, le jeune Ducos essaya de faire comprendre à la Convention les dangers de fixer un *maximum* au prix des grains; les trépignements, les gestes, les vociférations des assistants étouffèrent sa voix et le forcèrent à descendre de la tribune.

« Citoyens, s'écria Guadet, une représentation nationale avilie n'existe déjà plus! Tout palliatif pour assurer sa dignité est une lâcheté. Les autorités de Paris ne veulent pas que vous soyez respectés. Il est temps de faire cesser cette lutte entre une nation entière et une poignée de factieux déguisés sous le nom de patriotes. Je demande que la Convention nationale décrète que lundi sa séance sera tenue à Versailles. »

A cette proposition de Guadet, tous les Girondins et une partie de la Plaine se lèvent et crient : « Marchons! enlevons ce qui reste de dignité et de liberté dans la représentation nationale aux outrages et aux poignards de Paris. » Vigée, jeune homme intrépide, qui puisait, comme André Chénier, l'héroïsme dans le péril, s'expose seul à la tribune aux vociférations, aux gestes, aux invectives de la Montagne et des spectateurs. « Ajourner à lundi, dit-il, ce serait donner aux factieux le temps de prévenir notre déplacement par une émeute ou par des assassinats. Je demande qu'au premier murmure des tribunes nous sortions de cette enceinte, où nous sommes captifs, et que nous nous retirions à Versailles. »

Marat, présent ce jour-là au sommet de la Montagne, en descend avec le geste souverain d'un pacificateur. Il craint que la proposition des Girondins ne dérobe la Convention à la pression directe et impérative de la multitude dont il est le roi. Il veut faire une diversion à l'émotion qui entraîne les Girondins hors de la salle. « Je propose une grande mesure, dit-il, propre à lever tous les soupçons. Mettons à prix la tête de tous les Bourbons fugitifs et traîtres avec Dumouriez. J'ai demandé déjà la mort des d'Orléans, je renouvelle ma proposition, afin que les *hommes d'État* se mettent la corde au cou à l'égard des Capets fugitifs, comme les patriotes se la sont mise en votant la mort du tyran! »

X

Ainsi les victimes mutuellement sacrifiées entre les deux partis étaient les seuls gages de réconciliation aux yeux de Marat. « Je n'appuie ni ne combats cette motion de Marat, répond Buzot. On veut nous distraire de la proposition de Guadet. Examinons, citoyens, comment la postérité jugera notre situation. Il n'y a pas une autorité de Paris, pas un club qui ne règne plus que nous. Les Jacobins sont maîtres partout. Armées, ministères, départements, municipalités, où ne dominent-ils pas? Dans les lieux publics qui touchent à notre enceinte, dans nos avenues, à nos portes, dans nos tribunaux, qu'entend-on? Des cris forcenés! Que voit-on? Des figures hideuses, des hommes couverts de sang et de crimes! Ainsi l'a voulu la nature : celui qui a une fois trempé ses mains dans le sang de son semblable est un monstre qui ne peut plus vivre dans une société régulière. Il lui faut du sang, toujours du sang, pour enivrer ses remords. Vous déplorez tous la situation où nous sommes, j'en suis convaincu; j'en appelle à vos cœurs, je somme l'histoire de le dire : si vous n'avez pas puni ces grands forfaits, c'est que vous ne l'avez pas pu. Aussi, voyez les résultats de l'impunité. Demandez-vous les causes de ces désordres, on se rit de vous. Rappelez-vous à l'exécution des lois, on se rit de vous et de vos lois. Punissez-vous l'un de vous, on vous le rapporte en triomphe pour se jouer de vous. Voyez cette société à jamais célèbre (les Jacobins), il n'y reste pas trente de ses vrais fondateurs. On n'y voit que des hommes perdus de dettes et de crimes. Lisez les journaux, et voyez si, tant qu'existeront ces abominables repaires, vous pourrez rester ici! »

A cette écrasante apostrophe en face de Robespierre, de Marat, de Danton, de Collot-d'Herbois, de Billaud-Varennes, de Bazire, la Montagne se soulève tout entière contre Buzot. « Nous sommes tous Jacobins! » s'écrient d'une seule voix deux cents membres. Durand-Maillane brave cet orage. Il annonce à la Convention qu'à l'arrivée du dernier courrier des Jacobins de Paris au club de Marseille, ce club mit à prix la tête de cinq députés de Marseille qui ont demandé l'appel au peuple sur le jugement du roi : dix mille livres au fer du premier assassin. « Ce département, ajoute Durand-Maillane, est dans l'anarchie et dans la confusion. » Le tumulte de l'Assemblée redouble. Les uns demandent que l'on vote sur la proposition de se retirer à Versailles ; les autres, que l'on passe avec mépris à l'ordre du jour sur la lâche terreur des Girondins.

Danton, qui depuis quelque temps semblait écarter les mesures extrêmes, comme s'il eût vu de loin l'abîme et redouté son propre emportement, monte à la tribune et veut éteindre l'émotion sous quelques mots de paix. « Nous sommes tous d'accord, dit-il, que la dignité nationale veut qu'aucun citoyen ne puisse manquer de respect à un député qui émet son opinion. Nous sommes tous d'accord qu'il y a eu manque de respect, et que justice doit être faite ; mais elle ne doit peser que sur les coupables. Vous voulez être sévères et justes à la fois ? eh bien... » L'impatience de la Montagne, l'indignation de la Gironde, ne laissent pas Danton achever sa pensée. Des murmures unanimes lui coupent la parole et le forcent à descendre de la tribune. Mais Danton fait en descendant un geste d'intelligence aux spectateurs. A ce geste, les tribunes publiques sont évacuées. L'absence volontaire des coupables enlève tout prétexte à la discussion et toute occasion au châtiment.

Camille Desmoulins publia quelques jours après un de ses pamphlets les plus acérés. Roland, Pétion, Condorcet, Brissot, y étaient défigurés par la haine. Madame Roland elle-même, déjà errante et persécutée, travestie dans ce pamphlet en courtisane sanguinaire, était livrée aux sarcasmes de la multitude. Ambition, concussion, conspiration sourde et permanente contre la liberté ; intrigues, trahisons, complicité avec les étrangers, aspirations au rétablissement d'une royauté dont ils seraient les ministres, tels étaient les crimes dont Camille Desmoulins cherchait les preuves dans des anecdotes controuvées, dans des confidences trahies, dans des secrets surpris dans des réunions chimériques et dans des orgies imaginaires, dont la causticité de sa plume envenimait le récit. Cette histoire des Brissotins, lue par Camille Desmoulins aux Jacobins, y fut adoptée comme le manifeste de la Montagne contre les dominateurs de la Convention. Imprimée aux frais de la société à plus de cent mille exemplaires, elle fut répandueà profusion dans les rues de Paris, et adressée à toutes les sociétés affiliées des départements. Elle donnait des noms propres aux soupçons du peuple.

Ce pamphlet, en désignant des victimes, désignait aussi des idoles à l'opinion. Robespierre, Marat et Danton y étaient offerts en exemple aux patriotes. Camille Desmoulins, assez intelligent pour admirer les Girondins, assez envieux pour les haïr, trop timide pour les imiter, se fit l'organe de ces basses passions qui harcèlent les hommes supérieurs. Le caractère de cet écrivain, inférieur à son esprit, avait besoin, comme le reptile, de ramper et de mordre à la fois. Il rampait devant Danton, devant Robespierre, devant Marat. Il déchirait Roland et Vergniaud. C'est ainsi qu'en adulant et en abandonnant tour à tour les puissants du jour, il avait passé du cabinet de Mirabeau et de l'intimité de Pétion aux soupers de Danton et à la domesticité de Robespierre. Haïr et flatter, c'était cet homme. Muet à la Convention sous la grande voix de Vergniaud, il élevait la voix de la calomnie dans la rue, et provoquait la mort à le venger du génie.

XI

L'accusation d'*orléanisme* était dans ce moment l'insulte mortelle qu'échangeaient entre eux les partis. Camille Desmoulins accumulait toutes les circonstances vraies ou controuvées qui pouvaient présenter les Girondins comme les complices des d'Orléans. Il faisait remonter cette conspiration imaginaire jusqu'à La Fayette, le plus incorruptible ennemi de cette faction. Il donnait un corps à ces soupçons par des anecdotes propres à jeter sur cette prétendue conjuration le demi-jour que les historiens antiques répandent sur les complots ténébreux des grands conjurés, comme pour faire deviner à la curiosité publique plus de mystères et de crimes qu'on n'ose lui en dénoncer.

« Un trait, dit-il, acheva de me convaincre que, malgré la haine apparente entre La Fayette et d'Orléans, la grande famille des usurpateurs se ralliait contre la république. Nous étions seuls un jour dans le salon de madame de Sillery; le vieux Sillery avait frotté lui-même le parquet du salon, de peur que le pied ne glissât aux charmantes danseuses. Madame de Sillery venait de chanter sur la harpe des vers où elle invitait à l'inconstance. Sa fille et son élève, la belle Paméla, et mademoiselle de S... dansaient une danse russe, dont je n'ai oublié que le nom, mais si voluptueuse et exécutée avec tant de séduction, que je ne crois pas que la jeune Hérodiade en ait dansé devant son oncle une plus propre à l'enivrer quand elle voulut obtenir la tête de Jean le baptiseur. Quelle fut ma surprise, au moment où la gouvernante-magicienne opérait avec le plus de force sur mon imagination, et où la porte était fermée aux profanes, de voir entrer... qui? un aide de camp de La Fayette, venu là tout exprès, et qu'on fit asseoir auprès de moi pour me convaincre que La Fayette était redevenu l'ami de la maison! Et n'est-ce pas aussi le comble de l'art des Girondins, ajoutait Camille, tandis qu'ils travaillaient sourdement pour la faction d'Orléans, de nous avoir envoyé sur la Montagne le buste inanimé de Philippe, automate dont ils tenaient les fils pour le faire mouvoir, par assis et levé, au milieu de nous, et faire croire ainsi au peuple que, s'il y avait une faction d'Orléans, elle était parmi nous?... N'est-ce pas par un coup de la même tactique que les Girondins demandèrent les premiers le bannissement de Philippe? Quant à d'Orléans, depuis quatre ans que je l'ai suivi de l'œil, je ne crois pas qu'il lui soit arrivé une seule fois d'opiner autrement qu'avec le sommet de la Montagne : en sorte que je l'appelais un Robespierre par assis et levé. Il n'avait pas moins d'imprécations que nous contre Sillery, son ancien confident, actuellement rallié aux Girondins, au point que je me suis dit quelquefois à moi-même : « Il serait fort singulier que Philippe » d'Orléans ne fût pas de la faction d'Orléans! » Mais la chose n'est pas impossible; la faction cependant existe, et elle siége dans le côté droit avec les Girondins. »

XII

Le peuple, qui croit le mal sur parole, qui soupçonne d'autant plus qu'il ignore davantage, se félicitait de trouver enfin dans les Girondins les coupables de tous ses maux. Le duc d'Orléans, poursuivi par eux, partageait leur impopularité.

L'heure de l'ingratitude avait déjà sonné pour ce prince. Offert par les Girondins au soupçon du peuple; livré par les Montagnards, qui craignaient que sa présence sur la Montagne ne fît planer sur eux le même soupçon, on le proscrivit unanimement sans même lui chercher un crime. Le prétexte de son ostracisme fut la fuite de son fils, entraîné par Dumouriez dans sa tentative et dans sa défection. A la voix de Barbaroux et de Boyer-Fonfrède, la Convention avait décrété que Sillery, beau-père du général Valence, lieutenant de Dumouriez, et Philippe-Égalité, père du jeune général, seraient gardés à vue, avec liberté d'aller où ils voudraient dans Paris seulement. Sillery, sacrifié par ses amis les Girondins, ne leur adressa aucun reproche. « Quand il s'agira de punir les traîtres, dit-il en se tournant vers le buste du premier des Brutus qui décorait la salle, si mon gendre est coupable, je suis ici devant l'image de Brutus. » Et il inclina la tête comme un homme qui accepte l'exemple et qui connaît le devoir. « Et moi aussi, s'écria le prince en étendant la main vers l'image du Ro-

main juge et meurtrier de son fils, si je suis coupable, je dois être puni; si mon fils est coupable, je vois Brutus!..»
Il obéit sans murmure au décret. Soit qu'il eût prévu d'avance le prix de ses services, soit qu'il eût compris sa fausse situation dans une république qu'il inquiétait en la servant, soit que son esprit, lassé d'agitations, fût arrivé à cette impassibilité des caractères sans ressort, le duc d'Orléans ne montra ni étonnement ni faiblesse devant l'ingratitude de la Montagne. Il tendit la main à ses collègues; ceux-ci refusèrent de la toucher, comme s'ils eussent craint le soupçon de familiarité avec ce grand proscrit. Il se rendit, escorté de deux gendarmes, dans son palais, devenu sa prison.

Innocent ou coupable, le duc d'Orléans embarrassait les deux partis. Il fut bientôt après transféré à la prison de l'Abbaye, et de là à Marseille, au fort de Notre-Dame de la Garde, avec le jeune comte de Beaujolais, son fils; la duchesse de Bourbon, sa sœur; le prince de Conti, son oncle. Une seule exception fut faite à ce décret, en faveur de la duchesse d'Orléans, depuis longtemps séparée de son mari. La pitié et la vénération publiques la protégèrent contre son nom : on lui permit de résider au château de Vernon, en Normandie, auprès du duc de Penthièvre son père, dont elle consolait les derniers jours.

XIII

Le duc d'Orléans trouva, en arrivant au fort de Notre-Dame de la Garde, le second de ses fils, le jeune duc de Montpensier, qui venait d'être arrêté sous les drapeaux de la république, à l'armée d'Italie, le même jour que son père. Le père et les deux fils s'embrassèrent dans une prison, un an après le jour où ils s'étaient trouvés réunis dans le camp de Dumouriez après la victoire de Jemmapes. Le duc de Chartres seul manquait à ce spectacle des vicissitudes de la fortune; mais il errait déjà lui-même, sous un nom d'emprunt, dans les pays étrangers. La fille unique du duc d'Orléans, séparée de sa mère et sans autre protectrice que madame de Sillery-Genlis, femme suspecte à toutes les opinions, errait sur les bords du Rhin, atteignait la Suisse allemande, et se réfugiait, aussi sous un nom supposé, dans un couvent.

Le duc d'Orléans, au fort de la Garde, contemplait la dispersion des siens et sa propre chute comme un spectacle auquel il aurait été étranger. Soit qu'il eût le sentiment que les grandes révolutions dévorent leurs apôtres, soit qu'une sorte de philosophie sans espérance et sans regrets lui fît accepter, comme à un être inerte, les secousses de la destinée, sa sensibilité ne se ranimait que par le sentiment paternel, qui semblait survivre le dernier dans son cœur. Il habita d'abord le même appartement que ses deux fils; il avait la liberté de se promener avec eux sur la terrasse du fort, d'où les regards, libres du moins, plongeaient, du haut du rocher, sur le vaste horizon de la Méditerranée et sur le mouvement et le bruit de Marseille. Le quatrième jour de sa détention, des administrateurs et des officiers de gardes nationaux entrèrent dans sa chambre au moment où il déjeunait avec ses deux enfants. Ils lui signifièrent l'ordre de se séparer du duc de Montpensier, qu'on relégua seul dans une autre partie de la prison. « Quant au plus jeune de vos enfants, lui dit l'officier chargé de l'exécution de cet ordre, on lui permet, à cause de son âge tendre, de rester avec vous; mais il ne pourra plus voir son frère. » Le prince protesta en vain contre la barbarie de cet ordre. Le duc de Montpensier fut arraché, baigné de larmes, des bras de son père et de son frère, et entraîné dans un autre étage de la forteresse.

Transférés, après un premier interrogatoire, au fort Saint-Jean, prison plus sinistre, à l'extrémité du port de Marseille, leur captivité, plus étroite, fut privée de l'air, de la vue et de l'exercice. Trois chambres, superposées les unes aux autres dans les murs épais de la même tour, renfermèrent le prince et ses deux fils. On permit au plus jeune, le comte de Beaujolais, de respirer quelques heures par jour l'air extérieur, sous la surveillance de deux gardiens. En descendant pour sa promenade, l'enfant passait devant la chambre de son frère, placée au-dessous de la sienne. Le duc de Montpensier collait alors son visage contre la porte, et les deux frères échangeaient quelques mots rapides à travers les serrures et les verrous. Le son de leurs voix leur donnait une joie d'un moment. Un jour, le comte de Beaujolais en remontant trouva la porte du duc de Montpensier ouverte. L'enfant échappa d'un bond à ses gardes et s'élança dans les bras de son frère. Les sentinelles eurent peine à l'en arracher. Il y avait deux mois que les frères ne s'étaient vus. On prit des mesures contre ces surprises de leur tendresse comme contre un complot de malfaiteurs. L'un avait treize ans, l'autre dix-huit.

Leur père, logé sur le même escalier, ne pouvait ni les voir ni les entendre. Le désir de contempler de près un prince du sang auteur et victime de la Révolution, et portant les chaînes du peuple qu'il avait servi, attirait continuellement de nouveaux visiteurs sur le palier de son cachot. Le prince, à qui la solitude pesait plus que la captivité, et qui ne trouvait point de société pire que celle de ses pensées, ne cherchait pas à se soustraire aux regards ni aux interrogations des curieux. Chacun d'eux semblait lui enlever une partie du poids des heures.

Un jour, ayant entendu la voix d'un de ses fils : « Ah ! Montpensier, lui cria-t-il du fond de sa cellule, c'est toi, mon pauvre enfant ! Que ta voix m'a fait de bien ! » Le fils entendit son père qui s'élançait de son grabat vers la grille et qui suppliait le geôlier de lui laisser voir au moins ses enfants ; mais on lui refusa cette grâce, et la porte par où le père et le fils avaient échangé un soupir se referma pour toujours.

XIV

Ce sacrifice à la concorde et au soupçon, fait par la Gironde et par la Montagne, n'avait été qu'une diversion à la haine qui animait les deux partis l'un contre l'autre. Ce fantôme de roi ou de dictateur enlevé du milieu de la Convention, l'accusation mutuelle de trahison ne cessa pas de retentir dans les discours et dans les journaux. Saint-Just, Robespierre, Guadet, Vergniaud, Isnard, discutèrent quelques théories constitutionnelles. « Achevons la constitution, dit Vergniaud dans la séance du 8 mai; c'est par elle que disparaîtra ce code draconien et ce gouvernement de circonstance commandés sans doute par la nécessité et justifiés par de trop mémorables trahisons, mais qui pèsent sur les bons citoyens comme sur les mauvais, et qui, s'ils se perpétuaient, fonderaient bientôt, sous prétexte de liberté, la tyrannie. Hâtons-nous, citoyens, de rassurer les cultivateurs, les négociants, les propriétaires, alarmés des dogmes qu'ils entendent retentir ici. Les anciens législateurs, pour faire respecter leurs ouvrages, faisaient intervenir quelque dieu entre eux et le peuple. Nous qui n'avons ni le pigeon de Mahomet, ni la nymphe de Numa, ni le démon familier de Socrate, nous ne devons interposer entre le peuple et nous que la raison. Quelle république voulez-vous donner à la France? Voulez-vous en proscrire la richesse et le luxe qui en détruisent, selon Rousseau et

Montesquieu, l'égalité; voulez-vous lui créer un gouvernement austère, pauvre et guerrier comme celui de Sparte : dans ce cas, soyez conséquents comme Lycurgue, partagez les terres entre les citoyens, proscrivez les métaux que la cupidité arracha aux entrailles de la terre, brûlez même les assignats, flétrissez par l'infamie l'exercice de tous les arts utiles, ne laissez que la scie et la hache aux Français; que les hommes auxquels vous aurez accordé le titre de citoyen ne payent plus d'impôts; que d'autres hommes, auxquels vous aurez refusé ce titre, soient tributaires et fournissent seuls, par leur travail forcé, à vos besoins; ayez des étrangers pour faire le commerce, ayez des ilotes pour cultiver vos terres, et faites dépendre votre subsistance de vos esclaves! Il est vrai que de pareilles lois sont cruelles, inhumaines, absurdes; il est vrai que le plus terrible des niveleurs, la mort, planerait bientôt seul sur vos campagnes, et je conçois que la ligue des rois vous fasse souffler des systèmes qui réduiraient tous les Français à l'égalité du désespoir et des tombeaux.

» Voulez-vous fonder comme à Rome une république conquérante, je vous dirai comme l'histoire que les conquêtes furent toujours fatales à la liberté, et avec Montesquieu que la victoire de Salamine perdit Athènes, comme la défaite des Athéniens perdit Syracuse. Pourquoi d'ailleurs des conquêtes? Voulez-vous vous faire les oppresseurs du genre humain?

» Enfin, voulez-vous faire du peuple français un peuple qui ne soit qu'agriculteur et négociant, et lui appliquer les institutions pastorales de Guillaume Penn : mais comment un pareil peuple existerait-il au milieu de nations presque toujours en guerre, et gouvernées par des tyrans qui ne connaissent d'autre droit que celui de la force?»

Vergniaud conclut contre toutes ces théories de constitutions ultra-démocratiques pour la France, et demanda d'approprier les institutions à la situation géographique, au caractère national, à l'activité industrieuse, à l'état de virilité et de civilisation du peuple auquel la Convention voulait donner des lois. Il effaça les utopies antiques et n'invoqua que l'inspiration du bon sens. Mais la république de raison des Girondins ne répondait ni à l'imagination allumée du peuple, ni aux rêves contre nature des Jacobins pour la transformation complète de la société.

Isnard, prévoyant la lenteur que la Convention apporterait dans l'établissement de la constitution, et voulant placer la vie des législateurs eux-mêmes sous la garantie d'un droit inviolable, proposa de décréter en quelques articles un pacte social, avant de discuter les détails de la constitution. La Montagne, qui ne voulait d'autre constitution que la volonté du peuple et la dictature des circonstances, accueillit par des murmures la proposition d'Isnard. Danton, l'homme des expédients, la repoussa. Il affectait un superbe dédain des idées et des paroles, et poussait sans cesse au fait : le salut de la patrie.

XV

Robespierrre, l'homme des idées générales, se fit entendre le lendemain sur la constitution. Son discours, profondément médité et rédigé dans le style de Montesquieu, était l'acte d'accusation d'un philosophe contre les tyrannies et les vices de tous les gouvernements antérieurs. Pactiser avec ces tyrannies, transiger avec ces vices, lui semblait une faiblesse indigne de la vérité et de la raison. L'austérité de ses principes de gouvernement contrastait avec la mollesse des Girondins.

« Jusqu'ici, dit Robespierre, l'art de gouverner n'a été que l'art de dépouiller et d'asservir le grand nombre au profit du petit nombre. La société a pour but la conservation des droits de l'homme et le perfectionnement de son être, et partout la société dégrade et opprime l'homme. Le temps est arrivé de la rappeler à sa véritable fonction. L'inégalité des conditions et des droits, ce préjugé fruit de notre éducation dépravée par le despotisme, a survécu même à notre imparfaite révolution. Le sang de trois cent mille Français a déjà coulé, le sang de trois cent mille autres va couler peut-être encore pour empêcher que le simple laboureur ne vienne siéger au sénat à côté du riche marchand, que l'artisan ne puisse voter dans les assemblées du peuple à côté du négociant et de l'avocat, et que le pauvre intelligent et vertueux ne puisse jouir des droits de l'homme en présence du riche imbécile et corrompu. Croyez-vous que le peuple, qui a conquis la liberté, qui versait son sang pour la patrie pendant que vous dormiez dans la mollesse ou que vous conspiriez dans les ténèbres, se laissera ainsi avilir, enchaîner, affamer, dégrader, égorger par vous? Non, tremblez! mais la voix de la vérité qui tonne dans les cœurs corrompus ressemble aux sons qui retentissent dans les tombeaux et qui ne réveillent point les cadavres!

» Ne cherchez pas le salut de la liberté dans une prétendue balance des pouvoirs. Cette balance est une chimère métaphysique. Que nous importent ces contre-poids qui balancent l'autorité de la tyrannie? C'est la tyrannie elle-même qu'il faut extirper ; c'est le peuple qu'il faut mettre à la place de ses maîtres et de ses tyrans ! Je n'aime point que le peuple romain se retire sur le mont Sacré ; je veux qu'il reste dans Rome et qu'il en chasse ses oppresseurs ! Le peuple ne doit avoir qu'un seul tribun, c'est lui-même ! »

Robespierre fit allusion dans ce discours à la nouvelle salle de l'ancien palais des Tuileries, où la Convention avait la veille transporté ses séances. La république semblait prendre possession définitive du pouvoir suprême en entrant avec la Convention dans ce palais d'où la journée du 10 août avait expulsé la royauté. L'édifice tout entier avait été approprié à la nouvelle destination qu'il recevait. Depuis la salle de la Convention jusqu'aux salons du conseil des ministres et jusqu'aux bureaux des grands services publics, les Tuileries contenaient tout le gouvernement, et devenaient véritablement le palais du peuple. On avait donné des noms populaires aux jardins, aux cours, aux pavillons, aux corps de bâtiment qu'il enserrait dans sa vaste enceinte. Partout la république avait substitué les attributs du peuple à ceux du roi, les symboles de la liberté à ceux du pouvoir absolu. Le pavillon du nord s'appelait le pavillon de la Liberté ; celui du midi, le pavillon de l'Égalité ; le pavillon du centre, le pavillon de l'Unité. La salle de la Convention occupait tout l'espace compris entre le pavillon de l'Unité et le pavillon de la Liberté. On y montait par le grand escalier. Les salles inférieures étaient consacrées aux différents postes des troupes qui gardaient les députés. Cette salle de la Convention, plus vaste et mieux appropriée aux fonctions d'une assemblée souveraine, avait été décorée par le peintre républicain David. Les souvenirs du forum romain y revivaient dans les formes, dans la tribune, dans les statues. L'aspect était majestueux et austère ; mais elle inspirait au peuple moins de respect que les salles improvisées des états généraux et de l'Assemblée nationale ; elle n'était pas la salle du premier mouvement du peuple ; elle n'avait pas, comme le Jeu de paume de Versailles, retenti du serment des trois ordres ; elle n'avait pas, comme le Manége, entendu la voix de Mirabeau.

XVI

Cependant les dangers de la république s'aggravaient d'heure en heure. La Vendée était debout sous le drapeau contre-révolutionnaire. Santerre prenait le commandement des bataillons parisiens qui allaient partir pour y étouffer la guerre civile. Custine, replié à Landau, couvrait à peine la ligne du Rhin. Wurmser et le prince de Condé investissaient Mayence. Marseille, Bordeaux, Toulon, Lyon, la Normandie, fermentaient.

La bourgeoisie, la banque, le haut commerce, les hommes de lettres, les artistes, les propriétaires, étaient presque tous du parti qui voulait modérer et contenir l'anarchie. Ils promettaient aux orateurs de la Gironde une armée contre les faubourgs. Les deux partis, presque également sûrs d'un triomphe, désiraient une journée décisive qui les délivrât de leurs ennemis. Bordeaux, par une adresse menaçante, donna à la Montagne et à la Gironde l'occasion de se mesurer et de se compter dans la séance du 14 mai. « Législateurs, dit l'orateur de Bordeaux, la Gironde a les yeux sur les périls de ses députés. Elle sait que vingt-deux têtes de représentants sont vouées à la mort. Convention nationale, et vous, Parisiens, sauvez les députés du peuple, ou nous allons fondre sur Paris! La Révolution n'est pas pour nous l'anarchie, la désorganisation, le crime, l'assassinat. Nous périrons tous plutôt que de subir le règne des brigands et des égorgeurs! »

L'Assemblée écouta en frémissant ces menaces. La Montagne y reconnut l'inspiration de Guadet et de Vergniaud. Le président osa répondre aux pétitionnaires dans un langage qui semblait invoquer des vengeurs aux Girondins proscrits : « Allez, leur dit-il, rassurer vos compatriotes; dites-leur que Paris renferme encore un grand nombre de citoyens qui veillent sur les scélérats soudoyés par Pitt pour opprimer l'Assemblée nationale! Si de nouveaux tyrans voulaient aujourd'hui s'élever sur les débris de la république, vous vous saisiriez à votre tour de l'initiative de l'insurrection, et la France indignée se lèverait avec vous. »

Legendre s'indigna contre une « pétition soufflée et mendiée par des députés perfides qui se plaignaient qu'on voulût les égorger, sans avoir une égratignure à montrer. »

« Citoyens, dit Guadet, je ne monte pas à la tribune pour défendre les Bordelais ; les Bordelais n'ont pas besoin d'être défendus! Si vous n'envoyez pas à l'échafaud cette poignée d'assassins qui trament de nouveaux crimes contre la représentation nationale, oui, les départements fondront sur Paris! — Tant mieux! murmurent quelques voix sur la Montagne, nous ne demandons que cela! — Hier, continua Guadet, on a fait la motion aux Jacobins de nous exterminer tous avant de partir pour la Vendée, et cette motion d'assassins a été couverte d'applaudissements. On parle de scission de la république! Ah! certes, Paris le reconnaîtra bientôt lui-même, il est impossible que cela dure longtemps ainsi. Ceux qui veulent la scission sont ceux qui veulent dissoudre la Convention et qui désignent une partie de ses membres aux poignards. Croyez-vous que les départements voient impunément tomber leurs représentants sous le poignard? Et on nous demande de montrer d'avance nos blessures? Mais c'est justement ainsi que Catilina répondit à Cicéron. « On en veut à votre vie, disait-il aux sénateurs. » Mais vous respirez tous! » Eh bien, Cicéron et les sénateurs devaient tomber sous le fer des assassins la nuit même où ce traître leur tenait ce langage. »

La Convention oscillait à tous les discours. Isnard fut nommé président à une forte majorité. Sa nomination redoubla la confiance de la Gironde dans ses forces, et fut considérée par la Montagne comme une déclaration de guerre, et par les modérés mêmes comme un défi.

Isnard, homme excessif en tout, avait dans le caractère la fougue de sa déclamation. C'était l'exagération de la Gironde : un de ces hommes que les opinions poussent à leur tête, quand l'enivrement du succès ou de la peur les pousse elles-mêmes aux témérités, et quand elles renoncent à la prudence, ce salut des partis. Vergniaud, dont la modération égalait la force, vit avec peine ce choix. Il sentait que le nom d'Isnard repousserait beaucoup d'hommes flottants vers la Montagne. Le sang-froid de Vergniaud dominait toujours ses plus éloquentes improvisations. Il connaissait la puissance de la raison sur les masses, et son enthousiasme même était toujours habile et réfléchi. Il aurait voulu former entre les deux extrémités de la Convention une majorité de bon sens et de patriotisme qui amortît les coups que les deux grandes factions allaient se porter.

Chaque jour de la présidence d'Isnard fut marqué par un orage et aboutit à une catastrophe.

Le premier jour, à la séance du 9 mai, les sections de Paris réclamèrent la mise en liberté d'un nommé Roux, arbitrairement emprisonné par ordre du comité révolutionnaire de la section du Bon-Conseil. « C'est la faction des hommes d'État, s'écria Marat, qui veut protéger dans cet homme les contre-révolutionnaires. — Sommes-nous donc, lui répondit Mazuyer, une république libre ou un despotisme populaire? Quoi! on pourra venir arracher sans jugement et sans mandat un citoyen de ses foyers, au milieu de la nuit, et nous le souffririons! » On ordonne la mise en liberté. Legendre se lève et demande que le décret soit rendu par appel nominal, afin que le peuple connaisse les noms de ceux qui protègent les conspirateurs. L'appel nominal est demandé par cinquante membres de la Montagne. Le président s'y oppose et interrompt la séance en se couvrant. Deux heures s'écoulent dans une agitation tumultueuse, sans apaiser les cris de la Montagne et des tribunes. Vergniaud demande que la séance soit levée et le procès-verbal envoyé aux départements. Couthon, second de Robespierre, veut parler de sa place. Les Girondins s'y opposent. Couthon représente que la maladie qui paralyse ses jambes l'empêche de monter au bureau. Les Girondins ne compatissent pas même à son infirmité. Alors le député Maure, homme athlétique, prend Couthon dans ses bras et le porte à la tribune. Les spectateurs applaudissent. « On me crie que je suis un anarchiste, et que j'ai mis mon département en combustion, s'écrie Couthon ! Ah ! si ceux qui sont ici les seuls auteurs des troubles qui vous déchirent étaient aussi purs et aussi sincères que moi, ils viendraient à l'instant à cette tribune et provoqueraient le jugement de leur département en donnant avec moi leur démission. » Couthon est rapporté à son banc au milieu des applaudissements.

Vergniaud, longtemps muet et immobile, se lève. Il rétablit les faits et démontre que l'individu arrêté a été emprisonné contre toutes les lois. « Quant à la doctrine de Couthon sur les majorités et les minorités, ajoute Vergniaud, il se trompe. Au reste, je ne reconnais pas de majorité permanente : elle est partout pour moi où sont la raison et la vérité ; elle n'a de place marquée ni à droite ni à gauche ; mais partout où elle est, c'est un crime de se révolter contre elle. Couthon dit : « Supposons une majorité » perverse, » et moi, je dis : Supposons une minorité perverse : cette supposition est au moins aussi vraisemblable que l'autre ; supposons une minorité ambitieuse de pouvoir, de domination, de dépouilles ; supposons qu'elle veuille fonder sa puissance sur le désordre de l'anarchie, n'est-il pas évident que, si la majorité n'a pas un moyen de sauver la liberté de l'oppression, on pourra, de minorité en minorité, arriver des décemvirs aux triumvirs et même à un roi ? Couthon demande que ceux qui sont soupçonnés d'être les causes de nos dissensions donnent leur démission. Citoyens, nous sommes tous enchaînés à notre poste par nos serments et par les dangers de la patrie. Ceux qui se retireraient pour échapper aux soupçons des calomniateurs seraient des lâches ! » La nuit interrompit l'orage.

Dans la séance suivante il recommença. La Montagne persista, par ses clameurs, à réclamer le droit de faire demander l'appel nominal par la minorité sur toutes les questions. « Quand on voulut dissoudre, en Angleterre, le long parlement, dit Guadet, on prit les mêmes moyens : on exalta la minorité au-dessus de la majorité, afin de faire régner le petit nombre sur le grand nombre. Savez-vous ce qui arriva ? C'est qu'en effet la minorité trouva le moyen de mettre la majorité sous l'oppression. Elle appela à son secours les *patriotes par excellence* (c'est ainsi qu'ils se qualifiaient), une multitude égarée à laquelle ils promettaient le pillage et le partage des terres. Le boucher Pride (allusion à Legendre) exécuta en leur nom cette épuration du parlement. Cent cinquante membres furent chassés, et la minorité, composée de soixante patriotes, resta maîtresse du gouvernement. Ces *patriotes par excellence*, instruments de Cromwell, furent chassés par lui à leur tour. Leurs propres crimes servirent de prétexte à l'usurpateur. Il entra un jour au parlement, et s'adressant à ces prétendus sauveurs de la patrie : « Toi, dit-il à l'un, tu es un voleur ! » Toi, dit-il à l'autre, tu es un ivrogne ! Toi, tu t'es gorgé » des deniers publics ? Toi, tu es un coureur de mauvais » lieux. Allez ! cédez la place à des hommes de bien. » Ils sortirent, et Cromwell régna ! Citoyens, réfléchissez : n'est-ce pas le dernier acte de l'histoire d'Angleterre qu'on veut nous faire jouer en ce moment ? »

XVII

Un tumulte de femmes, dans les tribunes, interrompit Guadet. Marat, désignant du geste un écrivain du parti modéré, nommé Bonneville, qui assistait à la séance : « C'est un aristocrate infâme, c'est l'entremetteur de Fauchet ! s'écriait-il. — Cette dénonciation de Marat est un assassinat, répond Lanthenas, l'ami de madame Roland. C'est toi, ajouta-t-il en montrant le poing à Marat, qui es un aristocrate, car tu ne cesses de pousser à la contre-révolution en prêchant le meurtre et le pillage !—Citoyens, dit d'une voix émue et solennelle le président Isnard, ce qui se passe m'ouvre les yeux ! Peuple ! législateurs ! écoutez ! Ces tumultes soudoyés sont un plan de l'aristocratie, de l'Angleterre, de l'Autriche, de Pitt ! (Des murmures s'élèvent.) Il n'y a que des ennemis de la patrie qui puissent m'interrompre. Ah ! si vous pouviez ouvrir mon cœur, vous y verriez mon amour pour ma patrie ! Et dussé-je être immolé sur ce fauteuil, mon dernier soupir ne serait que pour elle, et mes dernières paroles : « Dieu, pardonne à mes assassins, » mais sauve la liberté de mon pays ! » Nos ennemis, ne pouvant nous vaincre que par nous-mêmes, projettent l'insurrection du peuple. L'insurrection doit commencer par les femmes. On veut dissoudre la Convention. Les Anglais profiteront de ce moment pour dissoudre la Convention, et la contre-révolution sera faite. Voilà le projet, il m'a été révélé ce matin. Ces agitations le confirment. J'en devais la déclaration à mon pays, je l'ai faite; j'attends les événements. J'ai acquitté ma conscience. »

L'Assemblée, en grande masse, applaudit à cette insinuation contre les fauteurs de troubles. Vergniaud demande que la déclaration d'Isnard soit imprimée et affichée dans Paris. « Déclarons-nous, s'écrie Meaulde, que nous ne nous quitterons pas, et que nous mourrons ensemble? — Oui! oui! » répond la Convention d'une seule voix. Gamon, un des inspecteurs de la salle, déclare que le comité chargé de la surveillance des tribunes, averti des désordres que les femmes y excitaient, en a fait saisir plusieurs et les a interrogées.

Guadet profite de l'émotion et de l'indignation : « Pendant que les hommes vertueux gémissent sur les dangers de la patrie, les scélérats s'agitent pour la perdre. « Laissez » parler, disait César, et moi j'agis. » Guadet raconte à l'Assemblée les plans de dissolution de la Convention, les réunions des conspirateurs à la Mairie, à l'Archevêché, aux Jacobins, les menaces d'assassinat proférées contre les Brissotins, les Rolandistes et les modérés ; enfin le tumulte élevé par des femmes dans les tribunes, pour donner le prétexte et le signal de l'égorgement : « Jusqu'à quand dormirez-vous ainsi, citoyens, sur le bord de l'abîme? Hâtez-vous de déjouer les complots qui vous environnent de toutes parts! Jusqu'à présent les conjurés du 10 mars sont restés impunis. Le mal est dans l'anarchie, dans cette sorte d'insurrection des autorités de Paris contre la Convention, autorités anarchiques qu'il faut... » La fureur des tribunes, pleines d'agents de la commune, ne laisse pas entendre le dernier mot de Guadet. La Montagne éclate en apostrophes et en gestes de rage. L'impassible Guadet lit, au milieu d'un profond silence, les trois projets de décret prémédités par les Girondins pour attaquer de front la commune et pour reconquérir l'empire à la loi : « Les autorités de Paris sont cassées. — La municipalité sera remplacée dans les vingt-quatre heures par les présidents des sections. — Enfin les suppléants de l'Assemblée se réuniront à Bourges pour y former une Assemblée nationale à l'abri des violences de Paris, et pour y concentrer le pouvoir de la république aussitôt qu'ils apprendraient un attentat sur la liberté de la Convention. »

XVIII

A la lecture de ces décrets : « Voilà donc la conspiration découverte par ses auteurs ! » s'écrie Collot-d'Herbois. Barère, l'homme des doubles rôles, prend la parole, comme rapporteur du comité de salut public. « Il est vrai, dit-il, qu'il existe un plan de mouvement dans les départements pour perdre la république, mais il est l'ouvrage de la seule aristocratie. Il est vrai que Chaumette et Hébert ont applaudi à la commune à des projets de dissolution de la Convention. Il est vrai que des électeurs, réunis au nombre de quatre-vingts à l'Archevêché, y traitent des moyens d'épurer l'Assemblée nationale. Nous en avons averti le maire de Paris, Pache. Il est vrai encore que des hommes rassemblés dans un certain lieu délibèrent sur les moyens de retrancher vingt-deux têtes de la Convention et de se servir pour cela de la main des femmes. Tout cela mérite sans doute votre attention et provoque votre vigilance. » Le côté droit applaudit. Mais Barère, se tournant aussitôt vers la Montagne, guérit d'une main les coups qu'il vient de porter de l'autre. « Mais que vous propose Guadet? ajoute-t-il; de casser les autorités de Paris! Si je voulais l'anarchie, j'appuierais cette proposition. (La Montagne applaudit à son tour.) Vous m'avez mis en situation de voir de près ces autorités. Qu'ai-je vu? Un département faible et pusillanime, des sections indépendantes se régissant d'elles-mêmes comme autant de petites municipalités, un conseil général de la commune dans lequel se trouve un homme, nommé Chaumette, dont je ne connais pas le civisme, mais qui naguère a été moine; j'ai vu une commune interprétant et exécutant les lois selon son caprice, organisant une armée révolutionnaire. Quel remède à cet état de choses? Le comité de salut public n'en voit d'autre que la création d'une commission de douze membres choisis parmi vous, et chargés de prendre les mesures nécessaires à la tranquillité publique et d'examiner les actes de la commune. »

XIX

Ces paroles ambiguës calmèrent l'orage en ajournant en apparence les propositions de Guadet, mais en laissant néanmoins aux Girondins la certitude de triompher en choisissant les douze commissaires parmi les membres de leur parti. Comme cela arrive toujours dans les circonstances extrêmes, le choix des Girondins écarta les hommes modérés, tels que Vergniaud, Ducos, Condorcet. Les membres de la commission des Douze furent Boileau, Lahosdinière, Vigée, Boyer-Fonfrède, Rabaut Saint-Étienne, Kervélégan, Saint-Martin-Valogne, Gomaire, Henri Larivière, Bergoing, Gardien, Mollevault. Le soupçon de royalisme était écrit sur la plupart de ces noms aux yeux de la Montagne et du peuple. C'était le personnel d'un coup d'État. La commission des Douze en avait la tentation sans en avoir la force.

A peine cette victoire des Girondins à la Convention fut-elle connue dans Paris, qu'un cri d'alarme s'éleva de toutes les sections et de tous les clubs. La commune se réunit le 19. Les mesures les plus extrêmes y furent hautement délibérées. On y déclara la Convention asservie et incapable de sauver la patrie; on y proposa l'arrestation des suspects; on y demanda les vingt-deux têtes des Girondins dominateurs de la Convention; on osa y présenter l'assassinat nocturne et le meurtre individuel des vingt-deux tyrans comme un acte légal d'urgence et de salut public. La Saint-Barthélemy fut citée en exemple par un orateur. « A minuit, dit-il, Coligny était à la cour, à une heure du matin il n'existait plus! » On se sépara sans rien décider, si ce n'est la résolution de la vengeance.

XX

Le maire Pache, placé entre la loi et le peuple pour tromper l'une et flatter l'autre, s'acquittait avec duplicité de ce double rôle de magistrat et de factieux. Il combattait tout haut les mesures excessives qu'il excitait tout bas. Interposé par ses fonctions redoutables entre la Convention et Paris, il était à la fois l'agent de l'une et l'instigateur de l'autre. Guadet, en demandant la destitution de Pache, avait frappé l'anarchie au cœur. La commission des Douze ne pouvait que surveiller ses trames sans les déjouer.

Pache blâma tout haut, encouragea tout bas. Robespierre se contenta de gémir aux Jacobins. Aux Cordeliers, Marat, Varlet, des femmes même, demandèrent la mort des vingt-deux tyrans. La foule, qui se pressait tous les soirs dans l'enceinte et aux abords du club, semblait prête à s'ébranler.

La commission des Douze, instruite heure par heure des motions des clubs et de la situation des esprits, cherchait des moyens de force pour abattre d'un seul coup l'esprit d'insurrection. Ces moyens s'évanouissaient sous sa main. Elle demandait rapport sur rapport au maire Pache, et préparait elle-même un rapport à la Convention pour la contraindre au courage par la terreur. Mais dans des circonstances semblables, les corps délibérants, timides et indécis par leur nature, veulent qu'on leur apporte de la force et non pas qu'on leur en demande. Il faut se présenter à eux après le succès. Ils le sanctionnent toujours. Avant ou pendant le combat, ils ne sont propres qu'à déconcerter la victoire.

XXI

Vigée, au nom de la commission des Douze, lut ce rapport le 24 à l'Assemblée. Chaque mot était un coup de tocsin pour appeler la Convention au secours de ses membres.

« Vous avez institué une commission extraordinaire, dit le rapporteur, et vous l'avez investie de grands pouvoirs. Vous avez senti qu'elle était la dernière planche jetée au milieu de la tempête pour sauver la patrie. (Les ricanements de la Montagne commencent à ces mots.) Nous avons en conséquence, poursuit Vigée, juré de sauver la liberté ou de nous ensevelir avec elle. Dès le premier pas nous avons découvert une trame horrible contre la république, contre votre vie. Quelques jours plus tard, la république était perdue, vous n'étiez plus. (Les rires d'incrédulité redoublent sur la Montagne.) Si nous ne prouvons pas ce que je dis, nous dévouons nos têtes à l'échafaud... »
Le centre et la droite applaudissent. Le rapporteur lit une série de mesures de police plutôt que de politique, rigoureuses en apparence, impuissantes en réalité : « La Convention prend sous sa sauvegarde les bons citoyens, la

représentation nationale et la ville de Paris. — Les citoyens seront tenus de se rendre exactement au rendez-vous de leur compagnie. — Le poste de la Convention sera renforcé de quelques hommes. — Les assemblées des sections seront fermées à dix heures du soir. — La Convention enfin charge la commission des Douze de lui présenter incessamment de grandes mesures propres à assurer la tranquillité publique. »

XXII

Telles étaient ces dispositions : puériles, si le danger était extrême; oppressives et vexatoires, si le danger n'existait pas. C'était provoquer sans combattre, menacer sans frapper. Les Girondins savaient très-bien qu'il n'y avait, à l'exception de Marat, ni Cromwell, ni complot d'assassinat dans la Convention ; que Danton et Robespierre se tenaient à l'écart des complots subalternes de Pache, de Chaumette, d'Hébert à la commune, et des trames du club de l'Archevêché ; mais ils voulaient, comme tous les partis, transformer leurs soupçons en crimes, et jeter sur leurs ennemis de la Convention l'horreur publique inspirée aux bons citoyens par les projets des scélérats. A peine Vigée eut-il fini de parler que Marat demanda qu'on motivât ces mesures, fondées, dit-il, sur des craintes chimériques et sur une fable en l'air; il déclara qu'il ne connaissait d'autre conspiration en France que celle qui se tramait dans les conciliabules des hommes d'État réunis tous les jours chez Valazé. « Je veux qu'on nous éclaire, moi ! dit Thirion. Les uns nous disent qu'il existe une faction d'anarchistes. Marat accuse une faction d'hommes d'État. Je crains que ces hommes d'État ne veuillent se venger sur nous et faire le procès à la révolution du 10 août, comme on a voulu faire, avant le 10 août, le procès à la première révolution. Où sont les crimes? Quels sont les coupables? »

L'Assemblée flottait en suspens. Un membre de la Montagne déclara qu'un citoyen était venu lui révéler qu'un membre de la commission des Douze avait dit qu'avant quinze jours tous les Jacobins seraient exterminés. « Et moi, répliqua Vergniaud, on m'écrit de différentes parties de la république que des émissaires répandent partout que mes amis et moi aurons cessé de vivre avant peu d'instants. » L'assertion de Vergniaud étant contestée par la Montagne, Boyer-Fonfrède, désigné d'avance par ses amis de la commission des Douze pour soutenir le rapport et presser le décret, s'élance à la tribune :

XXIII

« Où sommes-nous donc, citoyens? dit-il. Avez-vous perdu depuis hier la mémoire? N'avez-vous pas décrété tout à l'heure encore que les sections de Paris qui sont venues vous dénoncer le péril avaient bien mérité de la patrie? Le maire de Paris ne vous a-t-il pas dénoncé lui-même ces individus qui n'ont de l'homme que la figure et qui ont voulu nous égorger? N'avez-vous pas le bureau couvert, les mains pleines de ces dénonciations? Et l'on ne veut pas nous permettre de pourvoir à la sûreté des citoyens de Paris et à la vôtre? Ah! ceux qui s'y opposent ne craignent-ils pas d'être bientôt offerts à la France indignée couverts du sang de leurs collègues? Notre décret calomnie Paris? Mais n'est-ce pas des citoyens de Paris que nous vous demandons de vous entourer? N'est-ce pas les citoyens de Paris que nous voulons armer contre les brigands? Nos conspirations ne sont qu'une chimère! disent Marat et Thirion. Citoyens! ceux qu'on a dévoués à la mort se dévouent d'eux-mêmes à la calomnie. Ils veilleront sur vous comme vous devez veiller vous-mêmes sur la liberté. Ils respirent encore, et c'est pour elle. Ah! sauvez Paris! sauvez la république! Voyez nos départements! Ils sont debout! ils sont en armes! La république est dissoute, si seuls en France vous êtes sans courage! Oui, si des collègues que je chéris périssent, je ne veux plus de la vie après eux! Si je ne partage pas leur honorable proscription, j'aurai mérité du moins de périr avec eux! Le jour même de cet attentat, je proclamerai de cette tribune une scission funeste, abhorrée encore aujourd'hui, fatale à tous peut-être, mais que la violation de tout ce qu'il y a de plus sacré sur la terre aura rendue nécessaire. Oui, je la proclamerai; les départements ne seront pas sourds à ma voix, et la liberté trouvera encore des asiles. » Cette allusion désespérée à la fédération des départements contre Paris emporte les applaudissements des trois quarts de la salle.

« Citoyens! continue Fonfrède, que son attachement à ses amis semble élever au-dessus du sol de la tribune, ils s'envoleront bien accompagnés, les mânes de nos collègues proscrits! Les listes de proscription étaient dressées! Dix mille citoyens de Paris devaient être arrêtés, égorgés! Citoyens de Paris! la cause de vos représentants proscrits est la vôtre! Réveillez-vous! Protégez-vous vous-mêmes! »

XXIV

L'Assemblée, entraînée par ce torrent d'éloquence et de courage, était prête à voter le premier article. Danton monte à pas lents les marches de la tribune, et cache sous une feinte impartialité l'indécision qui l'agite. Nier les dangers de la représentation est impossible. Soutenir les Girondins, c'est se dépopulariser; les perdre, c'est jeter la dictature à Robespierre, qu'il redoute, ou à Marat, qu'il méprise.

« Cet article, dit-il, n'a rien de mauvais en soi. Sans doute la représentation nationale a besoin d'être sous la sauvegarde de la nation; mais cela est écrit dans toutes les lois. Décréter ce qu'on vous propose, ce serait décréter la peur! La Convention nationale peut-elle annoncer à la république qu'elle se laisse dominer par la peur? On a calomnié Paris. Pache, que vous accusez de ne vous avoir pas rendu compte, est venu informer le comité de salut public. Les lois suffisent. Prenez garde de céder à la crainte. Ne nous laissons pas emporter aux passions. Tremblons qu'après avoir créé une commission pour rechercher les complots qui se trament dans Paris, on ne nous demande d'en créer une pour rechercher les crimes de ceux qui égarent l'esprit des départements! »

XXV

Danton se tait. Vergniaud se lève. « Je ne parlerai pas, dit-il, avec moins de sang-froid que Danton, car je suis personnellement intéressé dans la conspiration, et je veux bien convaincre les hommes qui ont le projet de m'assassiner que je ne les crains pas! Danton vous dit qu'il faut craindre de calomnier Paris en ajoutant foi à ces complots! Si cette imputation de calomnier Paris s'adresse à la Convention en masse, c'est une imposture! Si elle s'adresse seulement à ceux qui, comme nous, n'ont cessé de répéter qu'il faut distinguer entre les citoyens de Paris et une horde de brigands qui s'agitent dans le sein de cette vaste cité, que cette horde seule est coupable des crimes qui ont souillé la Révolution, et que les citoyens en ont gémi, on a calomnié Paris, oui! mais qui? Les hommes pervers qui, pour s'assurer l'impunité de leurs forfaits, ont l'audace de se confondre avec le peuple!

» Danton vous dit : « Ne montrez pas de frayeur indigne
» de vous. » Distinguons, citoyens! Comme hommes, nous ne devons pas penser à notre vie; mais, comme représentants, vous devez à la patrie menacée en vous des précautions extraordinaires. On vous propose d'agir avec modéra-

tion, parce qu'il s'agit de votre sûreté personnelle; et moi je réponds : C'est parce qu'il s'agit de votre sûreté personnelle qu'il faut agir avec promptitude et vigueur. Si vous ne dissipez pas par votre courage les dangers qui vous environnent, si vous n'assurez pas non-seulement votre vie, mais encore votre indépendance, vous trahissez la patrie, vous livrez le peuple, vous perdez l'unité de la république! Ce n'est pas celui qui se défend contre un assassin qui a peur, ce n'est pas l'homme qui punit le crime qui a peur, c'est celui qui le laisse triompher et régner! « Vergniaud justifie ensuite, article par article, le projet de décret, puis il reprend : « Citoyens, rappelez-vous ce qu'une des sections fidèles vous a dit à votre barre : *Osez être terribles, ou vous êtes perdus!* Osez attaquer de front vos ennemis, et vous les verrez rentrer dans la poussière! Voulez-vous attendre lâchement qu'ils viennent vous plonger le couteau dans le sein, proclamez-le bien haut! aucun de vous ne mourra sans vengeance. Nos départements sont debout. Sans doute la liberté survivrait à de nouveaux orages, mais il pourrait arriver que, sanglante, elle allât chercher un asile dans les départements méridionaux. Sauvez par votre fermeté l'unité de la république. N'en avez-vous pas le courage, abdiquez vos fonctions et demandez à la France des successeurs plus dignes de sa confiance. »

XXVI

L'Assemblée, électrisée par ces paroles, vota le décret proposé par la commission des Douze.

Les Girondins se hâtèrent de se servir des armes qu'ils venaient d'arracher. A neuf heures du soir, Hébert, un des substituts de la commune, reçut l'ordre de comparaître devant la commission. Le conseil de la commune était assemblé en permanence; Hébert y vole avant de se rendre aux ordres de la Convention. Il essaye de soulever l'indignation de la commune contre la nouvelle tyrannie. Il rappelle à ses complices le serment qu'ils ont prêté de confondre leur cause et de se considérer tous comme frappés dans un seul d'entre eux; il déclare que ce n'est pas pour lui-même qu'il adjure leur souvenir, qu'il est prêt à porter sa tête sur l'échafaud. Il sort, il rentre, il embrasse Chaumette comme un homme qui marche à la mort. Le président et les membres du conseil pressent Hébert dans leurs bras. Chaumette annonce un moment après que Michel et Marino, deux administrateurs de police, viennent d'être arrêtés par ordre de la commission des Douze. Le conseil, intimidé, flotte entre la consternation et la révolte. Les députations des sections se succèdent à l'hôtel de ville, et viennent fraterniser avec la commune et jurer vengeance contre ses ennemis. D'heure en heure le conseil envoie des députations à la commission des Douze pour s'informer du sort d'Hébert et de ses collègues arrêtés. A minuit, on annonce qu'Hébert est interrogé ; à deux heures, qu'il a subi son interrogatoire ; à trois heures, on apprend l'arrestation de Varlet, un des plus fougueux orateurs des Cordeliers ; à quatre heures, un cri général d'indignation s'élève à la nouvelle de l'arrestation définitive d'Hébert, que la commission des Douze fait conduire à l'Abbaye.

Les journaux du lendemain prolongèrent dans tout Paris le cri de vengeance parti du conseil de la commune. Ils publièrent une lettre de Vergniaud à ses concitoyens de la Gironde, datée de *Paris, sous le couteau.* « Je vous écrivis hier, disait Vergniaud, le cœur flétri non par les dangers que je brave, mais par votre silence. J'attends mes ennemis, et je suis encore sûr de les faire pâlir. On dit que c'est aujourd'hui ou demain qu'ils doivent venir demander à s'abreuver du sang de la Convention nationale ; je doute qu'ils l'osent, quoique la terreur ait livré les sections à une poignée de scélérats. Tenez-vous prêts : si l'on m'y force, je vous appelle de la tribune ou pour venir nous défendre, s'il en est temps encore, ou pour venger la liberté en exterminant les tyrans. Hommes de la Gironde, il n'y a pas un moment à perdre !... »

XXVII

La publication de cette lettre, les délibérations des sections, les nouvelles sinistres arrivées la nuit de la Vendée et des frontières, les manœuvres de Pache, l'exaspération des Jacobins, des Cordeliers, de la commune, portèrent à ses dernières pulsations la fièvre du peuple. La commune décida qu'une pétition serait présentée à la Convention pour demander le jugement immédiat d' Hébert. Cette pétition, colportée de section en section, y devint la cause des débats les plus acharnés; les uns la signent, les autres la déchirent : la grande majorité y adhère et jure de faire cortége aux citoyens qui oseront la porter à la barre. Le cortége se grossit, dans sa marche, de cette foule qu'entraîne toujours le courant d'une émotion publique. Les pétitionnaires, en petit nombre, sont introduits à la barre. Isnard présidait. Toute la résolution de son parti éclatait dans sa contenance. La dignité de son rôle de président semblait seule contenir la fougue de son caractère. Il fixait sur les pétitionnaires le regard de Cicéron sur Catilina au moment où il méditait ses immortelles apostrophes contre le conspirateur romain; il semblait attendre la sédition dans les paroles pour la foudroyer au nom de la loi.

Aux premiers mots prononcés par l'orateur de la députation, le côté droit murmure. Danton, en réclamant avec énergie le silence, affecte de couvrir les pétitionnaires de sa protection. « Nous venons, dit l'orateur de la commune, vous dénoncer l'attentat commis sur la personne d'Hébert. »

Les Girondins s'indignent à ce mot d'attentat.

« Oui, poursuit l'orateur, Hébert a été arraché du sein de l'hôtel de ville et conduit dans les cachots de l'Abbaye. Le conseil général défendra l'innocence jusqu'à la mort. Nous demandons qu'il nous soit rendu. Les arrestations arbitraires sont pour les hommes de bien des couronnes civiques. » Les tribunes et la Montagne éclatent en applaudissements. Isnard se lève et les comprime d'un geste impérieux. « Magistrats du peuple, dit-il aux pétitionnaires, la Convention, qui a fait une déclaration des droits de l'homme, ne souffrira pas qu'un citoyen reste dans les fers s'il n'est pas coupable. Croyez que vous obtiendrez une prompte justice; mais écoutez à votre tour les vérités que je veux vous dire : La France a mis dans Paris le dépôt de la représentation nationale; il faut que Paris le respecte. Si jamais la Convention était avilie, si jamais une de ces insurrections qui depuis le 10 mars se renouvellent sans cesse et dont vos magistrats, ajoute-t-il en faisant allusion à Pache, n'ont jamais averti la Convention... » De violents murmures courent sur la Montagne. La Plaine applaudit.

Isnard, impassible, continue : « Si, par ces insurrections toujours renaissantes, il arrivait qu'on portât atteinte à la représentation nationale, je vous le déclare au nom de la France entière... — Non, non, non!... » s'écrie la Montagne. Le reste de l'Assemblée se lève pour soutenir le président, et trois cents membres s'écrient à la fois : « Oui, oui, oui, dites au nom de la France entière. — Oui, je vous le déclare au nom de la France entière, reprend Isnard, Paris serait anéanti... » Ces derniers mots sont couverts à l'instant des imprécations de la Montagne, des huées et des trépignements des tribunes. Les Girondins et leurs amis appuient, en les répétant la main tendue comme pour un serment, les menaces du président. « Descendez du fauteuil, vocifère Marat, vous déshonorez l'Assemblée, vous protégez les hommes d'État. » Le président, sans regarder Marat, achève sa phrase : « Et l'on chercherait bientôt sur les rives de la Seine si Paris a existé! » Danton se lève comme à un blasphème et demande à parler. Isnard continue : « Le glaive de la loi, qui dégoutte encore du sang du tyran, est prêt à frapper la tête de quiconque oserait s'élever au-dessus de la représentation nationale ! »

XXVIII

Isnard se rassied. Danton lui succède. « Assez et trop longtemps on a calomnié Paris en masse. Quelle est cette imprécation du président contre Paris? Il est assez étrange qu'on vienne présenter la dévastation de Paris par les départements, si cette ville se rendait coupable... — Oui, oui, lui disent les Girondins, ils le feraient. — Je me connais aussi, moi, en figures oratoires, reprend Danton. Il entre dans la réponse du président un sentiment d'amertume. Pourquoi supposer qu'on cherchera un jour sur les rives de la Seine si Paris a existé? Loin de la bouche d'un président de la Convention de pareils sentiments! Il ne lui appartient de présenter que des images consolantes. Il est bon que la république sache que Paris ne déviera jamais de ses principes; qu'après avoir détruit le trône d'un tyran, il ne le relèvera pas pour y asseoir un nouveau despote! Si dans le parti qui sert le peuple il se trouve des coupables, le peuple saura les punir. Mais faites attention à cette grande vérité, c'est que, s'il fallait choisir entre deux excès, il vaudrait mieux se jeter du côté de la liberté que de rebrousser vers l'esclavage. Depuis quelque temps les patriotes sont opprimés dans les sections. Je connais l'insolence des ennemis du peuple. Ils ne jouiront pas longtemps de leur avantage. Le peuple, détrompé, les fera rentrer dans le néant. Parmi les bons citoyens il y en a de trop impétueux : pourquoi leur faire un crime d'une énergie qu'ils emploient à servir le peuple? S'il n'y avait pas eu des hommes ardents, il n'y aurait pas eu de révolution. Je ne veux exaspérer personne, parce que j'ai le sentiment de ma force en défendant la raison. Je défie qu'on trouve un crime dans ma vie. (Un sourd murmure parcourt les rangs de la Gironde.) Je demande à être envoyé le premier devant le tribunal révolutionnaire, si je suis trouvé coupable. J'ai rendu mes comptes ! — Ce n'est pas la question ! » lui crie-t-on du côté droit. Danton revient au texte de ses idées : « Il faut rallier les départements; il faut se garder de les aigrir contre Paris : quoi! Paris, qui a brisé le sceptre de fer, violerait l'arche sainte de la représentation nationale qui lui est confiée! Non, Paris aime la Révolution; Paris mérite l'embrassement de la France entière ! Le peuple français se sauvera lui-même. Le masque une fois arraché à ceux qui jouent le patriotisme et qui servent de rempart aux aristocrates, la France se lèvera et terrassera ses ennemis. » Cette allusion menaçante aux Girondins dans la bouche de Danton fit entrevoir dans un avenir plus ou moins rapproché un nouveau septembre.

XXIX

Ni Danton ni Robespierre cependant ne méditaient le meurtre de leurs adversaires dans la Convention. Danton flottait sans parti pris. Robespierre, muet, observait, comme avant le 10 août, les événements, sans pousser ni retenir le peuple. Les séances des Jacobins, presque désertes depuis que la lutte des partis se concentrait à la Convention, entendaient rarement sa voix.

Ce fut seulement la veille de l'insurrection et quand la victoire était certaine que Robespierre éclata en menaces contre la commission des Douze.

Sa parole confirma les sections dans leur pensée encore indécise. Les meneurs de la commune se réunirent et prirent le nom de Club central ou de l'Union républicaine. Ils décidèrent qu'ils sommeraient la commune de s'insurger, d'appeler à elle la force armée, et de fermer les barrières de Paris jusqu'à ce que la Convention eût fait justice au peuple. Hanriot, nommé commandant général en remplacement de Santerre, leur répondait des baïonnettes. Hanriot était un de ces hommes qui s'élèvent sur la lie des sociétés quand on la remue. Né dans la banlieue de Paris, mêlé, au commencement de sa vie, à toutes les professions suspectes d'une capitale, d'abord valet improbe, puis charlatan, puis espion de police, la révolution de 1792 lui ouvrit les portes de Bicêtre, où il était enfermé pour quelque délit. Il en sortit, comme les immondices sortent de l'égout, pour salir et infecter la ville. Audacieux de front, mais sans courage au cœur, il parada dans les rangs des assaillants à la journée du 10 août, pilla après la victoire, et égorgea dans les prisons. A défaut d'exploits, ses crimes le signalèrent à la multitude. Il fut l'entraîneur plutôt que le chef de l'armée des sections. Il les disciplina pour l'anarchie.

XXX

Cette anarchie qui travaillait les sections n'énervait pas moins le gouvernement. La commission des Douze n'avait pour se faire obéir ni la loi ni les armes. La commune, véritable gouvernement de Paris, était en révolte, tantôt ouverte, tantôt masquée, contre la Convention. Quant aux ministres, ils se renfermaient dans leurs attributions administratives : esclaves et complaisants des comités dont ils recevaient les ordres. Le ministre de l'intérieur, Garat, était seul chargé de la surveillance de Paris et de la sûreté de la Convention. Mais Garat, déplacé dans les jours de crise, était de ces hommes qui plient sous l'événement. Ami des Girondins dans le fond de son âme, mais se ménageant aussi la faveur éventuelle de Danton, de Robespierre et de la Montagne, ses actes et ses paroles étaient toujours empreints de cette mollesse qui laisse les espérances aux deux partis, et qui au moment suprême trahit le plus juste pour le plus heureux. Il se trouve toujours un de ces hommes néfastes à la tête des partis qui vont périr : armes de mauvaise trempe qui se brisent dans la main qui veut s'en servir.

XXXI

Dans la séance du 27, Pache répondit de la tranquillité de la capitale et de la sûreté de la Convention.

A la suite de ce rapport, qui consterna les Girondins, Marat demanda la suppression de la commission des Douze, comme inutile et provoquant à l'insurrection. « Et ce n'est pas seulement à la commission des Douze que je fais la guerre. Si la nation tout entière était témoin de vos complots liberticides, dit-il en s'adressant à Vergniaud et à Guadet, elle vous ferait conduire à l'échafaud. » Des députations de sections étant venues réclamer des citoyens arrêtés et demander insolemment que les membres de la commission des Douze fussent envoyés au tribunal révolutionnaire : « Citoyens, leur répondit le président Isnard, l'Assemblée pardonne à votre jeunesse. » La Montagne, indignée, se soulève à ces paroles. Robespierre se précipite à la tribune, où les cris de la majorité étouffent sa voix. « Vous êtes un tyran ! un infâme tyran ! crie Marat à Isnard. — On veut égorger en détail tous les patriotes, ajoute Charlier. — Les tyrans à l'Abbaye ! » entend-on de toutes parts. La Convention, divisée en deux camps, ne parle plus que par gestes, et tous ces gestes semblent porter le défi et la mort d'homme à homme, de parti à parti.

La voix de Vergniaud domine un moment le tumulte. « Plus de discours, s'écrie-t-il, des actes ! Allons aux voix pour savoir si les assemblées primaires seront convoquées, c'est le seul remède à l'état où nous sommes. La France seule peut sauver la France ! »

Les Girondins, à la voix de Vergniaud, se lèvent et se groupent, témoignant par leur attitude et leurs cris qu'ils adhèrent à cette proposition désespérée. Legendre et les jeunes Montagnards acceptent le défi du peuple et crient aussi : « L'appel nominal ! » Le président se dispose à le mettre aux voix.

Tremblants que l'appel nominal ne donne la victoire aux Girondins, la Montagne et les patriotes des tribunes éclatent en imprécations contre Vergniaud. « Levons la séance ! » crient les modérés. Isnard se couvre. Les voix, enrouées de clameurs, se taisent. Danton, en apparence impassible jusque-là, se tourne vers les Girondins : « Je vous le déclare, dit-il d'une voix qui rappelle le mugissement du canon du 10 août, je vous le déclare, tant d'impudence commence à nous peser. » Ces mots significatifs dans la bouche de l'homme de septembre sont couverts des battements de mains des tribunes. On demande sur la Montagne qu'ils soient insérés dans le procès-verbal, non comme l'acclamation d'un membre isolé, mais comme la pensée de tout un parti. Danton le demande lui-même, et monte à la tribune, poussé par l'impatience de son âme et par les mains de ses amis. Le silence que Robespierre n'a pu obtenir se rétablit à l'aspect de Danton. Robespierre n'est que la parole du peuple, Danton est son bras levé. Chacun regarde quel coup il va frapper.

« Je déclare, dit Danton, à la Convention et à tout le peuple français que si l'on persiste à retenir dans les fers des citoyens dont tout le crime est un excès de patriotisme, que si on refuse la parole à ceux qui veulent les défendre, je déclare, dis-je, que s'il y a ici seulement cent bons citoyens, nous résisterons. — Oui, oui! lui répond d'une seule voix la Montagne. — Je déclare, ajoute-t-il, que le refus de la parole à Robespierre est une lâche tyrannie! La commission des Douze tourne les armes que vous avez mises dans ses mains contre les meilleurs citoyens! Le peuple français jugera! »

Danton descend; Thuriot lui succède, et couvre de ses invectives l'acte et les paroles du président. « C'est lui, dit-il, qui par ses réponses incendiaires cherche à allumer le feu de la guerre civile dans Paris; c'est lui qui menace cette capitale d'anéantissement! — Président, crie Lanjuinais à Isnard, ne vous abaissez pas jusqu'à répondre. » On réclame de nouveau, des deux côtés, l'appel nominal ou le jugement du peuple. Bazire s'élance et monte les marches de l'escalier qui conduisent au fauteuil du président. Quelques Girondins l'arrêtent et couvrent de leur corps Isnard. « Je veux arracher de sa main, dit Bazire, le signal de la guerre civile écrit dans sa réponse aux pétitionnaires. — Et moi, dit Bourdon de l'Oise, si le président est assez audacieux pour proclamer la guerre civile, je l'assassine! » On commence l'appel nominal. Il est interrompu par la pression et par le bruit de la foule immense que la gravité de la mesure fait affluer dans les couloirs de la Convention. « J'ai voulu en vain sortir, déclare le député

Lidon; on m'a mis la pointe d'un sabre sur la poitrine. »

La Montagne accuse les Girondins d'avoir appelé autour de la salle des compagnies dévouées à leur faction. On interroge le commandant Raffet. Il déclare qu'il a marché par l'ordre de ses chefs, et qu'au moment où il s'efforçait de rétablir l'ordre dans les couloirs, Marat, un pistolet à la main, s'est avancé vers lui, et, lui posant le canon de son arme sur la tempe, l'a menacé de faire feu s'il ne se retirait pas. « J'ai détourné l'arme, et j'ai fait mon devoir, » ajoute l'officier. Marat dément le fait. Le tumulte redouble. Les applaudissements de la Plaine vengent le commandant Raffet des outrages de Marat. On l'admet aux honneurs de la séance. L'opinion, indignée, penche évidemment pour la Gironde.

XXXII

L'Assemblée est dans un de ces moments d'oscillation où un mot peut entraîner les grands auditoires aux mesures les plus décisives. Le ministre de l'intérieur, Garat, entre dans la salle avec Pache. Tous les regards se tournent sur eux. Garat obtient la parole. Il excuse les sections et les conspirateurs.

Ces excuses et ces apologies de Garat soulèvent le côté droit, qui lui reproche de discuter au lieu de se borner à rendre compte. La Montagne prend parti pour le ministre. Legendre s'élance vers Guadet, le bras levé. Les amis de

Guadet l'entourent et le couvrent. Des cris : « A l'assassin ! » s'élèvent de la Plaine. Le président interrompt une troisième fois la délibération par le signe de détresse. Ce signe rétablit le silence. Garat aggrave ses insinuations contre la commission des Douze. « J'atteste à la Convention, dit-il, qu'elle n'a aucun danger à courir et que chacun de vous rentrera en paix dans sa maison. J'en prends la responsabilité sur ma tête. »

Le silence de la consternation succède sur les bancs des Girondins à ces paroles du ministre qui les livre à leurs ennemis. Garat descend de la tribune couvert des applaudissements de la Montagne, et va se rasseoir au milieu des Girondins. Par cette attitude de fausse générosité, Garat affecte de partager les périls de ses amis au moment même où il les trahit.

Danton lui succède. « Je me flatte, dit-il avec un visage rayonnant, que de cette grande lutte sortira la vérité, comme des éclats de la foudre sort la sérénité de l'air ! Il est des hommes, ajoute-t-il avec un accent de fière amertume en regardant Vergniaud et Guadet, il est des hommes qui ne peuvent se dépouiller d'un ressentiment ! Pour moi, la nature m'a fait impétueux, mais exempt de haine. » Il semble ainsi offrir, pour la dernière fois, sa neutralité aux Girondins. Ils la refusent.

Pache, encouragé par la faveur que les tribunes montrent à Garat, développe avec plus d'astuce les accusations contre la commission des Douze. « Je dois déclarer, dit-il en finissant, que la commission des Douze a donné ordre à trois sections affidées, celle de la Butte-des-Moulins, celle du Mail et celle de 92, de tenir prêts trois cents hommes armés ! »

XXXIII

Un cri d'indignation générale éclate à ces mots dans les tribunes. Des députations des sections se pressent en tumulte aux portes de la salle. Pache demande à la Convention de les entendre. Les Girondins veulent lever la séance. Fonfrède descend du fauteuil. Hérault de Séchelles le remplace. Agréable au peuple des tribunes par la grâce de son visage et par sa jeunesse, agréable à la Montagne par le républicanisme exagéré qu'il affecte, vendu d'avance à toute popularité par son ambition, Hérault de Séchelles est accueilli au fauteuil par les battements de mains de la salle entière. Sa présence seule est le signe d'une concession. Beaucoup se retirent pour ne pas être témoins des outrages à la représentation nationale. Les Montagnards se répandent sur les bancs désertés.

L'orateur, au nom de vingt-huit sections de Paris, redemande Hébert à la Convention. « Nous gémissons, dit-il, sous le joug d'un comité despotique, comme nous gémissions naguère sous un tyran. Rendez-nous les vrais républicains! Délivrez-nous d'une commission tyrannique, et que séance tenante... — Oui! oui! » s'écrient les membres de la Montagne. Hérault de Séchelles laisse à peine l'orateur des sections achever sa phrase.

« Citoyens, répond-il aux pétitionnaires, la force de la raison et la force du peuple sont la même chose. Comptez sur l'énergie nationale, dont vous voyez l'explosion de toutes parts. La résistance à l'oppression est aussi sacrée que la haine des tyrans dans le cœur humain. Représentants du peuple, nous vous promettons justice, et nous vous la ferons ! »

Ces paroles du président, répétées de bouche en bouche, du pied de la tribune jusque dans les jardins et dans les cours, apprennent au peuple son triomphe. En quelques heures la majorité, personnifiée dans les trois présidents de la séance, a changé trois fois sous la pression que le mouvement extérieur a exercée sur la salle : résolue d'abord et implacable dans Isnard, modérée et conciliatrice dans Fonfrède, complice enfin et séditieuse dans Hérault de Séchelles. Encouragés par cet accueil, d'autres orateurs des sections redoublent d'audace et d'invectives contre les Douze : « Les patriotes sont dans les fers. Les scènes du 17 juillet se préparent. — La république est anéantie. — Nous n'aurons pas fait en vain le serment de vivre libres ou de mourir. — Le foyer de la contre-révolution est dans votre sein. Ce palais serait-il encore le château des Tuileries ? — Députés de la Montagne, vous ne pouvez aborder cette salle sans marcher sur des milliers de cadavres, sans voir le sang des patriotes qui vous ont conquis ce palais ! Cent mille bras armés ici sont à vous ! Nous vous demandons la liberté d'Hébert, le procès de l'infâme Roland, et la suppression de la commission des Douze !

» — Quand les droits de l'homme sont violés, répond de nouveau Hérault de Séchelles, il faut dire : « La réparation » ou la mort ! »

Cette provocation du haut de la tribune à l'insurrection, par la bouche du président, au nom de la majorité, devient un ordre. Les demandes des pétitionnaires, converties en décrets par Lacroix, sont votées par la Convention. Les pétitionnaires se mêlent aux députés pour combler les vides laissés par la Gironde, et votent avec eux. Hébert, Varlet et leurs complices sont rendus à la liberté. La commission des Douze est supprimée. A minuit la Convention lève la séance, et le peuple, satisfait, se retire aux cris de : « Vive la Montagne! » et de : « Mort aux vingt-deux! »

LIVRE QUARANTE ET UNIÈME

Complots. — Lanjuinais. — Danton. — Hébert ramené en triomphe. — Calamités publiques. — Politique de Vergniaud. — Divisions. — Le 31 mai. — Robespierre prononce l'acte d'accusation contre les Girondins. — Votes accordés aux pétitionnaires. — La Convention. — Le peuple. — Les Girondins.

I

La nuit fut pleine d'agitations, de paniques, de conciliabules. Tandis que les Girondins, réunis chez Valazé, concertaient entre eux les moyens de ressaisir une victoire que les Montagnards ne devaient qu'à une surprise, Marat, Hébert, Dobsent, Varlet, Vincent, Fournier l'Américain, l'Espagnol Gusman, qui était à Marat ce que Saint-Just était à Robespierre; Hanriot et une soixantaine de membres les plus exaltés des sections se réunirent à l'Archevêché, dans une salle interdite au public. Là, ils déplorèrent les résultats d'une victoire qui ne leur donnait ni dépouilles, ni victimes, qui laissait à leurs ennemis la vie, la tribune, la parole, la presse, des partisans dans quelques sections du centre de Paris, et les occasions de ressaisir leur ascendant. Qu'importaient à ces hommes de sang de vaines oscillations de majorité dans une Convention encore libre? Ils voulaient une Convention esclave, instrument docile de leurs fureurs, et ne conservant le nom de représentation nationale que pour masquer l'asservissement des départements. Chacun de ces hommes rêvait pour lui-même le rôle des Gracques, de Clodius, de Marius, de Sylla, de Catilina, et se croyait plus grand politique à proportion qu'il rêvait de plus sinistres exécutions. Mille plans furent débattus. Un jeune homme, plus dépravé que cultivé par les lettres, Varlet, obscur encore, déroula tout un projet d'égorgements individuels, évidemment inspiré par les souvenirs de septembre. Varlet avait fabriqué de fausses correspondances des Girondins avec le prince de Cobourg, pièces destinées à jeter l'infamie et l'exécration du peuple sur ces prétendus traîtres à la patrie. Dans la nuit on irait les arrêter un à un dans leurs demeures. Conduits sans appareil dans une maison isolée du faubourg Saint-Jacques, on s'en déferait à huis clos. Des fosses, creusées d'avance dans un jardin attenant à cette maison, devaient recouvrir les restes des victimes et dérober au public les causes de leur disparition. Le lendemain, la publication des correspondances fabriquées dévouerait leurs noms à l'exécration publique. On répandrait le bruit de leur fuite en pays étranger; et quand la vérité tardive démentirait toutes ces suppositions, la république serait sauvée, la commune régnerait, et le peuple remercierait ses vengeurs.

Tel était le plan de Varlet. Il souriait aux exécuteurs de septembre; mais il fut repoussé par Dobsent et par Marat lui-même : d'abord comme entaché d'une supercherie indigne du peuple, et ensuite comme réduisant les victimes à un nombre trop restreint. On résolut de faire exécuter l'épuration par le peuple lui-même, et de lui désigner autant de victimes qu'il en faudrait à sa vengeance. Les uns portaient le nombre de têtes proscrites à trente, les autres jusqu'à quatre-vingts. On laissa au hasard le soin de compter. Les conjurés se séparèrent pour aller donner le mot d'ordre dans les sections et dans les faubourgs. Ce mot d'ordre, sorti de la bouche de Marat, était : « Pas de demi-mesures. » On a écrit que dans la même nuit un autre comité supérieur d'exécution, composé de Robespierre, de Danton, de Fabre, de Pache et de quelques autres membres principaux de la commune et de la Convention, s'était réuni à Charenton dans la maison où avaient été tramés le 20 juin et le 10 août, et que, là, les grands chefs de la Montagne s'étaient réciproquement livré leurs ennemis, comme Octave, Antoine et Lépide. Cela n'a jamais été prouvé.

11

Danton, entraîné malgré lui dans la lutte, aurait désiré que la victoire se bornât à l'humiliation des Girondins. Il était loin de conspirer la mort des rivaux qu'il admirait le plus et qu'il craignait le moins dans la Convention. Il avait sur eux le pas de la popularité. Cet avantage lui suffisait. Son cœur penchait de leur côté. « Non, disait-il la veille en parlant d'eux, ces beaux parleurs ne méritent pas tant de colère ; ils sont enthousiastes et légers comme la femme qui les inspire. Que ne prennent-ils un homme pour chef? Cette femme les perdra. C'est la Circé de la république. » Danton faisait allusion à madame Roland, qui avait humilié son orgueil.

Robespierre, inquiet et troublé des suites de ce grand déchirement de la Convention, se renferma, la veille de cette crise, dans la retraite la plus profonde, comme un homme qui craint de toucher à un événement, de peur de le faire dévier ou avorter. Il ne jeta dans la balance que quelques paroles commandées à sa situation par le soin de sa popularité. Marat seul souffla la colère du peuple et prit corps à corps les Girondins, ses ennemis personnels, jusqu'à ce qu'ils fussent terrassés. Était-ce vengeance, ambition, vanité d'un grand rôle, inquiétude d'un esprit qui ne s'arrêtait jamais? Il y avait de tout cela dans le caractère de Marat. Il jouissait surtout d'être en scène, et de représenter le peuple luttant à mort contre ses prétendus ennemis.

III

Les Girondins réunis chez Valazé furent informés des résolutions du comité par un hasard. Un fédéré breton de leur parti, arrivé depuis peu de jours à Paris, passait la nuit du 27 devant l'Archevêché. Quelques groupes se pressaient à la porte. On était admis en montrant une médaille de cuivre au concierge. Le fédéré breton, poussé par la curiosité, tira de sa poche une pièce de monnaie de bronze, que le gardien prit pour le signe de reconnaissance. Il fut introduit. A peine la délibération fut-elle commencée que l'imprudent reconnut son erreur et trembla d'être découvert. La confusion du moment et l'agitation des esprits le sauvèrent. Il sortit sans avoir été soupçonné et courut avertir un député de son département. Ce député le conduisit chez Valazé. Valazé et ses amis conjurèrent cet homme de retourner la nuit suivante au foyer de la conjuration et de leur rapporter ce qu'il aurait vu et entendu. Il se dévoua de nouveau. Son visage déjà connu enleva tout ombrage aux conspirateurs. Il revint instruire Valazé; mais il avait été suivi. Le lendemain on trouva son cadavre, percé de coups, flottant sur la Seine; il portait encore sur lui la pièce à l'aide de laquelle il avait surpris les conjurés.

IV

Malgré le décret de la veille, qui la supprimait, la commission des Douze avait encore siégé pendant la nuit. On avait délibéré sur les mesures de résistance que les Girondins se proposaient d'enlever le lendemain à la Convention. Tous les membres de ce parti et tous les membres de la Plaine se rendirent de grand matin à la séance. Isnard remonta au fauteuil du président, décidé à reprendre l'ascendant sur la majorité ou à mourir à son poste. Les rangs de la Montagne étaient dégarnis; les députés vainqueurs la veille se reposaient sur leur victoire et ne voulaient pas laisser supposer, par leur empressement à se rendre à la séance, que cette victoire pouvait être remise en question. Lanjuinais cependant demanda hardiment la parole.

Lanjuinais n'était pas Girondin. Il n'avait ni l'ambition ni les torts de ce parti; il n'avait trempé ni dans les complots du 20 juin, ni dans ceux du 10 août, ni dans la condamnation de Louis XVI. Né à Rennes d'une honorable famille du barreau, avocat distingué lui-même, philosophe chrétien, ses idées révolutionnaires n'étaient qu'une forme de sa foi évangélique. L'égalité était un de ses dogmes : « La noblesse, écrivait-il dans un de ses premiers ouvrages, n'est pas un mal nécessaire. » Il s'était exercé aux luttes parlementaires dans les conflits du tiers état de la Bretagne contre l'aristocratie, le clergé et le parlement de

Rennes. Ce même esprit d'opposition à l'ancien ordre de choses l'avait fait nommer député aux états généraux. Il y avait été un des fondateurs du *club breton*. Homme de l'Ouest et non du Midi, il avait cette âpreté de conscience et cette obstination de caractère qui ne font pas les orateurs, mais qui font les héros d'opinion. Religieux comme un Breton, controversiste comme un parlementaire, plus républicain de mœurs que de conviction, Lanjuinais était un de ces hommes que la pureté de leur âme isole au milieu des partis, et que la générosité de leur cœur dévoue aux causes abandonnées, quand ils croient y voir la justice et la vérité. Il avait de plus un courage qui grandissait devant le tumulte des assemblées et devant la sédition du peuple, comme celui du soldat devant le feu. L'oppression des Girondins par la Montagne et par le peuple l'avait indigné la veille. Pour compter Lanjuinais dans ses rangs, il suffisait à un parti d'être opprimé. A son aspect, la Montagne s'attendit à une protestation et refusa de l'entendre.

« J'ai le droit d'être entendu sur l'existence du prétendu décret d'hier, dit Lanjuinais. Je soutiens qu'il n'y a pas eu décret; s'il y en a eu, je demande qu'il soit révoqué. » Les murmures de la Montagne l'interrompent.

« Tout est perdu, citoyens, reprend Lanjuinais avec le geste d'un homme qui contemple la ruine de sa patrie, tout est perdu! et je vous dénonce, dans le décret d'hier, une conspiration mille fois plus atroce que toutes celles qui ont été tramées jusqu'ici. Quoi! depuis trois mois vos commissaires ont commis plus d'arrestations arbitraires dans les départements qu'en trente ans de despotisme! Des hommes prêchent depuis six mois l'anarchie et le meurtre, et ils resteront impunis! — Si Lanjuinais ne se tait pas, crie Le-

gendre, je déclare que je monte là-haut, que je le précipite de la tribune, et que je l'assomme! — Fais donc décréter que je suis un bœuf, réplique Lanjuinais (par allusion au métier de boucher de Legendre). — Et moi, dit Barbaroux, je demande que le mot de Legendre soit consigné au procès-verbal, pour attester la liberté dont nous jouissons!
— Tu as protégé les aristocrates de ton département, tu es un scélérat! » vocifèrent contre Lanjuinais les membres de la Montagne. Levasseur déclare que la commission des Douze a été instituée non pour prévenir, mais pour exécuter un complot contre-révolutionnaire. Les plus violentes apostrophes sont échangées entre les Girondins et leurs ennemis; les uns niant, les autres affirmant que le décret a été rendu.

Guadet obtient la parole. « Vous parlez de légitimer un décret rendu au moment où les législateurs emprisonnés dans cette enceinte, après la dispersion de leur garde, délibéraient sous le couteau, au milieu des menaces, des outrages et des violences! quand plusieurs d'entre nous, notamment Pétion et Lasource, ont été dans l'impuissance de percer la foule qui les environnait et d'arriver jusqu'à leur poste! quand enfin des pétitionnaires séditieux étaient encouragés par le président lui-même (ce n'était plus Isnard) à faire plier la volonté de la Convention sous la volonté du peuple ameuté! »

Robespierre, affectant une voix éteinte et des forces épuisées, prononce quelques phrases amères et larmoyantes sur la tyrannie des Douze. Le bruit de la Plaine couvre la parole de l'orateur. On met aux voix la révocation du décret de la veille, qui abolit la commission des Douze. Une faible majorité annule ce décret. L'étonnement pétrifie la Montagne. « Il faut voiler la statue de la liberté ! » s'écrie Collot-d'Herbois.

Danton, qui cherche encore à éluder la rupture définitive de la représentation, se lève et veut présenter habilement un dernier moyen de conciliation aux Girondins vainqueurs : « Votre décret d'hier, dit-il à la Convention, était un grand acte de justice, j'aime à croire qu'il sera repris avant la fin de cette séance; mais si la commission des Douze reprenait le pouvoir qu'elle voulait exercer sur les membres mêmes de cette Assemblée, si le fil de la conjuration n'était pas rompu, si les magistrats du peuple n'étaient pas rendus à leurs fonctions, après avoir prouvé que nous passons nos ennemis en prudence, nous leur prouverons que nous les passons en audace et en vigueur révolutionnaire ! »

Tous les membres de la Montagne s'associent, par leurs gestes et par leurs cris, à la déclaration de Danton. « Et nous, répliquent les Girondins, nous demandons vengeance aux départements et non au peuple des tribunes. » Marat veut parler. « A bas Marat ! » s'écrie la Plaine en masse. Rabaut Saint-Étienne, rapporteur de la commission, veut lire enfin le rapport des Douze. On refuse obstinément de l'entendre. Il invoque la priorité pour ce rapport.

« La priorité est au canon d'alarme, » répond la Montagne. Les tribunes étouffent par leurs trépignements la voix des Girondins. Le président se couvre. « La contre-révolution est ici, dit Thirion. — Nous ne sommes plus libres, allons dans nos départements ! » s'écrie Chambon. Les Montagnards demandent, conformément aux insinuations de Danton, la liberté d'Hébert; la Plaine, sur la proposition de Boyer-Fonfrède, se hâte de la voter.

Des pétitionnaires recrutés et soufflés par les Girondins demandent à être entendus. « Il est temps, disent-ils, que cette lutte finisse. Il est temps qu'une troupe de scélérats cachés sous le masque du patriotisme disparaisse : il est temps qu'une minorité turbulente rentre dans l'ordre. Dites un mot, et vous serez entourés de défenseurs dignes de la cause qui vous est confiée. On verra d'un côté les bons citoyens, de l'autre une poignée de brigands! » Interrompus par le mugissement de la Montagne et des tribunes, les pétitionnaires reçoivent les félicitations d'Isnard et les honneurs de la séance.

« Ordonnerez-vous, dit Danton, l'impression d'une telle adresse? Le peuple français est prêt à tourner ses armes contre ses ennemis. Il fera, quand il le voudra, rentrer en un seul jour dans le néant des hommes assez stupides pour croire qu'il y a distinction entre le peuple et les citoyens. Songez que, si on se vante d'avoir contre vous la majorité ici, vous avez une immense majorité pour vous dans la république et dans Paris. — Oui, oui ! répondent les tribunes. — Il est temps, reprend Danton, que le peuple ne se borne plus à la guerre défensive! qu'il attaque les fauteurs du modérantisme! Il est temps que nous marchions fièrement dans la carrière! Il est temps que nous raffermissions les destinées de la France! Il est temps que nous nous coalisions contre les complots de tous ceux qui voudraient détruire la république! Nous avons montré de l'énergie un jour, et nous avons vaincu. Non, Paris ne périra pas ! Aux brillantes destinées de la république viendront se joindre celles de cette cité fameuse que les tyrans voulaient anéantir! Paris sera toujours la terreur des ennemis de la liberté ; et ses sections, dans les grands jours, lorsque le peuple se réunira en masse, feront toujours disparaître ces misérables Feuillants, ces lâches modérés, dont le triomphe n'est que d'un moment! »

Cette éloquente diversion de Danton, couverte d'unanimes acclamations, termina la séance et laissa la journée indécise. « Que me font vos querelles? dit Danton, en sortant des Tuileries, aux groupes qui l'entouraient. Je ne vois que les ennemis. Marchons ensemble aux ennemis de la patrie! »

V

Dans la soirée, Hébert fut ramené en triomphe de la prison à l'hôtel de ville. Il y reçut une couronne de laurier des mains de Chaumette. On demanda qu'en expiation de la captivité d'Hébert la commission des Douze fût traduite au tribunal révolutionnaire. Hébert, détachant la couronne de son front, alla la déposer sur le buste de Jean-Jacques Rousseau, le premier apôtre de la liberté. Les ouvriers de la Révolution rendaient toujours hommage à la pensée première de leur œuvre dans l'auteur du *Contrat social*, qui aurait si souvent désavoué de tels disciples. A la Convention, la séance du lendemain fut calme : fausse sérénité qui précède souvent de près les tempêtes, dans les mouvements du peuple comme dans les phénomènes de l'atmosphère.

La séance du club des Jacobins du 30 préluda aux

orages du lendemain. Pendant que le comité insurrectionnel de l'Archevêché concertait le mouvement, Legendre et Robespierre aux Jacobins, Marat et Danton aux Cordeliers, entretenaient le feu de l'opinion. « Je me sens incapable, dit Robespierre, de prescrire au peuple les moyens de se sauver. Cela n'est pas donné à un seul homme ! Cela n'est pas donné à moi qui suis épuisé par quatre ans de révolution et par le spectacle déchirant du triomphe de la tyrannie ! Ce n'est pas à moi d'indiquer ces mesures, à moi qui suis consumé par une fièvre lente et surtout par la fièvre du patriotisme ! » Cette apparente résignation du patriotisme impuissant qui s'abandonne lui-même était la plus habile incitation à l'énergie désespérée du peuple. « Non, non, lui répondit un des Jacobins les plus exaltés, jamais la postérité ne pourra croire que vingt-cinq millions d'hommes aient pu se laisser subjuguer par une poignée d'intrigants, ou elle ne verrait en nous que vingt-cinq millions de lâches ! Je dis que demain il faut que l'airain frémisse ! que le canon tonne ! que tous ceux qui ne se lèveront pas contre l'ennemi commun soient déclarés traîtres à la patrie ! Quand l'airain tonnera, cette harmonie encouragera les lâches, ils se lèveront avec nous, et nous exterminerons nos ennemis. »

VI

Les mesures insurrectionnelles du comité central de l'Archevêché transpiraient dans tout Paris. Le conseil de la commune, rassemblé en séance permanente à l'hôtel de ville, commençait à parler en maître et à menacer la Convention. Les sections, tumultueusement réunies, se déchiraient en délibérations contradictoires, suivant que l'absence ou la présence des sectionnaires enlevait ou rendait la majorité à l'un ou à l'autre des deux partis. Les nouvelles sinistres qui arrivaient coup sur coup de la Vendée, des frontières et du Midi, jetaient la terreur dans l'âme du peuple, et le disposaient aux partis désespérés. Des désastres à l'armée des Pyrénées ; la retraite, plus semblable à une déroute, de l'armée du Nord ; Valenciennes et Cambrai bloqués sans pouvoir être secourus, et comptant jour par jour la durée d'une résistance qu'on croyait impossible ; les troupes républicaines défaites à Fontenay par les paysans royalistes de Lescure, Marseille en feu, Bordeaux irrité, Lyon laissant échapper les premières étincelles de l'insurrection qui couvait dans ses murs ; toutes ces calamités fondant à la fois sur la république, déchirée au même moment dans son foyer, à la Convention, exaspéraient les âmes contre les hommes, ou faibles ou perfides, qui gouvernaient si malheureusement la patrie.

Le peuple, ne sachant à qui s'en prendre, rejetait sur les Girondins tous les malheurs du moment. Pour résister à ce torrent d'impopularité dirigé contre eux, les Girondins n'avaient que la force abstraite de la loi. Les baïonnettes et les piques de la garde nationale flottaient au hasard, au gré de la versatilité des sections. D'un côté, quelques orateurs intrépides faisant appel à des départements trop éloignés pour les entendre ; de l'autre, tout un peuple armé, soulevé par des moteurs cachés, et dirigé par les Jacobins organisés : le triomphe ne pouvait être douteux. Les Girondins, rassurés d'abord par la légalité de leur cause et par la faveur dont la bourgeoisie de Paris les environnait, commençaient enfin à pressentir leur ruine, et y préparaient leurs âmes moins en politiques qu'en martyrs. Cependant ils aimaient à se flatter encore que la fortune leur reviendrait au dernier moment. Ils provoquaient adresses sur adresses de leurs départements, pour mettre leurs têtes sous la responsabilité de Paris. Ils pensaient que, si les modérés de la Convention étaient trop timides pour affronter avec eux la puissance de la commune et pour écraser l'anarchie, ces mêmes hommes avaient trop de soin de leur propre sûreté pour s'abandonner eux-mêmes en livrant les têtes de vingt-deux de leurs collègues à l'ostracisme ou à l'échafaud de Marat. Ils se refusaient à croire que les honnêtes gens armés des sections employassent jamais contre la représentation nationale les baïonnettes qu'ils portaient pour la défendre.

Une telle violation leur paraissait si monstrueuse qu'ils la regardaient comme impossible. La vengeance des départements était à leurs yeux si sûre et si imminente, qu'elle intimiderait même leurs assassins. Liés par une solidarité de pensées et de périls avec ces nombreux membres de la Plaine qui siégeaient entre eux et la Montagne, ils comptaient avec une sécurité secrète ces trois cents voix qui leur avaient donné la majorité dans toutes les occasions décisives. Ils croyaient au droit, au bon sens, à l'intérêt bien compris, au courage des assemblées. Ils oubliaient l'envie, la peur, l'entraînement, les timides prétextes dont les hommes faibles colorent leur lâcheté en face d'un péril qu'ils croient conjurer en livrant des victimes. Ils portaient ces pensées flottantes, tantôt confiantes, tantôt découragées, dans les différentes réunions nocturnes où ils se rendaient après les séances de nuit. Buzot, Louvet, Barbaroux, Isnard, Rebecqui, montaient un à un, se dérobant déjà aux regards du peuple, l'escalier de Roland, caché au fond d'une cour de la rue de la Harpe. Là, ces intrépides jeunes gens accusaient la lenteur et l'hésitation de la commission des Douze, qui aurait dû prévenir, selon eux, les coups de la commune, entraîner et compromettre la Convention dès la première nuit, livrer Marat, Pache, Danton, Robespierre, au tribunal révolutionnaire, appeler les forces des départements à Paris, réorganiser les sections, et fermer les clubs d'où sortaient l'anarchie, le crime et la peur.

Roland, humilié de sa chute, convoitant la gloire de raffermir la république chancelante, déployait cette énergie sombre de paroles qui ne coûte rien aux bras désarmés. Madame Roland, partagée entre l'intérêt passionné que son cœur ressentait pour ses amis et la mâle trempe de son caractère, animait et attendrissait tour à tour ces entretiens. Buzot adorait en elle l'image et la voix de la patrie. Barbaroux l'écoutait avec le respect et l'enthousiasme de son âge. Ils étaient préparés à mourir, mais ils voulaient mourir en combattant.

VII

Vergniaud, Condorcet, Sieyès, Fonfrède, Ducos, Guadet, Gensonné, se réunissaient plus fréquemment dans la rue Saint-Lazare ou à Clichy, tantôt chez une femme attachée à l'un d'eux par le cœur, tantôt chez le jeune Fonfrède. C'étaient les politiques du parti. Sieyès leur conseillait des actes de vigueur dont il ne voulait pas prendre seul la responsabilité sous son nom. Homme d'énergie, mais non d'exécution, Condorcet s'indignait de l'avortement de ses théories libérales et se vouait à la mort pour n'abandonner ses idées qu'avec son sang. Fonfrède et Ducos, Montagnards de pensée, étaient retenus dans leur parti par la haine que leur inspirait Robespierre, et surtout par ces liens d'amitié entre collègues, plus forts que les liens d'opinion entre des hommes de cœur qui se sont juré fidélité. Ducos et Fonfrède penchaient à désavouer la commission des Douze, dont ils avaient blâmé les provocations imprudentes.

Guadet, bouillonnant d'ardeur, d'éloquence et d'intrépidité, entraîné lui-même par le torrent de son enthousiasme, croyant à la puissance de cet entraînement sur la Convention, ne voulait d'autre plan que l'imprévu, d'autre tactique que l'improvisation, d'autres armes que sa parole : également prêt à vaincre ou à mourir, pourvu que ce fût dans un beau mouvement de tribune.

Gensonné, plus réfléchi et plus exercé aux moyens de gouvernement, voulait demander aux baïonnettes des sections une protection et un triomphe qu'il ne trouvait plus pour la constitution dans les oscillations d'une majorité flottante.

Vergniaud, la force, la gloire et la dernière popularité de son parti, était vivement sollicité par tous de prendre la direction suprême de cette lutte, de préparer ses pensées, ses sentiments, ses paroles, seules égales à la grandeur du péril; de monter à la tribune, de laisser éclater son âme indignée devant sa patrie, d'écraser la conspiration sous la loi, et de rendre aux bons citoyens le courage que son silence laissait éteindre dans tous les cœurs.

Vergniaud écoutait irrésolu, sans répondre, les interpellations de ses amis. Trop clairvoyant pour se dissimuler l'extrémité du danger, trop courageux pour craindre la mort, il était trop politique aussi et trop profondément versé dans l'histoire pour se faire illusion sur les différents plans qu'on lui proposait. Vergniaud répugnait à prendre la responsabilité de la défaite et de la ruine de son parti, qui lui paraissait déjà consommée. En regardant autour de lui, il ne voyait aucune force réelle sur laquelle la république, telle qu'il l'avait rêvée, pût s'appuyer pour résister à l'anarchie. La portée lointaine de son regard ne lui laissait apercevoir que des abîmes là où les autres croyaient voir des issues. Son génie même le décourageait, car il ne lui servait qu'à mieux distinguer l'impossible. Affreuse situation pour un esprit supérieur! Dans les crises désespérées, les bornes de l'intelligence sont un bonheur pour les hommes médiocres. Elles leur laissent l'ardeur en leur laissant l'illusion. Vergniaud n'avait plus ni l'illusion ni l'ardeur, mais il gardait cette impassibilité stoïque qui se passe d'ardeur et d'illusion, qui voit approcher sans pâlir le moment suprême, et qui, en combattant sans espoir, accepte la défaite comme les hommes acceptent le martyre, avec tout le sang-froid et tout l'héroïsme de la volonté.

VIII

Les égarements de son parti avaient rarement entraîné Vergniaud. Les yeux attachés sur l'Europe, le grand orateur sentait aussi profondément que Danton la nécessité de fortifier l'unité de la république pour résister au démembrement de la patrie. Le fédéralisme désespéré de Barbaroux, de Louvet, de madame Roland, lui faisait pitié. Il ne s'était jamais servi du *fédéralisme* dans ses discours que comme d'un argument désespéré, propre à faire frémir l'anarchie elle-même. Il sentait que les ennemis les plus acharnés de la France ne pouvaient pas accomplir contre elle quelque chose de plus funeste que ce démembrement volontaire, rêvé par quelques insensés. Ce qu'il redoutait pour sa patrie de la lutte dans laquelle il était engagé contre la commune, ce n'était pas tant la proscription et la mort de ses amis, sa propre proscription et sa propre mort, que l'insurrection et la dislocation des départements qui suivraient ce déchirement de la représentation. Le patriotisme étouffait entièrement l'esprit de parti dans l'âme de

Vergniaud. Sa parole n'était si ardente que du feu de ce patriotisme.

Dans cette perplexité de son âme, Vergniaud, comme tous les hommes placés en face de l'impossible, ne demandait à la destinée, à ses amis et à ses ennemis, que du temps. Il avait sacrifié au temps en acceptant la république le lendemain du 10 août, quand il croyait encore la veille à la nécessité transitoire de la monarchie constitutionnelle. Il avait sacrifié au temps lorsqu'il avait, contre sa conscience, voté la mort de Louis XVI, vote qui pesait sur son âme. Ces deux concessions avaient peut-être ajourné le péril, mais comme la digue ajourne les flots, en accumulant et en aggravant leur poids. Vergniaud voulait ajourner encore, et, en cédant le gouvernement à la Montagne, disputer l'anarchie au peuple et prévenir la rupture de Paris et des départements. Sans ambition pour lui-même, sans vanité pour son nom, il ne lui en coûtait rien de livrer la puissance à ses rivaux. Il se sentait par la nature au-dessus de ceux qui le domineraient par la politique. Sa puissance était son génie ; on ne pouvait le lui dérober. En cédant le pouvoir, il ne croyait rien céder, pas même la gloire ; car la gloire du sacrifice était plus grande à ses yeux que celle de la domination.

IX

Vergniaud inclinait donc aux mesures de transaction. Danton, qui avait les mêmes vues, entretenait de bonne foi ces dispositions conciliatrices de Vergniaud par des amis communs.

Robespierre et Pache, sûrs désormais de vaincre, s'appliquaient d'avance, depuis quelques jours, à réduire l'insurrection au caractère d'une démonstration irrésistible de la volonté du peuple. Ils voulaient peser sur la Convention, non la briser. Point de sang, point de victimes, tel était le nouveau mot d'ordre que Pache et ses complices faisaient circuler.

Supprimer la commission des Douze, expulser vingt-deux membres de la Convention, porter la majorité à la Montagne, livrer le gouvernement révolutionnaire à la commune de Paris, établir une terreur légale sous le nom d'une représentation nationale intimidée et asservie : là se bornaient les résultats de la journée préparée par les conspirateurs. Une violence matérielle, du sang répandu, des têtes livrées au peuple, auraient donné aux départements trop de prétextes d'insurrection et trop de motifs de vengeance. On redoutait en ce moment l'extrême fermentation du Midi, la guerre de l'Ouest, les agitations de Lyon. Le déchirement de la Convention pouvait être le signal du déchirement soudain de la France. Il fallait masquer la tyrannie de modération et de respect pour les départements. Il fallait cacher même aux citoyens armés des sections le caractère de l'attentat qu'on allait leur faire commettre. Robespierre, Danton, Pache, Marat lui-même, s'accordèrent à la fin dans cette pensée de prudence. Hanriot reçut l'injonction de discipliner l'insurrection et de confondre tellement, dans ses démarches, les ordres de la Convention et ceux de la commune, que la révolte eût le caractère de la légalité, et que les attroupements dirigés sur les Tuileries ne pussent savoir s'ils allaient délivrer ou contraindre la représentation. Ce caractère hypocrite et équivoque des journées du 31 mai et du 2 juin est dû tout entier au génie astucieux de Pache. Il inspira sa politique à la commune, et soutint mieux que Pétion ne l'avait fait au 10 août le double rôle de provocateur et de modérateur du mouvement.

X

Ces tempéraments, connus des Girondins, leur laissèrent croire que la séance du 31 se bornerait à une violente lutte de majorité : lutte à laquelle le peuple ne prendrait part que par sa curiosité et par ses cris en faveur de la Montagne, mais que la moindre concession de leur part apaiserait comme dans les journées précédentes. Les rapports qu'on leur faisait étaient divers, selon les quartiers et les clubs d'où leur arrivaient les renseignements.

La séance du 30, courte et sans discussion, ne fut signalée que par une députation de vingt-sept sections de Paris demandant la cassation de la commission des Douze et l'arrestation de ses membres. Un jeune patriote, exalté par l'âge et par le moment, orateur de la députation, intima en paroles violentes les volontés du peuple. « Je ne vous ferai pas un long discours, dit-il. Les Spartiates s'exprimaient en peu de mots, mais ils savaient mourir. Nous, Parisiens, placés aux Thermopyles de la république, nous saurons y mourir et nous aurons des vengeurs! » La Convention, peu nombreuse, et où les bancs du centre étaient vides, vota l'impression de cette pétition. Cette résignation accoutumait d'heure en heure la commune à plus d'audace, et la représentation nationale à plus de patience.

Dans la soirée, le conseil général de la commune s'assembla et devint le centre actif de l'insurrection. Paris fut dès ce moment divisé en deux camps : l'un qui embrassait dans son enceinte les Tuileries, le Carrousel, le Palais-Royal, tous les quartiers riches ou commerçants de la ville, dont les bataillons, composés de citoyens amis de l'ordre, tenaient encore pour les Girondins; l'autre s'étendant de l'hôtel de ville à l'extrémité des deux grands faubourgs Saint-Marceau et Saint-Antoine, et dévoué aux Jacobins. Toutes les grandes journées avaient eu leur foyer dans cette région populaire et touffue de la capitale. On pouvait classer géographiquement les opinions du peuple. Des Champs-Élysées à la hauteur du Pont-Neuf s'étendait la ville constitutionnelle; du Pont-Neuf à la Bastille s'agitait la ville révolutionnaire. Les Tuileries étaient le centre de l'une; l'hôtel de ville le centre de l'autre. C'étaient deux peuples et quelquefois deux armées : l'un voulant toujours avancer, fût-ce dans l'anarchie; l'autre toujours s'arrêter, fût-ce dans le provisoire et dans l'inconséquence. L'indigence, inquiète, séditieuse, mais désintéressée de sa nature, est l'armée offensive des révolutions. La richesse, égoïste et stationnaire, est l'armée défensive des institutions. Les opinions du commun des hommes se calculent sur la moyenne du chiffre de leur fortune. Le peuple est l'armée des idées nouvelles; les riches sont l'armée des gouvernements. L'une se recrute par l'espérance, l'autre se rallie par la peur. Tels étaient les deux Paris en présence : l'un soulevé par les Montagnards, l'autre tremblant avec les modérés.

XI

Pache, Chaumette, Hébert, Sergent, Panis, affectèrent de conserver pendant cette nuit, dans leurs paroles et dans leurs actes au conseil de la commune, les apparences de la légalité. Informé que le club de l'Archevêché prenait des résolutions excessives, Pache s'y transporta : il engagea les séditieux à se modérer et à attendre. Il revint au conseil annoncer à ses collègues que ses recommandations avaient été impuissantes contre l'irritation du peuple, que le comité venait de se déclarer en insurrection et d'ordonner la fermeture des barrières et l'arrestation des suspects. A peine Pache avait-il fini de parler que le tocsin se fit entendre dans les tours de la cathédrale.

Il était trois heures du matin. Ces sons sinistres, se propageant bientôt de clocher en clocher, réveillent en sursaut les citoyens de Paris et portent la fièvre dans l'âme des uns, la terreur dans l'âme des autres. Le tocsin, depuis le 14 juillet, avait été le pas de charge des grandes séditions du peuple. Au milieu du tumulte que ce bruit soulève à l'hôtel de ville et sur la place de Grève, un jeune homme, nommé Dobsent, orateur du comité de l'Archevêché, entre dans la salle du conseil de la commune à la tête d'une députation de la majorité des sections. Dobsent déclare au nom du peuple souverain, représenté par les sections, que le peuple, blessé dans ses droits, vient de prendre des mesures extrêmes pour se sauver lui-même, et que la municipalité et toutes les autorités départementales sont cassées. A ces mots, Chaumette somme ses collègues de la commune d'abdiquer leur pouvoir entre les mains du peuple. Tous les membres du conseil se lèvent, résignent leur mandat, et jurent de ne pas se séparer de la nation. Ils se retirent aux cris de : « Vive la république ! »

Dobsent crée à l'instant un nouveau conseil composé en majorité des anciens membres. Ce conseil rappelle dans son sein Pache, Chaumette, Hébert, et les réintègre, au nom de l'insurrection, dans leurs fonctions. Le conseil cependant change son titre contre un titre plus significatif, et se déclare conseil général révolutionnaire de la commune de Paris. Il ordonne à Hanriot de faire tirer le canon d'alarme, de sonner le tocsin à l'hôtel de ville, d'envoyer des renforts aux postes des prisons pour prévenir l'évasion ou le massacre des détenus. Les gendarmes et les gardes nationaux du poste de la place de Grève défilent de nouveau, et prêtent serment au pouvoir insurrectionnel. De quart d'heure en quart d'heure, des députations nouvelles des sections et des bataillons viennent adhérer au mouvement et fraterniser avec l'insurrection.

Le jour paraît, la ville entière est debout : le maire Pache, dictateur d'une nuit, arrive à la Convention pour lui rendre compte de la situation de Paris. Des membres du conseil l'accompagnent, pour se placer, au besoin, entre le poignard et le maire. Une immense colonne de peuple suit Pache jusque sur le Carrousel et lui forme une garde populaire. Hanriot, à cheval, parcourt les sections, fait marcher les bataillons, masse les troupes autour des Tuileries, sur le Pont-Neuf, au Carrousel. Il associe, comme Pache, la force publique à l'insurrection, qu'elle semble destinée à la fois à grossir et à contenir. Pour frapper l'imagination du peuple, et pour intimider les sections voisines des Tuileries, il fait transporter au Carrousel, en face de la porte de la Convention, des grils de fer, sur lesquels les canonniers font rougir des boulets, comme si la *tyrannie* et les Suisses étaient encore retranchés dans ce palais. De minute en minute le canon d'alarme tonne sur le Pont-Neuf. Les bataillons, incertains s'ils viennent assiéger ou défendre la Convention, se rangent aux postes qu'on leur assigne, déjà accoutumés à suivre plutôt qu'à comprimer les caprices de la multitude.

XII

Tel était l'aspect de Paris au lever du jour, le 31 mai. Le ciel était sombre, le vent glacial irritait la fibre des hommes et les prédisposait à la colère. Les gardes nationaux grelottaient sous leurs armes. L'insomnie, le froid, le bruit du tocsin, les mugissements du canon d'alarme, l'impatience de l'événement, le doute, l'étonnement, l'incertitude, donnaient aux physionomies du peuple et des soldats quelque chose d'hébété et de sinistre que le visage de la foule contracte, comme le visage d'un criminel, la veille ou le lendemain des grands attentats.

XIII

Les députés menacés, redoutant les embûches de cette nuit, n'avaient pas couché dans leurs demeures. Vergniaud seul, toujours impassible et résigné à la fatalité, avait obstinément refusé de prendre aucune mesure de sûreté. « Que m'importe ma vie ? avait-il répondu la veille en sortant de chez Valazé. Mon sang serait peut-être plus éloquent que mes paroles pour réveiller et pour sauver ma patrie. Qu'ils le versent s'il doit retomber sur eux! »

Les autres s'étaient dispersés pour prendre quelques heures de repos dans des maisons amies. Buzot, Barbaroux, Louvet, Bergoing, Rabaut Saint-Étienne et Guadet s'étaient réunis dans une seule chambre au fond d'un quartier reculé. Trois lits, quelques chaises, des armes sûres, des portes barricadées, la résolution de ne pas mourir sans vengeance, leur avaient permis de goûter quelques instants de sommeil. A trois heures du matin, le canon d'alarme et le bruit du tocsin les réveillèrent. « *Illa suprema dies!* » s'écria Rabaut Saint-Étienne en prêtant l'oreille à ces bruits. Homme pieux, Rabaut s'agenouilla au pied du lit où il venait de dormir libre pour la dernière fois, et invoqua tout haut la miséricorde divine sur ses compagnons, sur sa patrie et sur lui-même. Le sceptique Louvet et le jeune Barbaroux racontèrent depuis que cette prière de Rabaut, autrefois ministre de l'Évangile, avait profondément remué leurs cœurs. Il y a des moments où la pensée de Dieu force les âmes des hommes et y entre violemment avec le sentiment de leur propre impuissance; mais ce n'est jamais pour les affaiblir. Rabaut se leva tranquille et raffermi.

Ses amis et lui descendirent à six heures dans la rue avec des pistolets et des poignards cachés sous leurs habits. Ils se rendirent, sans avoir été reconnus, à leur poste à la Convention.

La salle était vide encore. Danton, seul, agité par les événements de la nuit et impatient de ceux du jour, s'y promenait dans une anxiété visible. Il causait avec deux membres de la Montagne. A l'aspect des Girondins, dans lesquels il voyait à regret des victimes, Danton fit un geste de chagrin, et un mouvement convulsif de pitié contracta sa bouche. Louvet crut y voir un sourire de joie. « Vois-tu, dit-il à Guadet, quel horrible espoir brille sur cette figure hideuse? — Sans doute, s'écria Guadet assez haut pour être entendu de Danton, c'est aujourd'hui que Clodius exile Cicéron ! »

XIV

Pendant que la salle se remplissait et que les groupes des députés s'interrogeaient sur les événements de la nuit, la section armée de la Butte-des-Moulins, soutenue par cinq sections environnantes du centre de Paris, apprenant que le faubourg Saint-Antoine marchait pour la désarmer, se retranchait dans le jardin du Palais-Royal, y braquait ses canons, les chargeait à mitraille, et présentait un dernier point d'appui aux modérés de la Convention contre l'oppression de la commune. Les quarante mille fédérés des faubourgs, arrivés à la hauteur des grilles du Palais-Royal, voulurent forcer les portes du jardin. Les sections du centre se disposèrent à les défendre. Le sang allait couler. On parlementa. Les fédérés se contentèrent de demander l'entrée du jardin pour des députations de leurs bataillons, afin de s'assurer s'il était vrai que les sectionnaires du Palais-Royal eussent arboré la cocarde blanche. Les députations, introduites, reconnurent l'absurdité de cette calomnie et serrèrent la main à leurs frères d'armes. Cet épisode apaisa la colère du peuple et contint les bataillons des deux partis dans une passive immobilité.

La séance de la Convention s'ouvrit à six heures. Le ministre de l'intérieur, Garat, et après lui Pache, rendent compte de la fermentation de Paris ; ils l'attribuent à la réintégration de la commission des Douze.

Valazé, impatient de décider la journée, monte un des premiers à la tribune. Vergniaud, qui redoute la témérité de ses amis, fait un signe de mécontentement et se recueille. « Depuis la levée de la séance d'hier, dit Valazé, le tocsin sonne, la générale bat, par l'ordre de qui? Osez voir où sont les coupables! Hanriot, commandant provisoire, a envoyé au poste du Pont-Neuf l'ordre de tirer le canon d'alarme. C'est une prévarication manifeste punie par la peine de mort. (Les tribunes se soulèvent à ces mots.) Si le tumulte continue, reprend Valazé avec intrépidité, je déclare que je ferai respecter mon caractère. Je suis ici le représentant de vingt-cinq millions d'hommes! Je demande que Hanriot soit mandé à la barre et mis en arrestation. Je demande que la commission des Douze, tant calomniée, soit appelée pour communiquer les renseignements qu'elle a recueillis. »

Thuriot succède à Valazé. Il demande que cette commission soit au contraire cassée de nouveau à l'instant, les scellés mis sur ses papiers, et l'examen de ses actes déféré au comité de salut public. Ces paroles de Thuriot sont entrecoupées et enfin interrompues par le bruit du tocsin. Des cris confus s'élèvent, les uns pour les conclusions de Valazé, les autres pour celles de Thuriot. Le canon d'alarme couvre tout. Vergniaud, à la tribune, fait un geste de pacification et obtient enfin le silence.

« Je suis si persuadé des vérités qu'on vous a dites sur les funestes conséquences du combat qu'on semble préparer dans Paris ; je suis si convaincu que ce combat compromettrait éminemment la liberté et la république, qu'à mon avis celui-là est complice de nos ennemis extérieurs qui désire le voir s'engager, quel qu'en fût le succès. Et l'on vous peint la commission comme le fléau de la France, au moment même où vous entendez le canon d'alarme ! On demande qu'elle soit cassée si elle a commis des actes arbitraires ! Sans doute, si cela est, elle doit être cassée. Mais il faut l'entendre. Cependant ce n'est pas le moment, à mon avis, d'entendre son rapport. Ce rapport heurterait nécessairement les passions, ce qu'il faut éviter un jour de fermentation. Ce qu'il faut, c'est que la Convention prouve à la France qu'elle est libre. Eh bien, pour le prouver, il ne faut pas qu'elle casse aujourd'hui la commission. Je demande donc l'ajournement à demain. En attendant, sachons qui a ordonné de tirer le canon d'alarme, et mandons à notre barre le commandant général. »

Des cris unanimes d'approbation s'élèvent pour sanctionner cet ajournement de Vergniaud. Il ne sauvait ni la liberté ni l'honneur, mais il sauvait l'attitude de la Convention. Il apaisait le peuple en lui promettant la victoire. Il satisfaisait la Montagne en lui enlevant l'odieux de la violence. Il préservait la tête des Girondins en promettant leur abdication. Il était une vaine protestation de respect à la loi. Il convenait à tous, et surtout aux faibles. Les Girondins se sentirent à la fois perdus et sauvés dans la concession de leur orateur. Ceux qui pensaient à leur propre vie l'applaudirent ; ceux qui songeaient à leur honneur restèrent consternés et muets.

XV

Danton voulut arracher à l'Assemblée une victoire déjà à demi cédée par Vergniaud. « Justice avant tout de la commission, dit-il de sa voix la plus retentissante. Elle a mérité l'indignation populaire. Rappelez-vous mon discours contre elle, ce discours trop modéré. Un homme que la nature a créé doux, sans passions, le ministre de l'intérieur, vous a lui-même engagés à relâcher ses victimes. Vous l'avez créée, cette commission, non pour elle, mais pour vous. Examinez ses actes. Si elle est coupable, faites-en un exemple terrible qui effraye tous ceux qui ne respectent pas le peuple, même dans son exagération révolutionnaire. Le canon a tonné. Mais si Paris n'a voulu que donner un grand signal pour provoquer les représentations qu'il vous apporte; si Paris, par une convocation trop solennelle, trop retentissante, n'a voulu qu'avertir tous les citoyens de venir vous demander justice, Paris a encore bien mérité de la patrie! Loin de blâmer cette explosion, tournez-la au profit de la chose publique en cassant votre commission. »

Les uns murmurent, les autres battent des mains. Danton jette un regard de dédain sur la Plaine, qui s'agite à ses pieds. « Je ne m'adresse, dit-il en faisant un signe à Vergniaud, je ne m'adresse qu'à ceux qui ont reçu quelques talents politiques, et non à ces hommes stupides qui ne savent faire parler que leurs passions. » Le geste de sa tête et la direction de son coup d'œil adressent à Guadet, à Buzot et à Louvet cette insolente apostrophe. « Je dis aux premiers, continue Danton : Considérez la grandeur de votre but, c'est de sauver le peuple de ses ennemis, des aristocrates, de sa propre colère. La commission a été assez dépourvue de sens pour prendre des arrêtés téméraires et pour les notifier au maire de Paris. Je demande le jugement de ses membres. Vous les croyez irréprochables, dites-vous? Moi je crois qu'ils ont servi leurs ressentiments. Il faut que ce chaos s'éclaircisse, il faut justice au peuple! — Quel peuple? » lui crie-t-on de la Plaine. « Quel peuple? reprend Danton. Ce peuple est immense. » Il montre de la main les têtes innombrables qui se penchent du haut des tribunes publiques. « Ce peuple est la sentinelle avancée de la république. Tous les départements exècrent la tyrannie. Tous avoueront ce grand mouvement qui exterminera les ennemis de la liberté. Je serai le premier à rendre une justice éclatante à ces hommes courageux qui ont fait retentir les airs du tocsin et du canon d'alarme... » Les bravos des tribunes ne lui laissent pas achever cette glorification d'Hanriot et du comité révolutionnaire de la commune. Danton, entraîné lui-même bien loin de la modération qu'il méditait en commençant de parler, sent qu'il s'enivre du délire de son auditoire, et qu'il irrite la fureur qu'il voulait tempérer. Il se reprend en terminant : « Si quelques hommes, dit-il, de quelque parti qu'ils soient, voulaient prolonger un mouvement devenu inutile quand vous aurez fait justice, Paris lui-même les ferait rentrer dans le néant! » Il conclut à ce que l'Assemblée soit consultée sur la suppression de la commission des Douze.

Rabaut demande en vain, au milieu des murmures, que

cette commission soit du moins entendue. Il dénonce Santerre, qui devait, dit-il, marcher dans la nuit sur Paris avec les volontaires partis pour la Vendée, et qu'on a fait séjourner pour cet acte de tyrannie aux portes de la capitale. Des interruptions étouffent toutes les paroles de Rabaut. On veut entendre avant tout une députation de la commune.

Vergniaud, apostrophé par les tribunes, demande qu'elles soient évacuées. « Vous nous accusez, crie Rabaut à Bourdon de l'Oise, parce que vous savez que nous devons vous accuser! » La députation de la section de l'Observatoire est admise. Elle veut, dit-elle, au nom du conseil général, communiquer les mesures qu'elle a prises. Elle a placé, dit-elle, les propriétés sous la garde des sans-culottes; et comme cette classe ne peut se passer de son travail, elle leur a affecté une somme de quarante sous par jour. « Le peuple qui s'est levé, dit l'orateur, une première fois, au 10 août, pour renverser le tyran du trône, se lève une seconde fois pour arrêter les complots liberticides des contre-révolutionnaires! — Dénoncez ces complots! » lui crient les Girondins. Guadet, irrité de tant d'audace, s'élance à la tribune. « Les pétitionnaires, dit-il, parlent d'un grand complot; ils ne se trompent que d'un mot : c'est qu'au lieu de dire qu'ils l'ont découvert, ils devraient dire qu'ils l'ont exécuté. » Les tribunes, à ces mots, semblent s'écrouler sur la tête de Guadet. « Laissez parler ce Dumouriez, dit Bourdon de l'Oise. — Pensez-vous, poursuit Guadet, que les lois appartiennent aux sections de Paris ou à la république entière? C'est violer la république que d'établir une autorité au-dessus des lois. Or ceux-là ne sont-ils pas au-dessus des lois qui font sonner le tocsin, fermer les portes de la ville, tonner le canon d'alarme? Ce ne sont pas les sections de Paris, ce sont quelques scélérats! — Vous voulez perdre Paris, vous le calomniez! lui crie la Montagne. — L'ami de Paris c'est moi, l'ennemi de Paris c'est vous! » reprend l'orateur. Il veut continuer; les cris, les invectives, lui coupent la parole.

XVI

Le président menace de faire évacuer les tribunes. « Une autorité rivale s'élève à côté de vous, poursuit Guadet, si vous laissez subsister ce comité révolutionnaire... » Sa voix expire de nouveau dans le tumulte. On entend à peine ses conclusions, qui sont d'annuler toutes les mesures prises par la municipalité, et de charger la commission des Douze de découvrir et de punir ceux qui ont fait fermer les barrières, sonner le tocsin, tirer le canon. Vergniaud succède à Guadet pour atténuer l'irritation produite par les paroles de son ami. « Est-ce que les Girondins seuls auront le droit de parler? » lui crie Legendre. La parole est à Couthon.

Robespierre parle à voix basse à son confident et le suit de l'œil à la tribune. « Sans doute il y a un mouvement dans Paris, dit Couthon. La commune a fait sonner le tocsin; mais nous sommes dans un moment de crise où elle peut prendre, sous sa responsabilité, des mesures nécessitées par les circonstances. Guadet l'accuse d'avoir préparé l'insurrection. Où est l'insurrection? C'est insulter le peuple de Paris que de le dire en insurrection. S'il y a un mouvement, c'est votre commission qui l'a fait. C'est cette faction criminelle qui, pour couvrir un grand complot, veut un grand mouvement. C'est cette faction qui veut, en répandant ces calomnies, allumer la guerre civile, donner à nos ennemis le moyen d'entrer en France et d'y proclamer un tyran. Rappelez-vous, citoyens, que la cour, cherchant toujours de nouveaux moyens de perdre la liberté, inventa d'établir un comité central. Ainsi la faction des hommes d'État a fait créer une commission. La commission de la cour fit arrêter Hébert, la commission des Douze l'a fait arrêter aussi. La commission de la cour lança un mandat d'arrêt contre trois députés; quand elle vit que l'opinion l'abandonnait, elle se hasarda à recourir à la force armée. N'est-ce pas là précisément ce que fait la commission des Douze? » Ce parallèle astucieux de Couthon entre les actes des deux *tyrannies* excita le frémissement des tribunes, qu'une semblable assimilation reportait au 10 août. L'orateur, interrompu par des battements de mains, semblait jouir de la haine qu'il avait excitée, et manquer de voix pour reprendre son discours.

Vergniaud sentit le coup : son cœur éclata. Il se tourna vers l'huissier qui renouvelait le verre d'eau des orateurs à la tribune : « Donnez, dit-il, un verre de sang à Couthon, il en a soif! » Puis, reprenant son sang-froid et sentant qu'il fallait un demi-sacrifice à la circonstance pour désarmer le peuple, il monta à la tribune. « Et moi aussi, dit-il, je demande que vous décrétiez que les sections de Paris ont bien mérité de la patrie en maintenant la tranquillité dans ce jour de crise, et que vous les invitiez à continuer d'exercer la même surveillance jusqu'à ce que tous les complots soient déjoués. » Cette proposition à double sens fut décrétée de lassitude par les deux partis : chacun des deux croyant la voter contre l'autre.

Mais de nouveaux pétitionnaires surviennent. Ils demandent plus impérieusement que les députés *traîtres à la patrie* soient livrés au glaive de la justice ; ils demandent une armée révolutionnaire de Paris levée et soldée à quarante sous par jour, l'arrestation des vingt-deux Girondins, le prix du pain fixé à trois sous la livre aux frais de la république, l'armement général des *sans-culottes*. Après ces pétitionnaires, les membres composant l'administration de Paris viennent lire une adresse foudroyante contre les Girondins. « Ils ont voulu détruire Paris ! dit Lhuilier, leur président. Si Paris disparaît de la surface du globe, ce sera pour avoir défendu contre eux l'unité de la république ! La postérité nous vengera ! Il est temps, législateurs ! de terminer cette lutte. La raison du peuple s'irrite de tant de lenteurs. Que ses ennemis tremblent ! Sa colère majestueuse est près d'éclater. Qu'ils tremblent ! L'univers frémira de sa vengeance. Isnard a provoqué la guerre civile et l'anéantissement de la capitale ! Nous vous demandons le décret d'accusation contre lui et ses complices, les Brissot, les Guadet, les Vergniaud, les Gensonné, les Buzot, les Barbaroux, les Roland, les Lebrun, les Clavière. Vengez-nous d'Isnard, de Roland, et donnez un grand exemple ! »

XVII

A peine cette adresse est-elle entendue, que la foule qui suivait la députation se répand sur les bancs de la Montagne. Vergniaud et Doulcet réclament contre une confusion qui étouffe la discussion et annule la loi. « Eh bien, dit Levasseur de la Sarthe, que les députés de la Montagne passent en masse de ce côté (en montrant les bancs vides de la droite). Nos places seront bien gardées par les pétitionnaires ! » La Montagne obéit et se précipite à côté des Girondins, dans la partie droite de la salle. Vergniaud demande que le commandant de la force armée soit mandé pour recevoir les ordres du président. Valazé proteste, au nom des quatre cent mille âmes qu'il représente, contre toute délibération prise sous le coup de l'insurrection. Robespierre veut parler. Vergniaud se lève : « La Convention nationale, dit-il, ne peut pas délibérer dans l'état où elle est ; allons nous joindre à la force armée et nous mettre sous la protection du peuple. »

Vergniaud sort, à ces mots, avec quelques amis; mais il rentre bientôt, ou refoulé par la multitude, ou regrettant de laisser la tribune à ses ennemis. Robespierre l'occupait déjà et reprochait à l'Assemblée l'hésitation de son attitude et l'insignifiance de ses résolutions. Vergniaud, qui entend ces derniers mots de l'orateur, demande la parole. Robespierre, regardant avec dédain Vergniaud du haut de la tribune :

« Je n'occuperai point l'Assemblée, dit-il, de la fuite et du retour de ceux qui ont déserté ses séances. Ce n'est pas par des mesures insignifiantes qu'on sauve la patrie. Votre comité de salut public, par l'organe de Barère, vous a fait plusieurs propositions. Il en est une que j'adopte : c'est celle de la suppression de la commission des Douze. Mais croyez-vous qu'elle suffise pour satisfaire les amis inquiets du salut de la patrie ? Non. Déjà cette commission a été supprimée, et le cours des trahisons n'a pas été interrompu. Prenez contre ses membres les mesures vigoureuses que les pétitionnaires viennent de vous indiquer. Il y a ici des hommes qui voudraient punir cette insurrection comme un crime ! Vous remettrez donc la force armée entre les mains de ceux qui veulent la diriger contre le peuple. » Ici Robespierre semble vouloir débattre, sans s'expliquer clairement, les différentes mesures proposées pour la circonstance. Vergniaud, lassé d'attendre le coup que Robespierre balance ainsi sur sa tête : « Concluez donc ! » lui crie-t-il d'un ton d'impatience. De violents murmures éclatent contre Vergniaud à cette apostrophe. Robespierre regarde avec un dédaigneux sourire son interrupteur : « Oui ! je vais conclure, dit-il, et contre vous ! contre vous, qui, après la révolution du 10 août, avez voulu conduire à l'échafaud ceux qui l'ont faite ! contre vous, qui n'avez cessé de provoquer la destruction de Paris ! contre vous, qui avez voulu sauver le tyran ! contre vous, qui avez conspiré avec Dumouriez ! contre vous, qui avez poursuivi avec acharnement ces mêmes patriotes dont Dumouriez demandait la tête ! contre vous, dont les criminelles vengeances ont provoqué cette insurrection dont vous voulez faire un crime à vos victimes ! Ma conclusion, c'est le décret d'accusation contre les complices de Dumouriez et contre tous ceux qui ont été désignés par les pétitionnaires ! »

Chacune des conclusions de Robespierre, applaudie par la Montagne, les pétitionnaires et les tribunes, enleva à Vergniaud la pensée même de répliquer. Tout le poids de la Convention et du peuple sembla écraser les Girondins. Ils se turent. On mit aux voix le décret proposé par Barère. Ce décret contenait, avec la suppression de la commission des Douze, quelques mesures d'hypocrite indépendance qui devaient sauver les apparences aux yeux des départements. Il fut voté sans débats par la Plaine comme par la Montagne. Une joie feinte d'un côté, cruelle de l'autre, éclata dans l'enceinte, et se communiqua des tribunes aux rassemblements extérieurs qui cernaient la salle. Bazire proposa à la Convention d'aller fraterniser avec le peuple et confondre sa concorde dans la concorde de tous les citoyens. Cette proposition fut adoptée d'enthousiasme. La peur a aussi ses attendrissements. La commune fit à l'instant illuminer Paris. La Convention, précédée et entourée de porteurs de torches, parcourut longtemps dans la nuit les principaux quartiers de la capitale, suivie par les sectionnaires, et répondant par ses cris aux cris de : « Vive la république. » Les Girondins, tremblant de se signaler par leur absence, suivaient le cortége et assistaient avec les signes d'une joie de commande au triomphe remporté sur eux-mêmes. On y voyait Condorcet, Pétion, Gensonné, Vergniaud, Fonfrède. Louis XVI était vengé : les conspirateurs du 10 août avaient leur 20 juin. Cet humiliant triomphe, auquel le peuple les traînait déjà enchaînés, était le prochain présage de leur chute et la première dérision de leur long supplice. « Qu'aimes-tu mieux de cette ovation ou de l'échafaud ? dit assez haut pour être entendu Fonfrède à Vergniaud, qui marchait le front baissé à côté de lui. — Tout m'est égal, répondit Vergniaud avec une stoïque indifférence : il n'y a pas de choix à faire entre cette promenade et l'échafaud ; elle nous y mène ! »

LIVRE QUARANTE-DEUXIÈME

Tentative d'arrestation contre Roland. — Madame Roland à l'Assemblée. — Elle est arrêtée. — Pouvoir du comité de salut public. — Le tocsin. — Le 2 juin. — Discours. — L'Assemblée. — Lanjuinais. — Tumulte. — La Convention devant le peuple. — Jugement sur les Girondins.

I

Pendant que les Girondins suivaient ainsi le cortége de leur défaite, le comité révolutionnaire de la commune envoya des hommes armés arrêter Roland dans sa maison. Le ressentiment de ce vieillard, le génie et la beauté de sa femme, la renommée populaire qui faisait de leur foyer domestique un foyer de conspirations contre la Montagne, les déclamations de Marat, les insinuations de Robespierre, les perpétuelles allusions des journaux jacobins à la puissance occulte de cette famille, enfin ce nom de Rolandistes donné aux Girondins et confondant ainsi les prétendus crimes de Roland dans les crimes qu'on attribuait à ses amis, n'avaient pas permis au peuple d'oublier ce ministre tombé. Roland n'avait pas joui du bénéfice de la chute : l'oubli. On craignait trop cet homme pour lui pardonner. On croyait arrêter dans sa personne une conspiration contre la république, et trouver chez lui tous les fils et toute l'âme du parti du fédéralisme. A six heures du soir, pendant que la multitude entourait la Convention, et que ses amis luttaient à la tribune, les sectionnaires se présentèrent chez lui et le sommèrent de les suivre au nom du comité révolutionnaire. Ils lui montrèrent un ordre écrit. « Je ne connais pas ce pouvoir dans la constitution, répondit Roland, et je n'obéirai pas volontairement aux ordres qui émanent d'une autorité illégale. Si vous employez la violence, je ne pourrai que vous opposer la résistance d'un homme de mon âge ; mais je protesterai jusqu'au dernier soupir. — Je n'ai pas l'ordre d'employer la violence, dit le chef des sectionnaires porteur du mandat d'arrêt ; je vais en référer au conseil de la commune, et je laisse ici mes collègues pour répondre de vous. »

II

Madame Roland s'arme de toute l'indignation que le sentiment de la loi violée et des périls de son mari lui inspire. Elle rédige précipitamment une lettre à la Convention pour lui demander vengeance. Elle écrit de plus un billet au président et le prie de la faire admettre elle-même à la barre. Elle s'élance dans une voiture de place et se fait conduire aux Tuileries.

La foule et les troupes remplissaient les cours. Elle abaisse son voile sur son visage, de peur d'être reconnue par ses ennemis. Repoussée d'abord par les sentinelles, elle parvient, à force de ruse et d'insistance, à se faire ouvrir la salle des pétitionnaires. Elle entend de là, pendant des heures d'angoisses, le sourd retentissement des bruits de la salle et les tumultes des tribunes qui invectivent ses amis ou qui applaudissent ses ennemis. Elle envoie son billet au président par un député de la Plaine nommé Roze, qui la reconnaît et qui la protége. Roze revient après une longue attente. Il lui raconte les motions meurtrières contre les Girondins, la consternation de ce parti, le danger des vingt-deux têtes proscrites, l'impossibilité où est la Convention de faire diversion à ce combat à mort pour entendre et pour discuter la réclamation d'une femme. Elle insiste. Roze lui amène Vergniaud.

Madame Roland et Vergniaud s'entretiennent à l'écart pendant que leur parti s'écroule. « Faites-moi entrer, faites-moi obtenir la parole, dit la femme courageuse à Vergniaud ; j'exprimerai avec force des vérités qui ne seront pas inutiles à la république et qui réveilleront la Convention de sa stupeur. Un exemple de courage peut faire honte à une nation. » L'éloquence qu'elle sentait en elle lui faisait illusion sur la lâcheté des assemblées. Vergniaud gémit de son illusion, la détourne de son dessein, lui presse les mains dans les siennes comme pour un suprême adieu, et rentre attendri et fortifié dans la salle pour répondre à Robespierre.

Madame Roland sort des Tuileries, court à pied chez Louvet, dont elle aimait et voulait invoquer le courage. Louvet était à la Convention. A son retour, le concierge de la maison qu'elle habite lui apprend que Roland, délivré de la surveillance des sectionnaires, s'est réfugié dans une maison voisine. Elle y court. Son mari avait déjà changé d'asile. Elle le suit de porte en porte, et finit par le découvrir; elle tombe dans ses bras, lui raconte ses tentatives, se réjouit de sa délivrance, et ressort pour forcer la porte de la Convention.

III

Il était nuit depuis deux heures. Cette femme seule parcourt les rues illuminées sans comprendre de quel parti cette illumination éclaire le triomphe. Arrivée au Carrousel, où campaient tout à l'heure quarante mille hommes et où s'agitait une multitude innombrable, elle trouve la place vide et silencieuse. Quelques rares sentinelles gardent seules les portes du palais national. La séance était levée. Elle interroge un groupe de sans-culottes, qui veillaient autour d'un canon. Ils lui apprennent, avec l'accent d'une joie qu'ils croient partagée par elle, que la commission des Douze est renversée, que ce sacrifice a réconcilié les patriotes, que Paris sauve la république, que le règne des traîtres est fini, et que la municipalité, victorieuse, ne tardera pas à faire arrêter les vingt-deux. Elle rentre consternée dans sa demeure. Elle embrasse sa fille endormie et délibère si elle se soustraira à l'arrestation par la fuite. La retraite où son mari s'était caché ne pouvait les céler tous deux. Le seul asile possible pour elle, après celui-là, aurait accrédité contre sa vertu des calomnies que sa pureté redoutait plus que la mort. Elle se décida à attendre son sort et à le braver au foyer de sa vie d'épouse et de mère. Elle avait depuis longtemps aguerri son âme contre la persécution et même contre l'assassinat. Son cœur, dévoré d'une double passion, un amour sans faiblesse et un patriotisme désespéré, ne lui présentait depuis quelque temps dans la mort qu'un refuge pour sa vertu et qu'une éclatante immortalité pour son nom. Elle ne regrettait de la vie que sa fille, dans l'âme de laquelle elle voyait poindre le germe de ses talents, avec une raison plus forte et plus sereine, pour dominer ses passions. Elle avait des amis sûrs à qui elle pouvait léguer ce trésor d'une mère. Tranquille de ce côté, elle était prête à tout événement. Le sang d'une autre Lucrèce n'effrayait pas son imagination, pourvu qu'il teignît le drapeau de la république. Dans cette résolution, elle s'assit pour écrire à Roland les résultats de sa journée. Accablée des fatigues et des anxiétés du jour, elle venait de s'endormir, quand des membres de la section forcent sa demeure et la font réveiller en sursaut par sa femme de service. Elle se lève, et, comprenant d'avance son sort, elle s'habille avec décence et fait un paquet de ses vêtements les plus nécessaires, comme pour quitter à jamais sa maison. Les sectionnaires l'attendaient dans son salon; ils lui présentent l'ordre d'arrestation de la commune contre elle. Elle demande une minute seulement pour informer par un billet un ami de sa situation et pour lui recommander sa fille. On la lui accorde; mais le chef des sectionnaires ayant insisté pour lire ce qu'elle écrivait et pour connaître le nom de l'ami auquel elle l'adressait, elle déchira avec indignation sa lettre, aimant mieux disparaître sans adieux que de dénoncer une amitié dont on ferait un crime à celui qu'elle aimait.

On l'arracha, au lever du jour, à sa fille et à ses domestiques en larmes. « Que vous êtes aimée ! lui dit avec étonnement un des sectionnaires qui n'avait jamais vu dans la femme belle et sensible que le chef de parti odieux et calomnié. — C'est que j'aime, » lui répondit avec une fierté tendre madame Roland.

On la jeta dans une voiture entourée de gendarmes. Le peuple et les femmes de la rue, ameutés depuis le matin par le spectacle de cette arrestation, suivaient la voiture en criant : « A la guillotine! » La foule aime à voir tomber toute chose. Un commissaire de la commune demanda à madame Roland si elle désirait qu'on baissât les glaces de la voiture pour la soustraire à ces regards et à ces cris : « Non, dit-elle, l'innocence opprimée ne doit pas prendre l'attitude du crime et de la honte; je ne crains pas les regards des hommes de bien, et je brave ceux de mes ennemis. — Vous avez plus de caractère que beaucoup d'hommes, lui dit le commissaire, vous attendez paisiblement justice. — Justice! répondit-elle; s'il y en avait, je ne serais pas ici! J'irai à l'échafaud comme je me rends à la prison. Je méprise la vie. » Les portes de la prison se refermèrent sur elle. Toutes les vertus, toutes les fautes, toutes les espérances, tous les repentirs et tout l'héroïsme de son parti semblèrent entrer avec elle dans ce cachot. L'histoire l'y suivra pour les contempler.

IV

La séance du lendemain, 1ᵉʳ juin, à la Convention, ne fut occupée que par la lecture de la proclamation du comité de salut public au peuple français, lue et rédigée par Barère. Cette proclamation, empreinte du caractère de faiblesse et d'ambiguïté des événements et des hommes, excusait l'insurrection comme une heureuse illégalité du peuple de Paris, et présentait les Girondins comme des représentants d'une vertu trop rigide dont la Convention avait réparé les torts, en les couvrant néanmoins de son inviolabilité. La commune, enivrée de sa victoire, tenait un plus impérieux langage, et se réunissait pour achever ses ennemis. Le maire Pache n'affectait déjà plus de blâmer le comité insurrectionnel de l'Archevêché. « J'arrive, disait-il, du comité de salut public, où j'ai été appelé. Je l'ai trouvé dans les meilleures dispositions : Marat, qui y était, vous l'attestera. Marat demande à vous donner ses conseils dans ces graves circonstances. »

Marat en effet se présente à la tribune : « Levez-vous, peuple souverain ! dit-il. Vous n'avez de ressources que dans votre propre énergie; vos mandataires vous trahissent. Présentez-vous à la Convention, lisez votre adresse, et ne quittez pas la barre que vous n'ayez obtenu une réponse. Après quoi vous agirez d'une manière conforme à vos droits et à vos intérêts. Voilà le conseil que j'avais à vous donner. » A la voix de Marat, la commune obéissante nomme douze commissaires, six pris dans son sein, six pris dans le comité insurrectionnel, pour porter l'adresse à la Convention. Le président remercie Marat d'être venu communiquer son énergie à la commune. Les mesures de levée en masse du peuple de Paris, la solde des sans-culottes, le tocsin, le rappel, le canon d'alarme, sont votés.

V

Cependant le comité de salut public, auquel le décret de la Convention avait renvoyé tous les pouvoirs et toute la responsabilité arrachés la veille à la commission des Douze, délibérait de son côté. Il était composé alors en majorité de députés de la Montagne et de quelques députés neutres de la Plaine. Le comité de salut public délibérait en secret et ne comptait que neuf membres : Barère, Delmas, Bréard, Cambon, Robert Lindet, Guyton de Morveau, Treilhard, Lacroix d'Eure-et-Loir, Danton. Dans ce comité, subitement investi d'une dictature inattendue, Barère flairait comme toujours, Danton dominait comme partout. Le comité, informé par ses agents des résolutions de la commune et du projet d'arrêter les vingt-deux, passa la nuit et une partie du jour en délibération. Il appela dans son sein Pache, Garat, ministre de l'intérieur, et Bouchotte, ministre de la guerre, créature de Pache. Les renseignements étaient terribles, les avis flottants, les esprits contraints entre le danger de refuser tout à la commune ou de lui prêter la main de la Convention pour se mutiler elle-même. Pache, Bouchotte et Garat ne dissimulaient plus au comité que l'arrestation des vingt-deux était la seule mesure qui pût calmer la fermentation de Paris. Cette cruelle nécessité d'immoler des collègues à l'ostracisme de la multitude semblait répugner même à Barère. « Il faudra voir, disait-il à Pache, qui représente la nation, de la Convention nationale ou de la commune de Paris. »

Treilhard, Delmas, Bréard, Cambon, ne se révoltaient pas moins contre l'idée d'attenter à l'inviolabilité du seul pouvoir souverain existant, et de jeter ainsi l'encouragement aux factions, le défi aux départements. De toutes les dictatures dont on parlait tant, c'était accepter la pire : la dictature des séditions.

Lacroix, cordelier fanatique, dévoué à Danton comme au génie de la république, n'osait émettre un avis avant que son maître eût parlé, de peur de se tromper de crime. Danton lui-même semblait pour la première fois indécis. Il écoutait tout, en concentrant ses réflexions dans son âme et en couvrant sa pensée, ordinairement si visible sur son visage, d'un masque d'impassibilité. Seulement, il y avait dans son immobilité plus de douleur que d'emportement. Sa physionomie semblait avoir revêtu d'avance le deuil de la république.

Garat gémissait à côté de Danton de l'imminence du péril, de la gravité de l'attentat, des sinistres conséquences d'un pareil sacrifice fait à la force brutale des masses. Puis, comme illuminé tout à coup d'un de ces éclairs soudains qui laissent entrevoir dans l'obscurité : « Je ne vois qu'un moyen de salut, s'écria-t-il; mais il suppose un héroïsme qu'on n'ose espérer de nos temps corrompus. — Parle, dit Danton, nos âmes sont à la hauteur de tous les temps, la Révolution n'a pas dégradé la nature humaine. — Eh bien, reprit avec timidité Garat, comme un homme qui sonde l'abîme du cœur d'un autre homme sans savoir s'il y trouvera le crime ou la vertu, souviens-toi des querelles de Thémistocle et d'Aristide qui faillirent anéantir leur patrie en la déchirant en deux factions acharnées. Aristide trouva le salut de son pays dans sa grandeur d'âme : « Athéniens, » dit-il au peuple qui se partageait entre lui et son rival, » vous ne serez jamais tranquilles et heureux tant que vous » n'aurez pas précipité à la fois Thémistocle et moi dans le » gouffre où vous jetez vos criminels!... » — Tu as raison, s'écria Danton en saisissant l'allusion avant que Garat en eût fait l'application aux circonstances, et en se levant comme un homme qui voit le salut et qui l'embrasse, tu as raison! il faut que l'unité de la république triomphe sur nos cadavres s'il est nécessaire; il faut que, nos ennemis et nous, nous nous exilions en nombre égal de la Convention pour y ramener la force et la paix. Je cours proposer ce parti à nos héroïques amis de la Montagne, et je m'offrirai le premier à me rendre en otage à Bordeaux. »

Le comité tout entier, entraîné par le généreux enthousiasme de l'acte et des paroles de Danton, adopta ce parti, qui, en laissant l'honneur du sacrifice aux Montagnards, sauvait l'honneur des Girondins et ne donnait la victoire qu'au patriotisme. Garat y voyait l'apaisement d'une lutte qui intimidait sa faiblesse; Barère, une continuation d'équilibre entre les factions: Pache lui-même, un acheminement à la suprême magistrature de la république qu'on rêvait pour lui, sous le titre de *grand juge du peuple;* enfin

Danton, un acte antique de dévouement personnel qui couvrirait son nom contre les reproches de septembre, une preuve de désintéressement patriotique qui le grandirait encore dans l'imagination de la multitude, et qui lui donnerait, à force d'estime, cette direction suprême de la Révolution qu'il n'avait pu conquérir encore à force de popularité.

Mais l'enthousiasme s'évapore en se refroidissant, et les résolutions improvisées dans un conseil sont rarement adoptées par la passion d'une grande assemblée. Danton entraîna quelques amis, les autres demandèrent à réfléchir. Il fit sonder Robespierre. Robespierre, plus politique et moins généreux, souffla froidement sur les illusions de Danton, et les fit évanouir aux yeux de ses amis. « Sa logique ne lui permettait pas d'abdiquer, dit-il, non sa puissance, il n'en avait pas, mais le mandat du peuple, qui l'avait envoyé au poste où il voulait mourir. Il ne s'agit pas de moi, ajouta-t-il, mais de mes idées, qui sont celles du peuple et du temps. Je n'ai pas le droit d'abdiquer pour elles. Qu'on prenne ma tête, mais je ne la donne pas. D'ailleurs, le gouffre d'Aristide n'est qu'un sublime sophisme. Ou Aristide croit qu'il nuit à sa patrie, et alors il doit s'y précipiter lui-même; ou il croit qu'il la sauve, et alors il doit y précipiter ses ennemis. Voilà la logique. L'héroïsme de Danton n'est que l'attendrissement d'un cœur faible qui fléchit sous son devoir et qui livre la Révolution pour une larme.

VI

Danton, Barère, Lacroix, Garat, paralysés par l'inflexibilité de Robespierre, furent contraints de renoncer à ce projet, et ne virent de salut pour la Convention que dans l'abdication prompte et volontaire des vingt-deux. Ils s'efforcèrent de convaincre les députés désignés de la nécessité de se sacrifier eux-mêmes à l'unité de la république. Le patriotisme et la peur les aidèrent à en convaincre un certain nombre. La masse et les chefs préférèrent attendre le crime et lui laisser toute son horreur que de l'affaiblir en le prévenant. Comme Robespierre, ils répondirent aux négociateurs du comité de salut public : « Qu'on prenne nos têtes, nous ne les offrons qu'à la république, et non à nos assassins ! »

VII

Le comité d'exécution siégeait désormais en permanence à l'hôtel de ville, dans une salle voisine de la salle du conseil de la commune. Il était composé de Varlet, de Dobsent, de Dufourny, d'Hassenfratz, de Gusman, tous séides de

Marat. Marat leur inspira l'idée de faire rétrograder sur
Paris les bataillons de volontaires qui marchaient contre la
Vendée, de cerner la Convention et de la bloquer jusqu'à
ce qu'elle eût livré les vingt-deux et la commission des
Douze. Pendant que les émissaires du comité insurrectionnel partaient pour ramener ces bataillons, le tocsin sonna
de nouveau dans tous les clochers de Paris, et le tambour
des sections battit le rappel dans tous les quartiers.

Les Girondins, au son du tocsin et de la générale, se
réunirent une dernière fois, non plus pour délibérer, mais
pour se serrer et se fortifier contre la mort. L'extrémité du
péril, l'impossibilité de l'ajourner, la colère du peuple, qui
ne distinguait plus de nuances entre eux et qui les confondait tous dans les mêmes imprécations, les confondaient
tous aussi, à ce moment suprême, dans la même solidarité
et dans le même sort. Ils soupèrent ensemble dans une
maison isolée de la rue de Clichy, au bruit des cloches, des
tambours, aux roulements sourds des canons et des caissons qu'Hanriot dirigeait vers la Convention. Ces bruits sinistres ne leur enlevèrent ni la liberté d'esprit, ni la sérénité
de cœur, ni même ces saillies de gaieté que ces âmes intrépides se plaisaient à jeter sur leurs derniers entretiens,
comme des défis à la fortune, comme des provocations à la
mort. Ils acceptèrent leur destinée et discutèrent seulement, à la fin du repas, sur l'attitude dans laquelle il convenait le mieux de la subir, non pour leur propre salut,
mais pour l'exemple à laisser à la république. De sublimes
paroles furent entendues et ensevelies dans cette nuit. Tous
pouvaient fuir, presque aucun ne le voulut. Pétion, si
faible contre la popularité, fut intrépide contre la mort.
Gensonné, accoutumé au spectacle des camps; Buzot, dont

le cœur battait des impressions héroïques de sa malheureuse amie madame Roland, voulaient attendre la mort sur leurs bancs à la Convention, et s'y laisser égorger en criant vengeance aux départements. Barbaroux, avec l'ardeur de la jeunesse du Midi, montrait ses armes sous ses habits, conjurait ses collègues de s'armer, et voulait se venger lui-même en immolant les plus dangereux de leurs assassins. Louvet, blâmant cet héroïsme sans espoir et sans résultat, suppliait ses amis de s'évader pendant cette nuit de tumulte, et de courir exciter l'indignation et le soulèvement de leurs départements. Vergniaud se fiait, comme toujours, au hasard et à son génie, et ne voulait rien résoudre avant l'événement. Son courage même nuisait à l'énergie de ses résolutions. Il acceptait trop la mort pour chercher à l'éviter. La mort semblait tellement placée pour lui sur toutes les routes de la Révolution, qu'il était complétement indifférent sur le choix de celle qui devait l'y conduire. La force qui naît du désespoir ne produit que de la résignation. Il y a de l'espérance dans l'héroïsme. Vergniaud était le plus éloquent des citoyens, il n'était pas un combattant. « Trinquons à la vie ou à la mort ! dit-il en se levant de table, à Pétion, qui était assis en face de lui. Cette nuit cache l'une ou l'autre pour nous dans son ombre. Ne nous occupons pas de nous, mais de la patrie. Ce verre de vin serait mon sang que je le boirais au salut de la république. » Des cris étouffés de : « Vive la république ! » répondirent aux sublimes paroles de Vergniaud. Les malheureux Girondins étaient obligés de baisser leurs voix en adressant leurs derniers vœux à la patrie, de peur d'être entendus de ce peuple pour qui ils allaient mourir.

VIII

Le tocsin, la générale et le canon d'alarme tiré coup sur coup sur le terre-plein du Pont-Neuf, les pas des sectionnaires armés courant à leurs postes dans la rue, leur annoncèrent que l'heure ne donnait plus de temps à l'irrésolution. Ils se séparèrent sans s'être arrêtés à aucun parti unanime : chacun prenant conseil de ses illusions ou de son désespoir, de son courage ou de sa faiblesse ; les uns cherchant leur salut dans une évasion nocturne hors des barrières de Paris, les autres allant attendre le sort de la séance chez des amis non suspects de fédéralisme ; les plus généreux et les plus imprudents se rendant à la séance de la Convention pour mourir à leur poste. Les bancs se trouvèrent longtemps vides à la séance du soir, qui s'ouvrit à dix heures. Déjà le bruit de leur fuite et de leur trahison se répandait sur la Montagne, quand la présence des plus courageux d'entre les vingt-deux vint braver leurs assassins.

Le plan de blocus de Marat avait été suivi. Toute la nuit Hanriot avait dirigé autour de la Convention les bataillons de volontaires parisiens rappelés de la banlieue dans la ville. Cent soixante bouches à feu, les bataillons des sections de Paris dont la commune était moins sûre, formaient une seconde ligne derrière le Carrousel. Un profond silence régnait dans les rangs de cette armée de citoyens.

Ce n'était plus une sédition, c'était un camp. On sentait dans l'attitude de ces troupes la résolution d'avoir raison de la représentation nationale même par les baïonnettes. Le crime contre la constitution était consommé dans leur cœur.

Au point du jour, la séance s'ouvrit. Mallarmé présidait comme la veille. Plus modéré qu'Hérault de Séchelles, il savait donner à la violence l'apparence de la légalité. La Montagne lui avait confié le soin de conserver à la proscription toute la dignité de la loi. Lanjuinais, regardant les bancs presque déserts des Girondins, et d'autant plus animé à les défendre qu'ils s'abandonnaient davantage, demanda la parole. « A bas Lanjuinais! lui crient les tribunes, il veut allumer la guerre civile. — Tant qu'il sera permis de faire entendre ici une voix libre, dit Lanjuinais, je ne laisserai pas avilir dans ma personne le caractère de représentant du peuple. Je dirai la vérité. Il n'est que trop vrai que depuis trois jours vous délibérez sous le couteau. Une puissance rivale vous domine. Elle vous environne. Au dedans des stipendiés, au dehors des canons. Des crimes que la loi punit de mort ont été commis. Une autorité usurpatrice a fait tirer le canon d'alarme. » A ces mots, Legendre, Drouet, Turreau, Robespierre jeune, se lèvent et se précipitent vers la tribune, armés de pistolets, pour en arracher Lanjuinais; Legendre lui applique le sien sur la poitrine. Biroteau, Defermon, Pilastre, Lidon, Pénières, s'élancent au secours de Lanjuinais. Le président se couvre : « C'en est fait de la liberté, dit-il avec une triste solennité, si de tels désordres continuent. — Qu'avez-vous fait cependant? reprend Lanjuinais avec assurance. Rien pour la dignité de la Convention, rien pour l'inviolabilité de ses membres attaqués, depuis deux jours, jusque dans leur vie! — Scélérat, lui crie Thuriot, tu as donc juré de perdre la république par tes éternelles déclamations et par tes calomnies! — Une assemblée usurpatrice existe, délibère, conspire, agit, reprend l'impassible orateur. Un comité directionnel sonne la guerre civile, et cette commune révoltée existe encore! Avant-hier, quand cette autorité rivale et usurpatrice vous faisait entourer d'armes et de canons, on venait vous apporter cette pétition, cette liste de proscription de vos collègues trouvée dans la boue des rues de Paris. » A ces mots, la Montagne, les tribunes, semblent s'abîmer sur Lanjuinais. La foule qui se presse aux portes et dans les couloirs pousse des cris de mort, et refoule jusqu'aux marches de la tribune les huissiers et les gardes de la Convention. Ces cris, ces poings levés, ces gestes homicides, ces armes qui menacent sa vie, ne donnent pas même un tremblement à l'accent de Lanjuinais. Il conclut à la répression de la commune, sous le fer des séides de la commune.

Une députation des autorités révolutionnaires de Paris lui succède. « Délégués du peuple, disent-ils, Paris n'a pas déposé les armes depuis quatre jours, et depuis quatre jours on se joue de ses réclamations. Le flambeau de la liberté a pâli, les colonnes de l'égalité sont ébranlées. Les contre-révolutionnaires lèvent leurs têtes insolentes. Qu'ils tremblent enfin! La foudre gronde et va les pulvériser. Représentants, les crimes des factieux de la Convention nous sont connus. Sauvez-nous, ou nous allons nous sauver nous-mêmes! »

Billaud-Varennes demande que cette pétition, renvoyée à l'instant au comité de salut public, soit discutée séance tenante. La Plaine demande l'ordre du jour. « L'ordre du jour, s'écrie l'impatient Legendre, est de sauver la patrie ! » A ces hésitations de la Convention, à ces mots de Legendre, qui semblent un signal convenu entre la Montagne et le peuple, des femmes et des spectateurs s'échappent tumultueusement des tribunes et crient : « Aux armes ! » Les portes cèdent avec fracas à la pression de la foule. La Convention se croit un moment forcée dans son enceinte. « Sauvez le peuple de lui-même ! s'écrie un député de la droite nommé Richon. Sauvez la tête de vos collègues en décrétant leur arrestation provisoire ! — Non, non, répond avec une intrépidité antique le généreux Lareveillère-Lépeaux, homme en qui le sentiment religieux fortifie le sentiment du devoir, non, non, pas de faiblesse ! Nous partagerons tous le sort de nos collègues ! ! ! »

Mais quelques-uns de ces hommes qui sèment la panique dans les cœurs, et qui confondent la lâcheté avec la prudence, continuent à demander à grands cris le décret d'arrestation contre eux-mêmes. Levasseur, ami de Danton, s'élance à la tribune. Ennemi de la Gironde, mais ennemi loyal, il veut l'épuration de la Convention sans vouloir le sang de ses collègues. « On nous demande, dit-il, l'arrestation provisoire des vingt-deux pour les couvrir contre la fureur du peuple. Je soutiens, moi, qu'on doit les arrêter définitivement s'ils l'ont mérité. Or ils le méritent, et je vais le prouver. » A ces mots, de longs applaudissements votent d'avance les conclusions de Levasseur, et apprennent aux Girondins qu'ils sont déjà livrés. Levasseur poursuit, et, dans un long discours, il énumère les crimes attribués aux Girondins et soutient que, fussent-ils innocents de ces crimes, ils en sont au moins suspects ; qu'à ce titre de suspects, ils doivent être arrêtés et jugés légalement par la Convention.

Le silence avec lequel on écoute Levasseur atteste le combat intérieur qui se livre dans la conscience de l'Assemblée. Barère, impatiemment attendu, arrive enfin du comité de salut public, et monte à la tribune pour y lire le rapport de ce comité. Sa physionomie, contrainte quand il regarde la droite, souriante quand il regarde la Montagne, trahit d'avance les résolutions dont il est l'organe et l'inspirateur. « Le comité, dit-il brièvement, n'a pas cru devoir, par respect pour la situation morale et politique de la Convention, décréter l'arrestation, mais il a pensé qu'il devait s'adresser au patriotisme, à la générosité, et leur demander la suspension volontaire de leur pouvoir, seule mesure qui puisse faire cesser les divisions qui assiégent la république et y ramener la paix. Le comité a pris du reste toutes les mesures pour placer les membres dont il s'agit sous la sauvegarde du peuple et de la force armée de Paris. »

IX

Le silence glacial de la Montagne et le murmure de mécontentement des tribunes prouvent à l'instant aux Girondins que ce parti même ne satisfait qu'à demi l'impatience de leurs ennemis. Quelques-uns se hâtent de le saisir comme un salut, qui va leur échapper s'ils délibèrent.

Isnard, naguère le plus fougueux d'entre eux, maintenant le plus découragé et le plus humble, monte, le front baissé, les marches de la tribune, comme pour y expier le premier son blasphème contre Paris. « Quand on met dans la même balance un homme et la patrie, dit-il d'un accent résigné, je penche toujours pour la patrie ! Je le déclare, si mon sang était nécessaire pour sauver ma patrie, sans autre bourreau que moi-même, je porterais ma tête sur l'échafaud, et moi-même je détacherais le fer fatal qui devrait trancher ma vie. On nous demande notre suspension comme la seule mesure qui puisse prévenir les maux extrêmes dont nous sommes menacés, eh bien, je me suspends moi-même, et je ne veux d'autre sauvegarde que celle du peuple ! » Isnard descend au milieu des félicitations des uns, du mépris des autres. Lanthenas, le faible ami de Roland, imite Isnard. « Nos passions, nos divisions, dit-il, ont creusé sous nos pas un abîme. Les vingt-deux membres dénoncés doivent s'y précipiter ! » Fauchet, brûlant de chercher un asile dans l'indulgence du peuple, s'empresse de faire son sacrifice à la patrie ou à la peur. Le vieux Dusaulx, amolli par l'âge ou par l'étude, fléchit aussi. Des applaudissements couvrent et décorent chacune de ces abdications. La Convention, satisfaite, croit échapper à la nécessité d'une épuration qui lui coûte par l'épuration patriotique de ces abdications volontaires.

X

Mais Lanjuinais se lève et monte pour la dernière fois à la tribune. « Je crois, dit-il d'une voix ferme comme une conscience, je crois avoir montré jusqu'à ce moment assez d'énergie pour que vous n'attendiez de moi ni démission ni suspension. » A la fierté de cette déclaration, la Montagne, les tribunes, le peuple qui inonde la salle, répondent par des imprécations et des menaces de mort. Lanjuinais promène un regard de dédain sur cette multitude, dont les gestes le frappent de loin et dont les invectives couvrent sa voix. Un moment de silence permet enfin à l'indignation de son âme de se faire entendre dans un reproche immortel à la lâcheté de ses ennemis. « Quand les sacrificateurs antiques, dit-il, traînaient jadis les victimes à l'autel pour les immoler, ils les couronnaient de fleurs et de bandelettes!... lâches! ils ne les insultaient pas! » A cette majestueuse image, relevée par la sinistre analogie de l'orateur avec la victime, du sacrificateur avec le peuple, le tumulte, honteux de lui-même, cesse, et le peuple baisse à son tour son front. Quand le sublime du langage se trouve mêlé au sublime de l'action, l'homme est subjugué malgré lui, l'éloquence devient héroïsme et le génie se confond avec la vertu. « C'en est fait, poursuit Lanjuinais, on ne peut sortir d'ici ni même se mettre aux fenêtres pour demander justice à la nation. Les canons sont braqués contre nous.

Aucun vœu légal ne peut être émis dans cette enceinte. Je me tais... » Et il descend.

Barbaroux, moins éloquent, aussi inflexible, succède à Lanjuinais. « Si mon sang était nécessaire à l'affermissement de la liberté, je le verserais, dit-il. Si le sacrifice de mon honneur était nécessaire à la même cause, je vous dirais : « Enlevez-le-moi ; la postérité sera mon juge. » Enfin, si la Convention croyait la suspension de mes pouvoirs nécessaire, j'obéirais à son décret. Mais je ne déposerai jamais moi-même des pouvoirs dont j'ai été investi par le peuple... Non, n'attendez de moi aucune démission. J'ai juré de mourir à mon poste, je tiendrai mon serment ! » On admire. On se tait.

« Des sacrifices à la patrie ! s'écrie Marat. Oublient-ils qu'il faut être purs pour offrir de tels sacrifices ! C'est à moi, vrai martyr de la liberté, à me dévouer pour tous ! J'offre donc ma suspension du moment où vous aurez ordonné l'arrestation des vingt-deux ; et je demande qu'en rayant de la liste Ducos, Lanthenas et Dusaulx, qui ne méritent pas l'honneur de la proscription, vous y ajoutiez les têtes de Defermon et de Valazé, qui n'y sont pas ! »

XI

Billaud-Varennes combattait, comme Marat, la mollesse des conclusions de Barère, quand un nouveau tumulte éclate aux portes de l'Assemblée, et suspend un moment toute délibération. Lacroix, l'ami et le confident de Danton, lancé secrètement par lui dans cette circonstance, se précipite dans l'enceinte, les bras tendus comme un homme qui implore asile et vengeance contre des assassins. Il simule l'attitude, la voix, les gestes de l'effroi. « Des armes ont été dirigées contre ma poitrine, dit-il. La Convention est sous la mitraille. Nous avons juré de vivre libres ou de mourir ; eh bien, il faut savoir mourir, mais mourir libres ! »

La Gironde et la Plaine confirment les paroles de Lacroix. Ils attestent que plusieurs d'entre eux ont été repoussés dans la salle et ont subi des outrages. Danton se montre également indigné. Barère s'écrie que la Convention, asservie, ne peut faire des lois ; que de nouveaux tyrans la surveillent ; que cette tyrannie siége dans le comité révolutionnaire de la commune ; que ce conseil renferme des scélérats dans son sein : il désigne l'Espagnol Gusman, l'ami et l'agent de Marat ; qu'en ce moment et sous les yeux de la Convention, on distribue aux troupes qui la cernent la solde de l'insurrection. Danton soutient Barère et demande qu'on charge le comité de salut public de venger la représentation opprimée. Un décret ordonne à la force armée de s'éloigner de l'enceinte. Mallarmé, épuisé de voix, cède la présidence à Hérault de Séchelles, le président de parade des jours de faiblesse.

Peut-être si tous les Girondins eussent été présents, si Vergniaud, dont la modération avait capté la Plaine et assoupi la Montagne, eût prononcé en ce moment une de ses magnifiques harangues, apaisé le peuple par des promesses, fait rougir la Convention par le spectacle de son oppression, cette tentative de Lacroix et de Danton pour sauver les vingt-deux têtes n'eût pas été perdue. Mais tous les orateurs de la Gironde étaient éloignés ou muets. Barère provoqua seul une seconde fois l'Assemblée : « Citoyens, dit-il, je vous le répète, sachons si nous sommes libres! Je demande que la Convention aille délibérer au milieu de la force armée, qui sans doute la protégera. »

A ces mots, Hérault de Séchelles descend du fauteuil et se place à la tête d'une colonne de députés disposés à le suivre. Les Girondins et la Plaine se précipitent sur ses pas. La Montagne, indécise, reste immobile. « Ne sortez pas, lui crient les Jacobins des tribunes. C'est un piège où les traîtres veulent conduire les patriotes. Vous serez égorgés! — Quoi! vous abandonnerez vos collègues qui vont se jeter dans le sein du peuple, et vous les livrerez ainsi à une mort certaine en faisant croire à ce peuple qu'il y a deux Conventions, une dedans, une dehors de cette enceinte! » répondent avec des gestes suppliants les députés de la Plaine. Danton s'élance généreusement au milieu d'eux. Robespierre délibère un moment avec Couthon, Saint-Just et un groupe de Jacobins. Ils se décident enfin à descendre de leurs bancs et à s'unir au cortége.

Les portes s'ouvrent à l'aspect du président ceint de l'écharpe tricolore. Les sentinelles présentent les armes. La foule livre passage aux représentants. Ils s'avancent vers le Carrousel. La multitude qui couvre cette place salue les députés. Des cris de : « Vive la Convention ! livrez les vingt-deux ! à bas les Girondins ! » mêlent la sédition au respect. La Convention, impassible à ces cris, marche processionnellement jusqu'aux pièces de canon, près desquelles le commandant général Hanriot semblait l'attendre au milieu de son état-major. Hérault de Séchelles ordonne à

Hanriot de faire retirer cet appareil de force et de livrer passage à la représentation nationale. Hanriot, qui sent en lui la toute-puissance de l'insurrection armée, fait cabrer son cheval en reculant de quelques pas, et avec un geste impératif : « Vous ne sortirez pas, dit-il à la Convention, que vous n'ayez livré les vingt-deux. — Saisissez ce rebelle ! » dit Hérault de Séchelles aux soldats en montrant de la main Hanriot. Les soldats restent immobiles. « Canonniers, à vos pièces ! aux armes, soldats ! » crie Hanriot à ses bataillons.

A ces mots, répétés sur toute la ligne par les officiers, un mouvement de concentration s'opère autour des pièces de canon. La Convention rétrograde. Hérault de Séchelles passe avec les députés par la voûte du palais dans le jardin. Là, des bataillons fidèles, postés à l'extrémité de la grande allée sur la place de la Révolution, appelaient par leurs acclamations les membres de l'Assemblée, jurant de les couvrir de leurs baïonnettes. Hérault de Séchelles s'y dirige. Un bataillon des sections insurgées lui barre le passage avant qu'il atteigne le pont tournant. La Convention, groupée autour de son président, hésite et s'arrête.

Marat, sortant alors d'une contre-allée, escorté d'une colonne de jeunes Cordeliers qui crient : « Vive l'ami du peuple ! » somme les députés qui ont abandonné leur poste d'y retourner. La Convention, captive, mais affectant d'être satisfaite du peu de pas qu'on lui a laissé faire, rentre dans la salle. Couthon joint la dérision au dedans à la violence au dehors. « Citoyens, dit-il, tous les membres de la Convention doivent être maintenant rassurés sur leur liberté. Vous avez marché vers le peuple. Partout vous l'avez trouvé respectueux pour ses représentants, implacable contre les conspirateurs. Maintenant donc que vous vous sentez libres dans vos délibérations, je demande non pas, quant à présent, un décret d'accusation contre les vingt-deux dénoncés, mais un décret qui les mette en arrestation chez eux, ainsi que les membres de la commission des Douze et les ministres Clavière et Lebrun ! »

XII

Un applaudissement simulé, mais unanime, atteste qu'il ne reste plus même à la Convention la pudeur de sa situation. Legendre, Couthon et Marat font entendre cependant un accent de pitié en faveur des membres de la commission des Douze qui ont protesté contre l'arrestation d'Hébert et de Varlet.. On efface de la liste des proscrits Fonfrède, Saint-Martin et quelques autres.

Des pétitionnaires s'offrent à servir d'otages aux départements dont les députés vont être emprisonnés. « Je n'ai pas eu besoin de baïonnettes pour défendre la liberté de mes opinions, répond Barbaroux. Je n'ai pas besoin d'otages pour protéger ma vie. Mes otages sont la pureté de ma conscience et la loyauté du peuple de Paris, entre les mains de qui je me remets. — Et moi, dit Lanjuinais, je demande des otages, non pour moi, qui ai fait depuis longtemps le sacrifice de ma vie, mais pour empêcher la guerre civile d'éclater et pour maintenir l'unité de la république ! » Aucun murmure insultant ne répondit à ces dernières paroles des vingt-deux. La Convention, en les frappant, sentit qu'elle s'était frappée elle-même. En les plaignant elle se plaignait. La Montagne descendit silencieusement de ses bancs en évitant de regarder les hommes qu'elle venait de proscrire. Plusieurs s'étaient évadés. D'autres s'étaient tenus renfermés chez Meilhan, un de leurs collègues, et se dispersèrent quand le résultat de la journée fut connu. Barbaroux, Lanjuinais, Vergniaud, Mollevault, Gardien, restèrent sur leurs bancs, attendant vainement les hommes armés qui devaient s'assurer de leur personne ; ne les voyant pas venir, ils se rendirent d'eux-mêmes à leur demeure. Des gendarmes furent envoyés par le comité révolutionnaire pour les garder à vue dans leurs maisons.

XIII

Telle fut la catastrophe politique de ce parti. Il mourut comme il était né, d'une sédition légalisée par la victoire. La journée du 2 juin, qu'on appelle encore le 31 mai, parce que la lutte dura trois jours, fut le 10 août de la Gironde. Ce parti tomba de faiblesse et d'indécision, comme le roi qu'il avait renversé. La république qu'il avait fondée s'écroula sur lui après huit mois seulement d'existence. On honora ce groupe de républicains pour ses intentions, on l'admira pour ses talents, on le plaignit pour ses malheurs, on le regretta à cause de ses successeurs, et parce que ses chefs en tombant ouvrirent une longue marche à l'échafaud. On se demande après la disparition de ce parti quelle était son idée et s'il en avait une. L'histoire se demande à son tour si le triomphe de la Gironde au 31 mai aurait sauvé la république, s'il y avait dans ces hommes de paroles, dans leurs conceptions, dans leur union, dans leurs caractères et dans leur génie politique, les éléments d'un gouvernement à la fois dictatorial et populaire, capable de comprimer les convulsions de la France au dedans, de faire triompher la nation au dehors, et de procurer l'avénement d'une république régulière en la préservant des rois et des démagogues. L'histoire n'hésite pas à répondre : Non, les Girondins n'avaient en eux aucune de ces conditions. La pensée, l'unité, la politique, la résolution, tout leur manquait. Ils avaient fait la Révolution sans la vouloir ; ils la gouvernaient sans la comprendre. La Révolution devait se révolter contre eux et leur échapper.

Il faut deux choses à des hommes d'État pour diriger les grands mouvements d'opinion auxquels ils participent : l'intelligence complète de ces mouvements, et la passion dont ces mouvements sont l'expression dans un peuple. Les Girondins n'avaient complétement ni l'une ni l'autre. A l'Assemblée législative ils avaient pactisé longtemps avec la monarchie, mal acceptée par eux, et n'avaient pas compris qu'un peuple ne se transforme et ne se régénère presque jamais sous la main et sous le nom du pouvoir auquel il échappe. La république, timidement tramée par quelques-uns d'entre eux, avait été plutôt accueillie comme une nécessité fatale qu'embrassée comme un système par les autres. Dès le lendemain de sa proclamation, ils avaient redouté le fruit de leur enfantement, comme une mère qui serait accouchée d'un monstre. Au lieu de travailler à fortifier la république naissante, ils n'avaient montré de sollicitude que pour l'affaiblir. La Constitution qu'ils lui proposaient ressemblait à un regret plutôt qu'à une espérance. Ils lui contestaient un à un tous ses organes de vie et de force. L'aristocratie se révélait, sous une autre forme, dans toutes leurs institutions bourgeoises. Le principe populaire s'y sentait d'avance étouffé. Ils se défiaient du peuple; le peuple à son tour se défiait d'eux. La tête craignait le bras, le bras craignait la tête. Le corps social ne pouvait que s'agiter ou languir.

Aussi les Girondins, depuis leur avénement, avaient-ils marché de défis en concessions et de résistances en défaites. Le 10 août leur avait arraché le trône, dont ils rêvaient encore la conservation dans le décret même où Vergniaud proclamait la déchéance du roi. Danton leur avait arraché les proscriptions de septembre, qu'ils n'avaient su ni prévenir par un déploiement de force, ni couvrir les victimes de leurs corps, ni punir dans les assassins. Robespierre leur avait arraché la tête de Louis XVI, cédée lâchement en échange de leurs propres têtes. Marat leur avait arraché son impunité et son triomphe après son accusation au 10 mars. Les Jacobins leur avaient arraché le ministère dans la personne de Roland. Enfin Pache, Hébert, Chaumette et la commune leur arrachaient maintenant leur abdication et ne leur laissaient que la vie. Faibles au dedans, ils avaient été malheureux au dehors. Dumouriez, leur homme de guerre, avait trahi la république, et jeté sur eux, par cette trahison, le soupçon de complicité. Les armées, sans chefs, sans discipline, sans recrutement, reculaient de défaite en défaite. Les places fortes du Nord tombaient ou ne se défendaient qu'avec leurs murailles. Le royalisme conquérait l'Ouest; le fédéralisme disloquait le Midi; l'anarchie paralysait le centre; les factions tyrannisaient la capitale. La Convention, riche d'orateurs, mais sans chefs politiques, flottait entre leurs mains en admirant leurs discours, mais en se jouant de leurs actes. Ils détestaient les Jacobins, et ils les laissaient régner. Ils abhorraient le tribunal révolutionnaire, et ils le laissaient frapper au hasard, en attendant qu'il les frappât eux-mêmes. Ils redoutaient le déchirement de la république, et leurs correspondances désespérées ne cessaient de pousser leurs départements au suicide par le fédéralisme.

XIV

Encore quelques mois d'un pareil gouvernement, et la France, à demi conquise par l'étranger, reconquise par la contre-révolution, dévorée par l'anarchie, déchirée de ses propres mains, aurait cessé d'exister et comme république et comme nation. Tout périssait entre les mains de ces hommes de paroles. Il fallait ou se résigner à périr avec eux, ou fortifier le gouvernement. La violence s'en empara. Elle prit, comme elle avait fait au 10 août, cette dictature que personne n'osait prendre encore dans la Convention. L'insurrection de la commune, fomentée et dirigée par des passions perverses, fut présentée aux yeux des patriotes comme l'insurrection du salut public. Le peuple, voyant clairement qu'il allait périr, porta illégalement sa propre main au gouvernail, et l'arracha aux mains impuissantes qui le laissaient dévier. Le peuple crut user en cela de son droit suprême, du droit d'exister. On l'accusa de s'être arrogé l'initiative sur les départements et d'avoir substitué la volonté de Paris à la volonté de la France. Que pouvaient, disent les patriotes du 31 mai, les départements à la distance où ils étaient des événements? Avant qu'on les eût consultés, avant qu'ils eussent répondu, avant que leur force d'opinion et leur force armée fussent arrivées à Paris, les coalisés pouvaient être à ses portes, les Vendéens aux portes d'Orléans, la république étouffée dans son berceau. Dans les périls extrêmes la proximité est un droit. C'est à la partie du peuple la plus rapprochée du danger public d'y pourvoir la première. En pareil cas, la mesure du pouvoir est la portée du bras. Une ville exerce alors la dictature de sa situation, sauf à la faire ratifier ensuite. Paris l'avait exercée maintes fois avant et depuis 1789. La France ne lui reprochait ni le 14 juillet, ni le Jeu de Paume, ni même le 10 août, où Paris avait conquis pour elle, sans la consulter et sans l'attendre, la Révolution et la république.

D'ailleurs, quelles que soient les théories d'égalité abstraite entre les villes d'un empire, ces théories cèdent malheureusement la place au fait dans des circonstances d'exception; et ce fait a son droit, car il a sa justice quand il a sa nécessité. Sans doute, les villes où siègent les gouvernements ne sont que des membres du corps national; mais ce membre, c'est la tête! La capitale d'une nation exerce sur les membres une puissance d'initiative, d'entraînement et de résolution, en rapport avec les sens plus énergiques dont la tête est le siége dans la nation comme dans l'individu. La polémique rigoureuse peut contester avec raison ce droit, l'histoire ne peut le nier. Dans les temps réguliers, le gouvernement est partout en proportion égale. Dans les temps extrêmes, le gouvernement est, non de droit, mais de fait, partout où on le saisit. L'initiative est la maîtresse des choses quand elle est dans le sens des choses. Le 31 mai était illégal, qui le justifie? Mais le 10 août était-il légal? C'était le titre des Girondins cependant. Quel parti pouvait légitimement alors invoquer la loi? Aucun. Tous l'avaient violée. La loi n'était, dans cette usurpation réciproque et continue, ni dans la Montagne, ni dans la Gironde, ni dans la commune, ni à Paris, ni à Bordeaux. La loi n'était plus, ou plutôt la loi, c'était la Révolution elle-même! Un peuple égaré par son patriotisme crut la promulguer au milieu du tumulte et de la sédition de ces trois journées. C'était le désordre, mais à ses yeux c'était la loi pourtant; car cette violence lui paraissait la mesure qui pouvait seule sauver la patrie et la Révolution. Le 10 août, lui disait-on, pouvait seul sauver la liberté, le 31 mai sauver la nation.

FIN DU TOME QUATRIÈME DES GIRONDINS.

TABLE DES SOMMAIRES

LIVRE TRENTE-QUATRIÈME.

Le Temple. — Louis XVI à la barre de la Convention. — Son retour au Temple. — M. de Malesherbes. — Son portrait. — MM. Desèze, Tronchet. — Testament de Louis XVI. — Discussions sur le jugement du roi. — Lanjuinais.................................. 3

LIVRE TRENTE-CINQUIÈME.

Aspect de la ville et de l'Assemblée. — Condamnation du roi. — Vergniaud. — Louis XVI. — L'abbé Firmont. — Dernière entrevue du roi avec sa famille. — Cortége. — Exécution. — Appréciation du jugement de Louis XVI................................. 53

LIVRE TRENTE-SIXIÈME.

Impression produite par la mort de Louis XVI.—Lepelletier de Saint-Fargeau. — Cabinets de l'Europe. — Custine. — L'Angleterre. — Pitt. — Fox. — M. de Talleyrand. — Coalition à l'extérieur. — Recrutement. — L'armée. — Pache ministre de la guerre. — Dumouriez en Belgique. — Mesdemoiselles Fernig. — Jemmapes. — Le duc de Chartres. — Dumouriez vainqueur................. 113

LIVRE TRENTE-SEPTIÈME.

Dumouriez temporise — La Belgique. — Danton. — Ses plans. — Dumouriez mécontent. — Il quitte Bruxelles. — Il vient à Paris. — Il médite la conquête de la Hollande. — Il retourne à Bruxelles. — Ordre de la Convention. — Beurnonville. — Déroute. — Dumouriez traite avec les ennemis. — Bruits de sa défection. — La famille d'Orléans. — Commissaires au camp de Dumouriez. — Rappel de Dumouriez. — Il refuse d'obéir. — Il livre les commissaires aux Autrichiens. — Défection. — Dumouriez échappe à la mort par la fuite.. 219

LIVRE TRENTE-HUITIÈME.

Événements à l'intérieur. — Marat. — Organisation des comités. — Institutions populaires. — Séditions. — Assignats. — Considérations. — Le maximum. — Décret d'accusation contre Marat. — Lyon. — La Vendée. — L'armée. — Danton à la frontière. — Robespierre. — Les Girondins. — Comité insurrectionnel. — Mort de la femme de Danton. — Les vingt-deux députés girondins. — Complot contre eux. — Danton. — Discours. — Le tribunal révolutionnaire. — Vergniaud. — Discours. — Les Girondins repoussent les avances de Danton. — Comité de salut public. — Madame Roland... 297

LIVRE TRENTE-NEUVIÈME.

Danton et Robespierre. — Second mariage de Danton. — Danton accuse les Girondins. — Robespierre demande leur jugement. — Vergniaud se défend. — Danton réplique. — Marat. — Théories de Robespierre. — Appréciations........................... 315

LIVRE QUARANTIÈME.

Robespierre et Danton s'unissent contre les Girondins. — Triomphe de Marat. — Les Girondins apostrophent les Jacobins. — Pamphlet de Camille Desmoulins. — Le duc d'Orléans arrêté. — Essais de constitution. — Dangers de la république. — Isnard. — Commission des Douze. — Hébert arrêté. — Divisions. — Hanriot. — Garat. — Accusations. — Les vingt-deux Girondins............... 361

LIVRE QUARANTE ET UNIÈME

Complots. — Lanjuinais. — Danton. — Hébert ramené en triomphe. — Calamités publiques. — Politique de Vergniaud. — Divisions. — Le 31 mai. — Robespierre prononce l'acte d'accusation contre les Girondins. — Votes accordés aux pétitionnaires. — La Convention. — Le peuple. — Les Girondins..................... 427

LIVRE QUARANTE-DEUXIÈME.

Tentative d'arrestation contre Roland. — Madame Roland à l'Assemblée. — Elle est arrêtée. — Pouvoir du comité de salut public. — Le tocsin. — Le 2 juin. — Discours. — L'Assemblée. — Lanjuinais. — Tumulte. — La Convention devant le peuple. — Jugement sur les Girondins................................ 466

FIN DU DOUZIÈME VOLUME.

PARIS. — TYPOGRAPHIE COSSON ET COMP., RUE DU FOUR-SAINT-GERMAIN, 43

www.ingramcontent.com/pod-product-compliance
Lightning Source LLC
Chambersburg PA
CBHW050610230426
43670CB00009B/1338